전쟁을 삽니다

—군사대행기업(PMC)과 국가의 활용

PURCHASING MILITARY POWER

서강학술총서
033

전쟁을 삽니다

군사대행기업(PMC)과 국가의 활용

PURCHASING MILITARY POWER

이장욱 지음

서강대학교출판부

서강학술총서 033

전쟁을 삽니다

— 군사대행기업(PMC)과 국가의 활용

PURCHASING MILITARY POWER

초판발행 | 2011년 12월 26일
지 은 이 | 이장욱
발 행 인 | 이종욱
편 집 인 | 우찬제
발 행 처 | 서강대학교 출판부
등록번호 | 1978년 9월 28일 제313-2002-170호

주 소 | 서울특별시 마포구 신수동 1번지
전 화 | (02) 705-8212
팩 스 | (02) 705-8612

ISBN 978-89-7273-193-1 94390
ISBN 978-89-7273-139-9(세트)

값 27,000원

* '서강학술총서'는 SK SUPEX 기금의 후원으로 제작됩니다.

머리말

지금까지 우리는 '전쟁'은 군대(군인)들에 의해 수행된다고 여겼다. 하지만 냉전이 종식된 이후 이러한 통념을 깨는 일이 일어났다. 상당수의 국가가 '군사대행기업'(Private Military Company, PMC)에 돈을 주고 군사전략 기획, 조직화, 훈련 및 실제 작전수행 등 전쟁수행을 위임한 것이다.

필자는 우연하게 '군사대행기업'을 접하게 되었다. 지도교수와 코소보 전쟁에 대해 이야기하던 중, 미국 공군의 스텔스기를 격추시킨 '러시아 용병'에 대한 루머를 접하게 되었다. 근대화(폭력의 공공화)가 이루어진 지 수백 년이 지난 시점에서 용병이 전장에서 목격되었다는 루머는 상당히 흥미로운 것이었다. 필자는 이와 관련된 연구에 대해 지도교수에게 물었다. 지도교수는 본격적인 연구를 권유했고 그렇게 시작된 연구는 필자의 학위논문까지 이어졌다.

피터싱어를 비롯한 선구적 연구를 접하게 되면서, 군사대행기업은 상당 기간 동안 그리고 광범위한 영역에서 활동하고 있다는 것을 알게 되었다. 또한 이들은 기존의 용병과 달리, 법인체라는 합법적 활동 기반을 가지고 있으며, 정부(국제적으로 승인받고 있는 정부)와의 계약을 통해 활동을 하는 일종의 서비스업체의 모습을 하고 있었다. 마치 건설회사에 인력을 공급하는 용역업체처럼 군사대행기업은 국가에 정규군을 대신할 인력을 제공하고 군사 임무를 대행하고 있었다.

하지만 군사대행기업과 관련된 다양한 사례를 검토하면서 필자는 한 가지 의문을 제기하게 되었다. 왜 국가는 이들에게 군사 임무를 위임하게 되었을까? 왜 국가마다 군사대행기업을 활용하는 방식이 다른가? 기존 연구를 통해 이러한 궁금증을 해결하기는 어려웠다. 기존 연구의 중심이 공급자인 군사대행기업 그 자체에 맞추어져 있어 서비스의 수요자인 국가에 대해서는 크게 관심을 두고 있지 않았기 때문이다. 의문에 대한 답을 얻기 위해 필자는 군사대행기업과 관련된 현상을 국가를 중심으로 다루었다. 국가의 군사대행기업 활용 원인과, 국가마다 다르게 나타나는 군사대행기업 활용 유형을 사례 중심으로 추적했다. 독자들 중 일부는 이 책의 제목이 켄 실버스타인의 *Private Warriors*의 번역서인 『전쟁을 팝니다』와 유사한 것을 발견할 것이다. 책 제목을 『전쟁을 삽니다』로 정한 이유는 군사대행기업의 활용 현상을 공급자인 기업이 아닌 수요자인 국가 중심으로 한 연구임을 드러내기 위해서다.

이 책은 미국 · 크로아티아 · 보스니아 · 사우디아라비아 · 앙골라 · 시에라리온 · 파푸아뉴기니 및 남아프리카공화국의 사례를 다루고 있다. 이 중 기존 연구에 특정 군사대행기업을 소개하면서 언급된 4개국(크로아티아 · 보스니아 · 앙골라 · 파푸아뉴기니)의 사례는 수요자인 국가의 입장에서 재정리되었다. 또한 이 책은 군사대행기업에 대한 이해를 돕기 위해 군사대행기업의 구성 · 조직 · 계약 형태 및 기원에 대한 역사적 고찰 등을 담고 있다. 특히 별도로 소개한 남아프리카공화국의 사례는 냉전 종식 이후 퇴역군인들이 군사대행기업을 창설하게 되는 과정을 보여주는 사례로 군사대행기업에 관한 일반적인 이해에 도움을 줄 것이다. 각국의 사례들에 대한 정보는 가능한 자세히 다루었다. 국가의 군사대행기업 활용이라는 새로운 현상을 소개하는 만큼 이에 대한 가급적 많은 정보를 발굴하고 소개하는 것이 이번 연구의 목적이기도 했던 까닭이다.

공직에 몸을 담고 있으면서 원고를 탈고하는 것은 생각만큼 쉬운 일은 아니었다. 지도교수로서 지속적으로 조언해주고 문제 해결을 위한 아이디어를 제공해준 서강대학교 이근욱 교수님께 감사의 말씀을 드린다. 대학원 초기부터 국제정치와 군사 분야에 대한 아낌없는 지도를 해주시고 본 연구와 관련해서 지속적인 성원을 보내주신 은사 이상우 교수님께도 감사의 말씀을 드리고 싶다. 또한 공무로 바쁜 와중에도 본 연구에 대해 관심과 성원을 보내주신 대통령실 김태효 대외전략비서관님께 감사의 말씀드린다.

대외전략비서관실에서 함께 일하는 것만으로도 행복을 주는 사무실 가족, 조현동 · 이백순 · 이도훈 · 이종섭 · 유효경 · 이인배 · 차정미 · 신인호 · 이충면 · 강재권 · 정해관 · 임상범 · 이문희 · 지승우 · 황승희 · 정효심 · 박준모 · 박효진 · 김희은 님에게 고맙다는 말을 전하고 싶다. 특히 이도훈 국장님과 이문희 과장님은 중세 유럽의 용병 활용과 해외에서 자신이 직접 접한 군사대행기업 관련 내용을 제공해주는 등, 관련 연구에 많은 도움을 주었다. 군사대행기업 활용에 있어서 우리 국방이 고려해야 할 점에 대해 조언해준 이종섭 장군님과 신인호 대령님도 본 연구를 가능하게 한 주요한 후원자였다.

끝으로 이번 연구의 시작부터 끝까지 아낌없이 격려해준 필자의 가장 큰 후원자, 사랑하는 나의 가족에게 감사의 말을 전한다.

2011년 8월 16일

이장욱

차례

Acronyms

APMS: Assistant Professor of Military Science

CONUS: Continental United States

ECOWAS: Economic Community of West African States

EO: Executive Outcomes

KBR: Kellogg Brown and Root

MPLA: *Movimento Popular para a Liberacao de Angola*

MPRI: Military Professional Resources Incorporated

PMC: Private Military Company

PMS: Professor of Military Science

RUF: Revolutionary United Front

SAIC: Science Applications International Corporation

TRADOC: Training and Doctrine Command

UNITA: *Uniao Nacional para a Independencia Total de Angola*

제1장

서론: 전쟁의 새로운 모습

군사안보 영역에서의 대전제가 무너지고 있다. 지난 400년 동안, 군사안보를 독점한 국가의 모습에 중대한 변화가 일어나고 있다. 국가는 국방의 기획 · 조직 · 실행의 독점적 주체로서의 지위를 누려왔으며, 국가가 독점한 군사력인 정규군은 전쟁을 수행할 수 있는 유일한 합법적 주체로 인정받아왔다. 베버(Max Weber)의 '폭력의 공공화' 개념[1]에서 대표되듯, 국가의 군사력 독점은 근대국가의 핵심 전제였다.

하지만 1990년대 이후 베버의 근대화 전제를 부정하는 현상이 나타나고 있다. 이라크전쟁 및 아프간전쟁에 관심을 가진 사람이라면 블랙워터(Blackwater USA), KBR(Kellogg Brown and Root), 다인코프(DynCorp)와 같이 "Private Military Company"(PMC)라는 다소 생소한 영문 단어로 일컬어지는 회사명과 국가가 이들을 고용하는 것에 대해 안보 사영화(security privatization)라고 규정하는 기사를 접해본 적이 있을 것이다. "Private

1 베버에 의하면 근대국가는 일정한 영토 내에서 정당한 물리적 강제력(폭력)의 독점을 (성공적으로) 요구하는 인간 공동체이다. 막스 베버, 이상률 옮김, 「직업으로서의 정치」, 『직업으로서의 학문』 (서울: 문예출판사, 2005), p. 71.

Military Company"(PMC)로 불린 회사들은 바로 군사대행기업으로 이들은 민간회사로서 국가에 고용되어 국가 대신 방위 임무를 수행한다.

앞서 언급한 베버의 근대국가의 핵심 전제를 생각할 때, 사적인 영역을 의미하는 단어인 'private'와 공적인 영역을 대표하는 단어인 'Military'의 조합은 근대국가에 대한 전제를 정면 부정한다. 베버가 살아 있었다면 '말도 안 되는 퇴보'라고 했을지도 모른다. 베버의 입장에서는 폭력의 독점이 보다 발전적인 형태의 국가(근대화)를 의미하는 것이기 때문이다. 하지만 냉전 종식 이후 이러한 '말도 안 되는 퇴보'는 현실이 되어버렸다. 국가는 이러한 민간회사를 고용해 자신이 수행할 방위 서비스를 대행시키고 있다. 달리 말해 군사 영역에 있어 국가의 독점적 지위가 깨진 것이다.

1990년대 초, 미국은 병참지원 서비스를 Brown & Root라는 민간회사로부터 구입하는가 하면, 학군단(ROTC) 교육 서비스 및 국방성 전략자문 서비스를 MPRI(Military Professional Resources Incorporated)로부터 구입했다.[2] 2009년에 들어서면, 이라크전쟁과 아프간전쟁을 담당하는 미국 중부사령부는 약 260,000명의 민간회사 직원을 고용해 군사 임무를 대행시키고 있었으며, 그 규모는 현지 미국 정규군 병력 대비 1대 1의 비율을 차지하게 되었다.[3] 다른 지역으로 눈을 돌리면 1990년대 중반, 동유럽의 크로아티아(Croatia)나 보스니아(Bosnia)는 독립 이후 창설된 자국 군대의 육성을 MPRI라는 회사에 의뢰하기도 했으며, 사우디아라비아 정부는 비넬(Vinnel)에게 사실상 사우디아라비아 국방부가 해야 할 주요 군사 정책의 기획 및 실행을 의뢰하기도 했다. 심지어 1990년대 중반에 아프리카에서

2 Deborah Avant, *The Market for Force*(New York: Cambridge University Press, 2005), p. 116.

3 Renae Merle, "Census Counts 100,000 Contractors in Iraq: Civilian Number, Duties Are Issues," *The Washington Post*, December 5, 2006.

는 내전 악화로 인해 정권 붕괴의 위기를 맞은 시에라리온(Sierra Leone)과 앙골라(Angola)가 EO(Executive Outcomes) 및 샌드라인 인터내셔널(Sandline International)과 같은 민간회사에 내전 자체의 해결을 의뢰해 사실상 전쟁 수행의 모든 것을 대행시키기도 했다.[4] 냉전 종식 이후, 국가는 국방에 관련된 모든 것을 계획(planing) · 조직화(organizing) · 실행(executive)하는 것이 아니라 군사 임무의 일부, 극단적인 경우에는 그 전부를 대행 서비스로 구매하는 모습을 보여주었다. 이러한 '군사대행기업'(Private Military Company, PMC)[5]의 등장과 국가의 활용은 근대성과 관련한 국가의 독점적 지위에 변화를 주고 있을 뿐만 아니라 전쟁 양상을 포함한 국제정치 질서에도 큰 변화를 예고하고 있다.

위와 같은 이야기를 접하게 되면 독자들은 (이른바 안보 사영화에 대해) 다음과 같은 궁금증을 갖게 될 것이다. '군사대행기업(PMC)은 무엇일까? 그들은 무엇을 하지? 왜 그들을 고용했을까? 고용주(국가)가 그들을 어떻게 쓸까?'

그리 많지는 않지만 위와 같은 질문에 대답하기 위한 연구가 있었다. 피터 싱어(Peter W. Singer), 데보라 애번트,(Deborah Avant) 데이빗 시어러(David Shearer) 등이 대표적인 학자들이다. 이들은 안보 사영화 현상과 군사대행기업을 학계에 소개하고 이들(서비스 공급자)의 특성과 이의 국제정치 질서에의 함의에 대해 연구했다. 이 책은 이들의 연구에 더하여 국가(수요자)를 중심으로 한 체계적이고 분석적인 답을 구하기 위해 씌어졌다.

4 Guy Arnold, *Mercenaries* (London: St. Martine's Press, 1999), p. 129.

5 Private Military Company(PMC)는 일반적으로 '민간군사기업'으로 번역된다. 하지만 민간군사기업이라는 단어는 이들의 기능적 측면을 제대로 전달하지 못해 이 책에서는 '군사대행기업'으로 번역하여 사용한다. PMC를 군사대행기업으로 번역하게 된 이유는 이 책의 제2장 「군사대행기업(PMC)의 이해」에서 보다 자세히 소개할 것이다.

국가가 어떻게 군사대행기업을 활용하는지에 대해 분석하고 각 국가들마다 상이한 군사대행기업 활용이 나타난 원인을 파악하는 것이 이 책의 목적이다. 이러한 목적을 포함하여 이 책을 집필하게 된 동기에 대해 보다 구체적으로 언급하면 다음과 같다.

첫째, 아직까지 한국에서는 생소한 안보 사영화 및 군사대행기업에 관한 연구를 통해 새로운 현상과 이로 인한 국제정치 문제를 고민해볼 기회를 마련하고자 한다.

둘째, 이 책의 주요 내용인 국가의 군사대행기업 활용에 대한 유형화는 안보 사영화에 대한 이론 구성에 기여할 수 있을 것이라고 본다. 국가의 군사대행기업의 활용 유형 및 관련 사례의 연구는 군사대행기업 활용 조건의 도출을 가능하게 한다. 도출된 조건들은 향후 본격화될 안보 사영화 및 군사대행기업 관련 이론이 필요로 하는 일련의 규칙성 발견에 기여할 것이라고 생각한다.

셋째, 이 책은 군사대행기업 활용과 관련한 풍부한 정보를 담으려 노력했다. 군사대행기업 및 활용에 대한 국내 학계의 인식이 부족한 만큼, 이와 관련된 풍부한 정보를 소개할 필요가 있다고 판단했기 때문이다. 이후 자세히 소개될 사례 및 정보들은 향후 국내에서 시도될 군사대행기업 관련 이론 및 정책 연구에 일정 부분 도움을 줄 수 있을 것으로 기대한다.

마지막으로 군사대행기업 활용에 대한 국가 중심의 논의를 전개함으로써 안보 사영화 연구가 가질 수 있는 일종의 편견을 극복할 수 있을 것으로 본다. 안보 사영화 연구가 군사대행기업이라는 기업을 중심으로 전개될 때 가지게 되는 위험 중의 하나는 국가를 지나치게 무능한 존재로 간주하는 것이다. 군사대행기업의 활용 과정에 있어서 각 국가의 결정은 상당히 중요한 문제이다. 군사대행기업 활용은 군사대행기업과의 계약 체결 여부와 어떠한 용도로 활용할 것인지를 판단하는 국가의 결정에 따라 좌우되는바, 안보 사영화에 있어 국가가 차지하는 중요성을 다시 한 번 생각해볼 기회를 가질 수 있을 것이다.

1. 새로운 현상을 보면서 던지게 되는 질문: 각 국가의 군사대행기업 활용 양상은 왜 다른가?

국가가 군사대행기업을 활용하고 있다는 사실을 접하면 자연스럽게 '왜 국가가 군사대행기업을 활용하게 되었을까?'라는 질문을 떠올리게 될 것이다. 바로 군사대행기업 활용의 원인이다. 아직 정교한 수준의 연구가 나오지는 못했지만, 군사대행기업에 관한 선구적 연구를 진행한 피터 싱어는 군사대행기업 활용의 원인에 대한 힌트를 제시했다. 그는 냉전 종식 이후 전세계적인 군사력의 수요와 공급 간의 격차가 발생했고 국가 및 UN을 비롯한 기존 행위자의 무능으로 인해 이러한 격차가 좁혀지지 못한 결과 이러한 격차를 좁히기 위한 수단으로 군사대행기업이 등장했다고 주장했다.[6]

피터 싱어가 제공한 힌트를 통해 국가가 군사대행기업을 활용하는 이유를 정리해보면 대략 다음과 같은 이야기가 가능하다(보다 자세한 이야기는 「제2장 군사대행기업(PMC)의 이해」에서 소개할 것이다).

냉전 종식 이후 네 가지 주목할 만한 국제 안보 환경의 변화가 있었다.

---

6 피터 싱어는 안보가 사영화되는 이유(군사대행기업이 등장한 이유)로 냉전 종식 이후 무력 분쟁의 증가, 비국가적 폭력 수단(군사력)의 부상, 퇴역군인의 증가, 시장으로 대량 유입된 무기, 국가 통치력의 쇠퇴, 지역 분쟁에 대한 대응의 쇠퇴, 국제적 개입의 쇠퇴(UN의 무능 및 지역 기구의 실패)를 들었다. Peter W. Singer, *Corporate Warriors: The Rise of the Privatized Military Industry* (Ithaca and London: Cornell University Press, 2003), pp. 49~60.

'무력 분쟁의 증가', '무력 갈등의 양상 변화', '국가 간 군사협력 약화'와 '각국의 군비 축소 및 군사장비/퇴역 군인의 민간 부문으로의 유입'이 그것이다. 냉전 종식 이후 세계 주요 국가는 급격한 군비 축소를 추진했으나 세계 각국의 무력 분쟁은 급격히 증가했다. 축소된 각 개별 국가의 군사력만으로는 증가된 무력 분쟁에 대응하는 데 한계가 있었고, 이를 보완 · 대체할 군사적 수단이 필요했다. 이 경우, 동맹과 같은 군사 협력이 전통적인 해결 수단이나 냉전 종식 이후 공동의 위협이 소멸된 상태에서 국가 간의 군사협력관계는 약화되어 이를 통한 대응에도 한계가 있었다. 또한 무력 갈등 양상이 기존의 정규군이 주로 하던 임무와는 다른 형태로 전개된 것도 정규군을 통한 대응에 한계를 발생시키게 되었다. 냉전 이후에 각국의 분쟁은 정규군과 비정규군 간의 전투나 테러 공격과 같은 형태로 전개되었고, 인도주의적 지원 임무와 같이 기존의 정규 군대 간 전투를 위주로 훈련되어온 기존의 군대가 대응하기에는 부담을 주는 임무가 급증하게 되었다.

이렇듯 기존의 정규군 및 국가 간 군사협력으로 해결할 수 없는 문제를 해결해줄 수단이 필요한 상태에서 각국의 군비 축소로 인한 잉여 군사장비 및 퇴역군인의 증가는 이들을 특이한 형태로 재활용하게 되는 계기를 마련한다. 퇴역군인들이 군사대행기업을 창설하고 국가와의 군사 임무 대행 계약을 추진하게 된 것이다. 또한 추가적인 정규군의 증강 내지 동맹국으로부터의 군사 지원이 어렵게 된 국가는 이들과 용역 계약을 체결하여 부족한 군사력을 보충하고 무력 분쟁을 해결하게 된다. 다시 말해 냉전 종식 이후 급격한 군비 축소와 무력 분쟁 증가로 발생한 군사적 공백 문제가 부족한 군사력 충원을 갈망하는 국가의 수요와 군사대행기업이라는 사적 영역의 군사력 공급에 의해 해결된 것이다.

이러한 국가의 군사대행기업 활용 원인에 대한 설명에도 불구하고 여전히 국가의 군사대행기업 활용에 대해서는 의문이 남는다. 모든 국가의 군사대행기업의 활용이 위와 같은 설명으로 모두 설명될까? 거시적 관점에서는 위의 설명이 맞을 수 있지만 구체적인 사례를 보면, 위의 설명은 충분한 답을 제시해주지는 못한다. 개별 국가들의 군사대행기업 활용의 동기나 양상이 너무나도 다르게 나타나고 있기 때문이다. 예로 미국은 군사대행기업을 자국군의 해외 군사 원정을 대신하는 수단으로 활용하는 반면, 크로아티아는 자국군의 육성을 위한 군사고문단의 대체 수단으로 활용한다. 아프리카에서는 시에라리온이 전쟁(내전) 자체를 군사대행기업에 위임하는 형태로 활용하기도 한다.

이 책에서 제시할 분석과 설명들은 바로 여기에서 시작한다. 각국의 군사대행기업 활용 양상을 파악하여 그 차이점을 발견하고 차이가 나타나게 되는 원인을 분석하는 것이 이 책의 핵심 내용이다. 다시 말해 '각국의 군사대행기업의 활용은 다른가? 다르다면 왜 다른가?'(국가의 군사대행기업 활용의 차이와 그 원인)라는 질문에 답을 하고자 하는 것이다.

2. 책의 핵심 내용과 구성

앞서 언급한 이 책의 핵심 질문인 '국가의 군사대행기업 활용의 차이와 그 원인'을 설명하기 위해, 이 책은 유형학(typology)을 사용하려 한다. 유형학은 현상의 정돈된 분류를 통해 일련의 규칙성을 발견하는 도구가 된다. 유형학을 적용함에 있어 가장 중요한 사항은 현상을 정돈되게 분류할 수 있는 기준을 마련하는 것이다. 이에 대해 이 책은 국가의 차이에 주목한 분류를 시도할 것이다. 다시 말해, '국가 간 상이한 차이점이 각기 다른 군사대행기업의 활용유형을 설명한다'는 점에 주목한다. 이 책이 국가의 차이에 주목하게 된 이유는 다음과 같다.

첫째, 군사대행기업 활용과 관련한 기존 연구의 오류가 군사대행기업을 분류의 대상으로 삼은 데서 출발했다는 것을 발견했다. 기존 연구는 개별 군사대행기업에 고정 특화된 서비스가 있고 이점이 군사대행기업 간 차이를 설명할 수 있다는 것을 전제했다. 하지만 군사대행기업은 고객의 요구에 맞추어 자신이 제공하는 서비스를 바꾸며, 제공 서비스의 다양화 · 다변화를 추구하는 등의 수익 추구를 위한 가변적인 모습을 보이고 있다. 따라서 특정 회사는 특정 서비스만 제공하는 것을 전제로 한 분류가 사실과는 차이가 있게 된다.

둘째, 군사대행기업 활용에 국가가 상당히 중요한 역할을 하고 있다는 점이다. 1990년대 군사대행기업과 군사 외주 관련 사업의 급성장은 국가라는 고객을 확보한 결과였다. 군사대행기업은 국가와의 계약에 수익의 상당 부분을 의존하고 있으며, 군사대행기업의 사업 내용은 국가가 요구하는 위임 내용에 의해 결정된다. 다시 말해, 군사대행기업의 성장 배경에는 국방 서비스에 대한 외주에 막대한 돈을 지불할 계획과 예산을 보유한 국가가 있었기 때문이다. 결국 이는 군사대행기업 활용 현상을 분석함에 있어 국가를 중요한 부분으로 취급해야 함을 시사한다.

셋째, 국가라는 고객을 통한 설명이 군사대행기업이라는 기업을 통한 설명보다 군사대행기업 활용의 유사성과 차이성을 보다 잘 설명해줄 것으로 판단되기 때문이다. 이는 기업인 군사대행기업보다 국가가 행태에 있어서 보다 일관적인 모습을 보일 것이라는 기대에 따른 것인데, 공급자인 군사대행기업이 수익 창출을 위해 주력 사업 내용을 변경하는 등 가변적인 모습을 보이는 데 비해 국가의 안보 관련 수요는 군사대행기업과 달리 단기간 내에 바뀌기 어렵다. 각국이 처한 안보 환경은 단기간 내에 변하는 것이 아니며, 이러한 안보 환경에 적응하기 위한 국방 정책의 목표도 단기간 내에 급변하는 경우는 드물기 때문이다. 따라서 국가의 특성을 중심으로 분류할 경우, 군사대행기업을 중심으로 한 분류보다 유형 간의 차이가 분명한 분류가 가능할 것이라는 기대를 할 수 있다.

그렇다면, 국가의 특성을 통해 군사대행기업 관련 현상을 어떻게 분류할 것인가? 이 책에서는 다음과 같은 방법을 사용하려 한다.

첫째, 국가의 군사대행기업 활용 방식의 차이를 구별할 수 있는 기준을 마련한다. 이 기준은 국가의 군사 안보정책과 밀접한 관련을 맺는 것으로 한다. 앞서 언급한 바와 같이 국가가 군사대행기업을 활용하게 되는 동기가 부족한 군사력을 보완 · 대체하기 위한 것이라는 점을 고려하면, 각국이 보유한 군사력(자체 군사력과 외부와의 군사협력)의 수준이 하나의 각국의 차이를 구별하는 기준이 될 수 있을 것이다.

둘째, 선정된 기준을 토대로 국가가 차이에 따라 국가를 분류할 매트릭스로 구성하고 여기서 도출된 각 셀에 해당되는 국가들을 분류한다. 국가별 차이를 보여주기 위한 매트릭스는 [표 1]과 같이 구성할 수 있을 것이다.

한 국가의 군사력 차이가 자체적인 힘과 대외군사협력 수준으로 형성된다는 점에 착안해 자체 군사력의 강약과 대외군사협력 유무라는 기준

[표 1] 국가의 차이를 중심으로 한 유형(예)

구분		기준 α	
		$\alpha 1$	$\alpha 2$
기준 β	$\beta 1$	A	B
	$\beta 2$	C	D

을 [표 1]에 적용해 자체 군사력 강약을 β에 대입하고 대외군사협력 유무를 기준 α에 대입하면 [표 1]에 나타난 것과 같이 A, B, C, D의 네 가지 셀이 도출된다.

셋째, 각 셀에 해당되는 국가의 군사대행기업 활용 내용을 검토하고 이를 토대로 각 셀이 의미하는 특정한 군사대행기업 활용의 내용을 규정한다. 여기서 주의할 것은 각 셀은 군사력의 차이를 통한 국가군의 분류이기 때문에 이 중에는 군사대행기업을 활용하지 않는 국가를 내용으로 하는 셀도 나올 수 있다는 점이다. 이후 자세히 소개하겠지만, 사례를 적용해본 결과 이 책의 매트릭스에서도 한 셀이 군사대행기업을 활용하지 않는 경우로 나타났고 같은 셀의 국가들은 자체 군사력만으로 충분히 자국의 안보 문제에 대처가 가능하여 자국이 군사대행기업을 활용하지 않았다.[7]

상기에서 언급한 방법을 통해 이 책에서는 군사대행기업과 관련된 전체 네 가지의 유형과 그와 관련된 사례를 소개하게 되는데, 국가의 군사대행기업 서비스에 대한 수요를 중심으로 한 군사대행기업 활용 3개 유형을 주요한 내용으로 제시하고 국가가 군사대행기업의 주요 공급처가 되는 1개 유형을 추가적으로 제시하게 될 것이다. 이들에 대해 간략하게 정리하면 다음과 같다. 먼저 국가의 군사대행기업 활용과 관계된 3개 유형은 아래와 같다.

제1유형은 '대외 군사활동보완 유형'으로 해외 군사 개입의 지속적 증가에 대응하기 위해 자국 정규군의 기능을 점차 군사대행기업으로 보완

---

7 흥미로운 사실은 이 국가군에서는 자국은 군사대행기업을 활용하지 않으면서, 타 국가에게 군사대행기업의 공급처가 되는 국가가 있다는 것이다. 1990년대 중반의 남아프리카공화국이 대표적 사례이다.

하는 형태이다. 이 유형의 국가는 충분한 자국의 보호에 충분한 자체 군사력을 보유하고 있으나 자국이 맺고 있는 대외군사협력관계에 의해 자국의 정규군이 감당할 수 있는 수준을 넘어서는 군사 임무 증가를 경험하게 된다. 이에 대해 동맹국으로부터의 지원을 비롯한 기존 방식이 유용하지 못하게 되면서 군사대행기업 활용이 유력한 대안으로 부상하게 되는 경우로 1990년대 이후의 미국이 대표 사례이다.

제2유형은 '해외 군사지원대체 유형'으로 주변(적성) 국가 및 집단보다 약한 자국의 안보 상황을 동맹과 같은 외부 지원에 의해 보완하던 국가들이 군사대행기업을 활용하는 경우이다. 이 유형의 국가들은 동맹과 같은 군사협력관계의 약화로 인해 더욱 위험한 상황에 처하게 되는데, 군사대행기업 활용은 동맹이나 외부 군사 지원을 대체해 위기를 타계할 주요한 방안이 된다. 이 유형의 사례로는 크로아티아 · 보스니아 · 사우디아라비아가 있다.

제3유형은 '패키지 활용 유형'이다. 이 유형은 국가 방위 전반을 군사대행기업에 위임하는 형태로 주변(적성) 국가 및 집단에 비해 군사적 열위에 있는 국가들이 국제적으로도 고립되는 최악의 상황에서 최후 수단으로 군사대행기업 활용이 등장하게 되는 경우이다. 앙골라 · 시에라리온 및 파푸아뉴기니가 대표적 사례이다.

위에서 언급한 3개의 활용 유형에 더하여 군사대행기업과 관련한 다른 형태의 유형도 소개한다. 이 유형은 '군사대행기업(PMC) 공급 유형'이라고 일컬을 수 있는데, 자국의 안보를 위해 군사대행기업을 활용하지 않으면서도 자국 내 다수의 우수한 군사대행기업을 보유하여 이를 필요로 하는 국가에 군사대행기업을 공급하게 되는 경우이다. 대규모 병력 감축 이후 늘어난 퇴역군인들이 생계유지를 위해 군사대행기업을 설립하지만 자신들에 대한 국가의 수요가 발생하지 않자 이 국가의 군사대행기업은 타국의 무력 분쟁 대행을 주요 사업으로 전개한다. 그 결과 이 유형의 국가는 군사대행기업의 주요한 공급처가 되고 자국 출신 군사대행기업의 해외 활동으로 국제적인 곤경을 당하기도 한다. 이 책에서는 남아프리카공화국을 대표 사례로 소개한다.

이상의 내용들을 중심으로 이 책은 다음과 같은 내용들을 다룬다. 다음 장인 제2장에서는 새로운 군사력 동원 수단으로 등장한 군사대행기업의 개념과 유사 개념의 구분, 군사대행기업의 특성 그리고 군사대행기업이 등장하게 된 역사적 배경 및 국가가 활용하는 이유 등, 군사대행기업과 관련한 배경지식들을 소개할 것이다.

제3장은 이 책에서 소개할 군사대행기업활용 유형의 구분을 위해 고안된 유형 분류 방법에 대해 다룬다. 기존 연구 검토, 국가의 차이를 바탕으로 한 군사대행기업 활용 유형 도출을 위한 연구 설계, 그리고 활용 유형 도출과 각 유형의 특성이 주된 내용이 될 것이다.

이후 4~7장은 군사대행기업 활용 유형 및 관련 사례에 대해 다루게 될 것이다. 제4장은 제1유형인 대외 군사 활동 보완 유형에 해당하는 미국의 사례를 소개하며, 제5장에서는 제2유형인 해외 군사지원 대체 유형에 해당하는 크로아티아 · 사우디아라비아 및 보스니아의 사례를 소개한다. 제6장에서는 제3유형인 패키지 활용 유형으로서 앙골라 · 시에라리온 및 파푸아뉴기니의 사례를 소개하게 될 것이다. 마지막으로 제7장에서는 군사대행기업의 공급 국가가 되는 남아프리카공화국의 사례를 소개할 것이다.

제8장은 본 연구에서 제시한 유형 및 사례를 통해 발견된 군사대행기업 활용 유형별 조건을 정리하고 소개한 사례 이외의 국가들에 대입해볼 것이다. 또한 군사대행기업의 등장과 국가의 활용이 가지는 국제정치적 함의 및 군사대행기업 활용에서 나타난 문제점들을 살펴보며, 결론 부분

인 제9장에서는 이 책에서 논의된 내용을 종합하고 군사대행기업 활용과 관련된 군사력 운용의 미래상에 대해 생각해보고자 한다.

제2장

군사대행기업(PMC)의 이해

이 책에서 설명하려는 현상과 이에 대한 분류를 다루기 전에 이 현상을 설명할 때 사용되는 주요 단어, 그리고 현상과 관련된 주요한 배경지식에 대해 설명할 필요가 있겠다. 해외의 신문이나 TV 뉴스 보도에서 군사대행기업이라는 단어를 접할 때, 이들이 누구이며, 하는 일은 무엇인지 그리고 어떠한 배경에 의해 등장하게 되었는지 의문을 갖게 될 것이다. 이 책의 제2장에서는 바로 이러한 궁금증을 해소하기 위해 군사대행기업과 관련된 배경지식을 설명하려 한다. 군사대행기업(Private Military Company, PMC), 안보 사영화(Security Privatization) 같은 용어의 설명과 군사대행기업의 특성 그리고 등장의 역사적 배경과 국가가 군사대행기업을 활용하게 된 이유가 주된 내용이다.

1. 어색한 단어들: 군사대행기업, 안보 사영화……

군사대행기업(Private Military Company, PMC)은 "이윤을 추구하는 민간

기업으로서 경제적 대가를 받고 국가 정규군의 임무를 대행하는 기업"을 말한다. 이 기업의 핵심적인 상품은 군사용역으로 노동인력(병력)의 공급을 통해 군대의 업무를 대행한다. 또한 기업(Company)이라는 용어에서도 나타나듯, 이들은 합법화된 법인으로서 활동하는 특징을 보유하고 있다.

'PMC'라는 단어는 'Private Military Company'의 약자(acronym)로 널리 활용되고 있는 말이다. Private Military Company의 번역용어로는 이를 직역한 '민간군사기업'이라는 용어가 대표적이며, 이외에도 용병기업(용병주식회사)·사설보안회사·전쟁대행주식회사·전쟁청부회사·민간군사회사 등의 용어가 Private Military Company의 번역용어로 활용되고 있다. 하지만 이들 용어들은 Private Military Company의 특성을 제대로 표현하지 못하고 있다.

가장 많이 사용되는 용어인 '민간군사기업'의 경우, "민간 주체(기업)이면서 자신이 공급하는 재화가 군사라는 공공 부문과 관련이 있는 주체"라는 의미 전달에는 탁월하나, 기존의 무기·군사장비 제조업체들과 구별되지 못하는 단점을 가지고 있다. 무기·군사장비 제조업체도 민간 기업이면서 군사에 관여하는 기업이기 때문이다.

'용병기업(용병주식회사)'[1]의 경우, Private Military Company를 기존 용병의 연장선상에서 바라본 용어이다. 이 용어는 Private Military Company를 기본적으로 용병과 동일한 특성을 가진 군사 집단으로 간주하되, 기업화를 주요한 특성으로 바라본 것이다.[2] 하지만 이 용어는 PMC

1 이러한 용어를 사용하는 대표적 문헌은 켄 실버스타인, 정인환 옮김, 『전쟁을 팝니다』(서울: 이후, 2007).

2 PMC와 관련한 국내의 보도자료 중 일부가 PMC와 용병을 구분하지 않은 채 사용하고 있다. 대표적인 문건은 황준호, 「미군 철수? 이라크엔 또 다른 '미군'이 있다: 민간기업 소속 12만 용병 활동…… 수만 명은 전투 참가」, 『프레시안』, 2007년 5월 2일, http://www.pressian.com/Scripts/section/article.asp?article_num=40070502182133&s_menu=%BB%E7%C8%B8(2007-5-10).

와 용병의 차이를 모호하게 만든다. 이후 자세한 설명을 통해 알아보겠지만 용병(Mercenary)과 Private Military Company는 조직화 정도, 독자성 및 모집 방법에 있어서 차이가 있다. 또한 근대 시대 이후 용병은 국제법적으로 금기시되는 데 비해 Private Military Company는 합법적인 활동을 주요한 특성으로 하고 있다. 따라서 용병기업이라는 용어는 Private Military Company를 번역하는 용어로써는 적합하지 않은 용어라고 할 수 있다.

'사설보안회사'는 Private Military Company를 기존의 사설 경호 및 보안 업체의 일종으로 간주한 용어이다. 사설보안회사와 Private Military Company는 법인화를 통하여 활동을 하고 조직화 정도나 회사원의 충원 과정에 있어서 상당한 유사점을 보인다는 점에서 차별성이 없을 수도 있다. 하지만 이 두 기업은 상대하는 고객과 그 고객으로부터 위임받은 업무의 성격에 차이가 있다. 사설보안회사가 개인이나 사기업의 경비 및 경호를 주요한 서비스로 제공하는 데 비해, Private Military Company는 공적 영역인 군사 임무를 대행한다. 예를 들어 군의 물자를 조달하는 병참이나, 전투 · 전략 자문은 군사적 전문성이 강한 업무이며, 사적 이익이 아닌 공공의 이익을 추구하는 업무이다. 따라서 사설보안회사와 Private Military Company는 제공하는 서비스의 성격에 있어서 차이가 난다고 할 수 있다.

'전쟁대행주식회사'는 싱어(Peter W. Singer)의 저서 *Corporate Warriors*의 국내 번역서[3]에서 사용한 용어이다. 비교적 Private Military Company의 특성을 잘 잡아내어 번역한 용어라고 볼 수 있다. 특히 "대행"이라는

3 피터 싱어, 유강은 옮김, 『전쟁대행주식회사』(서울: 지식의 풍경, 2005). 이 번역서는 제목에서는 Private Military Company를 '전쟁대행주식회사'라고 번역했지만 본문에서는 '민간군사기업'이라고 번역했다.

단어를 사용한 것은 국가로부터 군사 임무를 위임받아 행하는 Private Military Company의 특성을 잘 전달해주고 있다. 문제는 "전쟁"이라는 수식어이다. 이 수식어가 사용되면서 이 용어는 Private Military Company의 활동 범위를 국가의 다양한 군사 업무 중 한 가지인 국가 간 전쟁으로 국한시킬 가능성이 있다. Private Military Company는 내전의 해결에도 활용되며 전시가 아닌 평시에도 군사 훈련 및 전략 자문을 위해 활용될 수 있는 기업이다. 따라서 이 용어는 군사 임무의 보다 다양한 측면을 고려할 수 있는 것으로 조정되어야 할 것이다.

일본과 대만 및 중국에서는 Private Military Company를 "민간군사회사"(民間軍事會社)로 번역하여 사용하는 경우가 많으며,[4] 일부에서 "전쟁청부회사"(戰爭請負會社)[5]로 번역하는 경우도 있다. 민간군사회사는 한국에서 널리 사용되는 민간군사기업과 별다른 차이점이 없는 용어이며, 이들 국가에서도 많은 경우에 Private Military Company의 약자인 PMC를 널리 사용하고 있다.

어떠한 용어들을 대안으로 생각할 수 있을까? 위에서 제시한 번역어들은 명확한 의미 전달에 한계가 있다. 직역을 통한 국문화를 시도하는 것보다는 Private Military Company가 가진 특성을 고려하여 용어를 개발하는 것이 Private Military Company의 의미를 보다 잘 전달할 수 있을 것이다. Private Military Company의 번역어를 만들기에 앞서 Private Military Company를 특징지을 수 있는 단어들을 생각해보자. 첫째로 들

4 야후의 일본 웹사이트(http://www.yahoo.co.jp) 및 중국 및 대만 웹사이트(http://www.yahoo.cn, http://www.yahoo.tw)에서 PMC 혹은 Private Military Company를 검색하면 이의 번역어로 가장 많이 등장하는 용어가 바로 '민간군사회사'(民間軍事會社)이다.

5 전쟁청부회사는 피터 싱어 저서의 일역판인 P. W. シンガー, 山崎淳 譯, 『戰爭請負會社』(東京: 日本放送出版協會, 2004)를 통해 소개되었다.

수 있는 단어는 '군사'이다. Private Military Company는 군사에 관련된 일을 하는 기업이다. 둘째는 '대행 · 위임 · 용역 · 계약'이다. 이는 Private Military Company가 자신의 고용 주체로부터 업무를 부여받거나 그 업무를 수행하는 방식을 의미한다. 이 중 '위임'의 경우는 피고용 주체인 Private Military Company에 적용하기 어려운 단어이다. 또한 '용역' 내지 '계약'의 경우는 Private Military Company의 기능적 측면이 두드러지지 않는다는 문제점이 있다. 반면, '대행'은 Private Military Company가 하는 일, 다시 말해 이 조직의 기능을 명확하게 보여준다. 앞에서 제시한 '군사'라는 단어와 조합이 될 경우에 '군사적 기능을 대행하는 조직'으로서의 의미가 잘 전달될 수 있다고 본다. 셋째로 들 수 있는 단어는 '기업 · 회사 · 업체 · 법인'으로 Private Military Company라는 집단의 성격을 규정하는 단어들이다. 이 중 법인의 경우, 이윤을 추구하는 집단으로서의 성격을 드러내주지 못한다는 단점이 있다.

앞에서 언급한 단어들 중 Private Military Company가 하는 일에 대해 명확히 전달할 수 있는 단어는 '군사', '대행', '기업'(회사 · 업체)이다. 이를 조합하면 Private Military Company는 '군사대행기업'이라는 단어로 표현할 수 있을 것이다.[6]

군사대행기업의 개념을 보다 명확히 파악하기 위해서는 이들과 다른

6 이 책의 바탕이 되고 있는 저자의 논문에서는 최초 '군사기능대행업체'라는 용어를 사용했다. 이장욱, 「군사기능대행업체와 국가의 활용유형」, 서강대학교 박사학위논문, 2006. 군사기능대행업체는 Private Military Company가 군대의 기능을 대행한다는 의미를 전달하는 데는 뛰어났으나 지나치게 긴 단어라는 문제가 있었다. 또한 군사(軍事)라는 단어 자체가 '군대의 일'이라는 의미로, '군사기능대행'은 동어반복적이라는 문제도 가지고 있었다. 이러한 문제를 해결하기 위해 '군사대행기업'이라는 용어를 제시했다. '회사', '업체'라는 단어를 사용하여 '군사대행회사', '군사대행업체'로 표기할 수 있으나 이 책에서는 편의상 '군사대행기업'으로 표기한다.

형태의 민간 군사력과의 차이를 구분해야 한다. 군사대행기업과 구분을 해야 하는 민간 군사력에는 용병(Mercenary), 용병단(Free Company), 외인부대(Foreign Legion), 의용군(Volunteer), 방위산업체 및 군속이 있다. 군사대행기업은 위와 같은 민간 군사력들과 유사성 및 차별성을 가지고 있다. 구체적으로 소개하면 다음과 같다.

• **용병**(Mercenary): 일반적으로 무력 분쟁에 관여하는 정규군 이외의 사람들을 통칭하여 용병이라고 부르는 경향이 있다. 하지만 용병은 '사적 이익(물질적 보상 혹은 일정한 지위 획득)을 추구하기 위해 무력 분쟁에 참여하는 자 혹은 적대 행위에 참여하기 위해 모인 사람'을 말한다. "국제적 무력 충돌의 희생자 보호에 관한 제네바 협약"(Protocol Additional to the Geneva Conventions of 12 August 1949, and relating to the Protection of Victims of International Armed Conflicts [Protocol 1]) 제47조에는 용병을 다음과 같이 상세히 규정하고 있다.

> 용병은 1) 무력 분쟁에 참여하기 위해 국내(local) 혹은 해외로부터 모집된(recruited) 자들이다. 2) 직접적인 적대 행위에 가담하고 있다. 3) 물질적 보상이나 일정한 지위 획득과 같은 사적 이익을 위해 적대 행위에 가담한 다. 4) 용병은 분쟁 당사국의 국적을 보유하거나 분쟁 당사국의 통제 하에 있는 지역에 거주하는 자가 아니다. 5) 분쟁 당사국 군대의 소속이 아니다. 6) 분쟁 당사국이 아니면서 현지에 군대를 파견한 국가의 군대 소속원이 아니다.[7]

이를 정리해보면, 용병은 대가를 받고 무력을 제공하는 개인으로 (분쟁

7 "Protocol Additional to the Geneva Conventions of 12 August 1949, and relating to the Protection of Victims of International Armed Conflicts (Protocol 1)," article 47, http://www2.ohchr.org/english/law/protocol1.htm(2010-06-01).

당사국이건 비당사국이건 간에) 분쟁 지역 내에 있는 정규군의 소속이 아니며, 사적 이익을 추구하기 위해 분쟁 지역에서 적대 행위(무력 행위)에 가담한 자들을 말한다.

일반적으로 용병에 대해 "돈에 의해 고용된 병사"(Soldier of Fortune)로 인식하는 경우가 많다. 이 경우에 물질적 보상이라는 사적 이익 추구가 용병을 규정하는 핵심 요소가 된다. 하지만 이는 한계가 있다. 사적 이익 추구를 중심으로 용병을 규정할 경우에 생계를 위해 군복무를 행하는 직업군인과 용병의 구분을 모호하게 만든다. 또한 '군복무에 따른 일정 지위 획득'과 같은 사적 이익을 주요한 개념 요소로 취급하는 경우에도 군복무 후 시민권을 획득하기 위해 군에 입대하는 일부 국가의 군인들을 용병으로 간주하는 개념상 혼란을 가져올 수 있다.

군사대행기업과 관련하여 용병은 개념상 상당한 유사점을 가지고 있다. 이러한 이유로 군사대행기업의 연구자 중 일부는 군사대행기업에 대해 기업이라는 겉옷만 바꿔 입었을 뿐 실질적 내용은 용병에 지나지 않는다고 주장하기도 한다.[8] 군사대행기업은 사적 이익을 추구한다는 점에서 용병과 유사성을 가진다. 하지만 군사대행기업은 용병과 구별되는 특성이 있다. "무력 충돌의 희생자에 관한 제네바협정"에 의하면, 용병은 직접적인 적대 행위(전투 행위)에 참가해야 한다. 하지만 군사대행기업은 전투 행위를 포함해 다양한 영역의 군사 임무를 대행한다. 병참 지원, 훈련, 전략 자문 등 거의 모든 군사 임무에 관여한다. 직접적인 전투 행위에 임하는 군사대행기업은 용병과 유사한 특성을 가지지만 그 이외 다른 임무

8 대표적인 학자로 압델 파타우 무사(Abdel Fatau Musah)와 가이 아놀드(Guy Arnold)를 들 수 있다. 군사대행기업에 관한 이들의 대표적인 연구는 Abdel-Fatau Musah and Kayode Fayemi, *Mercenaries: An African Security Dilemma* (London: Pluto Press, 2000); Guy Arnold, *Mercenaries* (London: St. Martin's Press, 1999).

를 대행하는 군사대행기업은 용병이라고 규정짓는 데 한계가 있다.

또한 사적 이익 추구라는 측면에서 바라볼 때도 용병과 군사대행기업은 차이가 있다. "무력 충돌의 희생자에 관한 제네바 협약"은 용병을 일개의 개인으로 규정하고 있다. 하지만 군사대행기업은 기업, 다시 말해 집단이다. 사적 이익 추구라는 공통점을 가지지만 용병은 개인적인 이익을 추구한다. 반면, 군사대행기업은 기업으로서의 이윤을 추구하는 집단이다. 기업의 이윤은 개인의 이윤보다 장기적 관점에서 추구된다. 안정적이고 장기적인 수익 구조 창출이 주요한 관심사이다. 이러한 장기적 이윤 추구로 인해, 군사대행기업은 사업의 합법성을 강조하며, 합법적 주체(국제적으로 인정받은 국가 및 단체)와의 거래만을 추구한다. 또한 합법성 강조는 법인화라는 조직의 특성을 나타내게 하는데, 군사대행기업은 일반 기업과 매우 유사한 조직의 사업체로 활동하고 있다. 일반 기업과 유사하게 경영진과 사업 단위를 보유하고 있으며, 사원의 모집도 공개적으로 하고 있다.

반면, 파편화된 개인을 지칭하는 용병은 개별 주체의 이익을 추구한다. 개별 주체는 장기적 관점에 따른 이익을 추구하기보다는 이익의 극대화 그 자체에 관심을 가진다. 따라서 용병에게 합법인가 비합법인가의 문제는 별로 중요하지 않게 된다. 자신의 이익을 극대화시켜줄 수 있다면 비합법적인 주체와의 거래도 가능하며, 개별 주체로서 활동하기 때문에 조직화를 시도할 이유도 없게 된다. 이들의 행위는 계약을 맺고 있는 상대방이 제공하는 이익의 정도에 따라 달라지며, 이들의 행위가 대부분 불법으로 간주되기에 이들의 모집도 법망을 피하는 은밀한 방식이 될 수밖에 없다.

• **용병단**(free company): 용병이 사적 이익을 위해 군복무에 참가하는 개인을 지칭하는 용어라면 용병단은 보다 집단화된 형태의 민간 군사력

을 지칭한다. 이들 용병단은 중세 시대에 번성하였고 웨스트팔리아 조약 이후 쇠락의 단계를 거쳐 현대에는 존재하지 않는 형태가 되었다. 하지만 이들은 군사대행기업의 등장에 상당한 시사점이 있다. 군사적 지식 및 기능을 보유한 개별 용병들이 결사 행위를 통해 조직화하고 자신들과 국가와의 계약을 통해 안정적인 활동을 하게 되는 역사적 선례를 만든 것이다. 중세 시대, 국가들의 군사 도급 계약이 증가하면서 용병들은 자신의 권익을 지키기 위한 일종의 조합을 만들기 시작했다. 이러한 조합은 국가의 도급 계약의 증가에 힘입어 국가로부터 완전히 분리 · 독립된 민간 군사 집단으로 성장하게 되는데, 그 결과로 나타나게 된 것이 바로 용병단이다. 우리가 흔히 쓰는 'Company'라는 용어는 바로 집단화된 용병들을 지칭하는 용병단에서 비롯된 것이다.[9]

이들은 사적 이익을 추구한다는 측면에서 용병 및 군사대행기업과 유사성이 있지만 조직화에 있어서 파편화된 개인인 용병과 차별되는 집단화를 보여주었다. 또한 이러한 집단화를 통해 용병단은 국가로부터 분리된 독립 주체로 활동했다. 독립된 조직으로서 자체적인 지휘 체계를 보유함과 동시에 독자적으로 작전을 수행한 것이다. 30년 전쟁이 한창이던 17세기가 되면, 용병단은 무기 공장을 보유하는 등, 자체 무장력을 갖춤과 동시에 행정 운영을 위한 관료조직을 보유한 형태로까지 발전했다.

30년 전쟁이 종식되고 웨스트팔리아 체제가 들어서면서 용병단은 소멸하게 되었다. 하지만 용병단의 관료제는 국가나 민간조직의 운용 원리로 채택되었으며, 군대의 단위조직을 지칭하는 용어로 변용되어 사용되

9 Company는 일반적으로 '회사'로 번역되나 이 용어의 어원은 자유 용병단을 의미하는 Free Company이다. Company는 중세의 용병단들이 자체적으로 공급받는 빵을 지칭하는 말인 'Conpane'이 어원이다. 피터 싱어, 유강은 옮김, 『전쟁대행주식회사』(서울: 지식의 풍경, 2005), p. 54.

기 시작했다.[10] 30년 전쟁 당시 활동한 용병단은 현재의 군사대행기업과 가장 유사한 형태의 민간 군사조직으로 볼 수 있다. 사적 이익을 추구하면서도 용병과 달리 파편화된 개인이 아니라 일정 수준 이상의 조직적인 체계를 갖춘 형태로 활동했기 때문이다.

• **외인부대**(foreign legion): 한 국가의 정규군 내에 편제된 외국인 부대를 지칭하는 것으로 현재 프랑스와 영국, 스페인이 자국군 편제 내에 외인부대를 보유하고 있다. 공식적으로 외인부대를 편제에 두고 있지는 않으나 외인부대와 유사한 보상제도를 활용하여 군병력을 충원하는 국가도 있다. 대표 사례로 미국을 들 수 있는데, 미국은 자국 내의 영주권자(공식적으로 외국인)에게 군 문호를 개방하여 군복무 후 시민권을 부여하는 제도를 운용하고 있다.

지원자들의 복무 동기에 있어 외인부대는 지원에 대한 반대급부로 높은 보수와 복무 후 시민권이 주어진다는 점에서 전형적인 용병의 특성을 가지고 있다. 하지만 조직적 특성이나 모집 방법에 있어서 외인부대는 사실상 정규군에 가깝다고 보아야 한다. 이들은 정규군의 편제에 속하며 공식적으로 정규군의 자격으로 임무를 수행하고 있다. 프랑스 외인부대(*Les légionnaires*)의 경우에 프랑스 정규군의 자격으로 UN 평화유지활동에도 참여하고 있다. 이러한 정규군 내의 외국인 부대들은 군사대행기업과 같이 국가로부터 분리 · 독립된 주체로 보기 어렵다. 또한 조직에 있어서도 정규군의 계급과 조직 체계가 적용되는 조직이다. 채용 방법에 있어서 외인부대는 공개적인 모집을 하고 있으며 모집의 주체는 정부이다.[11]

---

10 군대의 단위조직인 중대는 영어로 Company로 지칭된다. 용병단이 유럽의 각국에서 빈번히 활용되면서 군대의 조직단위로 정착됨에 따라 활용되기 시작한 용어이다.

11 일례로 프랑스 외인부대는 신병 모집을 위한 웹사이트(http://www.legion-recrute.com)를 운용한다.

• **의용군**(volunteers): 'Volunteers'는 정규군이 아닌 자들로 자국 혹은 자신의 정체성의 근거가 되는 집단의 안위를 위해 무력 봉사에 자원한 사람들을 말한다. 국문으로는 '의용군'이라고 번역할 수 있는데, 의용군은 자발적 의사에 의해 모인 비정규군을 의미한다. 조선시대에 등장하였던 의병이나 해외 각지의 군벌(militia)도 의용군의 일종이다. 의용군은 사적 이익을 위해 모인 사람들이 아니다. 이러한 점에서 용병 및 군사대행기업과 구분된다. 하지만 조직화나 모집 방법에 있어서는 상당히 느슨한 조직으로 개별 주체인 용병에 가깝다. 가입 및 탈퇴의 경우도 용병보다 자유롭다. 애국심이나 양심의 가책을 제외하고 이들의 탈퇴를 막을 수 있는 어떠한 방법도 존재하지 않는다. 용병의 경우, 탈퇴 시 위약에 대한 대가를 지불해야 하나 이들의 경우는 받은 대가가 없기 때문에 복무 지속을 강제할 어떠한 제약도 존재하지 않는다. 모집 방법도 정부가 아닌 사적 주체들에 의해 비밀리에 결성되는 경우가 일반적이다.

• **방위산업체**(defense industrial company): 군사대행기업과 구분되는 또 다른 개념으로는 방위산업체가 있다. 국방 관련 사업을 담당하는 사기업이라는 점에서 군사대행기업은 방위산업체의 범주에 속하게 된다. 하지만 일반적으로 방위산업체는 무기 제조업체와 같이 장비를 공급하는 업체들을 일컫는 경우가 많다. 이들은 군의 무장과 정비를 위한 장비를 판매, 혹은 임대해주는 업체들로서 군사 임무 자체를 대행하지는 않는다. 반면 군사대행기업은 용역 업체로 군사 임무를 대행하기 위해 인력을 공급해주는 것을 주요한 기능으로 하고 있다.

• **군속**(civilian employee): 군대 내 민간 근로자를 지칭하는 군속의 경우에도 군사대행기업과 구별해야 할 개념이다. 이들 군속은 정부와의 계약에 의해 군대의 일을 맡는 사람들을 말한다. 이들 역시 금전적 이익과 같은 사적 이익을 추구하기 위해 군대의 업무를 수행하고 있는 사람들이다.

하지만 군속은 군대의 행정 및 노무와 같은 일을 수행하는 자들로 전투와 같은 군사 임무에는 직접적으로 관여하지 않는다. 이들이 용병이나 군사대행기업과 같은 주체들과 구별되는 점은 군대의 고유한 업무를 맡지 않는 노동력임에도 불구하고 정규군의 소속원으로 인정되고 있다는 점이다. 이들은 군에서 부여한 직책을 받으며 그에 상응하는 업무의 권한과 의무를 수행한다.

• **사설보안회사**(private security company): 사설보안회사는 고객과의 계약에 의해 인적 · 물적 자산의 안전을 제공하는 기업을 의미한다. 사설보안회사의 경우에 구성이나 조직의 측면에서 군사대행기업과 상당한 유사성을 지닌다. 법인화된 기업으로서 활동하며 내부적으로 기업이 가지고 있는 조직을 가지고 있다. 사설보안회사가 군사대행기업과 차별되는 것은 바로 제공하는 서비스의 차이이다. 사설보안회사는 군사 임무를 대행하지 않는다. 사설보안회사는 개인의 경호나 개인 혹은 기업이 보유한 건물 및 시설의 보호와 같은 사적 주체의 이익을 보호하는 것을 목표로 한다. 따라서 군사 임무를 대행하는 군사대행기업과는 차별적인 기능을 수행하는 업체라고 볼 수 있다.

군사대행기업과 더불어 설명되어야 할 개념은 군사대행기업 활용으로 구체화되는 '안보 사영화'의 개념이다. 안보 사영화의 개념 정의는 군사력 활용의 목적과 수단을 조망하는 데서 출발할 수 있을 것이다. 사영화에 대해 "공공 목적(public ends)을 추구하기 위한 사적 수단(private means)의 동원"이라고 규정한 도나휴(John Donahue)의 개념[12]은 안보 사영화를 규정함에 있어서 도움을 준다. 도나휴의 개념을 따르면 안보 사영화는

---

12 John Donahue, *The Privatizaion Decision: Public Ends and Private Means* (New York: Basic, 1989), p. 7.

"안보라는 공공 목적을 달성하기 위한 기업(군사대행기업)이라는 사적 수단의 활용"으로 정의할 수 있다.

하지만 도나휴의 사영화 개념을 무조건적으로 받아들일 경우, 안보 사영화를 일반 사영화의 영역 확장이나 1990년대의 신자유주의 확산의 결과로 바라보게 되는 문제를 발생시킨다. 또한 이러한 시각은 사영화에만 초점을 맞추어 안보 사영화의 중요성을 희석시킬 가능성이 있다. 이 책에서 안보 사영화의 중요성을 언급한 이유는 사영화의 수식어인 '안보'의 중요성 때문이다. 안보는 국가의 고유 영역이며, 자국민에게 제공하는 가장 기본적인 국가 서비스이다. 애덤 스미스(Adam Smith)의 『국부론』에서 말하는 최소 국가(야경 국가)에서조차 국가의 고유 영역으로 인정한 것은 바로 안보였다. 그 이유는 기타 공공 서비스와 달리 안보가 추구하는 목표는 '생존'이라는 가장 기본적인 가치이기 때문이다. 따라서 생존을 다루는 안보 영역에서의 사영화는 기타 영역에서의 사영화와는 차별되는 현상이다.

안보 사영화를 일반 사영화의 연장으로 바라볼 수 없는 또 다른 이유는 개발도상국 혹은 약소국의 사례 때문이다. 약소국은 신자유주의를 통한 기타 공공 부문에서의 사영화를 경험하지 못한 상태에서 안보 사영화를 시도했다. 약소국의 안보 사영화는 일반적인 사영화에서 언급되는 공공 부문의 효율성의 제고라는 목적에서 시도된 것이 아니다. 이들은 급박한 안보 위기를 해결할 군사적 대안 부재로 인해 최후 수단으로 사적 영역에 자국의 안보를 맡긴 것이다. 따라서 안보 사영화를 일반 사영화의 확대 결과로 간주하기는 어려울 것으로 생각한다.

위와 같은 문제를 극복하기 위해서는 도나휴의 사영화 개념에 추가하여 안보 사영화를 명확하게 정의할 개념 요소가 필요하다. 안보 사영화의 주체 및 내용에 관한 특성을 보다 잘 드러내는 개념 요소가 필요하며, 안보 사영화와 유사하지만 차이가 나는 개념과의 구별도 이루어져야 한다. 안보 사영화는 다음의 개념들과 구별해야 한다. 하나는 국가의 무기 구매 계약이고 다른 하나는 사기업이나 개인이 사설보안기업과 체결하는 경호 및 보안 계약이다. 구체적인 차이를 언급하면 다음과 같이 정리할 수 있다.

무기 구매 계약의 경우에 안보를 목적으로 한 국가와 민간 기업 간의 계약 체결 행위라는 점 그리고 안보 목적을 위해 사적 수단인 기업이 동원된다는 점에서 안보 사영화와 공통점을 가진다. 문제는 계약을 통해 획득하는 재화의 성격에 차이가 있다는 것이다. 무기 구매 계약의 경우에 군사력 확충을 위해 필요한 장비(hardware)를 획득하는 것을 목적으로 한다. 하지만 군사대행기업과의 계약은 용역 계약으로 군사 서비스를 대행할 노동행위(labor)를 구매하는 것이다. 다시 말해 무기 구매 계약과 안보 사영화는 계약 체결의 동기 및 주체에서는 유사성을 가지나 계약을 통해 획득되는 재화의 성격에서 차이가 난다고 할 수 있다.

경호 및 보안 계약의 경우에 계약을 통해 획득되는 서비스의 성격은 안보 사영화와 유사하다. 경호 및 보안 서비스라는 노동행위가 계약을 통해 획득되는 재화이기 때문이다. 하지만 경호 및 보안 계약의 경우에 계약의 목적과 주체에 있어 차이를 가지게 된다. 목적의 차이의 경우에 안보 사영화의 목적이 안보라는 공공의 목적으로 하는 반면, 경호 및 보안 계약의 경우는 사기업이나 일개 개인의 안전이라는 사적 이익을 목적으로 한다. 주체의 차이의 경우에 안보 사영화는 국가라는 공적 주체와 군사대행기업이라는 사적 주체 간의 계약인 데 비해 경호 및 보안 계약의 경우는 개인 · 사기업과 군사대행기업 간의 계약으로 계약이 쌍방 모두 사적 주체라는 차이점을 가지고 있다.

이상의 논의를 종합하여 안보 사영화의 개념을 구체화하면 다음과 같다. 먼저 도나휴의 개념을 따르면, 안보 사영화는 공공의 목적인 '안보'를 목적으로 하고 있어야 하고 그 달성 수단으로 기업이 포함되어야 한다. 하지만 안보 사영화 개념을 보다 구체화하기 위해 국가라는 사용 주체와 군사대행기업이라는 공급 주체가 들어가야 한다. 또한 계약 체결에 의해 획득되는 재화는 무기나 장비와 같은 물질적인 재화가 아니라 군사 임무 대행이라는 용역 행위라야 한다. 이상을 종합하면 안보 사영화는 "안보를 위해 국가가 민간 기업인 군사대행기업과 군사 임무 대행을 위한 용역 계약을 체결하는 행위"로 정의할 수 있다.[13]

2. 군사대행기업의 구성과 조직

군사대행기업은 민간 회사로서 군사 서비스를 상품으로 하는 조직이다. 하지만 이들은 외관상 일반 기업과 같은 형식의 조직 구성으로 이루어져 있으며, 운영 방법도 일반 기업과 비슷하게 이루어진다. 군사대행기업의 구성과 조직의 특징은 이 집단이 법인화(corporatization)되어 있다는 데서 비롯된다.[14] 법인화는 군사대행기업을 파편화된 개인을 의미하는 용병과 구분하게 해주기도 한다. 군사대행기업은 합법적인 영업 활동을 추구하며, 사원 모집도 공개적으로 이루어진다. 조직은 일반 기업과 같다. CEO를 기점으로 하여 주요 중역과 간부로 구성되어 있으며, 회사의

13 이를 보다 함축적으로 제시하면 안보 사영화는 '국가에 의한 군사대행기업 활용 행위'로 풀이될 수 있을 것이다. 이 책의 목적은 PMC 활용 유형의 제시인바, 목적에 보다 부합한 의미를 부여하기 위해 이 책에서는 안보 사영화보다는 이의 구체적 의미인 '군사대행기업 활용'을 주로 사용하고자 한다.

14 피터 싱어, 유강은 옮김, 『전쟁대행주식회사』, p. 91.

주요 의사결정도 일반 기업과 같이 최고경영자를 필두로 한 경영진에 의해 이루어진다.

[그림 1] 군사대행기업과 일반 기업의 조직적 유사성

〈기업 A: MPRI〉

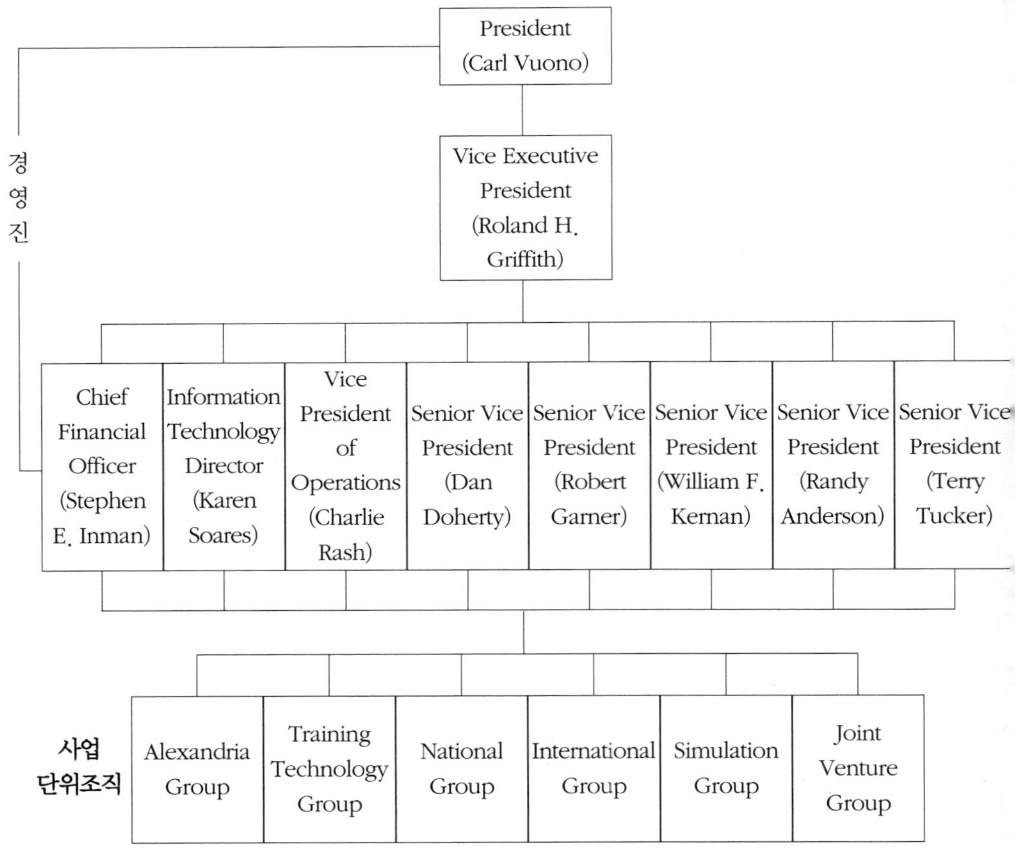

〈기업 B: Microsoft〉

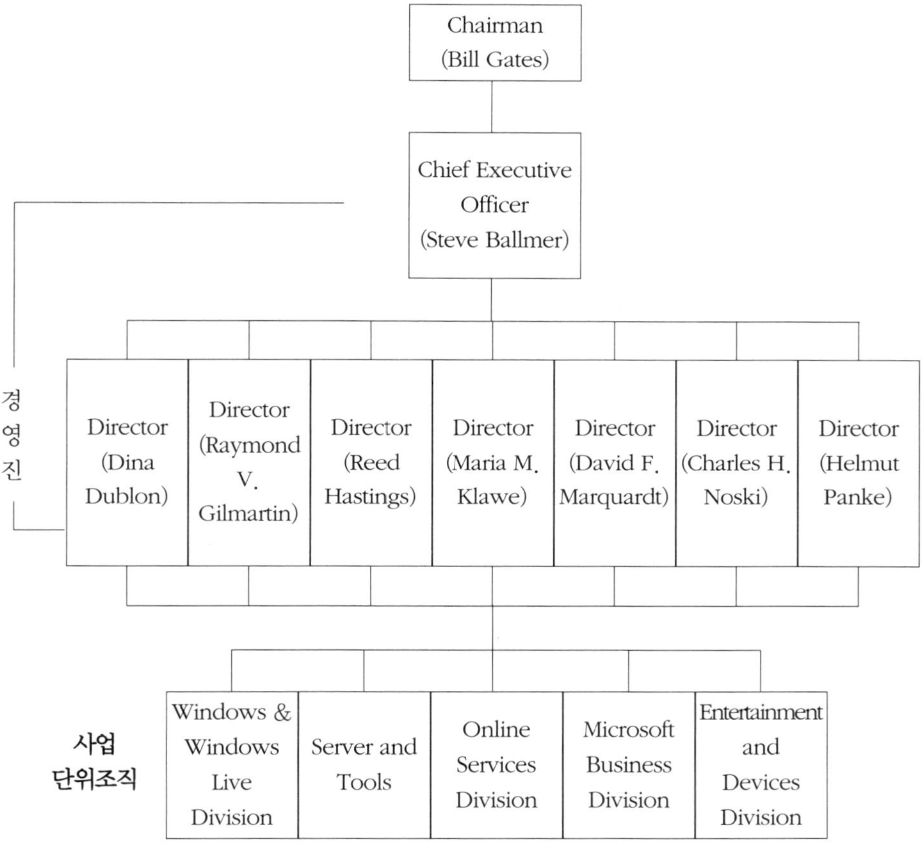

앞의 [그림 1]은 군사대행기업과 일반 기업의 조직적 유사성을 도식화 한 것이다. 두 기업 모두 최고경영자(President 혹은 Chairman)를 필두로 한 경영진과 사업단위로 구성되어 있다. [그림 1]에서 나타난 두 개의 기업 중 A기업은 미국계 군사대행기업인 MPRI[15]이고, B기업은 마이크로소프

15 MPRI의 조직도는 MPRI의 홈페이지에 나온 주요 사업 홍보문건을 토대로 재작성한 것이다. MPRI, "Major Business Units of MPRI," http://www.mpri.com/main/divisions.html(2010-06-02).

트(Microsoft)이다.[16] 조직도만 가지고 이 두 개의 기업 중 하나가 군사 업무를 대행하는 기업이라는 것을 판단하기는 어렵다. A기업인 MPRI의 경우에 기업의 최고경영자를 회장(President)이라고 일컫는 것을 비롯하여, 각 사업단위도 일반 기업에서 자주 쓰는 'Group'이라는 명칭을 사용하고 있다. 이렇듯 군사대행기업의 조직은 일반적인 회사와 차이가 없다.

경영 활동에 있어서도 군사대행기업은 일반 기업과 유사한 모습을 보인다. 일부 기업은 주식시장의 상장을 통해 자금을 확보하기도 하며, 공개시장에서의 회사 간 인수합병도 이루어진다. 예로 나스닥(NASDAQ)에서 KBR이라는 군사대행기업을 찾는 것은 어려운 일이 아니다.[17] 또한 MPRI와 같은 군사대행기업은 미국의 군수제조업체인 L-3 Communications와의 인수합병을 통해 사업을 확장하고 있으며, 비넬(Vinnell)은 노스롭 그루먼(Northrop Grumman)에 인수합병되어 현재 노스롭 그루먼의 자회사로 활동하고 있다.[18] 또한 OAO Corporation은 록히드 마틴(Lockheed Martin)에 합병되어 계열사로 활동하고 있다.[19]

이렇듯 군사대행기업은 일반 기업과 유사한 조직으로 구성되어 있으며 기업 활동 역시 법인화를 통한 합법적 사업 주체로 활동하는 경우가 일반적이다. 이들이 법인화 · 합법화를 추구하는 것은 장기적으로 보다 안정

16 마이크로소프트의 조직도는 마이크로소프트사 홈페이지의 'Company Information'을 바탕으로 구성했다. Microsoft, "Company Information," http://www.microsoft.com/presspass/bod/bod.aspx(2010-08-10). 경영에서 완전히 물러난 빌게이츠의 회장(chairman) 직함은 명예직이나 여전히 회사의 주요 경영진 명단에 등장하고 있다.

17 2007년 5월 31일, 나스닥시장에서 KBR 주식은 주당 27.53달러였다. NASDAQ, "Extended Trading Stock Charts: KBR," http://www.nasdaq.com/aspxcontent/Extendedradingcharts.aspx?mode(2007-05-31).

18 Vinnell, "History of Vinnell Corporation," http://www.vinnell.com/ArabiaRecruiting/recruiting.htm(2007-05-31).

19 두 회사는 2001년 12월 7일 합병했다. OAO사 홈페이지 참조. http://www.oao.com(2007-01-31).

적인 이윤을 추구할 수 있기 때문이다. 법인화의 대표적인 이점으로 자금의 동원 및 대금 수취가 용이하다는 것을 들 수 있는데, 합법적으로 인정받은 단체이기 때문에 은행의 구좌 개설이 가능하고 대규모의 자금 운용이 가능하게 된다. 또한 담보를 통해 금융기관으로부터 대출도 가능해진다. 이러한 금융기관에의 자유로운 접근은 군사대행기업이 사업을 확장함에 있어 재원 마련에 이점을 준다. 반면, 용병의 경우에 국제적인 감시를 우려해 거래에 있어 현금을 선호하게 되고 일시금으로 지급받기를 원하게 된다. 이러한 거래상의 제약은 큰 규모의 계약을 체결함에 있어 상당한 장애로 작용한다. 하지만 법인화를 통해 합법적인 활동을 추구하는 군사대행기업은 용병이 겪는 금전 거래의 불이익을 피할 수 있을뿐더러 대규모의 계약을 체결함에 있어서도 큰 장애를 겪지 않아도 된다. 이렇듯 군사대행기업은 법인화를 통해 합법적 활동을 보장받음으로써 사실상 일반 기업이 누리는 경영상의 혜택을 모두 누리는 조직으로 활동하고 있다.

3. 군사대행기업의 기능

군사대행기업의 기능을 살펴보려면 군사 임무의 구체적 내용을 파악해야 한다. 군사 임무는 군종별로 약간의 차이가 있을 수 있으나 다음과 같은 요소들을 포함하고 있다. 첫째, 군대의 가장 기본적인 임무인 전투가 있다. 둘째, 이러한 전투는 단독으로 행사되는 것이 아니라 무수히 많은 사전 업무 혹은 준비 과정에 의해 형성된다. 이러한 사전 준비 과정은 훈련 및 전략기획으로 대표된다. 셋째, 전투를 지원하기 위한 다양한 업무도 군대의 주요한 임무이다. 여기에는 막사 및 기지 건설, 장비의 정비 및 보수, 각종 병참물자의 지원, 급양 및 복지시설의 운영, 인사고과를 비롯한 각종 행정 업무의 수행 등이 있다. 이러한 다양한 군사 임무를 국가와의 계약을 통해 대행하는 것이 군사대행기업의 기능이다. 1990년대 군사대행기업은 거의 모든 군사 영역에서 서비스를 제공해왔다. 그렇다면 구체적으로 어떠한 기능을 수행하고 있는지 살펴보도록 하자. 논의의 편의상 최후방에서의 임무부터 살펴보도록 하겠다.

군대의 최후방 임무로 대표적인 것은 전략기획이다. 전략기획은 보통 군대 의사결정의 핵심인 각 군 본부 혹은 국방 담당 부서의 업무이다. 이 업무는 일반적으로 군대의 고유한 업무로 간주되어왔다. 군사대행기업은 이러한 전략기획을 대행하기도 한다. 대표적인 기업으로 미국의 MPRI를 들 수 있다. MPRI는 1990년대 중반부터 미국 국방성의 4년 주기 국방 계획인 QDR(Quadrennial Defense Review)의 감수를 맡은 바 있다. 또한 이 회사는 크로아티아 군대 창설과 관련하여 장기 전략의 자문을 제공하였으며, 보스니아 및 앙골라 · 나이지리아 및 적도기니 정부를 위한 전략기획 자문 서비스를 제공했다.[20] 미국의 비넬(Vinnell)은 사우디아라비아 정부를 위해 장기 전략 자문을 제공하는 회사이다. 또한 남아프리카공화국의 군사대행기업인 EO는 1990년대 중반 아프리카의 약소국을 위해 전략기획 및 자문 서비스를 제공하였으며, 영국의 군사대행기업인 샌드라인 인터내셔널(Sandline International)도 시에라리온 및 파푸아뉴기니의 군사력 건설을 위한 전략 자문을 제공한 바 있다. 최근 군사대행기업의 서비스에서 전략 자문은 필수적인 업무가 되고 있다. 특히 아프리카의 저개발 국가나 신생 독립국가는 국가의 장기 전략기획 능력이 부재한 경우가 대부분이어서 기타 군사 서비스를 제공하기에 앞서 그 국가의 안보 상황을 평가하고 그에 걸맞은 서비스를 제시할 필요가 있기 때문이다.

20 피터 싱어, 유강은 옮김, 『전쟁대행주식회사』, p. 237.

전략기획 이외에 후방에서 중요시되는 군사 임무는 바로 병참이다. 전쟁의 승리를 위해 병참은 그 어느 업무보다도 강조되는 분야이다. 이 병참 임무도 군사대행기업이 제공하는 대표적인 서비스이다. 전세계적으로 가장 유명한 군사대행기업 중의 하나인 KBR의 대표적인 상품이 바로 병참 서비스이다. KBR의 경우에 LOGCAP(Logistics Civil Augmentation Program)이라는 병참 사영화 프로그램을 통해 미군에 병참을 독점 공급하고 있는데, 탄약 · 유류뿐만 아니라 병사들을 위한 식사 제공 및 복지시설의 운영도 이 회사가 담당하고 있다.[21] KBR이 제공하는 병참 업무는 미국의 부대의 모습을 바꾸어놓았을 정도이다. 일례로 현재 아프가니스탄에 파견된 미군 병사들이 겪고 있는 어려움 중 하나는 바로 화장실이다. 아프가니스탄에는 미군 병사들이 고국에서 사용하였던 수준의 화장실이 없기 때문이다. KBR은 현재 아프가니스탄에 주둔한 미군을 위해 야전 화장실 제공 및 분뇨 처리까지 담당하고 있다. KBR은 1개의 야전 화장실당 하루 200달러를 받으면서 이 문제를 처리하고 있다.[22] 이러한 병참과 관련된 기업은 KBR 이외에도 미국계 군사대행기업인 다인코프가 있다. 병참의 경우에 KBR과 같이 대규모 병참을 전문적으로 수행할 능력을 가진 군사대행기업도 있지만 일부 군사대행기업은 전장에서 소규모의 병참을 제공하기도 한다. 앞서 언급한 남아프리카공화국의 EO나 영국의 샌드라인 인터내셔널의 경우에 전장에서의 소규모 병참을 제공하는 업체이다. 이 업체들의 주요 고객은 아프리카의 약소국들로, 이들 국가는 내전 자체를 이들 업체에 의뢰하였는데, 이들 국가는 각종 군사장비와 전투 물자를 조달할 능력이 없었다. 이들 국가에서 군사대행기업은 병참 서비스까지

21 Global Security, "Logistics Civil Augmentation Program, LOGCAP," http://www.globalsecurity.org/military/agency/army/logcap.htm(2006-12-15).

22 태상호, 「아프가니스탄 리포트」, 『플래툰』, 제139호(2007), p. 82.

제공하면서 이들 국가의 내전을 해결했다.[23]

병참 제공 이외에 기지 건설 및 관리와 같은 업무도 군사대행기업이 활용되는 분야이다. 사실 이 분야는 군대에서 공병부대가 담당하였던 분야이다. 공병부대는 지뢰의 매설 및 해체가 주요한 업무로 알려져 있지만 공병부대가 하는 또 다른 주요한 업무는 바로 건설이다. 각종 병영 및 간부들을 위한 주택 건설, 도로 및 교량의 건설 및 유지 · 보수가 공병부대의 일이다. 또한 해군과 공군의 경우에 비행장 및 해군기지의 건설이 이루어져야 한다. 사실 군사기지 건설은 일찍부터 건설업체에게 외주를 주어 해결했다. 하지만 전장에서 신속 대응군의 전개를 위해 부대를 건설해야 하는 경우에 공병부대가 이를 책임져왔다. 1990년대에 접어들면서 전장에서의 건설 업무도 군사대행기업이 담당하게 되었다.[24]

앞서 언급한 분야보다 전투 행위와 관련을 맺고 있는 군대의 업무로는 병사의 훈련 및 교육을 들 수 있다. 교육 및 훈련도 1990년대 중반부터 군사대행기업이 적극적으로 활용되기 시작한 분야이다. 미국의 경우에 주요 대학의 학군단은 더 이상 군인들이 담당하지 않는다. 1995년 이래로 미국 국방성은 220개 주요 대학의 학군단 훈련을 군사대행기업에 의뢰해왔다. 초기의 프로그램은 MPRI가 맡았으며[25] 2002년 이후에는

---

23 샌드라인 인터내셔널-파푸아뉴기니 정부 간 계약서 참조. "Agreement for the Provision of Military Assistance Dated This 31 Day of January 1997 Between The Independent State of Papua New Guinea and Sandline International," http://coombs.anu.edu.au/SpecialProj/PNG/htmls/Sandline.html(2006-12-22). 본 계약서는 이 책의 [부록 5-1]에 수록되어 있다.

24 미국 해군과 공군의 민간 병참 지원 프로그램인 CONCAP 및 AFCAP 계약의 대부분은 해군기지 및 공군 비행장 건설과 관련이 있다. Global Security, "Construction Capabilities (CONCAP)," http://www.globalsecurity.org/military/agency/navy/concap.htm(2006-12-15); "Air Force Contract Augmentation Program (AFCAP)," http://www.globalsecurity.org/military/agency/usaf/afcap.htm(2006-12-15).

25 MPRI의 학군단 훈련 대행에 관한 내용은 이후 자세히 소개한다. MPRI의 학군단 훈련 대행

COMTek(Communication and Technology)이라는 회사가 이 프로그램을 운영하고 있다.[26] 학군단뿐만이 아니라 각 군의 훈련에 군사대행기업을 동원하는 일도 있다. 미국 육군의 경우만 하더라도 M2/3 보병전투차의 훈련 및 적외선 장비를 착용한 가상전투훈련(일명 Miles Gear 훈련)을 MPRI가 담당하고 있다.[27] 또한 MPRI는 1995년 크로아티아를 위해 신생 크로아티아군의 훈련을 맡은 바 있으며, 이후 보스니아 · 앙골라 · 적도기니에 진출하여 현지 정규군을 훈련시키고 있다. 훈련 분야 역시 각 군사대행기업이 가장 선호하는 사업 분야이다. 특히 약소국의 경우에 자국의 군대를 훈련시킬 요원이 부족한 실정이고 이러한 훈련 요원을 외국으로부터의 군사 지원으로 조달하는 것도 한계가 있기 때문이다. 이에 군사대행기업들은 훈련을 주요한 제공 서비스에 포함시키고 있다. 사실 거의 모든 군사대행기업이 훈련 서비스를 제공한다고 할 정도로 훈련 분야는 군사대행기업의 공통 서비스가 되고 있다.

군사대행기업은 최전방의 전투 서비스를 제공하기도 한다. 군사대행기업이 전투 행위에 가담하고 있는 명확한 증거가 앙골라 및 시에라리온 내전에서 발견되었다. 남아프리카공화국의 EO는 1990년대 중반 아프리카의 약소국인 앙골라와 시에라리온에 고용되었다. 당시 이 두 국가는 내전 자체의 해결을 EO 측에 의뢰했는데, 이 계약의 내용에 따라 EO는 현지 저항세력과의 실제 전투를 수행했을 뿐 아니라 고용주인 시에라리온 정부의 정규군을 지휘하는 등 사실상 전쟁 지도부 역할을 수행했다.

이러한 명백한 전투 행위 이외에도 이라크에서는 군사대행기업의 비공

에 대한 연구로는 Avant, *The Market for Force*, pp. 116~120 참조.

26 *Ibid*., p. 118; http://www.goarmyrotc.com/index.html(2006-12-15).

27 피터 싱어, 유강은 옮김, 『전쟁대행주식회사』, p. 223; MPRI, "Laser Marksmanship Training System," http://www.mpri.com/main/simulationslmts.html(2007-12-15).

식적인 전투 행위가 빈번하게 관찰되었다. 미국은 공식적으로 이라크에 파견된 군사대행기업의 전투 행위를 부인하였는데, 2004년 일련의 사건을 통해 이라크에 파견된 군사대행기업이 전투 행위에 가담하고 있다는 사실이 목격되었다. 블랙워터라는 미국의 군사대행기업이 현지 저항세력의 공격으로 위험에 처한 임시연합행정처(Coalition Provisional Authority, CPA)를 보호하기 위해 현지 저항세력과 전투를 벌인 것이다.[28] 블랙워터가 이라크에 파견되었을 때, 이들은 주요 요인 및 시설의 경호를 위임받았다. 하지만 이라크의 상황이 게릴라전으로 전개되면서 단순한 '경호' 임무로는 효과적인 서비스 제공이 어렵게 되고 블랙워터와 같이 경호 임무를 맡은 업체들은 사실상 전투 요원으로 활용되었다. 2006년 12월, 이라크에는 25,000명의 군사대행기업의 경호 요원들이 활동하고 있었는데 이들은 모두 무장 요원으로 일반 보병에 버금가는 무장을 하고 있었다.[29] 이들은 이라크 현지에서 미군과 더불어 교전 행위에 직간접적으로 개입하고 있는 사실상의 전투 요원이었다.

위에서 언급한 기본적인 업무 이외에 각 군종별 특수 임무에 군사대행기업이 고용되는 일도 있다. 예로 지상군의 경우에 지뢰 제거나 폭발물 처리와 같은 특수 임무에 군사대행기업을 고용하기도 하며, 해군의 경우에는 함정의 보수나 정비와 같은 임무를 군사대행기업에 의뢰하는 경우도 있다. 또한 공군의 경우에는 기지 관제 및 조종사 훈련과 같은 임무를 군사대행기업에 의뢰하기도 한다. 또한 신무기의 도입에 따르는 초기 운영과 그 무기의 도입 훈련 및 군정보 시스템의 운영도 군사대행기업에게

28 Dana Priest, "Private Guards Repel Attack on U. S. Headquarters," *Washington Post*, April 6, 2004.

29 Renae Merle, "Census Counts 100,000 Contractors in Iraq," *Washington Post*, December 5, 2006.

의뢰하는 사례가 있다.

이상 언급한 바와 같이 군사대행기업은 거의 모든 군사 임무를 대행하고 있다. 그러나 군사대행기업의 군사 임무 대행이 무제한적인 것은 아니다. 군사대행기업이 진출하지 못하고 분야는 바로 핵전력과 관계된 분야이다. 핵잠수함의 유지 및 보수를 대행하거나 핵무기를 포함한 대량살상무기의 확산 방지 임무의 지원을 대행하는 업체(대표적 기업으로 URS Federal Services) 경우도 발견되나 핵무기의 발사권 및 관리는 여전히 국가가 독점하고 있다.

4. 군사대행기업의 공급원

군사대행기업은 자신이 필요한 자원을 어떻게 확보하는가? 군사대행기업이 사업을 진행하기 위해 필요한 것은 인력과 장비이다. 인력의 경우 군사적인 지식과 기술을 보유한 사람이어야 하고 장비의 경우에 군사장비를 의미한다. 흥미로운 사실은 군사대행기업이 동원하는 인력과 군사장비의 대부분이 국가로부터 흘러나온다는 점이다. 군비 축소를 통해 민간으로 흘러나오게 된 군사장비와 퇴역군인들이 군사대행기업의 공급원이 되고 있다.

냉전 종식은 잉여 군사장비가 민간 부문으로 흘러들어가는 계기를 제공했다. 구소련과 그 위성 국가들의 붕괴 및 국가 재건 과정에서 많은 군사장비가 폐기되지 않은 채 민간 부문으로 흘러나왔다. 군사장비의 폐기는 엄격한 절차를 따라 처리되어야 한다. 예를 들어 보병의 기본 장비인 소총의 경우만 하더라도 폐기를 위해 노리쇠뭉치와 같은 격발 부품을 제거해야 하며, 총신도 다시 사용하지 못하도록 절단하는 과정을 거쳐야 한다. 소총보다 더 정교한 전차나 함선 혹은 전술 항공기의 경우에 폐기 자체가 상당히 어려운 일이 되고 이 과정에서 막대한 돈이 필요하게 된다. 미국은 냉전 종식 이후 구소련과 위성 국가의 장비 폐기를 돕기 위해 자금을 제공하고 공산주의 진영 국가의 무기를 사들이는 등, 냉전 당시에 만들어진 각종 군사장비의 폐기와 확산 방지를 위해 노력했다. 문제는 이러한 노력에도 불구하고 이러한 장비들이 국제 무기시장으로 흘러들어간 것이다. 가장 모범적인 군비 축소와 군대 통합 과정을 보여준 통일독일의 경우만 하더라도 냉전 당시에 보유한 구(舊)동독의 장비가 전량 폐기된 것이 아니었다. 구동독 육군은 1990년 통일 이후 자국이 보유한 장비를 경매한 일이 있었다. 통일독일 군대의 전력으로 채택되지 못한 무기들을 경매시장에 내놓아 처리한 것이다.[30]

통일 독일의 폐기 대상 무기 경매 처리는 군비 축소 과정에 있었던 구(舊)동구권 국가들에 의해 모방되기 시작했다. 불가리아를 비롯한 일부 구동구권 국가들은 폐기해야 할 자국의 무기들을 금수 조치가 내려진 불량 국가에게 판매하여 문제가 된 적도 있다.[31] 이 과정에서 가장 큰 수혜를 입은 것은 무기 중개상이었다.[32] 무기 중개상들은 냉전 종식 이후에 폐기되어야 할 장비들을 다시 재활용했다. 이들은 냉전 종식 이후에 폐기되어야 할 무기들을 헐값에 사들인 후 이를 필요로 하는 소비자에게 판매하기

---

30 Otfried Nassauer, "An Army Surplus: The NVA's Heritage," Edward J. Lawrence and Herbert Wulf (ed.), *Coping with Surplus Weapons: A Priority for Conversion Research and Policy*, Brief No. 3 (Bonn: Bonn International Center for Conversion Research, 1995), p. 38.

31 켄 실버스타인, 정인환 옮김, 『전쟁을 팝니다』(서울: 이후, 2007), p. 143.

32 냉전 당시부터 전세계적으로 유명한 무기 중개상은 4명 정도가 있다. 독일 출신의 에른스트 베르너 글라트와 게르하르트 게오르그 메르틴스, 샘 커밍스, 및 바질 자하로프가 그들이다. 이들에 관한 상세한 이야기는 *Ibid.*, pp. 84~186 참조.

시작했다. 폐기되었어야 할 전차가 대당 4만 달러에 거래되는가 하면, 미사일 고속정의 경우에 20만 달러 정도만 있으면 구입할 수 있었다.[33] 개인 화기의 경우에는 더욱 저렴한 가격에 구입할 수 있었는데, 구동구권에서 생산된 경기관총이 한 정에 60달러에 거래되는가 하면 AK-47 소총(구소련 및 동구권의 대표적 소총)의 경우에는 보다 저렴한 40달러 선에서 거래되기도 했다. 미국의 대표적 소총인 M-16이 한 정에 약 800달러 정도인 데 비해 구동구권에서 흘러나온 중고 무기들은 이보다 약 1/20의 저렴한 가격으로 판매되었다. 구동구권에서 흘러나온 중고 무기들은 자체적인 무장력 확보를 열망하는 집단들에게 가장 선호되는 상품이 되었다.

군사대행기업도 중고 군사장비의 재활용의 대표적 주체였다. 군사대행기업은 값싼 중고 군사장비를 구입하거나 단기 임대하는 방식을 통해 자신과 자신의 고객을 무장시켰다. 군사대행기업이 민간 시장에 흘러나온 장비를 활용하는 가장 대표적인 방법은 군사대행기업과 계약을 한 국가가 장비를 구매하게 하고 장비의 운용과 정비만을 군사대행기업이 맡는 방식을 활용하는 것이다.[34] 이러한 방식을 활용할 경우에 군사대행기업은 무기 구입에 드는 추가적인 비용 없이도 장비를 활용하면서 군사 임무를 대행할 수 있다.

누가 군사대행기업의 사원이 되고 있는가? 이라크에는 군사대행기업의 사원이 되기 위해 세계 각지에서 젊은이들이 몰려들고 있다. 대부분 위험한 지역에서의 임무에 대한 높은 보수를 노린 젊은이들이다. 하지만

---

33 Otfried Nassauer, "An Army Surplus: The NVA's Heritage," p. 38.

34 크로아티아에서 활동한 MPRI는 크로아티아 정부의 무기 구매 계약 때 무기 중개상과 크로아티아 정부를 중개했고 파푸아뉴기니에서 활동한 샌드라인 인터내셔널은 작전에 필요한 무기를 파푸아뉴기니 정부가 구매하게 한 후, 이의 운용만 대행했다.

이들 모두가 군사대행기업에 의해 선택되는 것은 아니다. 그렇다면 군사대행기업은 어떠한 사람들을 선호하는가? 다음의 내용을 보면 군사대행기업이 선호하는 직원의 자격 요건을 알 수 있다.

> 8년 이상의 군복무 경력자로 군 특수부대(Navy SEALs 및 Rangers) 경력자 우대. 미국 정부의 비밀취급인가증 소지자. 최근 1년간 이라크 및 아프가니스탄 파견 경력자 우대. 개인 화기 사용에 익숙하고 탁월한 체력 조건을 가진 자. 제대 군인의 경우에는 명예제대군인이어야 함.[35]

이상의 내용은 블랙워터의 사원 모집요강에서 발췌한 것이다. 물론 블랙워터가 전투와 같은 위험한 일을 대행하기 때문에 특수부대 경력자를 선호한다고 했지만, 위의 모집요강의 핵심은 군사대행기업이 퇴역군인들을 선호한다는 점이다. 군사대행기업이 퇴역군인들을 선호하는 이유는 크게 세 가지이다.

첫째, 퇴역군인들은 군사대행기업 사원 모집에 있어 부담해야 할 검증의 문제를 완화시켜줄 수 있다. 정규군에서 일정 기간 이상 복무를 한 사람들은 군사 임무에 대한 적성과 이에 필요한 자질에 대한 검증이 이루어진 사람들이다. 이러한 사람들을 고용하는 것은 그렇지 않은 사람들을 고용하였을 때 발생하는 문제, 즉 직무 적응 실패 혹은 자질의 부족에서 발생하는 사고 등을 최소화할 수 있다.

---

35 Blackwater, "Contract Opportunities," http://blackwaterusa.com/employment/contract_positionsecurityspecialist.asp(2007.01-18). 블랙워터의 임금은 일당으로 하루 500~600달러를 지급한다. 연봉으로 환산(365일로 적용)하면 182,500~219,000달러이고 휴무일을 고려하면 대략 158,500~190,200달러가 된다. 원화로 환산하면 블랙워터 직원들은 억대 연봉자들이다.

둘째, 퇴역군인들은 이들에 대한 훈련 및 교육 비용이 절감되며, 필요한 사업에 즉시 투입할 수 있다. 이미 국가가 이들에게 기본적인 임무뿐만 아니라 특기훈련까지 모두 시행하여 자신이 맡은 업무에 대한 기초 지식과 기술이 체득된 상태이기 때문이다.

셋째, 퇴역군인을 확보하고 있다는 것은 군사대행기업이 이를 자사 홍보에 활용할 수 있는 이점을 제공한다. 퇴역군인을 보유하고 있다는 것은 풍부한 현장 및 실전 경험, 전문성을 보유하고 있다는 것을 의미하며, 이는 고객 확보를 위한 주요한 홍보 포인트가 된다. MPRI는 자신이 보유한 인력 풀을 자사가 보유한 최고의 자산으로 내세운다.[36] 이 회사는 미군에서 퇴역한 전직 장성 및 고위 장교로 구성된 인력 풀을 보유하고 있는데 이를 바탕으로 전략 기획 분야에서 타의 추종을 불허하는 전문성을 가지고 있다는 것을 광고하고 있다.[37] 앞서 언급한 블랙워터의 경우에는 네이비 씰(Navy SEALs) 및 델타포스(Delta Force)와 같은 미국의 엘리트 특수부대 출신 직원이 자사의 주요한 자산이라고 홍보한다.[38]

5. 군사대행기업과 국가의 계약 형태

국가와 군사대행기업의 계약은 기본적으로 용역 계약으로 이루어진다. 일반적으로 계약은 군사대행기업이 체결할 계약 당사자(국가)의 제도에 따라 그 형식이 결정되나 일반적으로 계약 기간, 제공하는 서비스의 내

36 피터 싱어, 유강은 옮김, 『전쟁대행주식회사』, p. 217.

37 MPRI, "Corporate Philosophy," http://www.mpri.com/main/philosophy.html(2007-01-18).

38 Blackwater, "About Us," http://www.blackwaterusa.com/about(2007-01-18).

용, 계약 당사자 간의 의무, 대금 지불과 관련 법률 그리고 소요 장비의 산정과 같은 세부 사항 등의 내용으로 구성된다.[39] 각 항목은 고객과 군사대행기업의 협의에 의해 자유롭게 조정되며, 관련 법규(국제법 · 국내법 포함)에 저촉되지 않는 한 계약의 제한은 없다. 계약 기간은 짧게는 수개월에서 길게는 5년 이상의 중장기 계약이 가능하다.[40] 하지만 미국과 같은 일부 국가에서는 장기 계약을 할 때 나타날 수 있는 의무 태만 및 신의 · 성실 위반 문제를 극복하기 위해 특별히 고안된 계약 기간을 적용하기도 한다. 계약 갱신 제도가 대표적인데, 이 제도는 10년의 장기 계약을 맺고 있다고 하더라도 일정 기간이 경과한 후(예로 1년 혹은 3년) 계약 이행 수준 평가를 통해 계약을 갱신하도록 하고 있다. 서비스에 대한 불만 등을 이유로 계약이 갱신되지 못하는 경우에 기존 업체와의 계약은 해지되며, 국가는 사업자 재선정 과정을 거쳐 다른 군사대행기업과 계약을 체결한다.

제공 서비스의 경우에 국제법적 · 국내법적인 저촉 요인만 없다면 어떠한 내용이든지 설정할 수 있다. 병참, 훈련, 지휘, 전략 자문, 주요 시설 및 요인 경호, 심지어는 군(軍) 창설이나 전쟁 자체의 해결도 의뢰할 수 있다. 하지만 계약서에 나타난 서비스의 내용만 가지고 군사대행기업이 계약 당사국에 제공할 서비스를 파악할 수 없는 경우도 있다. 군사대행기업과 국가가 사전 협의에 의해 계약서의 내용과 다른 서비스를 제공받도록 계약을 체결하는 것인데, 표면상으로는 군 현대화 교육 훈련을 제공한다고 제시하고 실제로는 전투 훈련을 제공하는 경우이다.[41]

---

39 [부록 5]의 샌드라인 인터내셔널과 파푸아뉴기니 정부의 계약서, 미국 정부와 MPRI의 이라크군 훈련 의뢰 계약서, 그리고 미국 정부와 KBR(당시 Brown and Root Service)의 LOGCAP 계약서 참조.

40 일례로 샌드라인 인터내셔널과 파푸아뉴기니 정부의 경우에 계약 기간은 3개월이었다. 이 책 [부록 5-1] 파푸아뉴기니 – 샌드라인 인터내셔널의 계약서 참조.

41 1995년 크로아티아는 자국 군대의 훈련을 MPRI에 의뢰했는데 계약상으로는 군대의 현대화

계약 당사자 간 의무의 경우에 당사자 간에 지켜야 할 제반 사항에 대한 내용이 포함된다. 주로 계약이 파기되는 조건에 대한 내용과 계약을 위반했을 때 대금 지불 문제에 관한 내용이 주를 이루게 된다.

국가와 군사대행기업의 계약 중에는 효율적인 서비스 공급을 위해 특별한 제도를 마련하는 경우도 있다. 예를 들어 미국의 민간 병참 프로그램인 LOGCAP(Logistics Civil Augmentation Program)의 경우에 효율성을 추구하기 위해 우산 계약(umbrella contract)이라는 특별한 제도를 활용했다. 이 제도는 병참 서비스의 신속한 공급을 위해 고안된 것으로 병참 전반을 한 업체에게 독점 계약 형식으로 맡기고 계약 이행의 절차나 비용 산정의 과정을 과감하게 축소시킨 것이다. 일단 계약이 체결되면, 업체가 우선적으로 서비스를 공급한 후, 원가에 더하여 자신이 받아야 할 이윤을 청구한다. 국가는 해당 액수만 지불하는 것으로 관련 업무를 처리한다.[42] 이 제도는 신속한 서비스 공급을 확보할 수 있으며, 계약과 관련된 행정 비용 및 인력을 절감할 수 있다는 장점이 있으나 적절한 검수 제도가 보완되지 않으면, 계약자가 이를 악용할 가능성이 있다.

6. 군사대행기업 등장의 역사적 배경

근대 국가가 확립되기 이전, 한 국가가 군사력을 건설하는 방법은 크게 세 가지였다. 하나는 자국 국민을 군대에 동원하는 등, 자체적으로 군사

와 관련한 강의를 위주로 하고 있었으나 실제로는 단순한 강의가 아닌 전투훈련을 제공받았다는 의혹이 있었다. 피터 싱어, 유강은 옮김, 『전쟁대행주식회사』, pp. 228~230.

42 The U. S. Army, "Field Manual No. 100-10-2: Contracting Support on the Battlefield," http://www.globalsecurity.org/military/library/policy/army/fm/100-10-2/appa.htm(2007-01-29).

력을 건설하는 방법이고 다른 하나는 공동의 적에 대항하는 동맹과 같이 외부의 군사 지원을 활용하는 방법이다. 그리고 근대 국가 이전에는 이러한 두 가지 방법 이외에 용병(Mercenary)이 장기간 활용되었다. 용병은 국민군(혹은 시민군)만큼이나 오랜 역사를 가진 군사력이었으며, 군사대행기업과 마찬가지로 국가의 구매 행위에 의해 활용된 군사력이었다. 역사상 나타난 최초의 용병 활용 사례는 카데시(Kadeshi) 전투에서이다. 기원전 1294년 이집트(Egypt)와 히타이트(Hittites) 사이에 벌어진 이 전투에서 이집트의 파라오 람세스 2세(Pharaoh Ramses II)는 누미디아(Numidia) 용병을 활용했다.[43] 웨스트팔리아 체제가 등장하기 이전의 시기에는 용병을 고용하는 것에 대한 어떠한 규범적인 제재도 없었다. 따라서 용병은 시민군과 더불어 국가가 사용할 수 있는 전쟁 수단의 일종으로 취급되었으며 극단적인 경우에 카르타고와 같이 자신의 군대를 모두 용병으로 충원한 경우도 나타났다. 인류 역사에서 정규군만으로 전쟁을 치렀던 근대 국가 이후의 시기가 예외적인 현상이라고 할 수 있다.

1) 고대 그리스-로마시대의 용병: 보조적 기능의 외인부대

고대 유럽의 역사를 대표하는 그리스와 로마의 군대도 용병을 활용했다. 이들 국가에서 용병은 주력부대를 보조하기 위한 목적으로 활용되었다. 또한 용병은 정규군 편제의 일환으로 운용되는 것이 일반적이었다. 그리스와 로마 군대의 편제는 크게 주력부대와 보조부대로 구성되어 있었는데 주력부대는 중장보병부대(hoplite 혹은 legion)[44]로 시민으로 구성된

43 피터 싱어, 유강은 옮김, 『전쟁대행주식회사』, p. 48; Larry Taulbee, "Reflections on the Mercenary Option," *Small Wars and Insurgencies*, Vol. 9, No. 2 (1998), p. 145.

44 중장보병은 기원전 8세기경 그리스에서 나타난 보병이다. 청동 투구와 청동 · 가죽 삼베로 만든 흉갑을 착용하고 지름 1m의 청동 방패, 길이 2.4~3m의 파이크(pike)라는 장창과 단검

상위 계층의 부대였고 보조부대(psiloi 혹은 auxiliary)는 경보병이나 투석병, 궁수, 기병으로 구성된 부대로서 이들은 대부분 하층민이나 용병에 의해 충원되었다. 즉 고대 역사에서 용병은 정식으로 군대에 편제된 외인부대로서 활용되었으며 자체적인 조직을 갖추지 못한 파편화된 개인으로서의 성격이 강했다. 고대 그리스에서 벌어진 전쟁이었던 펠로폰네소스 전쟁(제1차 기원전 460~445, 제2차 기원전 432~404)도 그리스 시민으로 구성된 중장보병 및 이민족과 용병으로 구성된 보조부대에 의해 치러진 전쟁이었으며, 당시 대부분의 국가들은 자국 시민으로 구성된 부대를 주력으로 하고 용병을 보조부대로 사용했다.[45] 이후 고대 그리스의 용병 활용은 알렉산더의 동방 원정 시기까지 지속되게 된다. 페르시아제국 정복이 끝날 무렵인 기원전 336년이 되면 알렉산더의 군대는 마케도니아인을 주축으로 하는 군대에서 용병을 중심으로 하는 군대로 바뀌게 된다.[46]

로마 역시 이민족으로 구성된 용병 부대를 보조부대로 활용했다. 로마군의 경우, 주력부대인 중장보병군단(Legion)은 로마 시민으로 구성하고 보조부대는 이민족 용병으로 구성했다. 당시 로마와 충돌한 국가들도 용병을 사용하는 경향이 있었다. 특히 포에니 전쟁 당시 로마의 상대국이었던 카르타고는 주요 지휘관을 제외한 모든 병사를 용병으로 구성할 정도로 높은 수준의 용병 활용도를 보였다.

로마는 주요한 군사 개혁이 있을 때마다 용병 활용을 증대시켰다. 로마

을 휴대했다. 중장보병은 방진(phalanx)이라는 진법을 통해 활용했는데 1개 방진은 통상 8~16명으로 구성했다. 방진은 전투 때 촘촘한 밀착(개개의 병사가 보유한 방패가 붙을 정도)을 유지하고 방패와 방패 사이로 파이크를 내밀어 고슴도치 모양이 된다. R. E. Dupuy and T. N. Dupuy, *The Encyclopedia of Military History From 3500 B. C. to the Present* (New York: Harper and Row Publishers, 1977), p. 17.

45 버나드 로 몽고메리, 승영조 옮김, 『전쟁의 역사』(서울: 책세상, 2005), p. 126.

46 피터 싱어, 유강은 옮김, 『전쟁대행주식회사』, p. 49.

의 군사 개혁은 크게 네 번 이루어지게 되는데 제3차 포에니 전쟁(Punic War) 중인 기원전 105년경 집정관 마리우스(Gaius Marius)에 의한 개혁을 시작으로 기원전 27년의 아우구스투스(Augustus) 집권기, 그리고 기원후 258년경 갈리에누스(Gallienus)와 284년경 디오클레티아누스(Diocletianus)의 군사 개혁이 있었다. 로마의 군사 개혁들은 로마군의 정예화를 목표로 하고 있었지만 실질적인 내용은 로마군의 용병 의존도를 증대시키는 것이었다. 마리우스의 경우에 주력부대인 군단의 구성원을 직업군인으로 전환함과 동시에 기병부대를 모두 용병으로 구성하게 하였고 아우구스투스의 경우에는 용병으로 구성된 보조부대의 비중을 늘려 주력부대와 동일한 수준의 용병 부대를 유지하도록 했다.[47]

기원후 258년경 갈리에누스의 군사 개혁에 이르면 로마의 용병에 대한 의존은 더욱 심화된다. 이 시기, 용병 활용을 증대시키게 되는 주요한 이유는 전쟁 양상의 변화였다. 갈리에누스는 기병의 중요성을 인식하고 이민족 용병으로 구성된 기병을 로마군의 주력부대로 개편하는 정책을 실시했다.[48] 전장에서 주력이 보병에서 기병으로 바뀌게 됨에 따라, 주력부대를 중장보병에서 기병으로 대체한 것이다. 기병부대의 주력화는 이민족 용병부대가 사실상 로마군의 주력이 되게 하는 결과를 초래했다. 이민족 용병부대의 주력화는 디오클레티아누스 통치 시기(284~305년)에 이르면 거의 최고조에 달하게 되는데, 이 시기 로마군은 사실상 게르만 부대라고 불릴 만큼 외국인 용병이 다수를 이루는 부대로 변모하게 된다.[49]

---

47 아우구스투스 집권 당시 로마 군단의 수는 25개(약 150,000명)였고, 보조 부대는 150,000명으로 구성했다. 이로써 보조 부대는 규모 면에서 로마군단과 동격이 되었다. Dupuy and Dupuy, *The Encyclopedia of Military History From 3500 B. C. to the Present*, p. 115.

48 버나드 로 몽고메리, 승영조 옮김, 『전쟁의 역사』, p. 230.

49 Hans Delbruck, *History of Art of War: Within the Framework of Political History* (Westport: Greenwood Press, 1975), p. 2.

고대 유럽 역사에서의 용병은 정규군 편제 하의 외인부대에 소속되어 국가에 대한 독자성을 확보하지 못한 파편화된 개인들이었다. 반면 국가는 이들을 자국의 주력부대를 보완할 목적으로 활용했다. '보조부대'라는 용어에서 나타나듯 국가는 용병들로 하여금 주력부대를 기능적으로 보조하는 역할을 수행하게 했다. 이러한 방식의 용병 활용은 현재 유럽 일부 국가에서 그 명맥을 유지하고 있는데, 영국 · 프랑스 · 스페인의 외인부대는 역사적 맥락에 있어서 고대 그리스 및 로마의 용병 활용과 유사한 형태라고 볼 수 있다.

고대의 용병은 보조부대로만 머문 것은 아니었다. 자국의 주력부대(중장보병부대)보다 이민족의 용병부대(특히 기병부대)가 전장에서 더욱 효과적이라는 인식이 확산되면서 용병은 보조부대에서 주력부대로 변하게 되었다. 용병의 주력화는 이후 거론할 중세시대에 이르면 더욱 확대되고 용병을 활용하는 국가뿐 아니라 용병 자체의 성격이 변화하게 되는 계기를 마련하게 된다. 파편화된 개인들로서 주력부대를 지원하던 용병들이 국가 군대의 주력으로 취급되기 시작하고 이들에 대한 활용이 증대되면서 용병들은 독자화 · 집단화되기 시작했다.

2) 중세시대: 조직화 · 독자화 · 주력화된 용병단(Free Company)

로마제국의 몰락 이후 중세로 건너오면 국가의 용병 활용은 보다 확대되기 시작하여 봉건 영주나 왕의 대표적인 군사력 동원 수단이 되었다. 봉건제도 자체가 군사력을 동원하기에 너무나도 비효율적인 형태였기 때문이다. 군주는 기사들을 동원할 수 있는 횟수, 지원 절차, 동원 기간에 있어서 상당한 제약을 받았다.[50] 이러한 봉건제도의 군사적 취약성은 영

50 예로 독일에서는 알프스 이북 지역 전투 때 소집에서 출발까지 40일이 걸렸고 알프스 이남

주들로 하여금 봉건제도와는 별도로 군사력을 동원할 방법을 모색하게 하였는데, 그 결과로 등장한 것이 군사력 구매 계약을 의미하는 '전투 계약' 혹은 '도급(Condotta) 계약'이었다.[51] 중세시대 도급 계약의 활성화는 용병의 성격이 변화하게 되는 중요한 계기로 작용했다. 도급 계약에 의해 용병 활용이 확대되면서 용병들은 자신의 권익을 보호하기 위한 독자적 조직을 만들기 시작했다. 중세시대 용병들의 동업 조합을 의미하는 용병단(free company)의 등장은 봉건제도의 군사적 취약성과 도급 계약의 활성화가 만들어낸 산물이다. 용병단을 통해 집단화된 용병들은 국가에 대하여 자율성을 확보하게 되었다.

조직화를 통한 자율성의 확보는 중세의 용병을 규정하는 주요한 특징이 되었다. 중세시대의 용병단은 국가의 조직에 예속되지 않는 주체였다. 어느 집단에도 속하지 않는다는 것을 의미하는 '자유'(free)라는 수식어가 용병단에 붙게 된 것은 용병단의 국가에 대한 자율성을 잘 나타내준다.[52] 또한 용병단은 국가 정규군과 차별화된 군사적 능력을 바탕으로 한 국가의 군사력에 주력부대의 기능을 담당하거나 극단적인 경우에는 국가의 군사력 전반을 대체할 정도로 성장하게 되었다.

중세시대는 용병단들의 시대였다. 14세기 독일의 대용병단(Great Company)의 경우에 그 조직원 수가 1만 명에 육박하기도 하였으며, 이외에도 영국의 백색용병단(White Company)과 이탈리아의 대 카탈류냐 용병

지역의 경우에는 소집 명령 후 410일 이후에 전투 지역으로의 출병이 가능했다. 인류 역사상 가장 길었던 100년 전쟁 당시, 기사들의 의무복무 기간은 1년에 40일밖에 되지 않았다. 박상섭, 『근대국가와 전쟁』(서울: 나남출판, 1996), p. 47; p. 61.

51 Janis E. Thompson, *Mercenaries, Pirates, and Sovereigns*(Princeton, NJ: Princeton University Press, 1994), p. 21.

52 오늘날 자유기고가를 뜻하는 프리랜서(freelancer)라는 용어는 중세시대 활약한 창기병 용병들을 지칭하는 것에서 출발했다.

단(Grand Catalan Company)및 꼰도띠에레(*Condottiere* 혹은 *Condottieri*)들이 유럽 각지에서 활동했다. 15~16세기의 시기에는 스위스 용병단과 독일-오스트리아의 란츠크네히트(*Landsknecht*)가 대표적인 용병단으로 활용되었고 17세기에는 역사상 가장 발달된 형태의 용병단인 발렌슈타인(*Albrecht von Wallenstein*)과 루이 드 게르(*Louis De Geer*) 백작의 용병단이 한 국가의 전쟁을 도맡아 수행했다.[53]

중세시대의 용병단의 번성은 긍정적인 모습만을 보인 것은 아니었다. 용병단에 대한 의존은 당시 유럽의 국가들을 악순환에 처하게 했다. 용병단이 가지고 있던 심각한 폐해는 전쟁 중이 아닌 평화 시기에 나타났다. 휴전 기간이나 평화 시기, 실직 상태가 된 용병단들은 약탈자로 활동했다.[54] 용병단들의 약탈 행위는 거래의 안전성 확보가 절실한 상업 국가에 큰 타격을 주는 것이었다. 용병단에 의한 폐해가 장기화되자 일부 국가에서는 용병단에 대한 구조조정 및 상비군에 의한 무장화를 시도했다.[55] 하지만 이러한 구조조정과 상비군 제도의 운용은 성공적으로 정착하지 못했는데 그 이유는 당시의 상비군이 용병단에 비해 군사적 우위를 가지지 못했기 때문이다.

---

53 피터싱어, 유강은 옮김, 『전쟁대행주식회사』, p. 57; p. 62. 도급 계약을 뜻하는 '콘도타'(Condotta)가 어원인 콘도티에레는 1300년대 초반~1500년대 중반까지 활동했는데 이 기간 동안 약 28개의 콘도티에레가 활동했다. 콘도티에레에 관한 대표적 연구는 Michael Mallett, *Mercenaries and Their Masters: Warfare in Renaissance Italy*(Totowa: Rowman and Littlefield, 1974); David Murphy,. *Condottiere 1300~1500*(Westminster: Osprey Publising Company, 2007) 참조.

54 영국과 프랑스의 전쟁이 장기 휴전에 들어간 1361년, 실직자가 된 용병단은 무분별한 약탈로 유럽을 혼란에 빠뜨렸다. 당시 가장 유명했던 약탈자는 존 호크우드의 용병단이었다. 박상섭, 『근대국가와 전쟁』, p. 63.

55 대표적으로 1445년 프랑스 샤를 7세의 용병단 퇴출 작전을 들 수 있는데 부르주아 계급에게 모은 자금으로 용병단을 고용해 약탈을 일삼는 용병단을 제거하도록 했다. 이후 샤를 7세는 잔존 용병단을 상비군화하는 작업을 수행했다.

국가에 의한 용병단 구조조정이 어려움을 겪고 있는 동안 용병단은 역사상 가장 발전된 형태의 모습으로 발전하고 있었다. 무기 공장을 보유하는 등 자체적인 무장 능력을 보유하였을 뿐 아니라 규모가 커진 조직을 운영하기 위해 관료제와 같은 조직화 기법을 도입하기도 했다. 또한 이들이 제공하는 서비스는 아예 일국의 군대를 통째로 제공하는 완제품 형태로까지 발전했다.[56] 용병단은 국가에 대한 자율성을 넘어서 국가의 존폐를 좌우하는 존재로까지 성장했다. 반면, 고객인 국가는 용병단이 만족할 만한 돈을 제공하지 못하면 이들을 고용할 수 없게 되었다.[57]

중세시대 용병단의 활약은 조직화를 통해 자율성을 확보한 민간 군사력이 얼마만큼 성장할 수 있는가를 보여주었다. 이러한 용병단의 성장 배경에는 국가 자체의 군사 동원 능력을 부족하게 만들었던 봉건제도의 취약성이 가장 큰 요인으로 작용했다. 군사 동원력의 한계가 국가로 하여금 용병단에 의존하게 만든 것이다. 중세시대에 국가의 핵심 군사력은 국가와 분리된 상태였고 국가는 외부의 용병단에 더욱 의존하게 되었다. 이에 반해 용병단들은 전례 없는 수준의 조직화와 독자화를 거듭하였을 뿐만 아니라 기능적으로도 한 국가의 군사력 자체를 대신할 수 있을 정도로 성장하는 모습을 보여주었다. 이러한 중세시대의 용병단의 등장 배경과 용병단이 보여준 조직화 및 자율성은 현재의 군사대행기업과 상당한 유사점을 나타냈다.

---

56 드 게르 용병단은 스웨덴에게 해군 전체(병력과 지휘관 포함)를 공급했고 발렌슈타인의 용병단도 국가에 군대 전체를 공급했다. 피터 싱어, 유강은 옮김, 『전쟁대행주식회사』, p. 62.

57 만스펠트 백작의 용병단은 병력과 장비 일체를 구비한 뒤 국가들을 상대로 경매를 실시하여 가장 높은 값을 부른 측에게 자신의 용병단을 제공하기도 했다. *Ibid.*

3) 근세시대: 국가의 군사력 독점과 용병의 쇠락

역사상 가장 발전된 형태로 나타난 중세의 용병단은 1648년 30년 전쟁의 종결 이후 쇠락의 길을 걷게 되었다. 유럽 각국은 자국의 시민으로 구성된 국가 상비군으로 용병단을 대체했다. 이러한 유럽 각국의 군사적 변화에 영향을 미친 것은 두 가지였다. 하나는 웨스트팔리아 조약으로 대표되는 국가의 군사력 활용에 대한 규범적 제약이고 다른 하나는 소총의 등장을 비롯한 군사기술의 변화이다. 웨스트팔리아 조약상의 주권과 내정불간섭의 원칙은 외부로부터의 군사적 개입을 차단하는 권리를 부여함과 동시에 자국 내부의 문제를 스스로 해결해야 한다는 규범적 토대를 제공했다. 이러한 규범적 제약은 구체적으로 용병 활용의 금지로 나타났다. 이제 더 이상 왕위 계승과 같은 내부 문제 혹은 군주 간의 사적 감정과 같은 개인적인 문제에 용병단이 개입할 여지가 없게 됐다.[58] 또한 시민의식의 성장으로 인해 개인적 이익을 위해 용병단을 고용하는 통치자나 고용되는 용병을 모두 범죄자로 취급하는 인식이 확산되었다.[59]

이러한 규범적 제약에 덧붙여 전쟁 양상의 변화도 용병단의 쇠퇴에 기여했다. 대표적으로 총으로 대표되는 휴대 화기의 보급 및 이를 활용한 전술의 발전과 보편화를 들 수 있다. 1700년대 이후에 중세시대의 전술 및 군사기술에 기반한 용병단의 군사기술적 우위는 더 이상 유지되지 못했다. 특히 휴대 화기의 발전과 사용 기술의 보편화는 용병단의 쇠퇴에 기여한 바가 컸다. 기존의 화승총보다 격발장치가 단순하고 쉽게 설계된

---

58 Janis E. Thompson, *Mercenaries, Pirates, and Sovereigns: States-Building and Extraterritorial Violence in Early Modern Europe*(Princeton: Princeton University Press, 1994), p. 19; Deborah Avant, "From Mercenaries to Citizen Armies: Explaining in the Practice of War," *International Organization* Vol. 54, No, 1 (2000), pp. 44~45.

59 Martin Van Creveld, *The Rise and Decline of the State*(Cambridge: Cambridge University Press, 1999), p. 161.

머스킷 총(musket gun)의 도입으로 용병과 같은 전문 기술자가 아니라도 쉽게 이를 사용할 수 있게 되었다.[60] 또한 머스킷 총의 등장은 밀집대형이 전장에서 더 큰 효과를 발휘하게 했다. 머스킷 총으로 무장한 밀집대형을 통한 전투 방식이 대세가 되면서 많은 수의 병력을 보유하는 것이 군사적 우위를 보장한다는 믿음을 가져다주었는데, 이러한 많은 수의 병력을 유지하는 데 있어서 값비싼 용병은 국가 재정에 큰 부담을 줄 수밖에 없었다. 하지만 사용하기 용이한 머스킷 총의 등장은 비전문화된 시민군을 통해서도 강력한 군사력을 유지할 수 있도록 했다. 이제는 시민군을 통한 대규모 병력의 유지가 국가 안보의 관건이 된 것이다.[61]

위와 같은 무기체계의 발전이 이루어지는 가운데, 국민개병제 도입(1793년)과 나폴레옹 전쟁(1789~1815년)은 시민군을 활용한 총력전(total war)이 전장에서 승리를 보장할 수 있는 방법이라는 것을 각인시켰다. 나폴레옹의 군사적 성공을 목격한 유럽 국가들은 앞다투어 나폴레옹의 사례를 모방했다. 18~19세기 유럽 각국의 국민개병제 도입은 이후 전례 없는 수준의 국가의 군사력 독점(폭력의 공공화)을 달성하게 되는 주요한 계기를 제공했다.[62]

국가에 의해 군사력이 독점되면서 용병들은 삶의 터전을 잃게 되었다.

---

60 Robert L. O'Connell, *Of Arms and Men: A History of War, Weapons, and Aggression* (London: Oxford University Press, 1989), p. 111.

61 하지만 이러한 변화가 용병 활용의 완전 폐지로 연결되지는 못했다. 1700년대는 중세 시대를 대표하는 용병단과 새로운 시대(근세 시대)를 대표하는 시민군이 혼재된 과도기적 상황이었다. 이의 원인은 크게 두 가지였는데 전문성이 요구되는 분야(해군)의 경우에 용병을 지속적으로 활용할 수밖에 없었고, 프로이센의 프리드리히 대제처럼 시민군 활용에 따른 시민에의 권력 분배 우려 등 정치적인 고려가 작용하기도 했다. Thompson, *Mercenaries, Pirates, and Sovereigns*, pp. 28~31.

62 맥닐(William H. McNeil)은 당시 유럽 국가들의 군사 혁신 배경으로 국가의 징병 요구를 충족할 수준으로 성장한 유럽의 인구 증가와 대규모 병력에 대한 무장을 가능케 한 산업혁명을 들고 있다. 윌리엄 맥닐, 신미원 옮김, 『전쟁의 세계사』(서울: 이산, 2005), pp. 249~297.

이들은 중세 유럽을 호령하던 용병단으로서는 더 이상 활동할 수 없게 되었다. 용병단 가담은 범죄 행위로 취급되었기 때문이다. 결국 이들은 군사기술을 가진 실직자의 위치로 전락하게 되었다. 하지만 이들은 용병단이 아닌 다른 형태로 자신의 직업을 유지할 수 있었다. 용병 활동이 금지되고 난 후 이들이 선택할 수 있는 대안은 크게 세 가지가 있었다.

첫째는 고대 로마시대로 회귀하는 것이다. 이는 정규군에 편입된 외인부대(foreign legion)로 활동하는 것으로 유럽에는 외인부대를 자신의 정규군 편제에 포함시킨 국가가 있었다. 대표적으로 영국 · 프랑스 · 스페인인데, 외인부대는 용병 활동이 금지된 국제정치 환경 하에서 용병들이 선택할 수 있는 길이 되었다.

둘째는 국가 이외의 고객을 물색하여 활동을 유지하는 길이 있었다. 동인도회사와 같은 특허 회사는 정세가 불안한 지역에서의 사업을 강행할 필요가 있었다. 국가는 이들의 안전을 위해 자체적인 무장을 허가했는데, 특허 회사의 무장력은 용병 모집 통해 확보하는 것이 가장 용이했고 용병들은 특허 회사에 고용되어 생계를 유지할 수 있었다. 특허 회사 이외에도 위험한 지역에서 사업을 벌이는 초국가적 기업에 고용되어 이들에 대한 보호를 대가로 생계를 유지하는 방안도 있었다.

셋째는 불법 행위를 각오하고 용병을 원하는 국가 혹은 집단의 고용에 응하는 방안이다. 독재 정권의 친위군으로 활동하는 경우나 국제적으로 인정받지 못한 일국 내 분리 독립 세력 및 범죄 단체에 고용되는 경우가 대표적인 사례이다. 이외에도 국가가 일련의 특수한 목적을 위해 이들을 비밀리에 고용하는 경우도 있다. 이른바 흑색작전(Black Ops)이라고 불리는 비밀작전 수행을 위해 국가의 정보기관에 일시적으로 고용되는 경우도 있다. 사실 이 세 번째 대안을 택한 용병들은 일반인의 용병에 대한 대표적 이미지를 각인시켰다. 많은 소설 및 영화에서 등장하는 용병의 이미

지는 바로 이 세 번째 대안을 택한 용병들을 묘사한 경우가 많다.[63]

실제 사례로는 제2차 세계대전 당시 미국의 장개석 정부에 대한 비밀 군사 지원을 대행한 비호대(飛虎隊, Flying Tigers)의 사례가 있으며,[64] 1960년대 콩고 내전도 용병이 개입된 대표적 사례이다. 비호대의 경우에 1939년에 개정된 미국의 중립법(Neutrality Act)[65]에 의해 해외 군사지원에 제한을 받은 미국 정부가 장개석 정부의 항공전력 지원 요청에 부응하기 위해 민간기업(CAMCO)을 활용한 비밀 작전이었다.[66] 당시 루즈벨트(Franklin D. Roosevelt) 행정부는 퇴역군인 체놀트(Clair Chenault)를 중국에 파견해 장개석 정부를 지원할 방안을 모색했다. 당시 중립법이라는 제약 하에서 정규군인 미국 육군항공대를 통한 군사 지원은 불가능했기 때문에 용병으로 구성된 항공회사(CAMCO)를 장개석 정부가 고용하는 방안을 채택했다. 용병부대의 고용 비용은 미국이 비밀리에 조달했다. 비호대는 장개석 정부가 고용한 항공용병부대로 알려져 있지만 이 뒤에는 중립법이라는 국내적 제약 하에서 비밀리에 해외 군사지원을 수행하려 했던 미국의 정책적 고려가 있었다.

1960년대 콩고(현 자이레)는 각국 출신의 용병들의 집합소가 되었다.

---

63 프레드릭 포사이드(Frederick Forsyth)의 대표적인 소설 The Dogs of War나 영화 "Wild Geese"에 등장한 용병들은 세 번째 대안을 택한 용병의 모습을 담고 있다.

64 비호대에 관한 대표적인 연구로는 Robert Lee Scott Jr., *Flying Tiger: Chennault of China* (New York: Greenwood Press, 1973); Daniel Ford, *Flying Tigers: Claire Chennault and the American Volunteer Group* (Washington, D. C.: Smithsonian Institution Press, 1991) 참조.

65 1939년에 개정된 중립법의 핵심은 "Cash and Carry"로서, 이는 전쟁 중인 국가에 대한 물자 지원을 막는 데 목적이 있었다. 중립법에 의해 전쟁 중인 국가는 반드시 현금으로 미국산 물자를 구입해야 하며(신용거래의 경우에 군사 지원으로 간주), 구입한 물자의 배송도 구입자가 직접 해야 했다.

66 Robert Young Pelton, *Licensed to Kill: Hired Guns in the War on Terror* (New York: Crown Publishers, 2006), p. 3.

1960년 6월 30일, 벨기에로부터 독립한 콩고는 식민 통치의 잔재에 대한 거부감과 부족 간 갈등이 결합되어 독립 당시부터 위기 상황에 처하게 되었다. 독립한 지 5일 만에 군사 반란이 발생하는가 하면, 그로부터 수일 뒤에는 풍부한 천연자원을 보유한 카탕가(Katanga) 지역에서 지도자 모이세 촘베(Moise Tshombe)를 중심으로 한 무장 독립 투쟁이 발생했다.[67] 카탕가 분리독립세력(Katanga Secessionist)은 콩고 정부의 군대(준군사 조직, *Force Publicque*)에 대응할 만한 충분한 군사력을 가지지 못한 상태로 자신의 천연자원을 매각한 자금을 활용해 용병을 사들였다. 초기 카탕가 분리독립세력은 영국, 인도, 프랑스령 알제리, 남아프리카공화국, 로디지아(Rhodesia) 및 벨기에 출신 용병 1,500명을 고용했고 이후 내전이 장기화되면서 세계 각국의 용병들을 고용했다. 당시 콩고는 영국·네덜란드·벨기에·폴란드·체코·이집트·독일·스위스·알제리·그리스·포르투갈·남아프리카공화국 및 로디지아 출신의 용병이 활동하는 용병들의 집합소가 되었다.[68]

국가가 군사력을 독점한 근세 시기 이후, 파편화된 용병들은 국가 군사력의 주력을 상비군에 내어준 채 떠돌아다니면서 자신을 원하는 조직에게 팔려가는 신세가 되었으며, 이러한 경향은 군사대행기업의 활동이 본격화되기 이전인 1980년대까지 지속되었다. 반면 국가는 군사력 독점을 바탕으로 그 어느 시대보다도 강력한 군사력을 보유하게 되었다. 중세시대까지 핵심 군사력을 외부로부터 구매하던 국가는 핵심 군사력을 스스

---

67 Guy Arnold, *Mercenaries: The Scourge of the Third World*(London: MacMilian Press, 1999), p. 1.

68 당시 용병의 임금은 사병의 경우에 미화로 월급 500달러 및 보험금 20,000달러를 받았다. 장교의 경우에는 월급 2,800달러와 보험금을 받았으며 조종사는 1회 출격당 1,000달러를 받았다. 여기에 더하여 용병들은 전리품 획득이 허용되었다. 이는 사실상 약탈 행위를 허락한 것이다. Arnold, *Mercenaries*, p. 2.

로 육성해나갔다. 자국 자체 군사력의 한계는 국가 간 군사협력인 동맹 행위를 통해서만 보완할 수 있었고 과거처럼 돈으로 군대를 구매하는 것은 국방 정책의 대안에서 사라지게 되었다. 국가의 군사력 독점은 세계대전과 냉전을 거치면서 최고조에 달했다. 미국만 하더라도 제2차 세계대전 당시 약 1,600만의 정규군을 동원하였으며,[69] 냉전 종식 직전에도 210만 명이 넘는 정규군을 보유하고 있었다. 소련의 경우에 제2차 세계대전 당시 약 2,950만 명의 정규군을 동원하였으며, 냉전 당시 300~500만 명의 정규군을 보유하고 있었다.[70]

4) 냉전의 종식과 군사대행기업의 등장

20세기 국제정치의 중심인 국민 국가는 군사력 독점을 바탕으로 사상 유례없는 수준의 군사력을 육성했다. 20세기 중반 이후 동서양 진영에 의해 건설된 거대 군사력은 냉전 종식을 통해 해체 및 축소의 길을 걷게 되었고 이러한 축소의 과정에서 나타난 군사적 공백에 대한 수요와 잉여 장비 및 군사 인력의 확산은 군사대행기업의 등장으로 귀결되었다. 피터 싱어에 의하면 전세계적으로 약 700만 명이 냉전 종식 이후에 군대를 떠나게 되는데,[71] 미국에서만 약 70만 명 이상(이는 한국군의 총병력에 육박한다)이 3년이라는 단기간 내에 군을 떠나게 되었다.[72] 또한 이들 중 상당수는 만기 제대가 아닌 명예제대여서 재취업이 절실한 상황이었다. 이러한 퇴

---

69 Global Security, "Early 20th Century Operations," http://www.globalsecurity.org/military/ops/early20cent-ops.htm.(2007-2-24).

70 제2차 세계대전 종결 직후 구(舊)소련군은 1,300만 명이었으며, 이후 병력을 감축해서 300~500만 명 수준을 유지했다. Harriet F. Scott and William F. Scott, *The Armed Forces of the U.S.S.R.* (Boulder: Westview Press, 1979), p. 176.

71 피터 싱어, 유강은 옮김, 『전쟁대행주식회사』, p. 104.

72 Fred Kagan, "The Cost of Military Downsizing," *Wall Street Journal*, November 21, 1997.

역군인의 증가와 재취업 문제는 군사대행기업 등장의 주요한 배경이 되는데, 퇴역군인들은 생계를 위해 자신이 보유한 군사적 지식을 활용할 직장을 원하게 되고, 군대의 일(기능)을 대행할 군사대행기업이 퇴역군인을 고용하면서 군사대행기업의 창설이 급증하게 되었다. 2010년에 미국은 약 80개의 군사대행기업을 보유한 국가가 되었는데, 이는 세계에서 가장 많은 군사대행기업을 보유하고 있으면서 군사대행기업을 가장 많이 활용하는 나라이기도 한 것이다.

미국 이외에도 군사대행기업의 등장과 관련하여 주목할 나라는 1990년대 남아프리카공화국이다. 냉전 당시 아프리카의 지역 군사 강국이었던 남아프리카공화국은 만델라 정부 등장 이후 대규모 군비 축소를 추진하게 된다. 하지만 만델라 정부는 백인 정권 하에서 반(反)아파르트헤이트 운동을 탄압했던 특수부대들을 우선적 해체 대상으로 하여 129,000명의 병력을 유지했다. 하지만 만델라 정부를 계승한 음베키 정권은 총병력 129,000명을 75,000명으로 줄이는 추가 병력 감축 계획을 추진했고,[73] 이에 의해 54,000명의 군인들이 군대를 떠나게 되었다. 문제는 이들이 대부분 만기 제대를 하지 못하고 강제적으로 군대에서 나오게 된 사람들이라는 것이었다.

이러한 상황에서 남아프리카공화국 퇴역군인들은 군사대행기업을 설립해 동료 퇴역군인들은 고용하고 사업을 전개하게 된다. 대표적인 기업으로 EO를 들 수 있다. EO는 퇴역군인들을 사원으로 모집하는 한편, 앙골라와 같은 주변 국가의 내전 진압에도 가담하는 등 사업을 확장했고

---

73 Jane's Information Group, "Middle East/Africa, South Africa Plans to cut Force by 50 Percent," *Jane's Defense Weekly*, February 2, 1995, p. 18; Jane's Information Group, "Middle East/Africa, SANDF Cut Strength," *Jane's Defense Weekly*, February 16, 1999, p. 63.

EO의 성공은 에리니즈(Erinys), 라이프가드(Lifeguard) 등 유사 업체의 등장을 촉진했다. 1990년대 후반에 남아프리카공화국은 약 125,000명에 달하는 군사대행기업 직원을 보유한 국가가 되었다.[74]

2010년에는 공식적으로 활동하는 군사대행기업만 약 140여 개에 이르게 되었다.[75] 이들 중 대부분은 국가와 계약을 맺고 정규군의 일을 대행하는 것을 주요한 사업 내용으로 하고 있다. 즉 1990년대 이후 군사대행기업 산업의 성장 배경에는 이들을 필요로 하는 국가가 있었기 때문이다. 왜 국가가 이들을 필요로 하게 되었을까? 군사대행기업이 활용되는 이유에 대해 살펴보겠다.

7. 군사대행기업이 활용되는 이유

근세 시대부터 시작된 국가의 군사력 독점은 1990년대에 접어들면서 변화를 겪게 되었다. 이러한 변화의 가장 근본적인 원인은 냉전 종식으로 대표되는 국제정치 환경의 변화이다. 국제정치 환경의 변화는 상당히 많은 개별 요소들을 포함하는 포괄적인 개념이다. 따라서 구체적으로 어떠한 것이 변화하였는지를 짚어볼 필요가 있다. 서두에 이야기한 바와 같이, 냉전 종식이 야기한 구체적인 변화들로는 무력 분쟁의 증가, 무력 갈등 양상의 변화, 국가 간 군사협력의 약화, 군사장비와 퇴역군인의 확산

---

74 Jenny Irish, "The future of South Africa's Private Security Industry," http://www.iss.co.za/Pubs/Monographs/No39/ExecSumms.html(2007-02-25).

75 일부 언론에서는 전세계적으로 수백 개의 군사대행기업이 있을 것으로 추정하나 공식 홈페이지를 개설하는 등 공개적(합법적)으로 활동하는 군사대행기업은 140개 정도이다. 확인된 군사대행기업의 명단은 [부록 2] 참조.

등을 들 수 있다. 각 개별적 변화에 대해 구체적으로 살펴보면 다음과 같다.

냉전 종식 이후에 나타난 국제정치 환경의 변화 중 첫 번째로 들 수 있는 것은 무력 분쟁의 증가이다. 냉전은 핵전쟁(nuclear war)이라는 인류 공멸 위협을 전제로 한 국제 질서였다. 하지만 이 질서는 역설적으로 안정적인 질서였다. 미국과 소련이라는 양진영의 맹주에 의해 분쟁이 관리되었기 때문이다. 분명 냉전 시기에도 분쟁이 발생하기는 했지만 미국과 소련의 개입으로 인해 분쟁의 추가적인 확산은 억제되었다.

그러나 냉전 종식 이후 이러한 사정이 달라졌다. 냉전이 종식되면서 국제 분쟁 관리에 공백이 발생하기 시작했다. 소련은 연방의 붕괴와 함께 국가 재건의 문제에 직면하여 대외 문제에 개입할 여력이 없었다. 이러한 소련의 붕괴가 남긴 공백은 냉전의 승리자인 미국이 채워야 했다. 하지만 미국 역시 상황이 예전 같지 않았다. 냉전 당시 미국은 소련과의 사활적 대결의 연장선상에서 각국의 무력 분쟁을 관리했으나 소련이 붕괴된 상태에서 각국의 무력 분쟁들은 미국에게 냉전 당시만큼 중요성을 갖지 못했다. 냉전이 종식된 1989년 이후에 세계 평화의 도래라는 낙관적인 기대와 달리 국지적 무력 분쟁은 오히려 증가했다. 특히 민족 및 인종 분규를 이유로 한 내전은 급속한 증가세를 보였다. 세이볼트(Taylor B. Seybolt)의 조사에 의하면 1990년대 초반에서 중반까지 전세계적으로 발생한 내전의 수는 냉전 시기의 약 다섯 배가 되었다고 한다.[76] 국제 무력 분쟁 관리의 공백과 무력 분쟁의 증가는 군사대행기업이 국가를 대신하여 무력 분쟁에 투입될 수 있는 배경을 제공하게 되었다.

76 Taylor B. Seybolt, "Major Armed Conflict," *SIPRI Yearbook 2000* (Oxford: Oxford University Press, 2000), p. 35.

냉전 종식으로 나타난 두 번째 변화는 기존과 다른 무력 갈등 양상이 전개된 것이다. 냉전은 동서양 진영의 총력전(total war) 양상을 띤 군사 경쟁이었고 국가 정규군 사이의 무력 충돌을 중심으로 전개되었다. 하지만 냉전 종식 이후 증가된 다양한 지역에서의 무력 갈등은 비정규군에 의하여 주도되었다. 정규군 사이의 무력 갈등이라는 기존의 공식은 깨지고 정규군 대 비정규군, 혹은 비정규군 대 비정규군 사이의 무력 갈등이 새로운 문제로 대두되게 된 것이다. 이러한 비정규군은 민족 및 인종 집단에 의해 구성된 군벌(militia), 국제적으로 활동하는 테러리스트 네트워크, 무장화된 마약카르텔 등 다양한 형태로 나타났다. 이들은 냉전 종식 이후에 발생한 국제 질서 관리의 공백을 틈타 빠른 속도로 세력을 확장하였고 그 결과로 알카에다(Al-Qaeda)의 9 · 11테러와 같은 대량 살상 능력을 과시하기에 이르렀다. 문제는 비정규군과의 싸움에 있어 정규군은 일정 수준 한계를 가질 수밖에 없다는 데 있다. 정규군은 이른바 교전 수칙(rule of engagement)을 지켜야 한다. 반면 테러리스트와 같은 무장 집단은 이러한 교전 규칙에 있어 상대적으로 자유롭다. 비정규군을 상대하는 정규군은 한손을 묶고 싸워야 하는 취약성을 드러낼 수밖에 없게 되는 것이다. 이러한 정규군의 한계도 정규군이 아닌 군사대행기업이 군사 임무에 투입되는 배경을 형성하게 되었다.

냉전 종식이 야기한 국제정치 환경 변화 중에서 세 번째로 주목할 것은 국가 간 군사협력의 약화이다. 냉전은 이념(ideology)을 중심으로 한 사활적 투쟁이었고 양진영에 속한 국가들은 공고한 군사협력 관계를 유지했다. 특히 동서 양진영의 맹주인 미국과 소련의 노력은 공고한 군사협력 관계 형성 및 유지에 큰 기여를 했다. 냉전의 승패 여부에 가장 큰 영향을 받는 두 국가는 군사 동맹 및 대외 군사 지원에 막대한 비용을 투입했다.

하지만 냉전 종식 이후 이러한 상황에 변화가 나타났다. 공산 국가 진영이 몰락한 상황에서 이념의 공유는 더 이상 군사협력의 바탕이 되지 못했다. 이와 더불어 국가 간 협력 유지를 위한 미국과 소련의 노력도 쇠퇴했다. 동구권의 경우에 소련의 몰락으로 인해 국가 간 군사협력의 구심점 자체가 소멸하였고 서방 진영의 경우에도 국가 간 군사협력 유지를 위해 냉전 당시만큼 막대한 비용을 지불할 동기를 잃게 되었다. 이러한 협력 태도 변화에 의해 가장 큰 피해를 보게 된 것은 냉전 당시 자국의 안보를 미국과 소련에게 의존하던 국가들이었다. 이들은 미국 및 소련과의 군사 협력 관계를 통해 예전과 같은 수준의 군사 지원을 확보하지 못하게 되거나 최악의 경우에 국제적으로 버림을 받게 되는 상황까지 처하게 되었다.

냉전 종식의 결과로 초래된 현상 중에 주목해야 할 마지막 변화는 군사장비와 군사인력의 확산이다. 냉전 종식의 결과로 이루어진 동서양 진영의 핵 군비 및 재래 군비 감축은 군사적 긴장을 완화시키고 평화 무드 조성에 이바지할 것으로 기대되었다. 하지만 군비 감축은 예상 외로 또 다른 문제를 안고 있었다. 감축된 장비 및 병력이 폐기되지 않고 다른 국가 및 군사 집단에 의해 재활용된 것이다. 냉전 종식 이후 소련을 비롯한 동구권의 군사장비들의 상당수가 폐기되지 못한 채 국제 무기시장에 유통되었다. 미폐기 군사장비의 재활용은 확산(proliferation)의 문제를 야기했다. 확산 문제에 대응하는 국제사회의 노력이 이루어졌지만 그 노력은 핵무기를 비롯한 대량살상무기를 중심으로 이루어졌다. 핵확산방지조약(Nonproliferation Treaty, NPT)이나 미사일기술통제체제(Missile Technology Control Regime, MTCR)는 대량살상무기의 확산을 방지하기 위한 국제사회의 대표적인 노력에 속한다.

하지만 확산 문제는 핵무기나 미사일 기술과 같은 대량살상무기에만 국한된 것이 아니었다. 재래식 병기 및 퇴역군인의 확산도 대량살상무기만큼이나 위협적인 확산 문제였다. 냉전 종식 이후에 폐기되어야 할 재래식 병기가 무기 중개상에 의해 재활용되면서 국제 무기시장은 값싼 중고 무기들로 넘쳐나게 되었다. 이렇게 넘쳐난 것은 무기만이 아니었다. 군사 기술을 가진 군인들도 자국의 병력 감축에 의해 군사시장으로 나오기 시작했다.[77] 퇴역군인들은 자신들이 보유한 군사기술을 활용할 수 있는 새로운 직장을 원했다. 이렇듯 국가가 버린 군사장비 및 군사인력은 군사력 강화를 열망하는 국가 혹은 무장화를 시도하려는 비국가 단체에 의해 재활용되기 시작했다. 특히 시장에 넘쳐나기 시작한 값싼 군사장비 및 군사 인력은 군사대행기업에게 더할 나위없는 사업 기반이 되었다. 달리 생각해보면 군사대행기업은 확산 문제가 가져다준 혜택을 누린 집단이 된 셈이다.

이상과 같은 냉전 종식 이후의 국제정치 환경의 변화는 군사대행기업이 등장하게 되는 주요한 배경을 제공했다. 앞서 언급한 변화상 중 무력 분쟁의 증가, 무력 갈등 양상의 변화, 국가 간 군사협력의 약화는 군사대행기업에 대한 수요를 발생시킨 주요한 원인이었다. 무력 갈등의 증가는 군사력에 대한 전반적인 수요의 증가로 나타났다. 무력 갈등 양상의 변화는 기존의 정규군만으로 해결하기 어려운 질적 변화의 문제로 또 다른 형태의 군사대행기업 수요를 창출했다. 여기에 더하여 국가 간 군사협력의 약화는 이를 보완하기 위한 군사대행기업 수요를 야기했다. 이렇듯 냉전 종식 이후의 안보 환경 변화에 대응하기 위해 국가는 정규군이 독점하던 군사 업무 중 일부 혹은 상당 부분을 정규군 이외의 조직에게 '외주'를 주는 방향으로 해결했다. 이러한 군사 외주는 사실상 국가가 독점하던 군사력이 다시 국가에서 분리되기 시작했음을 의미함과 동시에 군사대행기업

77 냉전 종식 이후 미국에서만 약 70만 명의 직업군인들이 병력 감축으로 일자리를 잃었다. 한편 피터 싱어는 냉전 종식 이후 전세계적으로 약 700만 명의 군인이 퇴역한 것으로 추정했다. 피터 싱어, 유강은 옮김, 『전쟁대행주식회사』, p. 104.

이라는 사적 군사력에 대한 수요가 증가하게 되는 원인으로 작용했다.

앞서 언급한 무력 분쟁의 증가, 무력 갈등 양상의 변화 및 국가 간 군사 협력의 쇠퇴가 군사대행기업에 대한 수요를 발생시킨 측면이 있다면 군사장비와 군사인력의 확산은 군사대행기업이 제공하는 서비스 공급의 원천이 되었다. 군비 감축으로 인해 국제시장으로 나온 값싼 중고 무기들은 군사대행기업이 활용 가능한 무장력이 되었다. 군사대행기업은 중고 무기들을 고객을 무장시키는 데 활용하는 한편, 이들 무기의 운용 대행에 대한 대가를 받을 수 있었다.

군사대행기업의 공급 원천 중 군사장비보다 더 중요한 것은 바로 병력 감축으로 인해 군대를 나온 퇴역군인들이었다. 군사대행기업의 상품은 용역 제공, 보다 정확히는 군사 임무를 대행할 노동인력의 공급이다. 퇴역군인들은 군사대행기업이 필요한 핵심적 공급원이었고 군사대행기업의 단기적 급성장에 필요한 중요한 동력이었다. 퇴역군인들을 활용하게 됨에 따라 군사대행기업은 직원 훈련에 드는 비용 및 시간을 절약할 수 있었다. 또한 퇴역군인들의 풍부한 경험은 자사의 홍보에 있어 중요한 이점으로 작용했다.

냉전 종식 이후의 국제정치 환경의 변화는 군사력의 수요 및 공급의 측면에서 군사대행기업이 등장할 수 있는 중요한 배경을 마련했다. 이러한 수요와 공급적인 측면 이외에도 군사대행기업이 성장하게 된 주요한 배경 중의 하나는 이전 시대에 비해 발전된 조직화 및 경영 기법을 활용할 수 있었다는 점이다. 이전 시대보다 발전된 조직화 기법은 최소의 인력으로 기업을 운영할 수 있게 했다. 필요한 노동인력을 재하청 혹은 임시고용을 통해 활용할 수 있게 됨에 따라 기업의 고정 투자 비용의 절감을 추구할 수 있게 되었으며, 기존의 관료조직에 비해 상대적으로 유연한 조직 구성으로 인해 회사의 업종 전환 및 서비스의 다각화가 용이해졌다. 군사대행기업은 이러한 발전된 조직화 기법을 활용하여 저비용으로 회사를 설립 · 운용하는 것이 가능했다. 발전된 조직화 및 경영 기법의 도입은 민간 군사 서비스(private military service) 업종의 진입 장벽을 낮추는 결과를 낳기도 했다. 극단적으로 이야기하자면 군사대행기업은 전화기와 무기 중개상 및 퇴역군인의 리스트만 있다면 설립이 가능하다.

이상 살펴본 바와 같이 근대 시대 이후 국가가 독점해온 군사력은 냉전 종식 이후 다시 국가와 분리되는 경향을 보였다. 이러한 변화의 중심에는 냉전 종식이라는 국제정치 환경의 변화가 있었으며, 군사대행기업이라는 새로운 군사력 창출 수단이 있었다. 하지만 이러한 설명은 각국의 다양한 군사대행기업 활용을 설명하기에는 한계가 있다. 냉전 종식 이후의 국제 질서의 변화는 군사대행기업 활용 원인 그 자체는 설명하나 각국의 군사대행기업 활용이 구체적으로 어떠한 차이가 있는지, 그리고 그 차이는 어떠한 방식으로 설명될 수 있는지에 대한 해답을 주지 못하기 때문이다. 이 책의 관심은 군사대행기업의 활용 원인이 아니라 군사대행기업 활용을 전제하여 국가 간 군사대행기업 활용의 차이와 그 차이의 원인을 살펴보는 데 있다. 따라서 앞서 논의된 군사대행기업 활용의 원인으로서의 국제정치 환경의 변화는 이 책에서는 주어진 조건(상수)으로 바라본다. 향후의 내용은 이상과 같이 논의된 국제정치 환경의 변화를 전제로 국가의 다양한 군사대행기업 활용 유형을 중심으로 전개할 것이다. 우선적으로 군사대행기업과 관련된 기존 논의에 대한 검토와 함께 각국의 상이한 군사대행기업 활용을 분류할 유형을 고안하게 될 것이다.

제3장
연구 설계

앞서 이 책의 주요한 관심사가 국가의 군사대행기업 활용의 차이와 차이의 원인에 대한 답을 구하는 것이며, 이를 위해 '국가'(좀 더 정확히는 국가의 차이)에 주목한다고 언급한 바 있다. 본격적으로 질문에 대한 답을 구하기 전에 이 책이 위와 같은 질문에 관심을 두게 된 이유를 설명할 필요가 있겠다. 바로 기존 연구에 대한 검토와 문제점 파악 그리고 기존 연구의 문제점에 대한 대안으로 제시할 이 책의 연구 방법 등이 바로 그 내용들이다. 이와 같은 내용을 중심으로 제3장에서는 이 책의 주요 관심사에 대한 소개와 함께 국가의 군사대행기업 활용에 대한 분류 틀을 제시하게 될 것이다.

1. 기존 연구 검토

군사대행기업에 관한 연구는 1990년대 중반부터 시작되었다. 초기의 연구들은 아프리카 지역의 내전에서 활동한 군사대행기업들의 개별 사례 연구를 중심으로 한 것들이었다.[1] 좀 더 이론적인 관점에서 진행된 학계의 연구는 이보다 1998년 이후 나타났는데, 시어러의 연구를 포함해 네 편 정도의 연구가 진행되었다. 다음은 이 네 편의 연구들을 중심으로 기존 연구의 동향을 소개하도록 하겠다.

1) 기존 연구 동향

군사대행기업과 안보 사영화에 관한 학계의 대표적 논의는 시어러, 싱어, 애번트, 킨제이의 연구를 들 수 있다. 각 연구의 주요 내용을 소개하면 다음과 같이 언급할 수 있다.

데이빗 시어러(David Shearer)의 연구[2]는 해외 군사 개입 임무에 있어서 군사대행기업의 활용 가능성을 검토한 연구이다. 시어러 연구의 주된 내용은 1990년대에 등장하고 있는 군사대행기업의 활동 양상 그리고 해외 군사 개입 임무에의 활용 가능성 검토였다. 시어러는 자신의 연구를 통해 군사대행기업을 평화 유지 활동에 투입하는 것을 적극적으로 고려해야 한다고 주장한다. 시어러는 자신의 주장을 근거로 군사대행기업이 갖고 있는 기업으로서의 특성을 들고 있다. 군사대행기업은 분쟁을 자신의 이윤을 추구하기 위한 시장으로 보기 때문에 정치적 고려로 인해 개입을 주

---

1 대표적으로 Al J. Venter, "Sierra Leone's Mercenary War: Battle for the Diamond Fields," *Jane's International Defense Review*, November 1995; Yves Goulet, "Executive Outcomes: Mixing Business with Bullets," *Jane's International Defense Review*, September 1997; William Reno, "Privatising War in Sierra Leone," *Current History* (May 1997); Jim Hooper, "Sierra Leone: The War Continues," Jane's Intelligence Review (January 1996); Al Venter, *War Dog: Fighting Other People's Wars, The Modern Mercenary in Combat* (Philadelphia: Casemate, 2006); Guy Arnold, *Mercenaries: The Scourge of the Third World* (London: Macmillan, 1999).

2 David Shearer, "Private Armies and Military Intervention," *Adelphi Paper*, No. 316 (1998). 시어러는 자신의 연구에서 Private Military Company를 사용하지 않고 Military Company(군사 기업)이라고 일컫는다.

저하는 국가보다 더 적극적으로 민족 분규에 개입하게 된다는 것이다. 시어러는 자신의 논의를 확대하여 군사대행기업을 활용한 새로운 유형의 대외 정책을 창출할 수 있다고 주장한다. 시어러는 자신의 주장을 입증하기 위해 1990년대 대표적인 군사 기업의 활동에 대한 사례 연구를 중심으로 논의를 전개했다. 시어러가 채택한 사례 기업은 남아프리카공화국의 EO와 미국의 MPRI였다. 시어러는 이 두 개 기업의 활동 사례를 통해 군사대행기업이 UN이나 지역 기구의 평화유지활동보다 분쟁의 해결에 더 효과적이었다는 것을 주장했다.

군사대행기업의 활동 사례 소개 이외에 시어러가 시도한 의미 있는 작업은 군사대행기업을 중심으로 한 유형화 작업이다. 시어러는 군사대행기업의 서비스를 중심으로 군사 작전 지원(military operational support), 군사 자문(military advice), 병참 지원(logistical support), 보안 서비스(security services) 및 범죄 예방(crime-prevention)이라는 군사대행기업의 활동 유형을 제시하고, 주요 군사대행기업들을 자신이 제시한 유형에 따라 분류했다.[3] 시어러가 분류한 유형은 분류에 대한 명확한 근거를 제시하지 않은 다소 직관적인 분류였다. 하지만 시어러의 유형 제시 및 분류 작업은 군사대행기업과 이의 활용에 관한 학계 최초의 연구 시도라는 점에서 의의를 가지고 있다.

피터 싱어(Peter W. Singer)의 연구[4]는 시어러의 연구를 좀 더 발전시켜

---

3 *Ibid.*, pp. 25~26.

4 Peter Singer, "Corporate Warriors: The Rise of the Privatized Military Industry and Its Ramifications for International Security," *International Security*, Vol. 26, No. 3 (Winter 2001/2002); *Corporate Warriors: The Rise of the Privatized Military Industry* (Ithaca: Connell University Press, 2003); "Peacekeepers Inc.," Policy Review (June 2003); "War, Profits, and the Vacuum of Law: Privatized Military Firms and International Law," *Colombia Journal of International Law*, Vol. 42 (2003).

군사대행기업이 야기하는 국제정치적 변화에 대한 다각적인 연구를 진행했다. 시어러가 대외 개입 정책이라는 1개의 영역에서 군사대행기업이 가져다줄 변화를 연구했다면, 싱어는 군사대행기업의 활용에 따라 나타나는 결과에 대한 좀 더 일반적인 연구를 진행했다. 싱어는 군사대행기업의 등장은 민-군 관계의 변화(군의 위상 약화)와 군사대행기업과의 계약에 따른 딜레마[5] 및 대외 정책의 불투명성 증대를 가져다주며, 국제적 측면에서 대외 정책의 수단 변화, 동맹의 관계 변화, 힘의 균형(balance of power)에 변화를 가져다준다고 주장했다.

싱어는 군사대행기업과 연관된 현상을 분석하기 위해 시어러의 분류를 더욱 발전시킨 분류 방식을 제시했다. 싱어가 제시한 분류 방식은 창끝유형학(tip of the spear typology)으로 풀이된다. 싱어의 분류 기준은 군사대행기업의 제공 서비스를 기능적으로 구분한 것인데, 구체적으로 제공 서비스의 군사적 기능과 전장에서의 공간적 위치라는 두 개의 기준이었다. 싱어는 이 두 개의 기준에 따라 세 가지의 서비스 유형을 제시했다. 싱어의 분류는 주요 전장에 있어 전방(frontline)과 후방을 창의 날과 창의 손잡이로 비유하고 전방으로 갈수록 공급되는 서비스의 무력 강도가 증대된다는 것을 전제로 했다. 이러한 배열에 의해 최전방인 창의 날에는 무력 강도가 가장 강한 전투 행위 대행 서비스를, 중간에는 군사력을 운용하기 위한 자문과 훈련 서비스를, 또한 마지막으로 최후방인 창의 손잡이에는 전투 행위와 무관한 지원 서비스를 배열할 수 있다고 주장했다. 또한 싱어는 이렇게 배열한 서비스에 특화된 기업군이 존재한다고 주장하면서

5 싱어가 의미하는 계약의 딜레마는 사기업의 속성을 가진 군사대행기업에 의해 제기되는 문제를 말한다. 싱어는 국가가 지불 능력이 없게 되면 안보 서비스 자체가 소멸하게 되는 문제를 비롯하여 국가가 서비스의 지속을 군사대행기업에 강제할 수 없다는 문제를 제기했다. 자세한 내용은 Singer, *Corporate Warriors*, pp. 151~168 참조.

최전방의 전투 행위를 맡는 군사 공급 기업(military provider firms), 중간지대의 자문 및 훈련을 담당하는 군사 자문 기업(military consultant firms) 그리고 최후방의 병참 지원을 맡는 군사 지원 기업(military support firms)을 제시했다. 싱어는 자신이 분류한 유형에 따른 군사대행기업의 활동 사례를 소개하고 있는데, 군사 공급 기업의 사례로 남아프리카공화국 출신의 군사대행기업인 EO와 영국계 군사대행기업인 샌드라인 인터내셔널의 활동 사례를 소개하고 군사 자문 기업으로 미국의 MPRI의 활동을 소개했다. 그리고 군사 지원 기업으로 미국의 군사대행기업인 KBR의 활동을 소개했다.[6]

데보라 애번트(Deborah Avant)의 연구[7]는 군사대행기업과 폭력의 통제를 중심으로 논의를 전개했다. 애번트의 연구는 군사대행기업의 등장이 폭력의 통제에 있어 심각한 문제를 발생시킬 수 있다고 주장하고 어떠한 상황에서 군사대행기업에 대한 통제가 더욱 약화되는가를 살펴보았다.

애번트는 자신의 연구를 진행하기 위해 두 가지의 분류 방식을 제시했다. 첫 번째 분류 방식은 군사대행기업에 관한 일반적 논의를 위해 시어러 및 싱어의 분류 방식을 차용해 군사대행기업의 제공 서비스를 중심으

6 아이젠버그(David Isenberg)도 군사대행기업의 유형을 나누고 있는데, 그는 군사대행기업을 군사 전투 기업(Military Combatant Companies), 군사 자문 기업(Military Consulting Firms), 군사 지원 기업(Military Support Firms)으로 구분하여 사실상 피터 싱어의 분류를 그대로 따르고 있다. David Isenberg, "Shadow Force: Private Security Contractors in Iraq," http://www.cato.org/pub_display.php?pub_id=9979(2010-02-23). 그가 출간한 군사대행기업 관련 저서는 David Isenberg, *Shadow Force: Private Security Contractors in Iraq* (London: Praeger Security International, 2009).

7 Deborah Avant, "The Market for Force: Exploring the Privatization of Military Services," Paper prepared for discussion at the Council on Foreign Relations Study Group, 1999; "In Focus: Privatizing Military Training," *Foreign Policy in Focus*, Vol. 5, No. 17 (2000); "Privatizing Military Training: a Challenge to US Army Professionalism," Don M. Snyder and Gayle L. Watkins, eds., *The Future of the Army Professionalism* (Boston: McGraw-Hill, 2002), pp. 179~196; *The Market for Force: The Consequences of Privatizing Security* (New York: Cambridge University Press, 2005).

로 한 유형을 제시했다. 그녀가 제시한 서비스의 유형은 군사 지원, 자문 및 훈련, 병참 지원, 주요 시설 방어로 시어러의 분류와 거의 흡사하나 각 유형별로 좀 더 많은 사례의 군사대행기업을 소개함으로써 현재 활동하고 있는 군사대행기업의 종류와 특성을 파악할 수 있게 했다.

두 번째 분류 방식은 애번트의 핵심 논의와 직접적인 관련을 맺고 있는 것으로 사영화 일반에 대한 도나휴(John Donahue)의 분류 방식을 응용했다. 도나휴는 사영화에는 서비스에 대한 지불주체(financer)와 서비스의 공급주체(delivery)가 있다고 전제한 후 각 주체를 공적 주체와 사적 주체로 나누어 2 by 2 매트릭스를 제시했다. 도나휴의 유형은 무엇을 사영화로 규정할 수 있는가를 살펴보기 위한 유형으로 그가 주장하는 사영화는 공적인 지불주체가 사적인 서비스 공급주체와 결합된 경우, 즉 공적인 목적을 달성하기 위해 사적인 서비스 공급주체를 활용하는 경우를 말한다. 애번트는 기본적으로 도나휴의 유형을 따르되 각 주체를 더욱 세분화한 분류 방식을 제시했다. 애번트는 공적 주체를 National/Foreign National/Multi-National로, 사적 주체를 영리 주체와 비영리 주체로 나누어 5 by 5 매트릭스를 구성했다. 애번트는 이러한 분류 방식에 기초하여 군사대행기업의 활용 유형을 세분하고 각 유형과 폭력의 통제 관계를 살펴보았다. 제시된 유형 및 5개국(시에라리온 · 크로아티아 · 미국 · 남아프리카공화국 · 영국)의 사례를 통해 애번트는 군사대행기업에 대한 통제는 국가가 재정을 지원하는 경우나 국가의 능력이 강한 경우를 제외하면 전반적으로 약화되고 있다고 주장했다.

크리스토퍼 킨제이(Chrostopher Kinsey)의 연구[8]는 군사대행기업에 관한

---

8 Christopher Kinsey, *Corporate Soldiers and International Security: The Rise of Private Military Companies* (London: Routledge, 2006).

학계의 연구 중 가장 최근의 것으로서 군사대행기업의 등장과 국제 안보의 관련에 관한 내용을 핵심 주제로 다루고 있다. 킨제이는 군사대행기업이 야기하는 국제정치의 변화 중에서 특히 전쟁 양상을 비롯한 국제 안보 환경의 변화와 폭력의 통제에 미치는 문제를 중심으로 논의로 진행했는데, 결론적으로 킨제이는 군사대행기업의 활용이 국제 안보에 긍정적인 영향을 미칠 수 있다고 주장했다. 그 근거로는 군사대행기업은 국제 안보를 수행함에 있어서 국가가 처한 딜레마(내부적인 동원의 한계와 사회정치적 한계)를 해결해줄 수 있는 대안이 될 수 있으며, 국가보다 상대적으로 적은 비용으로 고효율의 안보 서비스를 제공해줄 수 있는 장점이 있다는 점을 들었다.

킨제이는 각 군사 주체의 치명성(Lethality/Non-lethality)과 안보 목적의 특성(Private Security/Defense of the State)을 기준으로 하여 군사력 공급주체를 유형화했다.[9] 킨제이의 분류 방법상 특징은 앞서 언급한 두 개의 기준을 통해 네 가지 유형을 구분하고 유형 내 개체 간 정도의 차이를 제시한 점이다. 이를 위해 킨제이는 매트릭스가 아닌 좌표축(Axis)을 활용하였는데, 두 개의 좌표축에 의해 마련된 네 개의 공간상에 열두 개의 군사력 공급주체를 배열했다. 킨제이는 이러한 배열에 의해 치명적이면서 사적인 목적에 활용되는 한 개의 주체와 치명적이면서 공적인 목적에 활용되는 네 개의 주체, 비치명적이면서 사적인 목적에 활용되는 다섯 개의 주체와 비치명적이면서 공적인 목적에 활용되는 두 개의 주체를 구분했다. 보다 구체적으로 언급하면 치명적 · 사적 목적에 활용되는 한 개의 공급주체는 개인의 목적에 활용되기 위해 일시적으로 조직되었다 소멸하는 형태의 보안회사(ad-hoc Security Companies)[10]와 같은 주체이고 치명적 · 공적 목

9 Kinsey, *Corporate Soldiers and International Security*, p. 10.

10 킨제이는 이에 대한 구체적인 사례를 언급하지 않았다.

적에 활용되는 네 개의 공급주체는 전통적인 웨스트팔리아체제의 군대, 경찰특공대(SWAT)와 같은 준군사조직과 EO 및 샌드라인 인터내셔널과 같은 군사대행기업을 제시했다. 또한 비치명적 · 사적 목적에 활용되는 주체로 다인코프, 아머그룹(Armor Group), 콘트롤 리스크 그룹(Control Risks Group), 에리니즈(Erinys), 그룹4 시큐리코(Group4 Securicor)와 같은 군사대행기업을 제시했으며, 비치명적 · 공적 목적에 활용되는 주체로 재래(일반) 경찰조직과 미국의 군사대행기업인 MPRI를 제시했다.

이상 살펴본 기존 연구의 특성을 종합하면 대략 다음과 같이 정리할 수 있다 첫째, 이들의 연구는 군사대행기업 혹은 군사대행기업 활용을 독립변수로 하고 국가 및 국제 체제를 종속변수로 했다. 즉 군사대행기업 및 군사대행기업 활용이 가져다주는 결과가 연구의 핵심적인 주제이다. 둘째, 주요한 연구 방법으로서 유형학을 제시하고 있다. 마지막으로 군사대행기업의 성격 및 제공 서비스가 유형을 구분하는 핵심변수로 작용한다. 기존 연구의 주요한 방법상의 특성을 정리하면 다음의 [표 2]와 같이 정리할 수 있을 것이다.

[표 2] 기존 연구의 주요 특성

연구자	주요 연구 방법	분류 유형	변수	
			독립	종속
시어러 (David Shearer)	유형학	군사대행기업의 제공 서비스	군사대행기업	국제 관계 (개입 정책)
싱어 (Peter Singer)	유형학	군사대행기업의 제공 서비스	군사대행기업	국가의 형태/ 국제 관계
애번트 (Deborah Avant)	유형학	1. 군사대행기업의 제공 서비스 2. 수요/공급 주체의 성격에 따른 구분	국가능력	국가의 형태 (폭력의 통제)
킨제이 (Christopher Kinsey)	유형학	안보 목적의 공사 유무 및 공급 서비스의 치명성에 의한 분류	군사대행기업	국제 관계

군사대행기업과 관련한 국내의 연구로는 김정현(2004), 김광우(2005), 곽용수 외(2006), 우제웅 외(2006), 이장욱(2006), 김태형(2007), 박지현(2008), 최은범 · 박지현(2008), 김일곤 · 안황권(2009)의 연구 등을 들 수 있는데,[11] 김광우, 우제웅 외, 이장욱의 연구를 제외하면, 군사대행기업의 활용 현상에 대한 분석보다는 구체적인 정책 및 법적의 함의에 관심을 두고 있다.

기존 연구는 다음과 같은 의의를 지니고 있다. 첫째, 국제정치의 새로운 연구 분야를 개척했다. 앞서 언급한 바와 같이 현재 일어나고 있는 군사대행기업 활용은 기존의 베버적 국가를 핵심 주체로 삼아왔던 국제정치의 양상에 중대한 변화를 가져왔다. 이러한 새로운 변화를 학문적 연구 분야로 개척함으로써 기존 연구는 국제정치학의 연구 주제를 보다 풍성하게 만들었다.

둘째, 군사대행기업 및 이의 활용이 야기하는 국가 및 국제정치의 변화상을 조망함으로써 군사대행기업의 순기능과 역기능에 대한 고찰을 하고 있다. 이러한 고찰은 학계뿐만 아니라 군사대행기업의 활용을 시도하는 국가기관에게도 정책적 조언이 되고 있다.

셋째, 안보 사영화에 관한 학문적 연구를 본격화하기 위한 유형학

---

11 군사대행기업과 관련한 국내의 연구로는 김정현, 「제대군인 재취업을 위한 민간군사기업제도 도입방안 연구」, 『합참』 제22호(2004), pp. 191~202; 김광우, 「국제분쟁에서 민간군사기업의 역할과 문제점 그리고 우리 안보에 대한 시사점」, 『국방정책연구』 제70호, pp. 203~224; 곽용수 외, 「군 비전투 분야 아웃소싱과 연계한 제대군인의 일자리 창출 · 지원 방안 연구」(서울: 한국국방연구원, 2006); 우제웅 외, 「민간군사기업 활용실태조사 연구」(서울: 한국국방연구원, 2006); 이장욱, 「군사기능대행업체와 국가의 활용유형」, 서강대학교 박사학위논문, 2006년; Tae-Hyung Kim, "Military Privatization in South Korea," *The Korea Journal of Defense Analysis*, Vol. XIX, No. 4 (2007), pp. 93~115; 박지현, 「국제법 위반에 대한 민간군사기업의(PMCs)의 책임」, 『국제법학회논총』 제53권, 제1호(2008), pp. 39~59; 최은범 · 박지현, 「민간군사기업(PMCs)의 국제인도법상 지위」, 『인도법논총』 제28호(2008), pp. 21~52; 김일곤 · 안황권, 「해적행위에 대한 민간경비의 활용방안」, 『한국콘텐츠학회논문지』 제9권, 제12호(2009), pp. 777~786.

(typology)의 시도는 후학들의 연구에 큰 도움을 주고 있다. 이들의 유형학을 지지하든 지지하지 않든 간에 이들이 제시한 유형학은 이 분야에 대한 연구 방법의 기초를 제공하고 있다는 점에서 높게 평가할 수 있을 것이다. 물론 이들의 유형학 자체가 완성도가 크다고 할 수는 없지만 이들이 범한 오류가 후학들에게 연구의 기회를 주고 있다는 점에서 이들의 시도는 인정할 수 있다고 하겠다.

넷째, 학계의 연구는 아니나 저널리스트 및 군사 전문가들의 군사대행기업 관련한 저서 및 보고서의 출간으로 연구를 위한 자료들이 축적되어 가고 있다는 것이다. 학계보다도 먼저 군사대행기업에 관심을 가진 저널리스트 및 군사 전문가들은 각종 리포트와 저널을 통해 각지에서 벌어지고 있는 군사대행기업의 운용 사례에 대한 자료를 축적하고 있다.[12] 현재 이러한 자료의 축적 노력은 현재는 군사 전문가뿐만 아니라 군사대행기업에 대한 찬성/반대를 주장하는 각종 단체[13]에 의해서도 이루어지고 있

12 대표적 저서들로는 Carlos Ortiz, Private *Armed Forces and Global Security: A Guide to the Issues* (Oxford: Praeger, 2010); Gerald Schumacher, *A Bloody Business: America's War Zone Contractors and the Occupation of Iraq* (St. Paul MN: Zennith Press, 2006); Human Rights First staff, *Private Security Contractors at War: Ending the Culture of Impunity* (New York: Human Rights First, 2008); James Jay Carafano, *Private Sector, Public Wars: Contractors in Combat: Afghanistan, Iraq, and Future Conflicts* (London: Praeger Security International, 2008); Jeremy Scahill, *Blackwater: The Rise of The World's Most Powerful Mercenary Army* (New York: Nation Books, 2007); Robert Young Pelton, *Licensed to Kill: Hired Guns in the War on Terror* (New York: Crown Publishers, 2006); Steve Fainaru, *Big Boy Rules: America's Mercenaries Fighting in Iraq* (Philadelphia: DeCapo, 2008); Suzanne Simons, *Master of War: Blackwater USA's Erik Prince and Business of War* (New York: Harper Collins Publishers, 2009).

13 대표적인 단체로 Doug Brooks가 운영하는 International Peace Operation Association(IPOA, www.ipoaonline.com), PMCs Monitor(http://www.pmcs-monitor.com), Private Force(http://www.privateforces.com), Private Military(http://www.privatemilitary.com) 등이 있으며 이외에도 PMC에 관한 데이터베이스를 운용하고 있는 인터넷 사이트가 존재한다. 대표적으로 Source Watch(http:// www.sourcewatch.com)와 The Center for Public

는데 이러한 자료의 축적은 이후에 나타나게 될 이론 형성의 바탕이 되어 주고 있다는 점에서 긍정적으로 평가할 수 있을 것이다.

2) 기존 연구의 문제점

앞서 살펴본 바와 같이 기존 연구는 새롭게 등장한 현상을 학문적 연구 대상으로 개척함으로써, 국제정치학의 연구를 보다 풍성하게 하는 의의를 가지고 있다. 하지만 기존 연구는 연구 관점, 제시 유형의 설명력에서 한계를 보이고 있으며, 그 결과 각 연구들이 의도한 군사대행기업 및 군사대행기업 활용의 다양성을 충분히 설명하지 못하고 있다. 구체적으로 언급하면 다음과 같다.

첫째, 이 글에서 제기하는 기존 연구의 문제점은 바로 관점의 문제이다. 앞서 소개한 연구들은 군사대행기업을 통해 현상을 바라보았다. 군사대행기업의 활용이라는 현상은 국가와 군사대행기업 간의 상호작용(계약)에 의해 현실화된다는 점을 생각하면, 군사대행기업의 활용에는 군사대행기업 이외에도 국가라는 중요한 주체가 자리 잡고 있음을 발견하게 된다. 하지만 기존 연구에서 국가는 지나치게 작은 비중으로만 다루어지고 있다. 군사대행기업 활용이 국가에 독점된 군사 임무의 위임 행위라는 점을 생각할 때, 이러한 위임을 행하는 국가의 비중은 수임을 받는 군사대행기업에 비해 결코 작다고 이야기할 수 없을 것이다. 따라서 군사대행기업 활용에 대한 보다 종합적인 시각을 제공하기 위해서는 이 현상에 대해 국가를 중심으로 한 연구가 진행될 필요가 있다.

Integrity(http://www.publici ntegrity.org)를 들 수 있다. 특히 IPOA이 대표인 Doug Brooks는 인터넷상에 토론 그룹을 조직하여 운용하고 있는데 그가 만든 yahoo group의 PMC 토론그룹(http://www.yahoogroups/group/pmcs)은 PMC에 관심을 두고 있는 학자, 군사 전문가, 언론인, 실제 군사대행기업 종사자들이 모두 참여하는 토론방으로 PMC의 활동에 관한 다양한 현황을 모니터링할 수 있다.

두 번째로 지적할 것은 기존의 분석이 가지고 있는 일종의 편견에 관한 것이다. 기존 연구에서 나타난 중요한 주장 중의 하나는 국가는 군사력 동원에 있어 비효율적인 반면 군사대행기업은 상대적으로 효율적이며 국제 분쟁 해결에 적극적인 입장을 가진다는 것이다. 이러한 주장은 시어러, 싱어, 킨제이의 연구를 통해 나타났는데, 이들은 안보 분야에 대한 국가의 능력의 한계가 보다 효율적인 군사대행기업의 등장으로 인해 극복되고 이로 인해 안보 분야에 있어 국가의 쇠퇴와 기업의 성장이라는 전환을 가져다줄 것으로 전망하고 있다.

국가 군사력이 변화하는 국제 질서의 대응에 일정 부분 한계를 지니고 있고 이에 따라 기존의 군사력 운용에 변화가 생기고 있다는 점은 분명하다. 그리고 기존 논의가 주장하듯 UN의 평화유지활동의 실패는 국가 단위 협력의 한계를 보여주는 적실한 사례이다. 하지만 국가의 군사대행기업 활용과 UN의 실패를 이유로 국가의 군사적 쇠퇴를 주장하는 것은 시기상조로 보인다. 현재 벌어지고 있는 안보 사영화가 국가에 의해 주도되고 있다는 점은 국가 쇠퇴론을 반증할 수 있는 논리로 사용될 수도 있다. 만약 개개의 국민이 국가를 거치지 않고 바로 군사대행기업에게 자신의 보호를 의뢰하는 현상이 확대된다면 국가의 쇠퇴를 주장하여도 무방할 것이다. 하지만 군사대행기업의 가장 핵심적인 고객은 국가이다. 그 예로 미군의 병참을 대행하고 있는 KBR은 2004년 수익의 55%를 미국 국방성과의 계약(LOGCAP)에 의존했다. 또한 비넬(Vinnell)은 부도 직전의 재정 상황을 사우디아라비아 정부와 맺은 한 건의 계약으로 해결했다. 만약 국가가 안보 분야에서 쇠퇴하고 있다면 군사대행기업은 그 수익을 국가보다는 개인을 비롯한 민간 부문과의 계약에 크게 의존해야 하나 현실은 반대로 나타났다. 군사대행기업은 그 수익을 국가에게 크게 의존한 것이다. 여기서 주목할 것은 안보라는 공익을 규정하고 안보 목적 달성을 위한 재화 분배를 결정하는 국가이다. 이러한 국가의 결정이 없다면, 군사대행기업의 등장과 군사 대행 산업의 성장을 설명할 수 없기 때문이다. 다시 말해, 군사대행기업의 활용 여부 및 수준을 결정하는 국가가 군사대행기업과 관련된 현상을 분석하는 데 핵심적인 위치를 차지하고 있으며, 국가를 중심으로 한 현상 분석이 필요하다고 할 것이다.

마지막으로 제기되는 문제는 기존의 연구에서 수행한 유형학이나 분류 방식의 문제점이다. 기존 연구의 유형학 혹은 분류 방식은 '현상의 체계적인 분류'로서의 유형화에 못 미치고 있다. 우리가 유형화를 현상의 체계적인 분류로 파악할 때 유형화가 담고 있어야 하는 핵심은 밀(John Stuart Mill)이 주장한 일치와 차이이다. 하나의 부류(Class)로 묶여진 개체나 사례들 간에는 유사성이 존재해야 한다. 그리고 더욱 중요한 것은 부류 간의 차이가 명확해야 한다는 것이다. 만약 서로 다르다고 취급된 부류 사이에서 공통된 개체나 사례가 존재하는 경우가 발생한다면 그 유형화는 실패한 것으로 볼 수 있다. 이 책이 군사대행기업의 활용 유형을 주제로 삼고 있는 만큼 기존의 연구가 범한 유형 분류의 오류는 보다 자세히 언급할 필요가 있다. 기존 연구가 시도한 유형 분류의 문제점을 보다 자세히 언급하면 다음과 같다.

군사대행기업에 관한 첫 번째 연구인 시어러의 연구의 경우에 그가 제시한 유형은 기준 자체가 불명확하다. 그가 구분한 다섯 가지의 군사대행기업 서비스 유형은 시어러의 직관에 따른 분류 결과라고밖에는 생각할 수 없다. 게다가 그가 분류한 부류(Class)들은 너무나 많은 공통의 개체가 존재한다. 예를 들어 그가 분류한 다섯 개의 부류 중 세 개의 부류에는 EO라는 군사대행기업이 공통적으로 언급되고 있으며, EO 이외에도 샌드라인 인터내셔널 및 사라센(Saracen)과 같은 군사대행기업들이 복수의 부류 속에서 개체로 언급되고 있다. 시어러의 분류는 분류의 기준도 불명확할뿐더러 그가 제시한 분류 자체가 각 유형 간의 차이를 명확하게 구분하지 못하는 문제를 안고 있다고 할 수 있다.

싱어의 경우에 시어러의 분류를 발전시켜 군사대행기업이 제공하는 서비스를 적용 범위와 무장력을 기준으로 한 유형을 제시했다. 그가 제시한 서비스의 적용 범위란 전장에 있어서 전후방을 의미하는 공간적 분류 기준이다. 여기에 그는 전방에서의 근무를 대체하는 서비스를 제공하는 기업일수록 강한 무장력을 지닌 기업으로 구분하고 있다. 여기에서 싱어의 오류가 시작되고 있다. 싱어가 제시한 두 가지 기준은 분류에 있어서 각기 독자적인 영향을 주어야 한다. 하지만 싱어의 분류에서 이 두 가지의 기준은 유사한 영향을 주고 있다. 사실상 둘 중에 어느 하나의 기준을 채택해도 동일한 분류 결과가 나오게 되는 것이다. 이러한 문제는 싱어가 "전방에 위치할수록 무장력이 강하다"는 전제를 채택하여 전후방의 분류 기준과 무장력의 분류 기준을 사실상 일치시켜버린 것에서 비롯되었다. 싱어의 분류는 사실상 전장에서의 공간적 위치라는 하나의 기준만으로도 분류가 가능한 기준이다.

이러한 분류 기준의 불명확성과 더불어 싱어가 범하고 있는 오류는 앞서 언급한 시어러의 연구에서 나타난 것과 동일한 오류이다. 싱어의 분류 역시 구분된 유형 간에 중복된 개체가 나타난다. 싱어는 자신의 분류에 대한 사례 기업을 언급하면서 군사 공급 기업으로 EO와 샌드라인 인터내셔널, 군사 컨설턴트 기업으로 MPRI와 비넬(Vinnell)과 다인코프를, 군사 지원 기업으로 KBR과 SAIC(Science Applications International Corporation)이라는 군사대행기업을 열거했다. 싱어의 분류는 자신이 분류한 서비스가 해당 기업들에 의해서만 제공되는 것처럼 묘사하고 있으나 실제로 이들 기업은 싱어가 제시한 서비스별 분류에 있어 중복되는 사례로 취급될 수 있는 것이다. 앞서 언급한 바와 같이 EO와 샌드라인 인터내셔널의 경우에 싱어가 분류한 세 가지의 공급 서비스를 모두 공급하는 기업이고 다인코프는 전략 자문과 더불어 병참 지원도 수행하는 기업이다. 시어러의 분류에서 나타난 것과 마찬가지로 싱어의 구분 역시 분류된 부류(class) 간에 공통된 개체가 존재하는 오류를 범하고 있다.

애번트가 제시한 두 개의 분류 방법에서도 오류가 나타난다. 시어러의 유형 및 싱어의 유형을 응용한 첫 번째 분류의 경우에 앞서 언급한 문제, 즉 분류 기준의 불명확성과 중복된 개체의 문제를 반복하고 있다. 두 번째로 제시한 분류의 경우에 비교적 명확한 기준에 의해 작성된 분류를 시도하고 있는데 문제는 애번트의 학문적 의욕이 과다하여 실제 개체수보다 많은 수의 유형들이 존재하게 되었다. 애번트가 제시한 5 by 5 매트릭스는 총 25개의 셀이 존재한다. 다시 말해 총 25개의 유형을 제시한 셈이다. 하지만 이 중 다섯 개의 부류는 공란으로 비워져 있다. 즉 개체가 관찰되지 않은 가상의 부류가 존재하고 있는 것이다.

애번트가 제시한 유형이 더욱 문제가 되는 것은 이후 논의된 실제 사례에서는 세 개의 유형에 관련된 사례만을 언급하고 있다는 것이다. 사실 그녀의 분석은 기존의 도나휴가 제시한 분류에 자국/외국이라는 구분을 추가하여 적용해도 연구 결과에 큰 차이가 없을 것으로 보인다. 또한 그녀가 제시한 유형학에는 그녀가 분석의 핵심변수로 사용하고 있는 국가의 능력이 배제되어 있다. 그녀는 각 분석의 소결론에서 국가의 능력에 따른 통제에 관한 변화를 새로이 도식화하여 제시하고 있는데 새로 제시한 도식들은 앞서 제시한 유형과 별로 연관성이 없고 왜 그렇게 복잡한 유형을 전제해야 했는지에 대한 의문만 갖게 한다. 애번트의 유형은 현상을 설명하기 위한 많은 경우의 수를 제공한다는 점에서는 긍정적으로 평가할 수 있다. 하지만 실재하지 않은 유형까지 취급하게 됨에 따라 유형의 현실성이 떨어지는 오류를 범하게 되었다. 애번트가 분석한 실제 사례가 세 개의 유형에 관한 것이라면 그 유형만을 소개하여 논의를 진행했어도 무방한 것이었다.

킨제이의 경우, 좌표축(Axis)에 의해 형성된 2차원 공간을 활용하여 각 범주 간의 차이는 물론 범주 내에서 제시된 기준이 미치는 정도의 차이까지 표시할 수 있는 방법을 제시했지만 이후 논의되는 내용(군사대행기업이 국제정치 환경에 미치는 영향)에 있어 정도의 차이가 어떻게 구체적으로 나타나고 있는지에 대한 논의는 부족하다. 이러한 논의의 전개는 개체 간 정도의 차이를 언급한 이유가 무엇이었는지에 대한 의문을 갖게 한다. 2 by 2 매트릭스로만으로 설명이 가능한 것을 복잡한 좌표 공간으로써 배열한 이유가 불분명하게 되는 것이다. 또한 각 기준의 차이도 모호하다. 예로 킨제이는 EO와 샌드라인 인터내셔널이 시에라리온에서 동일한 종류의 서비스를 제공했음에도 불구하고 EO가 샌드라인 인터내셔널보다 덜 치명적이라고 주장했으며, 그 근거를 명확하게 제시하지도 않았다. 또한 킨제이는 남아프리카공화국 출신 군사대행기업 에리니즈(Erinys)를 사적인 목적에 활용되는 사설 보안 업체로 규정하지만 에리니즈는 이라크 주둔 미국 육군 공병부대에 대한 무장 호송 임무(convoy protection)를 수행하고 있는 업체로서 사설 보안 업체로 규정하기는 어렵다.

이상 논의한 바와 같이, 기존 연구에서 나타나는 분류의 문제점은 제시된 유형과 각 개별 사례가 명확하게 구별되지 못하는 데 있다. 이러한 문제의 원인은 바로 군사대행기업의 제공 서비스를 중심으로 분류를 시도한 데 있다. 기존 연구의 주요한 전제는 특정 서비스는 특정 군사대행기업에 의해 공급된다는 것이다. 만약 이 전제가 현실이라면 군사대행기업의 서비스 유형을 통한 분류가 가능하다. 하지만 이 전제는 현실을 무시한 것이다. 군사대행기업들은 다양한 종류의 군사 대행 서비스를 제공하고 있으며 끊임없이 사업 영역(제공 서비스)을 확대해나가고 있다. 이로 인해 군사대행기업들은 서로 동질화되는 경향이 나타나는 것이다.

실제 사례를 통해 군사대행기업들의 사업 확장과 제공 서비스의 동질화 경향을 소개하면 다음과 같다. KBR의 경우에 병참 기업으로 알려져 있지만 최근 요인 경호까지 영역을 확대하고 있으며, 블랙워터의 경우에는 요인 및 시설 보호에 주력하는 업체로 알려져 있으나 특수부대 훈련, 전략 컨설팅, 대테러, 치안 임무 대행까지도 제공하고 있다. 이스라엘의 군사대행기업인 베니 탈(Beni Tal)도 초기의 비밀 임무, 요인 경호에서 무기 거래의 영역까지 사업을 확장하고 있고, MPRI의 경우에도 1990년 초기에는 군사 전략 컨설팅에서 시작하였으나 이후 1995년에는 훈련 및 병참 지원으로 그 영역을 확대했다. 심지어는 모든 유형의 서비스를 제공하는 군사대행기업도 존재한다. 샌드라인 인터내셔널 및 EO는 군사 작전 지원과 군사 자문, 병참 및 전투까지 모두 제공하는 기업이다. 현재 전세계적으로 활동이 목격된 140여 개의 군사대행기업은 대부분 두세 가지 유형의 서비스를 제공하는 것으로 나타났으며 60% 이상의 업체가 훈련과 요인 경호 및 병참을 모두 제공하는 업체로 나타났다.[14] 이렇듯 군사대행기업 제공 서비스를 기준으로 유형화를 시도할 경우에 그 차이가 분명한 유형의 제시가 어렵게 되는 문제가 발생한다.

이상 언급한 바와 같이 기존 연구에서 사용한 군사대행기업의 제공 서비스를 기준으로 한 유형화는 분류의 기본적인 목적인 유형 간 차이의 제시를 달성하지 못하는 한계를 가지고 있었다. 그렇다면 어떠한 방법을 통해 기존 연구의 오류를 극복하고 보다 차이가 분명한 군사대행기업의 활용 유형을 제시할 수 있을까? 이 문제는 다음 장에서 이어질 유형 설계를 통해 논하고자 한다.

---

14 이 결과는 저자가 현재 공식적으로 활동하고 있는 군사대행기업의 공식 홈페이지에 나타난 각 군사대행기업의 제공 서비스를 조사하면서 발견한 것이다. 전세계적으로 활동하는 군사대행기업과 이들의 주요 서비스 내용은 이 책의 [부록 2] 참조.

2. 유형 설계: 어떻게 분류할 것인가?

기존 연구 검토에서 살펴보았듯이, 기존 연구의 가장 큰 문제점은 군사대행기업의 특성(제공 서비스의 동질화)을 간과한 채, 이를 기준으로 하여 유형 분류를 시도한 점이다. 앞서 언급한 바와 같이 이 책은 기존 연구의 분류상의 문제를 극복하기 위해 국가를 중심으로 한 군사대행기업 활용 분류를 시도한다.

하지만 독자 중 일부는 이 책에서 언급한 시도에 대해 다음과 같은 질문을 던질 수도 있을 것이다. 현상을 분류하기 위해 확보해야 할 충분한 사례의 문제가 그것이다. '국가 중심의 분류를 시도할 만큼 충분한 사례들을 확보할 수 있는가?', '만약 충분한 양의 사례가 없다면 대안은 무엇인가?' 이러한 질문에 대한 해답을 먼저 구해야 이 책에서 소개할 국가를 중심으로 한 군사대행기업 활용 유형의 분류가 가능할 것이다. 이러한 문제에 대한 해답을 구하기 위해서는 사례 선택(case selection) 문제를 고민해야 하는데, 바로 다음의 소절에서 사례 확보 문제에 대한 해결책을 제시하게 될 것이다.

1) 사례 선택(case selection)

이 책의 연구 대상은 군사대행기업을 활용하는 국가이다. 2006년 IPOA(International Peace Operation Association)의 보고서에 따르면 약 40개국에서 군사대행기업의 활동이 목격되었다고 한다.[15] 하지만 이 40개국 중에는 군사대행기업이 해당 국가 소재의 다국적기업에 의해 고용되었거

15 International Peace Operation Association, *State of the Peace and stability Operations Industry Survey 2006* (Washington D. C.: International Peace Operation Association, 2006), pp. 13~15의 Charter 10~13 참조.

나 다른 국가에 고용되어 파견된 경우도 포함되어 있다. 또한 약 40개국에서 나타나는 군사대행기업 활동의 구체적인 내용이 생략된 경우가 많아 이들 국가가 구체적으로 어떠한 계약을 맺고 있는지 구분하기가 어려운 실정이다.

이 책이 제시한 군사대행기업의 활용 유형이 이상적인 형태의 설명으로 진행되기 위해서는 40여 개국과 군사대행기업 간의 계약 내용에 대한 심도 높은 정보를 획득하여 각 유형에 부합하는 설명을 할 수 있어야 한다. 하지만 군사대행기업과 국가 간의 계약에 관한 정보를 확보하기에는 상당한 어려움이 따른다. 미국과 같이 정부의 계약이 공개되는 국가의 경우, 계약 내용을 파악함에 있어서 큰 어려움이 없으나 기타 국가, 특히 아프리카 국가들이나 남미 국가들의 사례는 군사대행기업이 이들 국가에서 활동하고 있다는 정보 이외에 구체적인 계약 내용을 파악하기 어려운 경우가 많다. 이러한 사례 간 정보 수준의 격차는 40여 개국에 달하는 국가를 모두 유형 분류의 사례로 취급하는 데 한계로 작용한다.

충분한 정당 및 선거 연구와 달리, 국가별 사례 연구와 같이 제한된 수의 데이터와 각기 차별된 수준의 데이터를 포함한 경우에 이른바 '사례 선택'(case selection)의 문제가 발생하게 된다. 가장 중요한 문제는 바로 '사례 선택의 편향'(selection bias)이다. 가설을 입증할 때 풍부하지 못한 사례는 편향에 의한 분석의 오류를 나타내게 할 가능성이 크다. 특히 연구자들은 자신이 가진 사례가 자신의 이론에 부합된다는 것을 입증하기 위해 자신의 가설을 가장 잘 입증할 수 있는 사례를 선택하려는 경향이 있다. 이 경우에 사례 선택에 연구자의 주관이 개입되게 되고 이에 의해 연구자의 이론에 맞는 사례만이 선택되는 문제가 발생하기도 한다.

특히 국가를 사례로 취급할 경우에 사례 편향의 문제를 극복하기는 쉽지 않다. 우선 우리가 취급할 수 있는 국가별 사례는 한정될 수밖에 없다.

전세계적으로 독립국가는 180여 개에 불과하다. 투표권자 개개인을 다루는 선거나 정당 연구와 달리, 국가 사례의 연구는 모집단의 수가 극히 적다는 한계를 안고 갈 수밖에 없는 상황이다. 이러한 경우에 통계를 통한 정량 분석은 한계에 부딪친다. 하지만 사례가 풍부하지 않다고 해서 학문적으로 의미 있는 발견을 설명하지 않을 수도 없다.

이러한 문제는 국가 사례를 중심으로 비교 연구를 진행한 기존 학자들의 고민이었다. 여기에 대한 일련의 실마리를 제공한 학자는 바로 무어(Barrington Moore Jr.)이다. 무어가 시도한 방법은 사례 수는 많지 않으나 통제된 비교를 통해 특정한 사례를 추출하는 것이다. 물론 이 통제된 비교의 핵심은 연구자의 논리를 입증하기 위해 특별히 설명해야 할 문제 및 가설과 관련되어 진행된다. 즉 자신의 논리를 입증할 수 있는 결정적인 유사점 혹은 차이점이 가장 잘 부각되는 사례를 통해 설명을 진행하는 방식이다.[16] 이러한 방식은 제한된 비교라는 한계를 가지게 될 수 있으나 연구자가 설명하고자 하는 현상에 대한 풍부한 정보를 제공해주며, 결정적인 사례를 통한 이념형(ideal type)을 제시함으로써 관련 현상에 대한 이해의 폭을 증진시킬 수 있다는 장점이 있다.

이 책에서도 무어가 시도한 방법을 응용하여 국가의 군사대행기업 활용을 분류하고자 한다. 무어가 시도한 "거시 인과 분석"은 이 책에서 고민하고 있는 사례의 제한 문제에 대한 해결 방안이 될 수 있으며, 이 책에서 소개할 각 국가의 군사대행기업 유형이 무어가 설명했던 "근대화 경로"와 유사한 방식으로 설명될 가능성이 높기 때문이다. 무어는 근대화를 지

---

16 무어가 시도한 통제된 비교 방식은 스카치폴(Theda Skocpol) 및 소머즈(Margaret Somers)에 의해 "거시 인과 분석"으로 명명되었다. 베링턴 무어의 분석 방식에 대한 자세한 논의는 테다 스카치폴, 마가렛 소머즈, 김웅진 · 박찬욱 · 신윤환 편역, 「거시사회연구에 있어서 비교사의 유용성」, 『비교정치론 강의』(서울: 한울아카데미, 1992), pp. 140~146 참조.

향하는 각기 상이한 국가의 공통적인 행태를 분석의 대상으로 했다. 하지만 구체적인 사례를 통해 각국의 근대화 과정의 상이한 경로를 범주화했다.[17] 바로 공통적인 행태 속에 나타나는 차이를 주요한 설명의 대상으로 삼은 것이다. 이 책에서 설명하려는 바도 이와 유사하다. 이 책의 주요 사례들은 각 국가들의 군사대행기업의 활용 행태를 다루고 있다는 점에서 공통점을 가진다. 하지만 구체적 사례의 분류를 통해 각 국가의 상이한 군사대행기업 활용 동기와 방식이라는 차이점을 부각시킬 것이다. 또한 이러한 명백한 차이가 있는 결정적인 사례를 통해 군사대행기업 활용에 관한 일종의 이념형을 제시할 것이다.

무어와 유사한 방식으로 국가의 군사대행기업 활용 유형 및 관련 현상을 설명하기 위해 본 연구는 비교적 풍부한 정보를 담고 있는 8개국의 사례를 선별했다. 해당 사례 국가들은 미국 · 남아프리카공화국 · 크로아티아 · 사우디아라비아 · 보스니아 · 앙골라 · 시에라리온 · 파푸아뉴기니이다. 이들 국가는 1990년대 자국의 안보 환경 변화에 따라 군사대행기업을 활용하거나 군사대행기업과 관련된 경험을 보유하게 된다. 하지만 이 국가들은 군사대행기업과 관련하여 각기 상이한 양상을 보이는바, 이 책에서는 이들 8개 국가의 사례에서 나타나는 군사대행기업 활용 및 관련 양상을 분류하고자 한다.

2) 분석틀

유사성과 차이성을 보다 잘 나타낼 수 있는 분류를 시도하기 위해서는 전략적인 접근이 필요하다. 유형화가 복잡하게 뒤엉켜 있는 현상들을 일

17 이 방법을 취한 연구가 무어의 기념비적인 업적인 *Social Origins of Dictatorship and Democracy*이다. Barrington Moore, *Social Origins of Dictatorship and Democracy: Lord and Peasant in the Making of Modern World* (Boston: Beacon Press, 1966).

정한 기준에 의해 분류하는 작업이라면, 분류에 앞서 복잡하게 뒤엉켜 있는 현상에 대한 분석적인 조망을 해볼 필요가 있다.

이 책이 다루는 현상은 국가의 다양한 군사대행기업 활용이며, 이는 대내외적 변수에 의해 발생하게 된다. 월츠의 국제정치의 분석 단위(Man, the States and War)[18]를 고려하면, 국가의 군사대행기업 활용에 영향을 주는 변수들을 도출할 수 있는데, 구체적으로 인간변수, 국가변수, 국제정치 환경변수가 있다. 또한 이 변수들은 현상을 분석하는 주요한 도구가 되며, 국가의 군사대행기업 활용 현상 분석에도 적용할 수 있다.

먼저, 인간변수를 통한 현상 분석은 두 가지로 나타난다. 하나는 월츠(Kenneth Waltz)가 의미하는 '인간의 보편적 특성(본성)'을 통해 현상을 바라보는 것이고 다른 하나는 개인(각 정부 주요 정책 결정자)의 습성 및 선호도를 통해 바라보는 것이다. 전자의 경우에 인간 본성의 불변성을 전제로 현상을 분석하게 된다. 군사대행기업 활용 현상과 관련하여 인간 본성은 생계 유지 욕망 그리고 이윤 추구 동기 등으로 나타나며, 이를 통한 군사대행기업 활용을 설명하는 것이 가능하다. 하지만 인간 본성에 의존한 분석은 월츠가 지적하듯 한계를 가지고 있다. '인간 본성의 불변성'의 전제 그 자체가 한계를 가지며, 불변성을 전제하면서 그 변수는 상수(constant variables)가 된다는 점, 다시 말해 현상의 설명을 위해 인간변수 이외의 추가 변수에 관심을 가지게 될 수밖에 없다는 점이다.[19]

후자인 주요 정책 결정자들의 습성 및 선호도를 통해 현상을 분석할 경우에 군사대행기업 활용에 대한 미시적 · 동태적 분석이 가능하다는 장점을 가진다. 특정 시점에서 특정 국가(혹은 정부)가 군사대행기업을 활용하

---

18 Kenneth Waltz, *Man, the State and War: A Theoretical Analysis* (New York: Columbia University Press, 1965).

19 *Ibid.*, pp. 40~41.

는 국가 내부의 동학(dynamics)을 구체적으로 설명[20]할 뿐 아니라 이를 활용하여 일국 내 행정부 간의 정책 결정의 차이를 설명하는 등 세련된 분석이 가능하다. 하지만 이러한 분석은 논의의 간결성(parsimony)을 상당 부분 희생시키고 국가별 제도 차이로 인해 설명이 난해하게 전개되는 단점이 있다. 개별 정책 결정자의 자율성이 제한되는 국가의 경우에 이 변수의 장점인 의사 결정 과정의 동학을 살리기도 한다. 결과적으로 개별 행위자의 선호는 한 국가 내의 군사대행기업 활용과 같은 단일 사례를 미시적으로 분석하는 경우[21]에는 유용하지만 이 책이 관심을 가지는 국가별 군사대행기업 활용의 차이를 설명하는 데에는 다소 한계를 갖게 된다.

두 번째로 들 수 있는 변수는 국가(state)이다. 국가의 경우에도 두 가지의 분석 방법을 생각할 수 있다. 하나는 월츠가 의미하는 국가의 정치 체제(이를테면 민주주의 · 전체주의)를 변수로 한 분석이고 다른 하나는 국가가 가진 군사력 · 경제력과 같은 국가의 힘을 변수로 한 분석이다.

먼저 국가의 정치 체제를 변수로 한 분석은 월츠가 제기한 한계를 가진다. 정치 체제의 차이를 통해 전쟁 원인을 설명하기 어려운 것처럼,[22] 이에 의한 국가별 상이한 군사대행기업 활용에 대한 설명도 어려울 가능성이 높다. 안보 문제에 있어 정치 체제의 차이는 국가 행태의 차이를 설명하지 못할 가능성이 높기 때문이다.[23]

---

20 정책 결정자의 선호를 변수로 한 국가 정책 결정 연구로는 앨리슨(Graham T. Allison)의 관료정치 모형(The Governmental Politics Model)이 있다. Graham Allison and Phillip Zelikow, *Essence of Decision: Explaining the Cuban Missile Crisis*, 2ed (New York: Longman, 1999).

21 예로 엘리슨의 쿠바 미사일 위기 사례에 대한 정치관료 모형분석을 들 수 있다.

22 이러한 한계는 월츠가 제시한 두 번째 이미지의 한계를 통해 자세히 언급되고 있다. Waltz, *Man, the State and War*, pp. 124~158.

23 정치 체제의 특성을 통한 전쟁 원인 분석의 한계를 지적한 월츠의 주장에 관해서는 이견이 존재한다. 바로 민주평화론이다. 민주평화론에 관한 대표적 논쟁으로는 Christopher Layne,

반면 국가의 힘(power)의 경우에 군사 안보 정책을 결정함에 있어 첫 번째로 고려되는 사항이다. 자국과 상대방의 힘에 대한 비교는 군사 안보 정책 결정의 출발점으로 인식될 만큼 힘은 국가의 안보에 핵심적 사항이며, 국가의 행위를 분석하는 데 유용한 변수로 활용된다. 또한 각국의 상이한 힘은 국력 서열에 따른 국가의 지위(status)를 결정하며, 상위에 놓인 국가인가 아니면 하위에 놓인 국가인가에 따라 국가의 군사 안보 정책은 상이하게 나타날 수 있다. 이러한 국가의 힘을 변수로 하여 분석할 경우에 군사대행기업을 활용하는 국가의 차이를 분석할 수 있다. 단, 국가의 힘을 변수로 할 경우에 국가의 힘을 비교가 가능하도록 조작화해야 한다.

셋째로는 국제정치 환경변수이다. 월츠의 논의에 따르면 국제정치 환경변수는 전쟁(war), 보다 구체적으로는 무정부 상태(anarchy)라는 구조를 의미한다. 국제정치 체제의 극성, 국제정치 주도 세력, 전쟁 양상, 행위자의 변화 등이 이러한 구조의 구성 요소이다. 월츠의 주장에 따르면 구조는 그 구조가 지속되는 한 과정과 결과에서 유사성을 산출하게 된다. 즉, 구조적 변수에 따를 경우에 현상의 유사성을 강조하는 분석이 가능하다. 하지만 이 구조적 변수는 구체적 현상의 차이를 분석하는 데 한계를 가지게 된다. 따라서 군사대행기업 활용과 관련해 구조적 변수(국제정치 환경변수)는 국가에 의한 군사대행기업 활용의 공통점을 강조할 때 변수로 활용될 수 있다. 이 책에서 군사대행기업이 활용되는 이유를 분석할 때, 냉전 종식이라는 국제체제 변화를 주요한 원인으로 놓고 논의를 전개한 이유도 구조적 변수가 가지는 분석상의 장점 때문이다. 하지만 이 책의 핵심 질문과 관련하여 구조적 변수가 기여할 수 있는 부분은 많지 않다. 이 책

"Kant or Cant: The Myth of the Democratic Peace," *International Security*, Vol. 19, No. 2 (1994); John M. Owen, "How Liberalism Produces Democratic Peace," *International Security*, Vol. 19, No. 2 (1994)를 참조.

의 핵심 내용이 국가 간에 구별되는 군사대행기업 활용 유형을 설명하는 것이라면 강조되어야 할 것은 유사성이 아니라 차이성이기 때문이다. 따라서 국가의 다양한 군사대행기업 활용 유형을 도출하기 위해 국제정치 환경과 같은 구조적 변수를 활용하기는 어렵다. 단, 이 구조적 변수는 군사대행기업 활용의 전제가 된다는 점에서 일종의 주어진 조건(상수)으로 다룰 수 있을 것이다.

월츠의 논의를 토대로 한 현상의 분석 방법을 살펴본 결과, 월츠가 제시한 세 가지 변수 중에서 이 책의 핵심 질문과 관련해 적용할 수 있는 것은 국가의 힘이다. 국제정치 환경과 같은 구조적 변수는 이 책에서는 주어진 것으로 간주한다. '국가의 힘의 차이가 국가의 국방 정책의 차이를 만든다'는 생각을 전제로 군사대행기업 활용 현상을 분석하는 것이 이 책의 주요한 접근 방법이다. 이와 같은 생각을 도식화하면 다음의 [그림 2]와 같이 나타낼 수 있다.

[그림 2] 국가의 군사 정책 도출

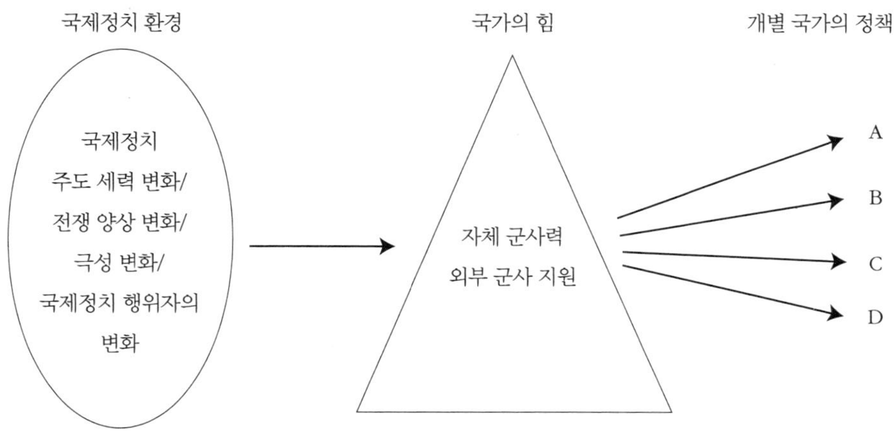

[그림 2]는 국가의 힘을 중심으로 군사 정책 결정 과정을 도식화한 것이다. 이 그림은 햇빛을 분산시키는 프리즘을 연상시킨다. 마치 빛을 쏘이게 된 프리즘이 자외선과 적외선 그리고 일곱 개의 가시광선이라는 스펙트럼으로 빛을 분광시키는 것처럼, 각국에게 주어진 국제정치 환경은 국가의 힘의 정도에 따라 상이한 대응으로 분화되어 나타난다. 예를 들어 세계 최강국인 미국과 아프리카의 약소국인 시에라리온은 모두 자국의 안보(외부로부터의 위협)에 대응하며, 국제정치적 변화가 자국의 안보에 미치는 영향에 대해 검토한다. 하지만 이 두 국가의 국방 정책은 차이가 있다. 미국의 경우에 자국이 활용할 수 있는 풍부한 군사적 자원(힘)을 가지고 있다. 세계 최강의 자체 군사력을 포함하여 나토(NATO) 및 동맹국들을 활용할 수도 있다. 반면, 시에라리온과 같은 약소국가는 동원할 수 있는 군사적 역량에 한계가 있다. 자체적인 군사력도 열악할뿐더러 자신의 군사적 열세를 외부로부터 지원할 국가도 존재하지 않는다. 이렇듯 국가들의 군사 정책(군사대행기업 활용 방안)은 자국이 활용할 수 있는 힘의 차이에 의해 각기 상이한 모습으로 나타나게 된다.

이 책이 '국가'를 주목하게 된 것은 국가를 통한 설명이 각국의 군사 정책의 차이를 설명해줄 수 있을 것이라는 점 이외에도 군사대행기업의 활용 현상에서 관찰된 국가의 중요성 때문이다. 군사대행기업의 활용에 있어서 국가라는 주체가 가지는 중요성을 언급하면 다음과 같다.

첫째, 안보 사영화, 즉 보다 구체적으로 군사대행기업 활용 현상에 있어서 국가는 군사대행기업의 수요자로서 중요한 부분을 차지하고 있다. 1990년대 군사 대행 산업의 붐은 국가라는 수요자가 존재했기에 가능했다. 국가가 안보 목표 달성을 위해 막대한 돈을 투입했기 때문이다. 또한 개별 군사대행기업들의 성공은 최고의 이윤을 가져다주는 '국가', 즉 막대한 경제적 자원을 보유한 조직체로서의 국가와의 거래 성사 여부에 달려 있다고 해도 과언이 아니다. 이렇듯 국가는 군사대행기업의 활용 현상에 있어서 무시하지 못할 중요한 존재이다.

둘째, 군사대행기업의 활용 유형이 바로 국가에 의해 결정된다는 점이다. 국가의 군사대행기업의 활용은 정규군의 임무 중 일부 혹은 전부를 보완·대체하기 위한 것이고 군사대행기업이 하는 일은 국가가 위임한 군사 임무의 집행(executive)이다. 국가는 자신이 독점했던 군사 임무의 위임 여부와 어떠한 종류의 위임을 할 것인지를 결정하며, 이에 의해 군사대행기업의 활용 여부 및 구체적 활용 양상이 정해지게 된다. 따라서 다양한 군사대행기업의 활용 유형이 나타나는 중심에는 그것을 결정하는 국가의 선택이 있다고 할 수 있다.

셋째, 국가는 거대한 군사적 시설 및 무기체계를 보유한 조직이기도 하다. 무기체계의 비용 상승은 일정 수준의 군대를 유지하기 위해 천문학적인 비용을 투입하게 했다. 군사대행기업이 국가의 군사력 운용의 한계를 보완하고 기능을 대체한다고 하나 그것은 자신의 고객인 국가의 자산을 의존하지 않고는 불가능하다. 소총이 전투력의 핵심적 역량을 차지하던 17세기에는 용병단과 같은 사적 군사 집단이 소총을 보유하면서 활동하는 것이 가능했으나 현대 군사력의 핵심 역량인 지상전의 장갑차량, 해상전의 전투함, 항공전의 전투기의 경우에 군사대행기업이 직접 소유하면서 운영하는 데 상당한 제한이 따른다. 물론 시에라리온·앙골라·파푸아뉴기니와 같은 약소국의 사례에서는 군사대행기업이 자신이 직접 장비를 들여와 임무를 수행하는 경우도 있으나 이러한 사례에서조차 군사대행기업은 장비 구입 자금을 국가에 부담시켰다.

넷째, 국가를 중심으로 한 분류가 기존 연구가 가지고 있는 문제점을 극복할 수 있는 방안이 될 수 있을 것이라는 기대도 국가를 분류의 기준으로 선택하게 한다. 특히 기존의 군사대행기업을 중심으로 한 유형화의 부재는 군사대행기업이 가지고 있는 기업의 속성에서 비롯된 것이다. 기업은 이윤 극대화를 추구하며, 수요자의 성향에 민감하게 반응한다. 그리고 이윤을 추구하기 위해 자신의 사업 내용에 지속적인 변화를 추구하게 마련이다. 이러한 기업의 속성은 군사대행기업으로 하여금 제공 서비스의 동질화를 가져다주었으며 이에 의해 군사대행기업 간의 차이가 나타나지 않게 되는 문제점이 나타나게 된 것이다. 반면 국가의 경우에 기업에 비해 보유한 속성이 덜 가변적이다. 다시 말해서 국가 간의 차이는 기업보다 더 잘 드러나며 이러한 차이가 단기간 내에 변화하는 일이 상대적으로 적다는 것이다. 국가의 경우에 자신의 안보 목표가 급변하게 되는 경우가 상당히 드물고 국가 간의 군사력 우열도 단기간 내에 변화할 수 있는 성질의 것이 아니다. 따라서 국가를 중심으로 한 연구를 진행할 경우에 기존 연구의 군사대행기업의 제공 서비스에 의한 분류보다 상대적으로 명확한 차이를 보이는 분석을 전개할 수 있을 것이라는 기대를 할 수 있을 것이다.

3) 분류 방법

앞서 제시한 분석틀을 통해서 각국의 다양한 군사대행기업 활용을 분류할 기준으로 국가의 힘을 도출하였다. 남은 문제는 분류의 기준인 국가의 힘을 조작화하는 것이다. 이 책에서는 군사력을 두 가지 기준으로 구분하여 이를 활용하고자 한다. 한 국가의 군사력은 자국 자체의 힘과 국가 간의 군사협력관계를 통해 형성된다. 다시 말해, 한 국가의 군사력은 자체 군사력과 대외군사협력으로 구성되는 것이다. 자체 군사력의 경우에 적성 국가(집단) 및 주변 국가에 대한 상대적 우열을 통해 분류할 수 있고 대외 군사협력의 경우에는 국가 간의 공식적 혹은 비공식적인 군사 지원의 유무[24]에 따라 분류할 수 있다. 이러한 자체 군사력의 상대적 우열과 대외 군사협력의 유무를 통해 국가들을 분류하면 다음의 [표 3]과 같이 도식화할 수 있다.

[표 3] 군사력을 기준으로 한 국가군 분류

구분		대외 군사협력	
		유	무
자체 군사력	상대적 우위	A	B
	상대적 열위	C	D

[표 3]을 통해 제시된 국가군은 모두 네 가지이다. A는 자체 군사력이 강하면서 대외 군사협력도 유지되는 국가이고, B는 자체 군사력은 강하나 대외 군사협력이 단절된 국가이다. 반면 C는 자체 군사력은 약하나 대외 군사협력을 유지하고 있는 국가이고, D는 자체 군사력도 약하고 대외 군사협력도 없는 국가이다. 물론 제시한 두 개의 기준을 '상–중–하'로 세분화하면 보다 설명력이 높은 국가군의 분류가 가능하지만 이 경우에 설명할 사례보다 더 많은 셀이 도출되는 문제가 생기게 된다.[25] 앞서 사례 선택을 통해 언급한 바와 같이 이 책에서 채택한 사례는 7개국이다. 만약 앞에서의 분류보다 설명력을 높이기 위해 세분화된 분류를 시도할 경우에 최소 9개의 셀(cell)이 생긴다. 하지만 충분한 정보를 가진 7개의 각 국가 사례들이 각각의 셀에 누락 없이 포함될 확률은 그만큼 적어진다. 따라서 분류의 세분화를 희생시키더라도 확보한 사례들이 분류한 국가군에 가능한 많이 대입시킬 수 있도록 셀의 수를 줄였다. 하지만 이 책의 사례

24 여기서 말하는 군사 지원 유무 여부는 타국으로부터 군사 지원을 받는 것과 타국으로부터 군사 지원을 받는 것을 모두 고려한 것이다.

25 앞서 지적한 바와 같이 애번트의 경우에 분류를 지나치게 세분화하여 사례를 통해 설명하지 못하는 유형을 만들었다.

들은 풍부한 정보를 담고 있으며, 이를 통해 간결한 분류에 의해 희생된 설명력을 보완하고자 한다.

[표 3]에 나타난 네 개의 셀에 해당 국가들을 대입하면 각기 구별되는 네 개의 국가군이 도출된다. 여기에 앞서 언급한 군사대행기업의 활용 사례 국가들을 네 개의 국가군에 대입해보면 국가의 특성에 따라 구별되는 군사대행기업의 활용 사례 군이 형성될 것이다. 여기서 유의할 것은 확보한 사례들을 대입한 결과, 특정 셀은 해당 사례가 없는 경우가 나타날 수 있다는 것이다. 군사대행기업의 활용이 나타나지는 않으나 이 셀에 대한 설명은 필요하다. 특히 이 셀이 군사대행기업을 활용하지 않는 국가를 포함하면서 군사대행기업과 관련하여 중요한 의미를 갖는 내용을 포함하고 있다면 이 셀이 규정하는 내용도 다룰 필요가 있다. 향후 자세히 언급되겠지만 이 책이 시도한 분류에서 한 개의 셀이 자국은 군사대행기업을 활용하지 않으면서 군사대행기업의 활용과 관련하여 의미 있는 내용을 담고 있는 경우가 있었다.

이상과 같이 분석틀에 의한 국가군에 따라 군사대행기업의 활용 유형을 분류한 후에는 각 유형의 구체적 내용을 설명해야 한다. 다시 말해, 자체 군사력의 강/약과 대외 군사협력의 유/무가 군사대행기업 활용의 차이에 미치는 영향에 대한 설명이 필요하다. 이를 파악하기 위해서는 각 기준이 가지고 있는 독립적인 효과를 파악해야 한다. 이러한 개별 기준의 독립적인 효과를 파악하기 위해서는 다른 기준이 미치는 영향을 상수화하여 관심을 두고 있는 기준이 미치는 효과만을 파악할 필요가 있다.

먼저 자체 군사력이 군사대행기업 활용의 차이에 미치는 영향을 생각해보자. 자체 군사력이 자국을 지킬 수 있을 만큼 충분하게 강한 경우에(주변 국가 및 적대 세력에 비해 강한 경우) 자국의 보호를 위해 추가적인 군사력을 동원할 필요성은 없어진다. 따라서 기존의 군사력을 군사대행기업에 의해 대체할 필요도 없게 된다. 반면, 자체 군사력이 자국을 지키기에 불충분한 국가의 경우에(주변 국가 및 적대 세력에 비해 약한 경우) 자국의 군사력을 보완하기 위한 방안을 마련하게 된다. 이들 국가에게 자국 정규군의 열세를 보완하기 위해 대안이 필요하게 된다. 즉 자체 군사력이 강하면 자국의 보호하기 위한 군사 임무에 군사대행기업을 동원할 이유는 없어진다. 반면, 자체 군사력이 약한 경우에는 이를 보완하기 위해 군사대행기업을 동원할 필요성이 제기되는 것이다.

두 번째로 대외 군사협력의 유무가 군사대행기업의 활용 차이에 미치는 영향을 생각해보자. 대외 군사협력이 있는 국가의 경우에 군사협력을 통해 군사력을 보완한다. 여기서 유의할 것은 이 경우에 군사협력의 성격이 군사 지원의 시혜 · 수혜 여부를 살펴봐야 한다는 점이다. 먼저 시혜적 군사협력관계를 가지고 있는 경우를 살펴보자. 동맹이나 군사협력관계에 의해 자국 군사력이 다른 국가에 지원하는 경우에 자국 보호 이외에 협력국에 대한 군사 지원 및 해외 파병이라는 추가적인 임무가 발생하게 되며, 이에 대한 추가적인 군사력 소요가 발생하게 된다. 군사대행기업은 이러한 대외 지원 임무의 보완책으로 군사협력 시혜국의 정책 대안으로 고려된다. 반면, 수혜적 군사협력관계를 가진 국가의 경우에 기존의 협력관계 수준이 유지될 때에는 군사대행기업을 활용할 특별한 이유가 발생하지 않는다. 문제는 협력 관계 자체는 존재하나 그 수준이 약화된 경우이다. 이 경우에는 자체적으로 보완하는 방법이 있을 수 있으나, 수혜적 군사협력관계를 가진 국가의 경우, 또 자체적인 군사력 보완이 어려워서 타국과의 군사협력관계로 이를 보완하기 때문에 군사협력 수준이 약화될 경우에 군사력을 보완할 길이 요원해진다. 군사대행기업은 이러한 상황에서 대안으로 부각된다.

대외 군사협력이 없는 국가의 경우에 군사협력을 통해 상호 군사협력을 주고받을 일은 없다. 따라서 시혜적 군사협력에 따른 군사 임무의 증가가 발생하지 않으며, 이에 따른 해외 파병 임무 증가에 따른 보완의 문제도 발생하지 않는다. 문제는 이러한 국가가 위기에 처하게 되는 경우이다. 이 경우에 군사협력관계의 부재는 이들 국가를 존폐의 갈림길에 놓인 상황으로까지 몰고 가게 될 가능성이 높은데 군사대행기업은 이러한 상황에서 군사적 위기 상황의 해결 수단으로 채택된다.

이상의 기준을 복합적으로 고려하면, 군사대행기업의 활용과 관련된 각 셀의 구체적인 내용을 설명할 수 있다. 구체적으로 언급하면 다음과 같다.

A셀에 속하는 국가는 자체 군사력이 상대적으로 강하고 대외군사협력관계도 존재하는 경우로 자국을 보호하기 위한 추가적인 군사력이 필요 없다. 하지만 동맹 관계를 포함한 군사협력관계로 인해 해외 군사지원이라는 추가적인 임무가 발생하며, 추가적 임무의 증가는 추가적 병력 동원에 대한 수요로 이어진다. 이러한 상황에서 정규군 증강이나 동맹국을 통한 추가 병력 동원이 제한을 받게 될 경우에 이 국가는 다른 방법(군사대행기업 활용)을 통해 증가된 해외 군사지원 및 활동을 해결하게 된다. 이처럼 A셀에 속하는 국가의 군사대행기업 활용은 해외 임무 증가로 인한 병력 부족의 해결 방안으로 채택하게 된다.

B셀에 속하는 국가는 자체 군사력은 상대적으로 강하나 대외군사협력관계가 부재하는 경우로 자국을 보호하기에 충분한 군사력을 보유하고 있는 상태로 외부의 지원도 필요 없다. 대외군사협력관계의 부재로 인해 자국의 군대의 해외 활동도 부재한 상황이다. 다시 말해서 이 셀에 속하는 국가들은 자체 군사력만으로 충분히 자국의 안보 상황에 대처하는 것이 가능하며, 추가적 군사력인 군사력에 대한 소요가 없으며, 군사대행기업을 활용할 필요가 없게 된다. 하지만 B셀의 국가는 냉전 종식 이후 대

규모 병력 감축으로 인한 퇴역군인의 증가로 군사대행기업과 관련한 특이한 사례를 보일 수 있다. 퇴역군인들이 생계 유지를 위해 군사대행기업을 설립하나 자국의 내수 결핍에 대한 대안으로 타국의 무력 분쟁이라는 해외 사업을 전개하는 것이다. 이에 의해 B셀에 속하는 국가는 자국은 군사대행기업을 활용하지 않으면서도 자국 출신의 군사대행기업이 해외 활동을 하는 군사대행기업 공급 국가의 모습을 보이게 된다.

C셀에 속하는 국가는 자체 군사력이 상대적으로 약하나 대외군사협력관계가 존재하는 경우로 자국의 힘이 주변 국가의 위협에 대해 대응할 만큼 충분히 형성되어 있지 않으나 외부로부터의 군사적 위협에 대응할 외부 지원 국가들이 존재하게 된다. 이들 국가의 문제는 대외군사협력관계가 이전만큼 이루어지지 않는 데서 비롯된다. 과거 수준만큼의 군사 지원을 획득하지 못하게 됨에 따라 이 국가들에게 군사적 공백이 발생한다. 이러한 공백을 보충하려는 노력은 국가 이외의 군사력인 군사대행기업에 대한 수요로 나타난다. 이들 국가는 군사대행기업을 통해 기존의 해외 군사지원을 대체하는 모습을 보이게 된다.

D셀에 속하는 국가는 자체 군사력도 약하고 대외 군사협력도 부재한 경우로 자국의 안보 위기에 대한 해결 수단의 총체적 부재라는 상황에 직면한다. 자체 군사력은 주변 국가 및 적대 세력보다 약해 이들 자체의 힘으로는 안보 위기를 해결할 능력이 부재한 상태이다. 여기에 더하여 군사적 지원을 해줄 외부로부터의 지원이 차단되면서 자국의 안보상 위기를 자국의 능력으로도 또한 타국의 지원을 통해서도 해결할 방안이 사실상 부재하는 상황에 놓이게 된다. 이들 국가들은 위기 상황에 대한 국제사회의 호소를 통해 외부 군사지원을 끌어들이기 위한 노력을 지속하지만 이에 대한 국제사회의 외면은 이들 국가를 계속적으로 수세에 몰리게 만들고 결국 정권의 붕괴가 임박하게 되는 상황까지 초래하게 한다. 이러한

상태에서 군사대행기업은 이들의 총체적인 위기를 극복해줄 수단으로 부각된다.

4) 사례 국가들의 분류 틀에의 적용

국가를 중심으로 한 군사대행기업 활용 유형의 제시를 위해 남은 과제는 앞서 제시한 분류를 토대로 확보한 사례를 대입하는 것이다. 이를 위해서는 사례 국가의 자체 군사력의 상대적 우열 및 대외 군사협력의 유·무를 판단해야 한다. 사례 국가의 자체 군사력 평가는 병력, 방위비 규모 그리고 주요 무기체계의 질적·양적 수준을 통해 비교할 수 있다. 여기서 고려해야 할 것은 평가 항목과 관련된 자료 수집이다.

병력과 주요 무기체계의 수량 및 방위비에 관한 데이터는 『국방백서』(*Defense White Paper*)나 『국방리뷰』(*Defense Review*)와 같이 사례 국가 정부가 내놓은 공식 문건을 통해 확인할 수 있다. 하지만 일부 국가들의 경우에 자국의 국방력 현황에 대한 문건을 정기적으로 발간하지 않고 있으며, 발간한 문건에서도 병력·국방비와 같은 구체적인 자료를 제시하지 않고 있는 경우가 있다.[26] 특히 사례 국가들 중 『국방백서』를 정기적으로 발간하지 않는 국가들이 포함되어 있는 경우에 관련 자료들을 수집하기는 더욱 어려워진다. 이러한 경우에 대안으로 활용할 수 있는 것이 군사정보업체 혹은 연구기관이 내놓은 자료를 활용하는 것이다. 대표적으로 제인스(Jane's Information Group)와 IISS(International Institute for Strategic Studies) 그

---

26 본 연구의 사례로 언급될 시에라리온의 경우에 2003년에 발간한 『국방백서』 외에는 군사력 현황에 관한 공식 문건을 찾기 어렵다. 또한 발간된 『국방백서』의 내용도 현황에 관한 핵심 자료는 생략한 채 국방력 건설 방향과 같은 정책 소개만 하고 있는 실정이다. Sierra Leone Government, *Defense White Paper*, http://www.statehouse-sl.org/policies/defence-white-paper.html(2006-12-28).

리고 SIPRI(Stockholm International Peace Research Institute)를 들 수 있는데, 이 세 곳에서 발간된 군사 자료들은 전세계적으로 공신력을 인정받고 있으며, 정부부처 및 연구기관에서 활용되고 있다.

이들 중, 제인스의 대표적 자료들은 각 분야별(예: 지상 · 해상 · 항공 무기체계 분야)로 제시되어 있어서 한 국가의 상황을 일목요연하게 파악하는 데는 다소 어려움이 따른다. 제인스는 이러한 문제를 극복하기 위해 수년 전부터 센티넬(Sentinel) 서비스를 운영하고 있는데, 각 국가의 정치 · 경제 · 군사 상황을 망라하여 비교적 상세하게 소개하고 있다. 하지만 센티넬은 접근성이 용이치 않다. 제인스의 자료들이 대부분 고가로 판매되고 있으며, 센티넬 서비스는 이 중에서도 상위 레벨의 자료들이라 개인 연구자들의 접근이 제한된다. 또한 방대한 분량으로 인해 연구자에게 필요한 자료만을 확보하는 데 상당한 시간이 소요되는 문제점이 있다. 이러한 문제를 극복해줄 수 있는 것이 바로 IISS가 매년 발간하는 『밀리터리 발란스』(*The Military Balance*)나 SIPRI의 군비 지출 자료이다. 밀리터리 발란스는 전세계 국가의 군사력 현황을 망라한 군사 연감이다. 자료를 국가별로 제시하기 때문에 한 국가의 군사력 현황을 한눈에 파악할 수 있으며, 전세계 군사력에 관한 거의 모든 정보를 한 권(약 300페이지)에 집약하여 자료 색인이 편리하다는 장점을 가지고 있다. 또한 이 두 자료들은 제인스에 비해 상대적으로 저렴한 비용으로 획득할 수 있어서 개인들도 비교적 용이하게 접근할 수 있다는 장점이 있다. 이 책에서는 밀리터리 발란스와 SIPRI의 군비 지출 자료를 주로 활용하여 사례 국가의 군사력을 평가한다.

군사력 평가 방법은 다음과 같은 과정을 거쳐 진행하게 된다. 우선적으로 군사력 평가 영역을 설정해야 한다. 평가 영역으로는 병력, 무기체계, 그리고 군비 지출 규모를 들 수 있다. 이 중에서 병력과 군비 지출 규모의 경우에 양적 규모를 비교하는 단순 비교 방법(이른바 bean counting)을 활용한다. 병력의 경우에 병사의 질보다는 양적 규모가 중요하게 작용하기 때문에 보유 병력 수의 비교로 우열을 가늠할 수 있고 군사비의 경우에는 화폐라는 평가 척도가 있기 때문에 이를 통한 비교가 가능하다. 단순 비교 방법에서 문제가 발생하는 영역은 질적인 요소가 강하게 작용하는 무기체계이다. 무기체계는 각국의 과학기술이 집약된 것으로서 성능과 같은 질적 수준에 따른 격차가 보다 현격하게 발생한다. 따라서 무기체계의 경우에는 질적인 요소를 아울러 고려할 수 있는 방안이 마련되어야 한다.

이에 대한 해답을 제시해주는 것이 바로 무기체계의 성능지수이다. 무기체계의 성능지수를 활용할 경우에 성능지수에 보유한 무기체계의 양을 곱해 질적인 측면과 양적인 측면을 동시에 고려한 척도를 마련할 수 있다. 다시 말해서 한 국가가 보유한 군사장비(무기체계)의 수준은 '해당 무기체계의 양 × 해당 무기체계의 성능지수'로 나타낼 수 있으며, 이렇게 도출된 각 국가의 무기체계 수준을 비교하여 사례 국가들의 군사력을 비교할 수 있게 된다.

문제는 활용 가능한 무기체계의 성능지수를 확보하는 것인데 일반적으로 무기체계의 성능지수는 군사 기밀로 취급되어 민간 연구자의 접근이 제한되게 마련이다. 하지만 민간 연구자가 접근할 수 있는 무기체계의 성능지수를 내놓은 전문가가 있다. 바로 『현대전의 실체』(*How to Make War*)의 저자인 제임스 더니간(James F. Dunnigan)이다.[27] 더니간의 주요 연구 영역은 군사 시뮬레이션으로 그의 연구 내용의 핵심은 무기체계 성능의 지수화이다. 이 책에서도 더니간의 지수를 활용하고자 한다.

이상 언급한 자료들의 활용을 토대로 사례 국가의 군사력을 평가한 결

---

27 James F. Dunnigan, 김병관 역, 『현대전의 실제』(서울: 현실적지성, 1999).

과(군사력 평가의 자세한 결과는 [부록 1] 참조) 미국 · 남아프리카공화국 · 사우디아라비아 · 보스니아 · 시에라리온 · 파푸아뉴기니는 주변 국가 및 적성 국가와의 자체 군사력 비교에 대해 뚜렷한 우열 관계를 나타냈다. 크로아티아 및 앙골라의 경우에는 주변국 일부에 대해서는 상대적으로 강하나 주요 적성 국가에 대해서 열위를 보였다. 크로아티아의 경우는 주변 국가 중 보스니아와 슬로베니아에 비해서는 병력 · 무기체계 · 국방비 면에서 우위를 보이지만 헝가리와의 비교에서는 무기체계 수준에서 크게 뒤쳐져 있으며, 주요 적성 국가인 세르비아에 비해 모든 부문에서 상대적으로 큰 열위를 보였다. 이 책에서는 크로아티아를 약소국으로 평가한다. 그 이유는 크로아티아의 존폐를 결정할 만큼 중요했던 군사 분쟁의 교전 상대방이 세르비아였기 때문이다. 세르비아는 군사적으로 크로아티아에 우위에 있을 뿐만 아니라 크로아티아 내의 세르비아계를 지원하는 크로아티아의 명백한 적성 국가이다. 이러한 사항들을 고려해 이 책에서는 세르비아를 크로아티아 자체 군사력 판단의 주요한 대상으로 보고 크로아티아의 군사력이 상대적으로 약한 것으로 판단했다.

앙골라의 경우도 크로아티아와 비슷한 논리를 적용했다. 크로아티아와 마찬가지로 앙골라도 주변 국가보다 상대적으로 강한 군사력을 보유한 나라이다. 하지만 이 책에서 소개할 사례인 1992~1994년 사이의 기간 동안 앙골라를 가장 위협했던 존재는 내부의 반란 세력인 UNITA(*Uniao Nacional para a Independencia Total de Angola*)였다. UNITA는 미국을 비롯한 외부의 자금 지원에 힘입어 정규군 수준의 무장력을 보유했다.[28] 당시

28 1990년대 초에 부시(George H. Bush)행정부가 매년 UNITA에 지원한 금액은 약 5천만 달러에 달했다. Chris Talbot, "Train Bombing Signals New UNITA Offensive in Angola," *World Socialist Web Site News*, August 21, 2001, http://www.wsws.org/articles/2001/aug2001/ang-a23.shtml(2007-02-13).

UNITA는 앙골라 정규군보다 많은 약 65,000명의 병력을 보유한 반면,[29] 당시 앙골라 정규군은 약 45,000명으로 제대로 된 장비도 갖추지 못했다. 보유 항공기의 약 60%가 사용 불능 상태였고 지상군의 경우에도 정비 불량인 전차가 상당수여서 가동 가능한 전차가 극히 적었다.[30] 이렇듯 당시 앙골라는 반군 세력인 UNITA보다도 군사적 열세에 놓인 국가였다.

대외군사협력관계의 경우에 외관상 분명하게 파악되는 공식적인 동맹조약의 유무나 해외 파병, 외국군 및 유엔군의 주둔 여부를 통해 협력관계의 유무를 파악할 수 있다. 동맹 관계나 해외 파병 및 외국군의 주둔 여부는 『밀리터리 밸런스』(*The Military Balance*)의 자료를 활용할 수 있는데 『밀리터리 밸런스』는 각 국가의 해외 군사 배치 상황을 상세하게 기록하고 있어서, 이를 근거로 공식적인 대외 군사협력 여부의 판단이 가능하다.

하지만 이러한 군사 지표상에 나타난 대외군사협력관계는 다음의 두 가지 사항을 통해 보다 신중하게 검토해야 한다. 첫째, 유엔군이나 외국의 군사 지원은 유엔군이나 외국의 군사 지원이 내전 당사 국가가 요청한 당시에 투입되었는지 검토해야 한다. 이러한 점은 1990년대 아프리카 국가의 내전 상황을 살펴볼 때 특히 강조되는데, 당시 내전의 경우에 쌍방간의 교전이 격화된 시점에서는 유엔군이나 외국 군대가 전혀 개입하지 않다가 분쟁이 어느 정도 해소되고 나서야 투입되는 경우가 빈번했다. UN의 지원이 절실했던 내전 당사국의 입장에서 보면, 사실상 외부로부터의 군사 지원은 없었다고 보아도 무방할 것이다. 이후 사례를 통해 언급되겠지만 앙골라 · 시에라리온 · 파푸아뉴기니는 자국의 내전이 한창

29 "Africa, Angola: Between War and Peace," *Jane's Intelligence Review*, May 1, 2000.
30 IISS, *The Military Balance 1993/1994* (London Oxford University Press, 1993), p. 199.

격화될 시점에서 외국이나 유엔군의 군사 지원을 획득하지 못했다. 이 국가들은 사실상 고립 상태에 놓이게 되었는데 내전이 상당 부분 해결되고 나서야 유엔군이 파견되었다.

둘째, 동맹조약이나 외관상 드러나는 외국군 주둔이 아니라고 하더라도 자금 지원을 비롯한 기타의 군사 지원이 시행되었을 경우에 대외 협력 관계가 존재한다고 볼 수 있다. 따라서 대외군사협력관계를 제대로 파악하기 위해서는 공식적인 동맹 이외에 각 개별 사례에서 나타난 일련의 사건들에 대한 추가적인 조사가 필요하다. 이러한 비공식 지원에 대한 자료는 각 개별 사례에 대한 전문가들의 리포트나 언론보도 등을 취합하여 조사하는 방법을 통해 확보할 수 있다.[31] 이 책에서 소개할 비공식적 군사 지원은 두 개의 사례에서 나타났다. 크로아티아와 보스니아의 사례였는데, 보스니아는 외국과의 공식적인 군사 동맹이 존재하지 않았다. 하지만 양국은 미국(크로아티아)과 아랍 국가들(사우디아라비아와 쿠웨이트를 비롯한 아랍 국가의 지원)로부터의 재정 지원을 획득했다.[32] 이러한 사례는 공식적인 동맹 관계가 형성되어 있지 않다고 할지라도 국가 간의 군사적 협력에 의해 군사대행기업을 고용할 수 있는 사례로 판단되는바, 외부와의 군사 협력이 존재하는 경우로 판단한다. 이상의 내용을 정리하면 [표 4]의 내용과 같이 정리할 수 있을 것이다.

31 이러한 비공식적인 군사 지원을 확인할 수 있는 자료로는 Shearer, "Private Armies and Military Intervention."; Avant, *The Market for Force*; 피터 싱어, 『전쟁대행주식회사』, Robert Young Pelton, *Licensed to Kill*이 있다.

32 크로아티아의 경우에 미국으로부터의 재정 지원에 의해 MPRI를 고용했고, 보스니아는 사우디아라비아, 브루나이, 말레이시아, UAE의 재정지원을 통해 MPRI를 고용했다. Avant, *The Market for Force*, p. 107; 피터 싱어, 『전쟁대행주식회사』, p. 231.

[표 4] 사례 국가들의 군사협력관계

국가명	군사협력관계	내용
미국	유	양자 동맹: 한국 · 일본 · 캐나다 · 영국 · 사우디아라비아. 다자 동맹: NATO, ANZUS. 비공식 군사협력: 이스라엘 · 크로아티아 · 콜롬비아 외. 해외 군사 배치: 한국 · 일본 · 독일 · 벨기에 · 그리스 · 이탈리아 · 룩셈부르크 · 네덜란드 · 노르웨이 · 포르투갈 · 스페인 · 터키 · 영국 · 싱가포르 · 호주 · 태국 · 바레인 · 쿠웨이트 · 오만 · 카타르 · 곤두라스 · 보스니아 · 크로아티아 · 이라크 · 아프가니스탄 · 동티모르. 자국 내 외국군: 없음.
크로아티아	유	양자 동맹: 없음. 다자 동맹: 없음. 비공식 군사협력: 미국. 해외 파병: 없음. 자국 내 외국군: 유엔군(23개국).
사우디아라비아	유	양자 동맹: 미국. 비공식 군사협력: 보스니아 · 팔레스타인. 해외 파병: 없음. 자국 내 외국군: 미국 · 영국 · 프랑스.
보스니아	유	양자 동맹: 없음. 다자 동맹: 없음. 비공식 군사협력: 미국 · 사우디아라비아 · 브루나이 · 말레이시아 · 아랍에미리트연합. 해외 파병: 없음 자국 내 외국군: NATO(15개국), Non NATO(15개국)
앙골라	무	냉전 종식 이후, 쿠바 · 소련 · 중국 · 북한의 군사적 지원 단절.
시에라리온	무	영국으로부터의 지원 단절, UN의 개입 지체.
파푸아뉴기니	무	호주의 파푸아뉴기니에 대한 고립화 전략으로 인한 대외 지원 차단.
남아프리카공화국	무	냉전 당시 국제적 고립 상태, 당시 앙골라 저항세력 UNITA를 지원하였으나 냉전 종식 이후 대외 군사지원활동 없음.

* Source: IISS, *The Military Balance*(London: Oxford University Press, 각년판); Shearer, "Private Armies and Military Intervention."; Avant, *The Market for Force*; 피터 싱어, 『전쟁대행주식회사』, Robert Young Pelton, *Licensed to Kill*.

이상 살펴본 바와 같이, 자체 군사력의 정도와 대외군사협력관계의 유무를 국가별로 판단해본 결과, 다음과 같은 결과를 얻어냈다. 자체 군사력이 강하면서 대외군사협력관계가 존재하는 국가는 미국이다. 자체 군사력은 강하나 대외군사협력관계가 부재한 국가는 남아프리카공화국이다. 자체 군사력은 약하나 대외군사협력관계가 존재하는 국가는 크로아티아 · 보스니아 · 사우디아라비아이다. 끝으로 자체 군사력이 약하면서 대외군사협력관계가 부재한 국가는 앙골라 · 시에라리온 · 파푸아뉴기니이다. 이상과 같은 평가를 토대로 각 국가를 앞서 제시한 분류 틀에 대입하면 다음의 [표 5]와 같이 나타낼 수 있다.

[표 5] 군사대행기업 관련 사례들의 분류

구분		대외군사협력	
		유	무
자체 군사력	강	**A: 미국** · 오스트레일리아	**B: 남아프리카공화국**
	약	**C: 크로아티아 · 보스니아 · 사우디아라비아** · 콜롬비아 · 페루 · 베네수엘라 · 칠레 · 멕시코 · 싱가포르 · 필리핀 · 캄보디아 · 인도네시아 · 우즈베키스탄 · 우크라이나 · 터키 · 요르단 · 쿠웨이트 · 아랍에미리트 · 카타르 · 알제리 · 바레인 · 예멘 · 레바논 및 정권 교체 이후의 이라크와 아프가니스탄 · 적도기니.	**D: 앙골라 · 시에라리온 · 파푸아뉴기니** · 아이티 · 우간다 · 미얀마.

[표 5]는 사례로 채택한 8개국과 국가 내에서 군사대행기업 활동이 목격된 40여 개국을 앞서 제시한 구분 기준에 대입한 것이다. 하지만 위에서 나타난 40여 개국 중 대부분은 군사대행기업과 관련한 단편적인 정보만을 취급하고 있어서 사례를 통한 설명에 제한을 받는다. 군사대행기업과 관련된 상세한 정보를 담고 있는 국가의 사례는 굵은 글씨로 표기된 8

개국(미국 · 남아프리카공화국 · 크로아티아 · 보스니아 · 사우디아라비아 · 앙골라 · 시에라리온 · 파푸아뉴기니)인데, 이 국가들이 이 책에서 주요하게 다룰 사례가 될 것이다. 이 중에서 군사대행기업을 활용하지 않는다고 판단된 B셀의 남아프리카공화국의 사례가 흥미로운데, 앞서 언급한 대로 남아프리카공화국은 자국의 안보를 위해 군사대행기업을 활용하지는 않았다. 따라서 남아프리카공화국의 사례는 군사대행기업의 활용 유형에는 포함되지 않는다. 단, 이 국가에서 결성된 군사대행기업이 D셀의 국가들(앙골라 및 시에라리온)의 내전에 개입하는 등 냉전 종식 이후 군사대행기업의 공급 국가로서 다른 국가의 군사대행기업 활용에 미치는 중대한 함의가 있는바, 남아프리카공화국의 사례는 군사대행기업의 활용 유형을 설명한 후에 군사대행기업의 공급 국가 유형 사례로 소개토록 하겠다.

3. 각 유형의 주요 내용

앞서 제시한 분류를 통해 구별된 네 개의 셀(A: 자체 군사력이 상대적으로 강하고 대외군사협력도 존재하는 경우, B: 자체 군사력은 상대적으로 강하나 대외군사협력이 부재하는 경우, C: 자체 군사력이 약하나 대외군사협력은 존재한 경우, D: 자체 군사력도 약하고 대외군사협력도 부재한 경우)은 각기 구분되는 특징을 가지고 있다. 이 절에서는 각 셀의 특성을 위주로 정리하며, 각 셀의 특성에 따른 국가의 군사대행기업 활용 유형을 규정할 것이다.

A셀은 자체 군사력이 강하고 대외군사협력도 존재하는 경우이다. 이 경우에 냉전 종식 이후에 증가된 대외 군사 활동을 보완할 목적으로 군사대행기업을 활용하게 된다. 이 국가의 경우에 자국을 보호하는 데 충분한 자체군사력을 확보하고 있다. 이에 따라 자국을 보호하기 위해 자체 군사

력 이외에 다른 수단을 동원할 필요가 없게 된다. 문제는 대외군사협력의 영역에서 발생한다. 냉전 종식 이후, 기존의 동맹 지원에 더하여, 인도주의적 개입 임무를 비롯한 대외 군사 활동이 증가하게 된 것이다. 대외 군사 활동의 증가는 기존의 정규군의 임무 증가로 인한 병력 부족을 발생시켰다. 하지만 정규군 추가 증강이나 동맹국 · 우방국으로부터의 군사 지원을 활용한 대안은 한계를 보이게 된다. 이러한 한계는 이 국가로 하여금 다른 영역에서의 해결 방안을 모색하게 하고 군사대행기업 활용이 유력한 대안으로 떠오르게 된다. 이 국가의 군사대행기업 활용은 인력난이 극심한 부분부터 활용되다가 그 적용 영역이 점차적으로 확대되어 거의 모든 군사 영역에 대해 군사대행기업을 활용하는 양상으로 진행된다. 실제 사례에서는 미국이 이러한 군사대행기업의 활용 양상을 보이는데, 이 책에서는 이러한 군사대행기업의 활용 양상을 '제1유형: 대외군사활동보완' 유형으로 일컫는다.

B셀에 속하는 국가는 자체 군사력은 상대적으로 강하나 대외군사협력 관계가 부재하는 경우이다. 앞서 말한 대로 이 셀에 속하는 국가들은 자체 군사력만으로도 자국을 충분히 방위할 수 있어서 군사대행기업에 대한 수요가 발생하지 않는다. 단, 냉전 종식 이후 대규모 병력 감축과 퇴역군인들의 군사대행기업 설립 및 이들의 해외 활동으로 군사대행기업 공급 국가로서의 특성을 가진다. B셀의 국가는 군사대행기업의 활용은 하지 않으나 이의 공급원으로서 타국가의 군사대행기업 활용에 중대한 영향을 미치는바, '군사대행기업 공급국가' 유형으로 다룬다.

C셀은 자체 군사력은 상대적으로 약하나 대외군사협력이 존재하는 경우이다. 이에 해당하는 국가는 자국에 대한 해외 군사 지원을 대체하기 위해 군사대행기업을 활용한다. 이들은 자국을 보호할 수 있을 만큼의 충분한 자체 군사력을 가지지 못했지만 이를 보완할 외부 지원이 존재한다.

하지만 이러한 지원이 이전과 같은 수준으로 진행되지 못하고 군사지원 시혜국이 지원을 축소하면서 군사력의 공백이 발생한다. 이에 대한 대처 방안으로 군사대행기업 활용이 부각되는데, 이러한 국가들은 군사대행기업 활용을 통해 해외 군사 지원을 대체하는 양상을 보인다. 이들 국가에 고용된 군사대행기업은 군사력 증강을 위한 훈련, 중장기 전략 기획 · 자문 등 군사고문단의 역할을 수행한다. 실제 사례에서는 크로아티아 · 보스니아 및 사우디아라비아가 이러한 형태의 군사대행기업 활용을 보여주었는데, 이 책에서는 이와 같은 활용 양상을 '제2유형: 해외군사지원대체' 유형으로 일컫는다.

D셀은 자체 군사력이 약하면서 대외군사협력도 부재한 경우로 이에 해당하는 국가는 안보 위기 상황에 대한 해결 수단이 부재한 극도의 위기 상황을 겪게 된다. 자국을 보호할 수 있을 만큼 충분한 자체 군사력을 확보하지 못한 상태에서 외부로부터의 군사 지원마저 차단된 것이다. 이에 해당하는 국가들은 소년병과 같은 극단적인 수단을 통해 자체 군사력을 보완하거나 국제사회에의 지속적 호소를 통해 외부로부터의 지원을 확보하고자 하지만 이러한 노력은 모두 허사로 돌아간다. 급박한 위기 상황에 이들 국가에게 최후의 수단으로 군사대행기업 활용이 시도되는데 이들 국가는 자국의 군사적 위기 상황의 해결을 군사대행기업에 일괄적으로 위임하는 '패키지 활용'의 형태를 보인다. 또한 이들 국가는 열악한 경제 상황으로 인해 군사대행기업을 장기적으로 고용하지 못할뿐더러 고용 자금도 자국의 천연자원 채굴권 양도 등을 통해 마련한다. 실제 사례에서는 앙골라 · 시에라리온 · 파푸아뉴기니가 이러한 형태의 군사대행기업 활용을 보여주었으며, 이 책에서는 이를 '제3유형: 패키지 활용' 유형으로 일컫는다.

[표 6] 국가의 군사대행기업 관련 유형

유형		해당 국가의 군사력	특성	사례
군사대행기업 활용	제1유형: 대외군사 활동보완	자체 군사력 강함/ 대외군사협력 존재	대외 군사 활동 증가로 인한 인력난 보완, 인력난이 큰 부문부터 단계적 · 계획적으로 군사대행기업 활용 영역 확장.	미국
	제2유형: 해외군사 지원대체	자체 군사력 약함/ 대외군사협력 존재	기존의 군사협력의 퇴조로 인한 해외 군사 지원의 대체, 과거 군사고문단이 행하였던 전략 자문, 훈련 위주의 활용.	크로아티아 · 보스니아 · 사우디아라비아
	제3유형: 패키지 활용	자체 군사력 약함/ 대외군사협력 부재	군사적 해결 수단의 총체적 부재로 인한 군사 분쟁 자체의 총체적 위임.	앙골라 · 시에라리온 · 파푸아뉴기니
군사대행기업 비활용	군사대행기업 공급유형	자체 군사력 강함/ 대외군사협력 부재	기존 정규군 중심 군사력만으로 자국의 안보 문제 해결, 군사대행기업에 대한 수요는 없으나 자국 출신 군사대행기업의 해외 활동으로 주요한 군사대행기업의 공급처가 됨.	남아프리카공화국

제4장

제1유형: 대외군사활동보완—미국

제1유형은 자체 군사력이 강하면서 대외군사협력도 유지되는 국가의 활용 유형이다. 이러한 유형을 보인 국가로는 대표적으로 미국을 들 수 있다. 현재 미국은 알카에다(Al-Qaeda)의 테러 조직에 의한 외부적 위협만큼이나 심각한 내부적 문제에 봉착해 있다. 1990년대 대규모 군 조직 개편의 후유증을 앓고 있는 것이다. 1990년대 초반 국제 정세에 대한 낙관론은 대규모의 감군을 불러왔고 이는 미국의 군대로 하여금 기존 대비 1/3이 줄어든 규모의 병력으로 기존보다 많은 임무를 수행하도록 요구했다. 닐 퍼거슨(Niall Ferguson)의 주장대로 미국에게 있어서 역사적인 전환 기점을 마련한 것은 알카에다에 의해 미국이 테러를 당한 9 · 11이 아니라 냉전의 상징이던 베를린 장벽이 무너진 11 · 9일지도 모른다.[1]

---

1 퍼거슨은 미국에게 있어 가장 중요한 국제 질서의 변화 시점을 9 · 11테러가 아닌 베를린 장벽 붕괴일(1989년 11월 9일)로 보고 있다. 1989년 11월 9일 이후 진행된 냉전 종식과 이후 발생한 1991년의 이라크전쟁을 통해, 미국은 자신의 힘을 확인했고 이는 이후 미국 대외정책에 있어 중요한 변화로 연결되었다는 것이다. Niall Ferguson, *Colossus: The Price of America's Empire* (New York: Penguin Press, 2004), p. 27.

냉전 종식이 미국에게 미친 영향 중 가장 큰 것은 바로 '명백하고 현존하는 위협'(clear and present danger)의 소멸에 의한 미래에 대한 낙관적 전망이다. 이러한 낙관적 전망은 미국의 군사력 활용이 냉전 당시에 비해 현격하게 줄어들게 될 것이라는 기대를 갖게 했고 대규모 감군을 시행하게 했다. 하지만 1990년대 초의 낙관적인 기대와는 달리 미군은 냉전 시기보다 많은 수의 해외 군사 개입을 해야 하는 상황에 처하게 되었다. 문제는 임무가 증가했음에도 불구하고 군대의 규모를 다시 증가시키지 않고 감축된 상태에서 운용을 하고 있는 것이었다. 당연히 병력 부족이 따를 수밖에 없었고 이를 보완할 대책이 필요하게 되었다. 이후 소개할 미국의 사례는 제1유형에 해당되는 국가가 자국의 증가된 해외 군사 임무를 군사대행기업의 활용을 통해 보완하는 모습을 담고 있다. 과연 무엇이 미국으로 하여금 사상 유래 없는 수준의 감군을 하게 만들었으며, 어떻게 군사대행기업이 감군이 남긴 문제점을 극복하는 대안으로 작용하게 되었는가? 제1유형의 사례인 미국의 군사대행기업 활용을 통해 강대국의 군사적 딜레마와 군사대행기업 활용의 관계에 대해 살펴보도록 하겠다.

1. 군사대행기업 활용 배경: "Doing More with Less"

냉전 종식 이후 미국은 세계 유일의 초강대국이 되었다. 냉전 당시 미국을 위협하던 구소련과 동구 국가가 몰락하게 됨에 따라 미국을 위협하던 군사적 위협은 소멸하게 되고 과거에 보유했던 과도한 군사력은 더 이상 유지할 필요가 없어지게 되었다. 1990년대 미군이 겪은 가장 큰 변화는 걸프전에서 나타났던 첨단무기를 통한 미래 전쟁의 선두주자로서의 모습이 아니었다. 대규모 감군과 임무의 증가로 인한 "Doing More with

Less"[2] 상황이 미군이 겪은 가장 큰 변화이다. '보다 적은 인력으로 보다 많은 일을 한다'는 의미인 'Doing More with Less'는 미국 군사력의 효율성을 대표하는 말로 들릴 것이다. 하지만 이 말이 담고 있는 이면에는 줄어든 병력과 늘어난 임무로 인한 정규군의 인력난이 자리 잡고 있었다. 그리고 이 인력난은 미국이 군사대행기업을 활용하게 되는 주요한 요인이 되었다. 먼저 냉전 종식 이후 미군의 감군(Doing with Less)을 살펴보도록 하자.

[그림 3] 1987~2001 미군 병력 감축 추이

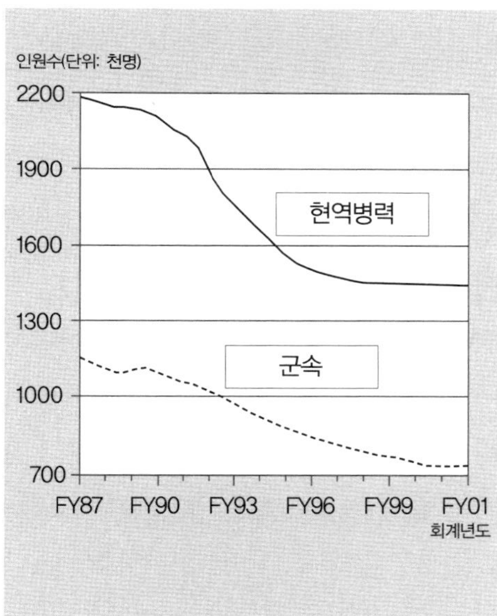

* Source: DoD, *1996 Annual Defense Report*(Washington D. C.: Department of Defense, 1996), Chapter 12 Personnel, http://www.dod.mil/execsec/adr96/chapt_12.html.

---

2 Bart Brasher, *Implosion: Downsizing the U. S. Military, 1987~2015* (Westport: Greeenwood Press, 2000), p. 111.

[그림 3]에서 나타난 것처럼 1990년대 미국은 자국 병력을 냉전 종식 직전 수준 대비 약 2/3의 규모로 축소하였으며, 이 과정에서 약 700,000명의 군인들이 군대를 떠나게 되었다.[3] 파월의 최소 전력 구상이 실행된 1991회계연도를 기점으로 이후 1993회계연도까지, 미군의 감군 추이는 가장 가파른 감소세를 보이게 되는데, 같은 기간 동안 미국은 해마다 1개 국가의 총병력과 맞먹는 병력을 감축했다.[4] 미국의 감군은 부시(George H. Bush) 행정부의 합참의장이었던 콜린 파월이 계획한 최소 전력(Base Force) 구상에 기반하고 있었으나 클린턴 행정부의 BUR(Bottom Up Review), QDR 1997(Quadrennial Defense Review 1997)에 의해 감군 규모는 더욱 확대되었다.

1989년 콜린 파월(Colin Powell)의 최소 전력(base force) 구상은 당시 소련에서 일어나고 있는 일련의 변화가 근본적인 것이었고 이러한 변화가 장기적으로 지속될 경우를 전제하여 장기적 군사안보전략의 근본적인 수정과 군사력 규모 축소를 주요 내용으로 하고 있었다.[5] 파월의 생각은 한마디로 "Doing More with Less"로 요약될 될 수 있다. 파월은 냉전 종식 이후의 국제 질서에 대해 낙관하고 있었다. 현존하는 명백한 위협(clear and present danger)이 사라진 결과, 미국의 군사력은 그 활용도가 냉전 당시에 비해 현격하게 줄어들 것이라고 기대했다. 바르샤바조약기구의 해

3 Fred Kagan, "The Cost of Military Downsizing," *Wall Street Journal*, November 21, 1997.

4 미국은 1993년에만 약 302,000명을 감축했다. 반면 그해의 신병 충원은 약 200,000명 수준에 불과했는데 이는 결과적으로 약 102,000명의 감축을 진행한 셈이었다. Bruce R. Orvis, Narayan Sastry, and Laurie L. Mcdonald, *Military Recruiting Outlook: Recent Trends in Enlistment Propensity and Conversion of Potential Enlisted Supply* (Santa Monica, CA: RAND, 1996), p. 3; Brasher, *Implosion: Downsizing the U. S. Military, 1987~2015* (Westport, Connecticut: Greenwood Press, 2000), p. 111.

5 콜린파월, 요셉 E. 퍼시코, 류진 역, 『콜린 파월 자서전』(서울: 샘터, 1997), p. 572.

체는 미군의 유럽 주둔 부담을 현격히 줄여줄 것으로 바라보았다. 결과적으로 미군은 냉전 당시보다 적은 임무를 수행하게 될 것이고 이러한 임무의 축소가 대규모 감군을 가능하게 할 것이라고 판단했다. 파월의 최소 전력 구상은 2,140,000명에 달하는 미군의 총병력을 1,653,000명으로 줄이는 것을 내용으로 하고 있었다.[6]

1993년, 백악관의 새 주인이 된 클린턴(Bill Clinton) 행정부는 파월의 최소 전력 구상에 더하여 추가적인 병력 감축을 시행하게 된다. 클린턴 행정부는 2차에 걸친 추가 감군을 시행했다. 1차 병력 감축은 1993년으로 국방 정책에 대한 점검 보고서(Bottom Up Review, BUR)[7]에 총병력 1,453,000명으로의 감축(최소 전력 구상 대비 200,000명 추가 감축)이었고,[8] 2차 감군은 1997년의 4년 주기 국방 태세 보고서(Report of the Quadrennial Defense Review, QDR 1997)에 따른 총병력 1,360,000명 수준으로의 감축이었다.[9] 이러한 급격한 감군은 클린턴 행정부가 견지하는 개입 및 확산 정책(Engagement and Enlargement)과의 부조화 문제를 발생시켰는데, 클린턴 행정부는 이 문제에 대해 군사 혁신(Revolutionary in the Military Affair, RMA)

---

6 파월의 감축안은 구체적으로 1) 해외 배치 전력의 50% 감축, 2) 지상군 사단 감축(18개 사단 760,000명 병력 → 12개 사단 525,000명), 3) 해군 함정 감축(600척 → 400척) 및 해군 병력 감축(580,000명 → 400,000명), 4) 핵전력의 경우에 기존 대륙간탄도미사일(ICBM) 감축(1,000기 → 500기) 및 전략핵잠수함(SSBN) 감축(34척 → 18척)을 내용으로 했다. 이러한 급진적인 감군안의 달성 목표 시한은 1994년으로 정했으나 군 내부의 반발과 급격한 변화에 따른 혼란을 우려하여 목표 달성 시기를 늦추게 되었다. Lorna S. Jaffe, "The Base Force," *Air Force Magazine*, December 2000, pp. 58~59.

7 Les Aspin, *The Report on Bottom-Up Review* (Washington D. C.: Department of Defense, 1993).

8 The General Accounting Office, *Military Downsizing: Balancing Accessions and Loses is Key to Shaping the Future Force* (Washington D. C.: The General Accounting Office, 1993), p. 3.

9 Department of Defense *The Report of the Quadrennial Defense Review*, http://www.dtic.mil/defe...k/topstory/qdr/sec1.html(2006-9-28).

의 천명으로 대응했다. 군사 혁신을 통해 군사력의 자본 및 기술 집약화 수준을 높여, 추가적인 감군에도 불구하고 미국 군사력의 우위를 유지한다는 생각이었다.[10]

하지만 낙관적인 기대를 전제한 대규모 병력 감축은 이와 상반되는 현실에 직면했다. 바로 냉전 종식 이후 증가된 미군의 임무(doing more) 때문이었다. 냉전 종식 이후 증가된 미군의 임무를 구체적으로 살펴보면 다음과 같다. 첫째, 냉전 당시 만들어졌던 동맹이 냉전 당시의 위협이 사라졌음에도 불구하고 그대로 유지됨으로써, 동맹국에 대한 지속적인 군사 지원이 필요했다. 둘째, 냉전 종식 이후 국제 질서 관리자인 미국에게 새로운 임무가 주어졌다. 과거 구(舊)사회주의 국가들의 국제사회 편입에 필요한 군사적 지원, 인간 안보(human security)에 근거한 인도주의적 지원 임무, 국제 테러리즘 및 대량살상무기의 확산, 국제 마약 범죄, 해적 행위, 재난구호 임무 등과 같은 다양한 유형의 유사사태(contingency)에 대한 대응이 요구된 것이다. 이러한 다양한 유사사태에 대한 대응은 냉전 당시에는 중요시되지 않았던 '전쟁 이외의 군사작전'(Operation Other Than War, OOTW)을 부각시키게 되었으며, 미군은 기존 군사 임무에 추가하여 다양한 형태의 임무에 투입되어야만 했다. 냉전 종식 이후 유엔은 이러한 유사사태에 대한 적실한 대응 기구로 부상하게 되었으나 유엔의 개입은 미국의 지원이 없이는 이루어지기 어려운 것이었다.[11] 결국 국제 질서 관리

---

10 Brasher, *Implosion*, p. 184.

11 UN의 1년 예산은 미국 연방 예산의 0.07% 수준이며 미국 국방 예산의 0.4%이다. 또한 이 금액은 미국의 인도주의적 지원 예산의 17.6%에 불과하다. 이에 대해 클린턴 행정부 당시 국무장관을 지낸 매들린 올브라이트(Madeleine K. Albright)는 "UN의 연간 총 예산은 매 32시간마다 미국 국방성이 지출한 금액과 비슷한 수준이다"(the total budget of the United Nation is roughly what the Pentagon spends every thirty-two hours)라고 지적했다. Madeleine K. Albright, "Think Again: United Nations," *Foreign Policy*, September-October 2003, p. 22.

자로서 미국은 이러한 임무의 상당 부분을 담당해야만 했다.

[그림 4] 냉전기/냉전기 이후 미군의 해외 군사작전 추이

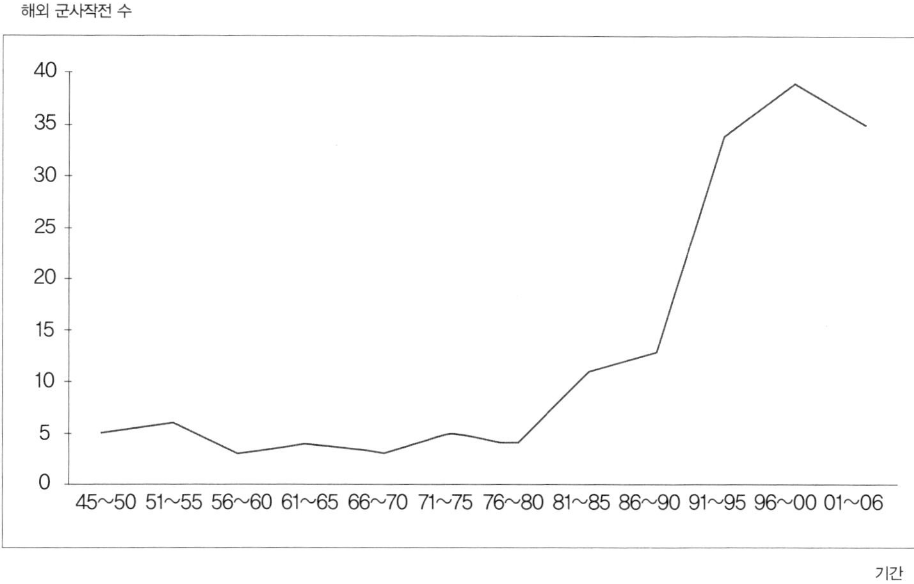

* Source: Richard Grimmett, "Instance of Use of United States Armed Forces Abroad, 1798–2006," *CRS Report for Congress*, January 8, 2007, http://www.fas.org/sgp/crs/natsec/RL32170.pdf(2007-1-28)

[그림 4]는 냉전 종식 이후 병력의 감축에 상반되게 급격하게 증가하는 해외 군사작전의 추이를 보여준다. [그림 4]에서 나타난 바와 같이 냉전 당시 미군은 5년 단위로 3~13회 정도의 해외 군사작전을 수행했다. 해외 군사작전이 기하급수적으로 증가하게 된 시점은 바로 냉전이 종식된 이후인 1990년대인데, 1990년~2006년까지 미군은 5년 단위로 34~39건에 달하는 해외 군사작전을 수행했다. 5년 단위로 비교할 때, 냉전 대비 최소 3배에서 많게는 13배로 증가한 임무를 수행했다고 볼 수 있다. 특히

급격한 감군이 이루어진 1990~1996년은 가장 극심한 병력 부족을 경험한 시기로 생각할 수 있다.

1990년대 미군의 군사 임무 증가는 앞서 언급한 전쟁 이외의 군사작전(OOTW)의 빈도를 통해서도 나타난다. 냉전기부터 냉전 종식 직후(1960년~1991까지)의 기간 동안 미군이 수행한 전쟁 이외의 군사작전 수는 육군의 경우에 10건, 해군(해병대 포함)의 경우에 15건이었다. 하지만 냉전 종식 이후, 육군은 1992년~1998년의 기간 동안 26건의 전쟁 이외의 군사작전을 수행하였으며, 해군의 경우에는 62건을 수행했다. 또한 공군도 전쟁 이외의 군사작전에 동원되는 일이 생겼다.[12]

임무의 양적 증가에 더하여 달라진 임무의 질적 변화도 미군을 괴롭혔다. 인도주의적 지원이나 재난구호와 같은 임무는 대민 접촉을 요구하기 때문에 현장에 투입될 충분한 병력을 요구한다. 이보다 대응하기 어려운 변화는 대테러전과 같은 비정규전 양상이었다. 냉전 종식 직후 자본-기술집약적 군사력을 통해 승리를 거둔 제1차 걸프전(1991)과 달리, 비정규전에서 미군은 고전을 면치 못했다. 1993년, 소말리아에서의 군사적 실패(black hawk down)가 대표적 사례인데, 이는 미국의 군사력이 미처 생각하지 못한 약점에서 비롯되었다. 소말리아의 군벌 집단은 정규군이 아니었고 이들이 지켜야 할 교전 수칙이란 사실상 존재하지 않았다. 반면 미군은 교전 수칙에 의해 행동이 제약될 수밖에 없었다. 군벌 집단이 미군의 방어가 허술한 틈을 노려 공격한 후, 즉각적으로 민간인 무리에 섞여 미군의 반격을 최소화한 것이다. 당시 정규전에 익숙해 있던 미군은 민간인의 피해를 우려해 적절한 대응을 취할 수 없었다.

1993년에 들어서면서 미국의 각 부처와 주요 연구기관들은 이러한 병

---

12 The General Accounting Office, *Military Operations: Impact of Operations Other Than War on the Service Varies* (Washington, D. C.: The General Accounting Office, 1999), p. 38.

력 감축과 임무 증가에 따른 전비 태세 악화를 우려하는 보고서를 발간하기 시작했다. 1993년에 미국의 회계감사국(The General Accounting Office, GAO)은 당시 진행 중이던 급격한 감축에 대해 우려를 표명하면서, 분명한 미래상이 제시된 군비 감축 계획이 필요하다는 내용의 보고서를 제출했다.[13] 1995년 6월, 미국 회계감사국은 미국 국방부 일각에서 제기되고 있는 병력 부족은 그리 심각한 수준은 아니며, 전쟁 이외의 군사작전(operation other than war, OOTW)의 증가로 인한 일시적인 현상으로 평가했다.[14] 하지만 이러한 군사 임무 증가가 장기적으로 확대될 경우에는 병력 부족을 겪을 수 있다고 주장했다.[15]

1996년에 미국 랜드연구소(RAND)는 미군의 신병 충원 실태에 관한 보고서를 제출했다.[16] 랜드연구소의 조사에 따르면 1994년 당시 신병 충원에 대한 국방부의 우려는 다소 과장된 것이나 신병들(recruitee) 중에서 실제 군복무를 하는 자(enlistee)가 감소한 것은 사실이라고 주장했다.[17] 또한

---

13 The General Accounting Office, *Military Downsizing: Balancing Accessions and Loses is Key to Shaping the Future Force* (Washington D. C.: The General Accounting Office, 1993).

14 The General Accounting Office, *Military Personnel: High Aggregate Personnel Levels Maintained Throughout Drawdown* (Washington D. C.: The General Accounting Office, 1995). 하지만 당시 회계감사국의 병력 부족에 관한 견해는 논란의 여지가 있어 보인다. 병력 부족의 원인은 크게 두 가지이다. 사람이 부족하거나 일이 많아지는 것이다. 할 일의 수가 증가되지 않은 상태에서 사람의 수를 줄이면 병력 부족을 겪게 된다. 반대로 사람의 수가 유지된 상태라고 하더라도 할 일이 많아지면 자연히 병력 부족을 겪게 된다. 하지만 1995년의 미국 회계감사국은 병력 감축이 원인이 아니라고 주장했다. 이러한 점을 고려할 때, 당시 회계감사국의 논리는 병력 감축에 대한 비판을 무마하려는 의도가 있었던 것으로 보인다.

15 *Ibid.*, pp. 2~6.

16 Bruce R. Orvis, Narayan Sastry, and Laurie L. Mcdonald, *Military Recruiting Outlook: Recent Trends in Enlistment Propensity and Conversion of Potential Enlisted Supply* (Santa Monica, CA: RAND, 1996).

17 *Ibid.*, p. 5; p. 35.

장기적으로 냉전 종식 이후 젊은이들의 군에 대한 인식의 변화가 신병 충원에 어려움을 줄 가능성이 있다고 주장했다.[18]

보고서들을 통해 지적된 병력 부족 실태는 1999년 5월에 미국 하원 군사위원회(The House of Armed Service Committee)의 청문회를 통해 적나라하게 드러났다. 이 청문회를 통해, 미군은 숙련된 고질적인 병력 부족과 숙련된 부사관(non-commissioned officer, NCO)의 부족,[19] 정비 인력의 부족으로 인한 노후 장비의 교체 지연, 작전 템포 증가로 인한 병사의 피로도 증가로 고통 받고 있는 것으로 드러났다.[20]

이 청문회에서 합동 전비 훈련센터(Joint Readiness Training Center)의 사무엘 톰슨 준장(Samuel S. Thompson III, Brigadier General)은 자신의 부대 상황에 대해 "9명으로 구성되어야 할 분대가 6명으로 유지되는 경우도 있었으며, 심지어는 어떤 소대는 0명으로 구성된 분대(zeroed squad)를 보유하고 있다"고 증언했다. 또한 미국 해군 6함대 사령관인 다니엘 머피 제독(Daniel J. Murphy, Vice Admiral)은 "1991년 걸프전 당시 미국 해군은 550여 척의 함정을 가지고 있었는데 현재는 200척의 함정을 가지고 있다. 1999년 3월 15일 출격은 나의 일곱 번째 실전 참전이었다"라고 증언했

---

18 랜드연구소의 조사에 의하면 1995년 당시 군복무에 적합한 조건을 가진 젊은이들 중에서 군복무에 긍정적인 응답을 한 사람은 흑인 8.4%, 히스패닉 12.3%, 백인 6.4%였다. 이 비율은 1989년의 비율(흑인 19.4%, 히스패닉 16.8%, 백인 7.3%)에 비하여 그리 큰 변화가 아닐 수도 있으나 1990년의 지속적 하락 추세를 보이고 있다는 점에서 주목할 만한 것이었다. *Ibid.*, p. 20의 Figure 5 참조.

19 숙련된 부사관의 이탈은 경험 많은 훈련조교 및 정비요원의 부족과 직결된다. 미국 육군의 경우만 하더라도 헬기와 전차를 비롯한 주요 장비의 운용과 정비는 부사관들에 의해서 이루어지며, 공군의 경우에 전력의 핵심인 항공기의 정비를 이들이 맡는다. 해군의 경우에도 주요 함정의 정비 및 조작은 부사관에 의해 이루어지게 되어 있다. 즉 부사관들은 첨단장비 운용관리의 핵심 인력인 것이다.

20 House of Armed Service Committee, "Military Readiness: The Strain is Showing," *Defense Quotables*, Volume 1, Issue 1 (May, 1999), p. 1.

다.[21] 적은 함정 수로 보다 많은 임무를 수행하게 된 결과였다.

신병 충원의 부족 이외에 과도한 업무로 인한 자발적 퇴역 및 복무 연장 기피도 문제로 지적됐다. 1999년 당시, 미국 육군에서 1차 복무연한을 마친 장병의 약 50%만이 복무연장(re-enlist)을 신청했으며, 공군의 경우에 1차 복무연한(6년)을 마친 장병들의 절반이 안 되는 49%만이 복무연장을 신청했다. 해군의 경우에는 28.2%만이 복무연장을 신청했으며, 군 이탈이 가장 심했던 미국 해병대의 경우에는 1차 복무연한을 마친 38,000명의 장병 중 32,000명이 복무연장을 하지 않고 군대를 떠났다.[22] 2000년에 이르면 미국의 전체 장병의 약 51%가 6년 미만의 경력을 유지하게 되는데, 숙련된 장병들이 대규모 이탈을 한 결과이다.[23] 1년 뒤인 2001년, 랜드연구소는 미국 육군 내의 숙련 장병의 부족이 심각함을 보고하고 병력 부족의 원인으로 대규모 감군 및 신병 충원율 저하를 들었다.[24]

이상 언급한 냉전 종식 이후 미국이 직면한 "Doing More with Less" 상황에 대해, 헤리티지재단의 잭 스펜서(Jack Spencer) 연구원은 이러한 상황을 야기한 클린턴 행정부의 군사 정책을 비판하면서 "[클린턴 행정부가]

---

21 *Ibid.*, pp. 1~2.

22 David Wood, "The National Security Beat: Military Faces Complex Personnel Issues," *New House News*, April 27, 1999, http://www.newhousenews.com/archive/story1a042700.html(2006-10-22).

23 미국의 경우에 한 명의 군인을 만들기 위해 18년의 기간이 걸린다고 한다. 6년 동안 배우고, 6년 동안 배운 것을 실행하며, 나머지 6년간은 신병들을 가르치는 일을 한다는 것이다. 이에 따르면 미국의 장병들은 최소 6년간은 교육을 받는 것이 자신들의 주요한 임무임을 알 수 있다. 결국 6년이라는 복무연한을 가진 자들이 많다는 것은 미군에게 있어서는 실질적인 업무 능력을 보이는 장병보다 아직은 교육 중인 장병이 많다는 것을 의미하는데 이러한 교육 중인 장병들도 근무 연장을 하지 않고 전역하는 경우가 발생한 것이다.

24 Michael G. Shanley, Henry A. Leonard, and John D. Winkler, *Army Distance Learning: Potential for Reducing Shortages in Army Enlisted Occupations* (Santa Barbara, CA: RAND, 2001), p. 7.

예산을 삭감하고, 군 규모를 줄이면서 보다 많은 일을 하게 만들었다"고 주장했다. 클린턴 행정부의 군사 정책이 결과적으로 전반적인 전비 태세를 약화시켰다는 것이다.[25]

더욱 심각한 문제는 이러한 상황을 해결하는 데 있어서 정규군의 증강과 같은 기존의 대안을 활용할 수 없었다는 점이다. 이러한 기존 대안 채택의 제한은 병력 부족에 대한 또 다른 방안을 강구하게 만들었고 이의 대안으로 부상하게 된 것이 바로 군사대행기업 활용이었다.

2. 군사대행기업의 활용 과정

앞서 살펴본 바와 같이, 냉전 종식 이후 "Doing More with Less"로 인한 병력 부족은 미군의 전반적인 전비 태세를 악화시켰다. 이에 미국은 이를 해소하기 위한 다각적 방안을 모색하기 시작했다. 당시 미국이 고려할 수 있는 부족한 병력의 해결 방안을 생각해보자. 1997년 미국 의회 예산국(Congressional Budget Office)은 병력 부족 문제를 해결하기 위해 고려할 수 있는 대안으로 현역 병력 증강, 예비군 활용 증대, 동맹국 · 우방국으로부터 지원 획득, 그리고 민간 부문에의 의존을 제시했다.[26] 이상의 대안들 이외에 두 가지 대안을 추가할 수 있는데, 하나는 프랑스나 영국처럼 자국군 내에 외인부대를 편성하여 해결하는 방법이고 다른 하나는

25 Jack Spencer, "The Facts About Military Readiness," *The Heritage Foundation Backgrounder*, No. 1394 (2000), www.heritage.org/Research/MissileDefense/BG1394.cfm(2006-10-22).

26 Congressional Budget Office, *Structuring the Active and Reserve Army for the 21st Century*, http://www.fas.org/man/congress/1997/cbo_army/chap_04.htm(2006-12-10).

과거처럼 징집 제도로 전환하는 것이다. 정리하면, 병력 부족에 대해 미국이 선택할 수 있는 대안은 여섯 가지가 된다. 첫째는 현역 병력 증강, 둘째, 징집 제도 실시, 셋째, 외인부대 신설, 넷째, 예비군 활용 증대, 다섯째, 동맹국 · 우방국으로부터의 지원 획득, 여섯째, 민간 부문에의 의존이다.

첫 번째 대안인 현역 병력 증강의 경우에 1990년대 미국의 상황에서는 쉽게 취할 수 있는 대안이 아니었다. 1990년대의 신병 충원율 감소[27]를 고려할 때, 자원 입대를 내용으로 하는 모병제로 추가 증원을 한다는 것은 사실상 불가능했다. 또한 병력 감축 정책상의 병력 보유 상한선(ceiling)이 존재하는 상태에서 추가 병력 증강은 의회와 여론의 강한 저항을 야기할 가능성이 높았다.[28] 결국 현역 병력 증원은 구소련과 같은 수준의 현존하고 명백한 위협의 재등장과 증원에 대한 국민의 동의가 전제되지 않는 한, 상당한 어려움을 겪을 수밖에 없었다.

두 번째 대안인 징집 제도 도입의 경우에 신병 충원율을 증가시킬 수 있는 대안이 될 수 있었다. 하지만 이 대안은 현역 병력의 증강보다도 현실성이 없는 대안이었다. 미국은 일찍이 베트남전쟁과 관련하여 징집 제도의 문제점을 겪은 바 있다. 직업군인처럼 군복무에 대한 자발적 동기가

27 앞서 언급한 1996년과 2001년의 랜드보고서의 문건들 Bruce R. Orvis, Narayan Sastry, and Laurie L. Mcdonald, *Military Recruiting Outlook: Recent Trends in Enlistment Propensity and Conversion of Potential Enlisted Supply* (Santa Monica, CA: RAND, 1996); Michael G. Shanley, Henry A. Leonard, and John D. Winkler, *Army Distance Learning: Potential for Reducing Shortages in Army Enlisted Occupations* (Santa Barbara, CA: RAND, 2001) 참조.

28 현역 병력의 증강의 어려움은 1997년 회계감사국의 보고서에서도 지적된 바 있다. 클린턴 행정부의 감군이 시행된 이후 병력 보유의 상한선이 설정됨에 따라 행정부의 병력 증강은 의회와 여론의 강력한 저항에 직면하게 될 것이라는 내용이었다. The General Accounting Office, *Contingency Operations: Opportunities to Improve Civil Logistics Augmentation Program* (Washington D. C.: The General Accounting Office, 1997), p. 8.

없는 징집병들은 군 기강 해이와 같은 문제를 야기할 가능성이 상대적으로 높았다. 또한 징집제로 전환할 경우에 사병의 복무 기간이 단축되어, 숙련된 병사를 확보하기 더욱 어려워진다. 결국 징집 제도로 전환하는 것은 미군 병사의 전반적인 질적 수준 저하를 각오해야 하는 대안이었다. 또한 징병 제도로의 전환은 첫 번째 대안인 현존 병력(직업군인)의 증강보다도 강한 의회 및 여론의 저항에 직면할 가능성이 컸다.

세 번째 대안인 외인부대 신설의 경우에 미국 국민이 아닌 외국인을 통해 병력을 충원함으로써, 직업군인 기피로 인한 신병 충원율 감소와 현장에서의 병력 부족을 만회할 수 있는 대안이 될 수 있었다. 또한 이들에게 상대적으로 위험한 임무 혹은 해외 파병을 맡김으로써, 임무 증가로 인한 장병들의 사기 저하를 막을 수도 있었다. 하지만 외인부대의 신설 역시, 첫 번째 대안과 비슷한 한계를 안고 있었다. 외인부대는 부대의 구성원만 외국인일 뿐 일국의 정규군 편제에 포함된다. 따라서 외인부대의 신설은 병력 보유 상한선의 제한을 받게 되고 추가 병력 증강에 대한 의회와 여론의 저항이 수반될 수밖에 없는 대안이었다. 또한 미국은 외인부대와 비슷한 취지의 제도를 이미 운용하고 있다. 바로 영주권자에게 군 문호를 개방하여 군복무 후 시민권을 부여하는 제도이다.[29] 영주권자에 대한 문호 개방은 실질적으로 외인부대를 활용하는 것과 유사한 효과를 거둘 수 있었다. 따라서 외인부대의 신설은 영주권자에 대한 군 문호 개방 확대보

29 이라크전쟁이 진행되면서 미국은 부족한 이라크 파견 병력을 충원하기 위해 영주권자에 대한 군복무를 장려한 바 있다. 하지만 이 제도는 시민권을 획득하기 위해 악용할 가능성도 가지고 있었다. 단적인 예가 2007년, 한국에서 발생한 김 이병 사건이다. 미국 영주권자인 김 씨는 미국 시민권 획득을 위해 이라크 파병을 조건으로 미군에 입대한 후, 이라크로의 파병을 피하기 위해 근무지에서 무단이탈해 한국군에 입대했다. 이후 이러한 사실이 미국 헌병대에 의해 적발되자 김 씨는 한국군에서도 탈영했다. 최병운, 「미군 탈영, 한국군 입대, 또 탈영한 김 이병」, 「조선일보」, 2007년 3월 31일.

다는 현실성이 없는 대안이었다.

네 번째 대안인 예비군 활용 증대의 경우는 가장 실현 가능성이 높은 대안이었다. 예비군의 취지 자체가 현역 병력이 부족할 경우에 이를 보완하는 것이기 때문이다. 하지만 미국의 예비군 활용도 일정 부분 제약이 따른다. 예비군 역시 보유 상한선이 존재하고 예비군 활용에 대한 의회와 여론의 설득 문제가 발생한다. 게다가 미국의 예비군의 경우에 그들을 동원할 때는 지방정부를 설득해야 하는 문제도 있다. 미국의 예비군은 대부분 주방위군(National Guard)으로 편성되어 있는데, 과도하게 해외 파병에 동원할 경우에 주정부는 본토 방어의 차질을 이유로 반대를 제기할 가능성이 높았다.[30] 따라서 예비군의 활용은 부분적으로 활용할 수 있는 방안이 되었다.

다섯 번째 대안은 동맹국·우방국으로부터의 지원을 강화하는 것이다. 제대로 시행될 수만 있다면 동맹국·우방국으로부터의 지원은 병력 부족을 극복할 최적의 대안이 될 수 있다. 참고로 미군의 주요 주둔국 중 하나인 한국의 경우에 전시에 미군이 필요로 하는 소요를 충분히 지원할 수 있는 역량이 있으며, 미국 국방성은 이러한 동맹국·우방국의 지원이 미군 약 42,000명의 병력이 하는 일에 맞먹는다고 평가한 바 있다.[31] 물론 이러한 것이 실현 가능하기 위해서는 동맹국·우방국으로부터의 지원이 원활하게 이루어진다는 전제하에서이다. 하지만 동맹국·우방국으로부터의 지원은 일정 부분 한계가 있는 대안이었다. 전세계 모든 국가가 한

---

30 주 방위군의 해외 파병에 대한 주정부의 저항을 고려해 미국 국방부는 주 방위군을 포함한 예비군 파병 기간을 2년으로 제한하는 등 이미 참전한 병사의 파병 제외 지침을 정했다. 한용걸, 「부시, 이라크 정책 11일 발표: 2만 명 추가 파병 가능할까」, 「세계일보」, 2007년 1월 10일.

31 John C. F. Tillson, et al., *Review of the Army Process for Determining Structure Requirements* (Alexandria, Va: Institute for Defense Analyses, 1996). p. 48.

국처럼 미국과 공고한 동맹 수준을 유지한 것이 아니기 때문이다. 동맹국 · 우방국의 지원은 전시지원협정(Wartime Host Nation Support, WHNS)과 같은 군사 협력에 근거하여 이루어져야 하는데, 중동지역을 비롯한 상당수의 국가들은 미국과 이러한 협정을 체결하지 않고 있는 상태였다.[32]

또한 미국과 공고한 동맹을 맺고 있는 국가들이 미국이 필요한 만큼의 지원을 해줄 수 있는 것도 아니었다.[33] 냉전 당시 미국이 다른 국가와 맺은 군사 동맹은 비대칭 동맹의 성격이 강했다. 외관상 '상호방위조약'으로 되어 있지만 이 조약은 미국의 동맹국에 대한 일방적 군사 지원을 핵심 내용으로 하고 미국의 동맹국으로부터의 군사 지원 획득은 상당히 제한된 수준에서만 가능했다.[34]

이러한 문제점은 미국과 동맹국의 역할 분담 및 미군의 이동 배치에 대한 동맹국의 협력을 통해 해결할 수 있다. 하지만 이는 기존 동맹 관계에 대한 구조조정 과정을 수반해 자칫 동맹국과의 관계 악화를 수반할 수 있다. 대표적으로 GPR(Global Posture Review)을 들 수 있다. GPR은 비교적 분쟁의 가능성이 적은 지역에 파견된 미군 병력을 현재의 분쟁 지역에 투

---

32 중동 국가와 같이, 전시 지원 협정을 맺지 않은 경우에 이들로부터 군사 지원을 획득하기는 어려워진다. 미국은 이러한 문제를 해결하기 위해 민간 병참 프로그램(Logistics Civil Augmentation Program, LOGCAP)을 운영하게 된다. Global Security, "Logistics Civil Augmentation Program, LOGCAP," http://www.globalsecurity.org/military/agency/army/logcap.htm(2007-01-15).

33 이라크에 파견되어 있는 연합군(coalition force) 총병력에서 미국을 제외한 동맹국의 병력은 총병력 약 147,000명의 10%를 약간 웃도는 약 17,000명 수준에 불과하다. Global Security, "Iraq Coalition Troops," http://www.globalsecurity.org/military/ops/iraq_orbat_coalition.htm(2007-01-15).

34 냉전 당시 미군이 참전한 두 개의 전쟁(한국전쟁과 베트남전쟁)에서의 파병 규모를 통해서도 이러한 제한을 관찰할 수 있다. 한국전쟁 당시 미군은 유엔군 총병력 약 135만 명 중 120만 명을 차지했고 나머지 15만 명이 유엔군의 병력으로 채워졌다. 베트남전쟁의 경우에 미군은 연인원 260만 명을 투입하였는데 가장 많은 54만 명의 미군이 베트남에 주둔할 당시 동맹국 병력은 총 6만 명에 불과했다.

입함으로써 병력 배치의 유연성(flexibility)을 확보하는 방안이다. GPR은 동맹국과의 공고한 관계가 전제되어 있어야 하며, 주둔 미군의 이동 배치를 설득시켜야 하는 정치적 부담을 안고 있는 정책이기도 했다. 동맹국이 이동 배치에 대해 부정적 시각 의사를 표명하거나 이동 배치에 대한 협상이 장기화될 경우에 미군은 필요한 병력을 적재적소에 배치시키는 데 어려움을 겪을 수밖에 없었다. 따라서 동맹국 · 우방국의 지원은 제한된 수준에서 이루어질 수 있는 대안이었다.

앞서 언급한 다섯 가지 대안과 차별되는 것이 바로 여섯 번째 대안인 민간 부문(군사대행기업)에 의존하는 방법이다. 이 대안은 앞서 언급한 대안들보다 상대적으로 쉬운 대안으로 군사 임무를 군사대행기업에 위임하는 것이다. 군사대행기업은 정규군이 아니기 때문에 병력 보유 상한선의 적용을 받지 않는다. 따라서 현존 병력의 증강이나 예비군 활용에 따르는 의회 및 여론의 저항에 대해 상대적으로 덜 민감하다. 단, 이 대안은 돈을 주고 군사 서비스를 구매하는 것이기 때문에 국방 예산의 증액을 수반한다. 하지만 예산 문제를 제외하고는 활용에 어려움이 없다. 이를 반영하듯 1997년 IDA(Institute for Defense Analysis)는 민간 부문에 의한 군사 임무의 대체가 미군으로 하여금 추가 병력 감축을 추진하면서도 정상적인 임무 수행을 가능하게 할 것으로 전망했다. 특히 IDA는 병참 및 지원 부문에서 민간 부문에의 의존이 효과를 발휘할 것으로 예측했는데, 최소 42,000명에서 최대 77,300명의 추가 병력을 감축할 때에도 원활한 병참 및 지원 임무가 가능할 것으로 내다보았다.[35]

결과적으로 미국은 상기 대안들 중 일부를 혼용했다. 예비군 활용 확대

---

35 John C. F. Tillson, et al., *Review of the Army Process for Determining Structure Requirements*, p. 56.

를 통해 현역 병력 부족을 일부 보완하고 동맹국 · 우방국과의 역할 분담 조정을 통해 미군의 부담을 줄이는 정책을 취했다. 그리고 군사 임무의 상당 부분을 민간 부문(군사대행기업)에 외주를 줌으로써 병력 부족 문제를 해결했다. 각 대안별 의존도는 2006년 이라크전쟁의 병력 구성을 통해서도 나타난다. 2006년 말, 이라크에 파견되어 있는 각국 병력 구성은 미군이 약 130,000명(현역: 약 97,000명/예비군: 약 33,000명), 동맹국 병력이 약 17,000명 그리고 군사대행기업 직원이 약 100,000명으로 구성되어 있었다.[36]

3. 미국의 군사대행기업 활용 양상

미국의 초기 군사대행기업 활용은 감군이 가장 심하게 이루어지고 해외 주둔 미군에 대한 지원이 늘어나게 된 병참 부문에서 시도됐으며, 이후에 부족한 전투 병력을 충원하기 위해 비전투 분야의 임무인 군사 훈련을 군사대행기업에게 맡겼다. 하지만 해외 군사 원정 임무 증가 추이의 지속은 병력 부족 문제 해결을 위한 군사대행기업 활용 영역 증대로 이어졌다. 결과적으로 미국은 거의 전체 군사 영역에서 군사대행기업을 활용하게 되는데 이라크전쟁을 통해 미국의 군사대행기업 활용은 현역 병력 규모에 맞먹는 수준으로 확대되었다.

1) 초기의 활용: 병참 부문에서의 군사대행기업 활용(LOGCAP)

미국에서 시도된 최초의 군사대행기업 활용은 냉전 종식 이후 대규모

36 이라크전쟁의 경우에 총 병력의 25~30%를 예비군에 의존했다. Global Security, "Iraq Coalition Troops"; Renae Merle, "Census Counts 100,000 Contractors in Iraq: Civilian Number, Duties Are Issues," *Washington Post*, December 5, 2006.

감군에 의해 가장 많은 타격을 입은 병참 임무의 대행이었다. 미국 육군 군수사령부(US Material Command, USMC)는 냉전 시기 대비 60%로 규모가 축소되었고 이렇게 축소된 규모에 비해 늘어난 해외 원정 및 해외 군사 지원은 병참 임무의 증가로 이어졌다. 이러한 상황에서 축소된 현역 병력만으로 증가된 임무를 수행할 수 없었다. 이러한 병참 부분의 병력 부족을 극복하기 위해 미국은 병참 부문의 군사대행기업 활용 제도로 LOGCAP(Logistics Civil Augmentation Program)을 활용했다.[37]

본래 LOGCAP은 전시 지원 협정을 비롯한 군사 협정이 체결되지 않은 지역에서 미군의 대외 군사 활동을 지원하기 위해 1985년에 고안된 것이었다.[38] 하지만 1990년에 들어서서 파월의 최소 전력 구상(Base Force)이 미국 행정부 내에서 긍정적으로 검토되기 시작하자, 미국 육군본부는 해외 파병 미군의 병참 지원을 해결하기 위해 LOGCAP의 활성화가 시급한 문제임을 깨닫게 되었다. 감군이 본격적으로 진행되면 직접적인 전투와 관련이 적은 병참 부문에 대한 축소가 가장 과감하게 이루어질 가능성이 높았기 때문이다. 이러한 상태에서 감군에 따른 병참 부문의 공백을 메울 수 있는 대안은 LOGCAP이 유력했다. 동맹국 · 우방국으로부터의 지원을 통해 보완하는 방법이 있을 수 있었으나 이 방안은 한국 · 일본과 같이 군사 협정에 의한 병참 지원이 약속된 국가들에게 한정될 수밖에 없었다.

이에 미국 육군본부는 병력 감축 환경 하에서 원활한 병참 임무를 수행하기 위해 LOGCAP의 확대를 내용으로 하는 제도 개선에 착수했다. 핵

37 미군은 육해공 3군이 각기 다른 이름으로 명명된 민간 병참 프로그램을 두고 있다. 육군의 LOGCAP(Logistics Civil Augmentation Program)과 해군의 CONCAP(Contingency Capabilities) 그리고 공군의 AFCAP(Air Force Contract Augmentation Program)가 그것이다.

38 Global Security, "Logistics Civil Augmentation Program, LOGCAP," http://www.globalsecurity.org/military/agency/army/logcap.htm(2007-01-15).

심 내용은 LOGCAP 사업을 단일 주계약 업체에 위임시키고 포괄 계약을 통해 한 업체에 병참 임무를 독점시키는 '우산 계약'(umbrella contract)에 있었다. 계약 내용은 다양한 지역에 주둔한 미군에게 전체 영역의 지원을 수행하는 것으로 했다. 여기에 덧붙여 미국 육군본부의 관계자들은 LOGCAP의 운용에 일종의 '단일 계약에 의한 원스톱 구매'(single point contract)의 개념을 추가했다.[39] 부대 내의 병참 담당 부서와 외주 계약 업체가 '워마트'(Warmart)로 불릴 만큼의 종합 물류 기관이 되는 것이다.[40] 이러한 제도를 수행함으로써, 단 한 명의 구매 담당자에 의한 모든 소요 물품의 획득 및 시설 확충이 가능하게 되었다.[41]

우산 계약의 비용 지불은 원가 산정 방식으로 했다. 이 방식은 계약이 체결되면, 기업이 서비스 공급에 드는 비용을 우선적으로 지출하고 서비스가 완료된 후 서비스 공급에 지출된 비용과 함께 필요한 이윤을 덧붙여 청구하는 방식이다. 이러한 제도적 개선을 바탕으로 우산 계약 제도를 도입한 최초의 LOGCAP 계약이 1992년 8월에 성사되었는데, 주계약 업체는 브라운 앤드 루트 서비스(Brown and Root Service, 현재의 KBR)로 선정되었다.

---

39 이를 쉽게 이해하기 위해서는 월마트와 같은 상설할인매장을 이용하는 것을 생각하면 된다. 월마트와 같은 종합물류회사의 상설할인매장을 이용할 경우에 필요한 모든 것이 매장 안에 구비되어 있어서 상대적으로 아주 적은 인력으로 수많은 물품의 구입이 가능하다. 원스톱 구매는 바로 이러한 방식에 착안하여 군대에 물품을 조달하는 방식이다. 이는 개선된 LOGCAP의 주계약 업체는 이러한 종합물류 기능을 보유할 것을 의미하기도 한다.

40 워마트(Warmart)는 캐나다 군대가 병참을 영국계 회사인 티베트 앤드 브리튼(Tibbett and Britain)사에 외주를 주는 계획에 대해 유통회사 월마트(Wal-Mart)를 빗대어 비판론자들이 붙인 이름이다. Ian McDougall, "The New Supply Motto for the Canadian Forces Could be 'Welcomed to Wal-Mart'," *Toronto Sun*, March 13, 2002.

41 실제로 이러한 방식으로 지원한 1999년 코소보전쟁에서의 브라운 앤드 루트 서비스의 지원은 원래 국방부에서 추정한 것보다 5,000명을 더 지원한 것으로 나타났다. 피터 싱어, 『전쟁대행주식회사』, p. 251.

하지만 우산 계약에 의해 개선된 LOGCAP은 원래 의도와는 다른 용도로 활용되고 있었다. 이러한 변용은 당시 급격하게 추진되던 병력 감축 계획에 따른 병력 부족과 상당한 관련이 있었다.[42] LOGCAP의 적용 영역 확대가 이루어져, 애초 전쟁 초기에만 투입하기로 한 서비스 기간이 전쟁 전반으로 확대되었으며, 지원의 대상도 미군에서 분쟁 지역에 참가하고 있는 미군 이외의 연합군까지도 포함됐다.

LOGCAP이 전장에서 장기적으로 활용되는 사례가 빈번해지자, 미국은 LOGCAP의 내용을 전장에서의 직접적 병참 지원 수행으로 변경했다. 1999년에 미국 군수사령부는 66개 LOGCAP 지원단을 통한 전장 내 LOGCAP 활용 및 지원 대상 확대를 내용으로 하는 개편을 단행했다. 이 개편의 핵심은 순수 군사작전 이외에도 인도주의적 개입이나 유엔평화유지군에 대한 지원 임무 등의 복합적 상황에도 LOGCAP을 활용할 수 있도록 한 것인데, 이는 사실상 LOGCAP이 모든 군사작전에 활용됨을 의미했다. 이후 LOGCAP은 34,000명의 인력 및 약 120억 달러 예산 규모의 사업으로 확대됐다.

미군의 LOGCAP에 대한 의존을 가장 확연하게 보여주는 사례는 이라크전쟁이다. 이라크전쟁의 병참 및 지원 임무는 전적으로 LOGCAP에 의존했다. 미군은 이라크전쟁과 관련하여 2003년까지 약 5억 9천만 달러에 상당하는 병참 지원 계약을 KBR과 체결했다.[43] 이라크에 파병된 미국 육

---

42 1994년을 예로 들면, 당시 미국의 병참 지원 부대 중 31%가 80%에 못 미치는 병력 충원율을 보였다. The General Accounting Office, *Military Personnel*, p. 5.

43 The Center for Public Integrity, "Kellogg Brown & Root (Halliburton)," http://www.publicintegrity.org/wow/bio.aspx?act=pro&ddlC=31(2007-02-01). 2002년부터 2004년 7월 1일까지, 같은 회사가 미국과 체결한 외주 계약의 총액은 114억 달러에 달하는 것으로 추정된다. The Center for Public Integrity, "Post-War Contractors Ranked by Total Contract Value in Iraq and Afghanistan: From 2002 through July 1, 2004," http://www.publicintegrity.org/wow/resources.aspx?act=total(2007-02-01).

군은 5개 사단(약 45,000명의 병력)으로, 모두 전투부대로 편성되었는데, 이들에 대한 병참 지원을 KBR이 맡게 된 것이다. 미군은 KBR에게 다섯 가지의 임무를 위임했다. 미군 부대에 대한 유류 공급, 병참 및 지원 임무, 화재가 발생한 유전에서의 진화 작업이 대표적 임무에 속한다. 이라크에 주둔하고 있는 미군에 필요한 모든 유류는 KBR에 의해 공급되었고, 병영 막사 건축을 비롯하여 병사들의 식사, 세탁, 청소, 분뇨 처리, 보급품 수송까지 KBR이 전담했다. 이렇듯 KBR은 이라크에서 미군의 병참부대 역할을 수행했다.

하지만 KBR의 미군에 대한 독점적 병참 지원은 지속되지 못했다. 2009년 7월에 미국 국방부는 미국 중부사령부(CENTCOM) LOGCAP 입찰을 통해 다인코프 및 플루어(Fluor Corp)에 아프가니스탄 현지 미군의 병참 전반을 의뢰했다. 계약 내용은 다인코프가 아프가니스탄 남부 주둔 미군에 대한 병참을 지원하고, 플루어가 아프가니스탄 북부 주둔 미군을 지원하는 것이었다. 계약금의 경우에 다인코프가 5년간 약 5.9억 달러를 지급받게 되었으며, 플루어의 경우에는 정확한 금액이 공개되지는 않았다.[44]

2009년 아프가니스탄 LOGCAP 사업자 재선정은 그간 효율성을 고려해 특정 업체에 독점적 지위를 부여하던 LOGCAP 사업에 일련의 변화를 주게 되었다. 이제 LOGCAP 사업은 KBR 독점에서 벗어나 KBR, 다인코프 및 플루어라는 3개 회사에 의해 대행된다. 계약상 명기된 대상 지역 혹은 미군 부대에 대한 독점적 서비스 공급은 인정되지만 미군 전체 혹은 미군 주둔 지역 전체에 대한 독점적 서비스 공급은 더 이상 하지 못하게 되었다. 2009년 LOGCAP의 내용에서 나타나듯, 미국 국방부는 아프가니스탄 지역을 북부와 남부로 나누어 각기 다른 업체에게 병참 서비스를 공

44 Nathan Vardi, "DynCorp Takes Afghanistan," *Forbes*, July 30, 2009.

급하게 했는데, 이는 전체 지역에 독점적으로 공급하는 데서 오는 문제점, 다시 말해서 서비스의 질 저하, 과도한 비용 부가 및 대체 공급업체 부재에 따른 문제점 보완의 필요성이 작용한 것으로 보인다.[45]

이러한 최근의 변화에도 불구하고 병참 부문에서의 군사대행기업에 대한 의존은 여전히 높다. 사업자 선정 방식 등에 변화를 주었지만 LOGCAP의 축소나 병참 부문에 대한 군사대행기업 의존도를 줄인다는 내용을 어디에서도 찾아보기 힘들다. 아프가니스탄에 정규군이 추가 증파된다는 것은 이를 지원할 병참 지원 군사대행기업도 늘어난다는 것을 의미하게 된다. 이렇듯 미국은 군사대행기업을 병참 부대로 활용하고 있다고 해도 과언이 아니다.

2) 군사 훈련에서의 군사대행기업 활용

미군의 군사대행기업 활용은 훈련 및 교육에서도 나타났다. 1990년대 미군에게 부여된 과제는 고속 기동, 첨단 전쟁의 주도 및 기존보다 소규모의 병력 수준으로 보다 많은 전장에서 승리하는 것이었다.[46] 특히 1990년대 초부터 진행된 급격한 병력 감축과 해외 원정 임무 증가에 대한 대비를 위해, 보유 병력의 상당 부분은 해외 원정이 가능하도록 구성해야 했다. 이에 대한 대안은 훈련 교관과 같은 비전투 인력의 비중을 줄이고 가급적 보유 병력을 전투병과로 전환하여 해외 원정 임무에 투입하는 것이었다. 보다 구체적으로, 군대의 훈련 및 교육을 민간 분야에 위임하고,

---

45 한 지역에 두 개의 공급업체가 있을 경우에 두 업체의 서비스 내용 및 비용에 대한 비교를 통해 과도 비용 요구를 방지할 수 있다. 또한 한 업체의 긴급한 사정에 의해 서비스 공급이 중단될 경우에는 다른 업체를 통한 임시 병참 서비스 공급이 가능하다.

46 Rodger Madison, Laurie L. McDonald, Charles A. Goldman, Bruce R. Orvis, Michael Mattock, Dorothy Smith, *Staffing Army ROTC at Colleges and Universities: Alternatives for Reducing the Use of Active-Duty Soldiers* (Santa Monica: RAND, 1998), p. iii.

기존의 훈련병과였던 자들을 전투병과로 전환하여 해외 파병에 투입하는 방안이다.

1990년대 초에 미군은 자군 내 교육기관에 대한 외주를 시작했다. 육군 부대관리학교(Army Management School)를 시작으로, 합동무장지원학교(Army Combined Arms and Service School), 참모대학(Command and General Staff College) 내 교육 프로그램(Training and Doctrine Command Pilot Mentor Program)이 군사대행기업에 맡겨졌다.[47] 이러한 군 교육기관의 외주는 기존에 빈번히 추진했던 민군 공동 연구를 감안한다면 그리 놀라운 일은 아니다. 이 분야에 있어서 보다 주목할 만한 외주는 1996년에 일어났다. 바로 미국의 220여 개 대학의 학군단(ROTC) 업무를 MPRI에 대행시킨 일이다.[48]

미군에게 있어서 학군단은 현역 장교의 약 75%를 생산하는 대표적인 장교 육성 프로그램이다. 이러한 군내의 주요 장교의 육성 프로그램도 냉전 종식 이후 미국 군사력 개편의 영향권에서 벗어날 수 없었다. 오히려 군사력 개편을 위한 시험 프로그램으로서 선도적으로 개혁이 이루어진 분야였다. 1996년에 미국 육군은 학군단의 운영 개편을 위해 시범 사업으로서 학군단 훈련 지원 프로그램(ROTC Training Support Program)을 기획하고 이에 대한 사업권자로 MPRI를 선정했다. 이와 동시에 랜드연구소(RAND)로 하여금 동 프로그램의 실효성 판단을 위한 연구 용역을 주어 1998년에 결과 보고서(*Staffing Army ROTC at Colleges and Universities*)를 넘겨받았다. 동 프로그램은 15개의 대학교를 대상으로 1997~1998년의 기

47 당시 주계약자는 MPRI였고 이에 대해 일각에서는 미국 정부와 MPRI의 과도한 밀착 관계에 대한 의혹을 제기했다. 피터 싱어, 『전쟁대행주식회사』, p. 219.

48 2006년 7월에 이르면 ROTC 훈련 대행은 234개 대학으로 확대된다. http://www.goarmyrotc.com(2006-07-28).

간 동안에 시범 운영되었는데, 성과가 좋을 경우에 적용 대상을 230개로 확대할 예정이었다.[49]

통상 미국 학군단에는 총 9명의 인원이 근무한다. 구체적으로 군사학 교수(Professor of Military Science: PMS) 1명, 군사학 조교수(Assistant Professor of Military Science: APMS) 3명, 훈련 부사관(Training NCO) 2명, 병참/행정 부사관(Administration/Logistic NCO) 1명, 총무요원(Administration/Logistic General Staff) 1명 및 비서(secretary) 1명으로 구성된다. 이 중 총무요원과 비서는 각 대학에 소속된 자들이고 나머지 7명은 현역군인들이다. 1996년에 시행된 시범 운영에서는 이들 중 4명, 즉 군사학 조교수 2명, 훈련요원(훈련 부사관 대체) 1명, 그리고 병참/행정요원(병참 훈련 부사관 대체) 1명을 민간인으로 대체했다.

2년간의 시범 운영은 대체로 성공적이었다. MPRI의 학군단 교육 서비스에 대한 불만은 없었고 MPRI가 선발한 요원들은 엄격하게 적용된 선발 기준과 근무 수행 기준을 모두 충족시켰다. 1998년에 랜드연구소는 군사대행기업에 의한 학군단 훈련이 기존의 방식보다 효과적이었다고 평가했다. 또한 이 프로그램은 현역 군인에게 부여된 700~900개의 임무를 대체하며, 이를 추진할 경우에 기존 훈련 특기자들을 다른 병과에 배치할 수 있다고 평가했다. 하지만 동 보고서는 비용의 절약 측면에 있어서는 유보

49 당시 대상이 된 대학은 Rochester Institute of Technology, Providence College, Campbell University, University of Arkansas-Pine Bluff, Grambling State University, University of Michigan, University of Colorado-Colorado Springs, Florida State University, Truman State University, University of Cincinnati, Western Illinois, University of Texas Pan American, Northwestern State University of Louisiana, Pittsburg State University(Kansas), University of Utah이다. Rodger Madison, Laurie L. McDonald, Charles A. Goldman, Bruce R. Orvis, Michael Mattock, Dorothy Smith, *Staffing Army ROTC at Colleges and Universities: Alternatives for Reducing the Use of Active-Duty Soldiers* (Santa Monica: RAND, 1999), p. 46.

적 평가를 내렸다. 학군단 훈련의 군사대행기업 활용으로 교관 1인당 연간 1만 달러 정도의 초과 비용이 발생하며, 아무리 긍정적으로 평가해도 동 프로그램이 학군단 훈련의 총체적 비용 절감을 달성할 수 있을지는 불명확하다는 것이다.[50]

비용 절감에 대한 불명확한 평가에도 불구하고 1999년에 미국 육군은 동 프로그램을 230여 개의 대학에 확대 시행했다. MPRI는 2002년까지 사업권을 유지했다. 2002년 이후에는 COMTek이 동 프로그램의 사업권자로 선정되어 2010년 현재까지 학군단의 훈련을 대행하고 있다.[51] 학군단 훈련 지원 프로그램은 비전투 분야의 군사대행기업 활용을 통해 보다 많은 병력을 전투에 활용할 수 있도록 하는 효과가 있었다. 하지만 비용에 있어서는 만족할 만한 성과를 가져오지 못했다. 미국 국방부는 이러한 문제점에도 불구하고 학군단 훈련에 대한 군사대행기업 활용을 지속적으로 추진하고 있다. 이는 비용 측면보다 병력 대체 효과에서 오는 효과(보다 많은 병력의 전투 임무 및 해외 파병에의 투입)를 더 중시했기 때문이다.

학군단 훈련의 군사대행기업 활용을 통한 병력 대체 효과를 경험한 이후, 미군은 다양한 교육 · 훈련 프로그램들에 대한 군사대행기업 활용을 추진했다. 미국 육군 제병 협동 참모학교 교육 프로그램의 외주를 비롯해 주방위군의 M2/M3 보병전투차 도입에 따른 운용 훈련, 육군 참모대학의

50 *Ibid.*. pp. 39~44.

51 http://www.goarmyrotc.com(2006-07-28). COMTek의 선정은 전문가들의 비판을 야기했다. 일부에서는 COMTek이 사업권을 획득하기 위해 저렴한 비용을 제시하였는데 COMTek이 제시한 비용으로는 기존의 MPRI가 제공한 우수한 교관을 고용할 수 없다고 주장했다. 저렴한 비용을 제시하다 보면 그 비용에 맞는 수준의 교관을 고용할 수밖에 없고 이는 제공되는 서비스의 질적 저하로 이어질 수밖에 없다는 것이다 Avant, *The Market For Force*, p. 119.

고급 지휘관 교육 프로그램, 제병협동지원사령부(CASCOM)의 전술 훈련 및 모의 전쟁(war game) 지원, 육군교육사령부에 대한 군사교범 지원, 레이저 장비를 활용한 사격 훈련(Laser Marksmanship Training: LMT) 등이 군사대행기업에 맡겨졌다. 또한 훈련 부문에 대한 군사대행기업 활용도 점차 전장에 가까워졌다. 미국 국방부는 이라크전쟁 발발 이후, 미군의 현지 적응 훈련을 군사대행기업에 맡겼다. MPRI는 쿠웨이트(Camp Yankee) 및 이라크(Butler Range)에 두 개의 훈련소를 운영하고 파병 미군에 대한 이라크 현지 적응 훈련(Iraqi Boot Camp)을 수행했다.[52] 부시 행정부 당시 수행한 두 차례의 해외 원정(아프가니스탄전쟁 및 이라크전쟁)은 전투병과에 대한 수요를 더욱 증가시켰으며, 교육 · 훈련 영역의 군사대행기업 활용은 더욱 증가했다.

3) 군사대행기업 활용의 확대

병참 및 군사 훈련과 같은 비전투 임무(non-combat mission)에서 시도된 군사대행기업 활용은 1996년에 접어들면서 점차 확대되었다. 1990년대 중반 이후에 미군은 전투와 밀접한 관련을 맺거나 기존에는 상상하기 어려웠던 분야까지 군사대행기업을 활용했다. 1996년에 미국 국방부는 군사대행기업의 활용 확대가 신병 충원율 감소와 해외 군사 임무 증가에 따른 병력 부족 문제를 해결해줄 수 있을 것으로 판단하고 이의 활용 확대 방안을 모색했다. 구체적인 확대 방안은 *Outsourcing and Privatization* 이라는 연구 보고서[53]를 통해 발표되었다. 보고서가 제시한 군사대행기업 활용 영역은 전반적인 병참(logistics), 미국 본토 사령부(Continental

52 Gerald Schumacher, *Bloody Business* (St. Paul: Zenith Press, 2006), p. 141.

53 Defense Science Board Task Force, *Outsourcing and Privatization* (Washington, D. C.: Office of the Undersecretary of Defense for Acquisition and Technology, 1996).

United States, CONUS)의 정보 처리, 모든 유형의 기술 훈련(technical skill training), 의료 지원, 막사 건설을 포함한 관사 건축(military housing)을 기본으로 하여 추가적으로 조종사 훈련(pilot training), 무기 체계의 관리(weapon system maintenance), 개별 병사의 훈련, 공군기지 전반에 관한 사항(airfield operation)을 포함한 약 20개 영역이었다.[54]

추가 활용 영역을 검토한 미국 국방부는 이후 높은 수준의 군사대행기업 활용도를 보였다. 1990년대 중반부터 2002년까지, 미국 국방부는 군사대행기업과 3,061건(계약 총액 3,000억 달러) 이상의 계약을 체결했다.[55] 1990년부터 2002년까지 미국 정부와의 계약금액을 기준으로 한 기업의 순위에서 상위 5개 기업 중 4개 기업이 군사대행기업이었다.[56] 또한 CIA, 국무부 등 국방부 이외의 기관이 군사대행기업을 고용하기도 했다.[57] 이렇듯 미국은 그동안 지속적으로 추진하는 LOGCAP과 학군단 훈련에 더하여 기존에는 상상하기 어려웠던 분야까지 군사대행기업을 활용했으며, 군사대행기업 활용의 영역도 점차 전장(battlefield)에 가까워지게 되었다. 훈련의 경우에도 보다 강도 높은 실전 대비 훈련에 군사대행기업을 이용

---

54 *Ibid.*, pp. 58~64.

55 The Center for Public Integrity, "Making a Killing: The Bussiness of War," *The Center for Public Integrity Special Report*, October 28, 2002, http://www.publicintegrity.org/report.aspx?aid=177(2006-07-29).

56 1위는 제너럴 일렉트릭(General Electric)사로서 같은 기간 동안 약 43억 달러의 계약액을 기록했다. 2위부터 5위까지는 모두 군사대행기업인데 비넬(Vinnell)이 약 42억 달러로 2위를 차지했고 SAIC(Science Applications International Corp)가 약 16억 달러로 3위, 다인코프가 약 15억 달러로 4위, 벡텔그룹(Bechtel Group)이 약 11억 달러로 5위를 차지했다. The Center for Public Integrity, "Post-war Contractors Ranked by Total Government Earnings: All Federal Contracts From 1990 Through Fiscal Year 2002," http://www.publicintegrity.org/wow/resources.aspx?act=history#124(2006-07-27).

57 CIA는 고해상도 위성사진 촬영을 군사대행기업에 의뢰했고 미국 국무부는 그동안 미국 해병대가 맡아오던 미국 대사관의 경비를 군사대행기업에 의뢰했다.

했다. 미국 해군과 공군은 ATAC Corporation에 항공 전투 훈련용 가상 적기 제공 및 실제 전투 비행 훈련까지 의뢰했다.[58] ATAC은 미국 해군의 정예 조종사 육성을 위한 미라마(Miramar) 기지의 탑건(top gun) 훈련[59] 및 항공 관제도 의뢰받았으며, V-22 틸트로터기와 F/A-18E/F의 도입 훈련(introduction training)을 의뢰받기도 했다.[60] 이라크전쟁과 관련해서는 MPRI가 미국 국방부와의 계약에 의해 쿠웨이트와 이라크에서 현지 적응 훈련을 시행했다.

미국은 정찰 임무나 전자 감시 임무도 군사대행기업에 맡겼다. 1990년대 중반부터 미국은 콜롬비아 지역의 마약 범죄를 단속하기 위한 작전을 진행해왔다. 미국 국방부는 이 지역의 항공 정찰 업무를 에어스캔(Airscan)에 의뢰했다. 더 나아가 미국 본토 방공의 핵심 기구인 북미방공사령부(NORAD)는 샤이언 산의 정보 처리와 통신 업무를 OAO Corporation에게 의뢰하기도 했다.[61] 이외에도 미국 공군은 B-2전략폭격기, F-117과 같은 스텔스 항공기를 비롯하여 KC-10 공중 급유기와 U-2정찰기의 정비 및 관리를 군사대행기업에 맡겼으며, 해군은 주요 전투함을 비롯한 핵심 장비의 정비를 군사대행기업에 맡기기도 했다.[62] 신형 무기 체계의 초기 운영을 군사대행기업에 위임하는 일도 있었다. 미국 공군은 프레데터(Predator) 및 글로벌 호크(Global Hawk)와 같은 무인 항공기의 도입 초기에

---

58 Christian Lowe, "Services Look to Contractors to Fly 'Adversary Aircraft'," *Defense Week*, September 25, 2000, p. 1.

59 Top Gun은 미국 해군 조종사 중에서 상위 1%만이 참여하는 최정예 공중기동(combat maneuvering) 훈련 프로그램이다.

60 ATAC Corporation의 웹사이트. ATAC Corporation, "Military Aviation Operations Analysis," http://www.atac.com/prodsvs/military.htm(2006-09-03).

61 Steven Saint, "NORAD Outsources," *Colorado Springs Gazette*, September 1, 2000.

62 "Improving the Combat Edge Through Outsourcing," *Defense Viewpoint*, Vol. 11, No. 36 (1996).

이의 운용과 훈련에 관한 제반 사항을 군사대행기업에 의뢰했다.[63]

군사대행기업 활용의 확대는 최후방의 전략 기획 분야에서도 나타났다. 미국 국방부는 4년 주기 국방 태세 점검 보고서(QDR)의 감수를 비롯하여 미국 육군 물자사령부(Material Command)의 전략 및 무기 지원 기획(strategic and weapon support planning)과 교육사령부(TRADOC)의 전략 기획, 미국 합동참모본부의 전략 기획 지원까지 MPRI에 의뢰하고 있다.[64]

4) 대외 정책에서의 군사대행기업 활용: 플랜 콜롬비아(Plan Colombia)

대외 정책(foreign policy)이 국가에 의해 수행된다는 것은 일반적인 통념이다. 하지만 미국은 대외 정책을 군사대행기업에 의뢰함으로써 기존의 통념을 깨뜨리고 있다. 클린턴 행정부 2기가 마무리될 무렵인 1990년대 말에 콜롬비아는 미국에게 있어서 심각한 문제를 가져다주는 지역이 되었다. 콜롬비아에 은신한 마약상들은 미국의 범죄 조직과 연계하여 미국 내에 마약(코카인)을 유통시켰다. 하지만 콜롬비아 정부는 마약조직을 소탕하기에는 역부족이었다. 거의 40년 가까이 진행된 콜롬비아 민족해방군(National Liberation Army, ELN)[65] 및 콜롬비아 혁명군(Revolutionary Armed Forces of Colombia, FARC)[66]과의 내전으로 인해 콜롬비아는 반군이 영토의

---

63 Ian Traynor, "The Privatisation of War," *Guardian*, December 10, 2003.

64 MPRI, "Strategic Planning Programs," http://www.mpri.com/main/strategicplanning.html(2006-09-03).

65 콜롬비아 민족해방군은 1965년에 결성되었으며 3,000~6,000명 규모의 조직으로 콜롬비아의 공산화를 목표로 한다. 이 조직은 쿠바로부터 핵심 인사의 은신처 지원 및 의료 지원을 받고 있으며, 콜롬비아 주재 다국적기업, 특히 석유업체 직원에 대한 납치 및 석유 시설에 대한 공격을 감행해왔다. Department of State, *Patterns of Global Terrorism 2000* (Washington D. C.: Department of State, 2001), p. 15.

66 콜롬비아 혁명군은 1964년에 결성되었으며 10,000여 명의 조직원을 둔 콜롬비아의 대표적 공산반군단체이다. 이들은 남미에서 가장 뛰어난 무장저항 조직으로서 쿠바의 지원을 받고 있다고 한다. 1997년 이후 콜롬비아 혁명군은 신흥 조직인 콜롬비아 연합자위대

상당 부분을 차지하고 있는 상태였다.

여기에 더하여 미국의 대(對)콜롬비아 지원도 한계를 안고 있었다. 그 주요 원인은 첫째, 병력 감축으로 인해 대(對)마약작전에 투입할 정규군을 동원할 여력이 없었고, 둘째, 미국 의회의 콜롬비아 정부에 대한 부정적인 시선도 콜롬비아 지원에 장애가 되었다. 미국 의회는 콜롬비아 정부의 인권 유린을 이유로 지원에 엄격한 제한을 두었다. 미국의 군사적 지원은 마약의 단속에만 국한되어야 하며, 반군 소탕작전에는 관여를 하지 말라는 것이었다.[67] 하지만 미국 의회의 요구는 콜롬비아의 현실을 무시한 조치였다. 앞서 언급한 반군 세력은 콜롬비아 마약상들과 긴밀한 연계를 가지고 있었다.[68] 이러한 콜롬비아의 상황을 고려할 때, 마약상 소탕작전은 반군의 강한 저항을 야기할 수밖에 없는 사안이었다. 이러한 상황 하에서 반군 소탕작전 없이 마약상만을 골라 제거하는 작전을 수행한다는 것은 작전 투입 병력에게 너무나 큰 희생을 요구할 가능성이 컸다. 이렇듯 콜롬비아 마약상 소탕작전은 병력 감축으로 동원 병력이 제한된 미군에게는 상당한 부담을 주었고 이의 해결 방안이 절실했다.

클린턴 행정부는 이러한 문제를 해결하기 위해 콜롬비아에 대한 군사지원 자체를 군사대행기업에 의뢰했다. 플랜 콜롬비아(Plan Colombia)로 세간에 알려진 미국의 콜롬비아 마약상 소탕작전은 미국의 대외 지원에 필요한 거의 모든 영역을 군사대행기업에 의존한 사례이다. 여기에는 다수의 군사대행기업들이 참여했다. 클린턴 행정부는 MPRI에게 현지 조사를 비롯한 전략 기획을 의뢰했다. 아머 그룹(Armor Group)과 실버 섀도우

(*Autodefensas Unidas de Combia*, AUC)와 경쟁 관계에 놓여 상호간에 무력 충돌이 빈번하게 발생했다. Ibid., p. 15.

67 피터 싱어, 『전쟁대행주식회사』, pp. 363~364.

68 Joshua Hammer and Michael Isikoff, "The Narco-Guerrilla War," *Newsweek*, August 9, 1999.

즈(Silver Shadows) 및 버지니아 일렉트로닉스(Virginia Electronics)는 전직 미국 해군 특수부대원(Navy Seals)을 고용하고 콜롬비아 하천의 마약 운송을 차단하는 리버 라인(River Line) 작전을 수행했다.[69]

다인코프는 플랜 콜롬비아와 관련해 마약류 경작 근절을 위한 고엽제 살포 지원을 의뢰받았다. 이를 위해 다인코프는 300~600명의 직원을 콜롬비아에 파견했다. 명목상 이들의 임무는 콜롬비아 경찰에게 고엽제 살포를 위한 조종 훈련 및 기술 지원을 수행하는 것이었다. 하지만 피터 싱어는 이들이 수행한 업무가 단순한 조종사 훈련이 아니었다고 한다.[70] 2001년 2월에 다인코프가 비행 교육 이외의 특별 서비스를 제공하고 있다는 사실이 밝혀졌다. 반군이 콜롬비아 군의 헬기를 격추시키자 다인코프가 자체의 수색구조팀을 급파하여 조종사를 구출해온 사건이 발생한 것이다. 당시 다인코프의 직원들은 자체적으로 보유한 무장 헬기를 동원하였으며, 반군에 보복 사격을 가하기도 했다.[71]

플랜 콜롬비아 작전은 미국이 군사대행기업을 고용하여 대외 군사 지원을 한 사례로서 국가 이외의 주체를 대외 정책의 수단으로 활용하였다. 플랜 콜롬비아 작전 외에도 군사대행기업 활용을 통한 간접적 대외 군사 지원을 한 사례로는 크로아티아 및 보스니아의 군사대행기업 활용이 있

---

69 피터 싱어, 『전쟁대행주식회사』, p. 365.

70 다인코프는 현지에서 2인승의 경공격 · 관측기인 OV-10을 사용했다. OV-10은 전장에서 폭격 및 포격을 위해 목표물을 지정(target designating)하는 역할을 수행하는 관측용 항공기이며 자체적인 무장을 이용하여 보병에게 경공격을 수행할 수 있는 기종이다. 고엽제의 살포라면 대형의 수송기를 이용하는 것이 더 확실한 방법이고 이를 위해서는 민간용 항공기를 이용해도 충분한 것이었다. 그럼에도 불구하고 다인코프가 이러한 경공격 · 관측기를 사용했다는 것은 다인코프의 현지에서의 임무가 무엇인가에 대한 의혹을 배가시킬 수밖에 없는 것이었다.

71 피터 싱어, 『전쟁대행주식회사』, p. 366; Jeremy McDermont, "US Crews Involved in Colombian Battle," *Scotsman*, February 23, 2001.

으며(이후 사례를 통해 자세히 소개하겠다), 보다 최근의 사례는 소말리아 파견 평화유지군의 훈련 대행이 그것이다. 소말리아 파견 평화유지군의 훈련 대행은 다인코프에 의뢰했는데, 다인코프는 소말리아에 파견된 아프리카 국가들의 훈련을 대행했다.

5) 대규모 전장 투입과 전투 개입: 이라크전쟁, 아프가니스탄전쟁

미국의 군사대행기업 활용은 2003년 이라크전쟁 이후 전장에의 대규모 투입으로까지 발전한다. 개전 초기에 미국은 이라크로의 무리한 병력 동원을 자제하려 했다. 미국이 예상하였던 최초 병력 규모는 총병력 130,000명이었고 정규전이 종결된 이후에는 30,000~50,000명 수준으로 감축할 계획이었다.[72] 하지만 이라크전쟁이 경과되면서 미국은 예상치의 거의 두 배인 약 250,000명의 병력을 투입했고 지상군만 175,000명을 투입했다. 다행히도 이라크전쟁 초기는 예상보다 수월했다. 미군을 비롯한 연합군은 첨단 병기와 압도적인 화력을 통해 바그다드로 진격할 수 있었고 이라크 군의 저항은 미미했다. 미국은 정규전의 빠른 종결을 통해 대규모로 투입된 미군을 조속한 시일 내에 철수시킬 수 있을 것으로 기대했다.

하지만 이라크전쟁 조기 종결에 대한 낙관적 전망은 현실화되지 못했다. 특히 이라크 전후 처리 문제가 대두되면서 현지 파견 병력 수준에 대한 이견이 나타나기 시작했다. 미군의 이라크 장기 주둔은 미군에게 고질적 병력 부족을 더욱 악화시킬 가능성이 높았다. 정규전 수준인 250,000명을 장기 주둔시킬 경우에 총병력의 약 14%가 한 지역에 묶이는 셈이

72 Global Security, "Iraq: U. S. Forces Order of Battle," http://www.globalsecurity.org/military/ops/iraq_orbat.htm(2006-09-15).

되었다. 그리고 임무 중 손실과 피로도를 감안해 주기적 순환 근무를 보장해야 하는 문제를 안고 있었다. 1990년대를 통해 나타난 미군의 인력난을 감안할 때 한 지역에서 대규모 병력 주둔은 기존의 인력난을 더욱 악화시킬 수밖에 없었다.

부시 행정부의 이라크전쟁 이후 처리에 대한 문제를 제기하기 시작한 것은 미국 군부였다. 1990년대 초의 대규모 병력 감축 이후 미국 군부는 미국 지상군이 한 지역에 장기적으로 투입되는 것을 경계해왔다. 특히 내전이나 게릴라전과 같이 미군의 장점(자본집약적 형태의 군사력)을 활용할 수 없는 형태의 전쟁일 경우에 더욱 그러했다. 1995년의 크로아티아 내전 당시 콜린 파월은 내전을 해결하기 위해 아무리 적은 수의 지상군을 주둔시킨다고 하더라도 이는 장기적으로 수십만의 미군을 증파해야 하는 결과를 초래한다고 경고한 바 있었다.[73] 이라크전쟁 당시 미국 군부는 계획 단계에서부터 전후 처리의 문제점을 지적했다. 2003년 2월 25일, 전(前) 미국 육군참모총장 에릭 쉰세키(Eric K. Shinseki)는 미국 상원 육군 청문회에서의 증언을 통해 "이라크전쟁 이후 처리의 수행을 위해서는 적어도 수십만 명의 미군과 이와 비슷한 수준의 연합군의 파병이 필요하다"고 주장했다.[74] 이 청문회의 내용은 결국 쉰세키를 육군참모총장직에서 물러나게 만들었는데, 결과적으로 볼 때 쉰세키의 우려는 현실로 나타났다. 2006년이 되어서도 미군은 이라크전쟁 이후 처리 주둔 병력 규모인 30,000~50,000명 수준을 달성하지 못했다.

---

73 Lyle J. Goldstein, "General John Shalikashvili and the Civil-Military Relations of Peacekeeping," Armed forces and Society, Spring 2000, http://www3.gettysburg.edu/~dborock/courses/Spring/p344/ps344read/ GOLDSTEIN-SHALIKASHVILI.PEACEKEEPING.HTM(2006-09-10).

74 Eric Schmitt, "Pentagon Contradicts General on Iraq Occupation Force Size," *New York Times*, February 28, 2003.

이라크전쟁 이후 처리를 위해 미군은 다음과 같은 네 종류의 임무를 수행해야 했다. 첫째, 이라크 치안 확보를 위한 정기적 순찰 및 저항세력 소탕, 둘째, 주요 시설 및 요인 경호, 셋째, 이라크 신정부 군 및 경찰의 재건, 넷째, 이라크 각지에 은닉된 무기 및 도처에 매립된 지뢰의 제거 등이었다. 2003년 3월에 미군은 이라크 정규군과의 전투만을 위해서 투입되었지만 전후 처리가 본격화되면서 늘어난 다양한 임무에 대한 부담도 커졌다.

여기에 더하여, 전후 처리 중 미군이 상대할 적의 성격이 바뀐 것도 문제였다. 미군이 상대할 적은 정규군이 아닌 테러집단과 저항세력으로서 그들은 첨단 무기만으로는 대응하기 어려운 상대들이었다. 민간인들 속에 숨어 있는 저항세력에 대해 가가호호를 순찰하면서 발본색원할 충분한 병력이 필요했다. 이렇듯 이라크 주둔 미군은 저항세력 대응 임무만으로도 상당한 부담을 안게 되었다.

이러한 부담을 줄이기 위해 동맹국의 지원을 획득하기도 어려웠다. 이라크에 파병한 동맹국들은 충분한 병력을 공급하고 있지도 못했고 될 수 있으면 안전한 지역을 선호했다. 수니 삼각지대(Sunni Triangle)와 같은 위험 지역은 여전히 미군을 투입해야만 했다. 예비군 활용도 그리 만족스러운 수준이 아니었다. 이라크에서 미군은 총병력의 25~35%만을 예비군 전력에 의존할 수밖에 없었다. 이러한 가운데 군사대행기업은 이라크전쟁 이후 처리에 있어서 미군이 처한 병력 부족을 해소할 수 있는 대안이 되었다.

이라크전쟁 이후 미국은 기존보다 높은 수준의 군사대행기업 활용을 보여주었다. 병참과 훈련 부문의 경우에 개전 초기부터 군사대행기업을 활용했다. 미국 국방부는 LOGCAP에 의해 독점 계약 체결자로 선정된 KBR에게 이라크전쟁 초기부터 2003년 말까지 약 5억 9천만 달러에 상당하는 병참 지원을 수행토록 했다.[75] 사실상 이라크 주둔 미군의 병참부대 역할을 맡은 것이다. MPRI와 다인코프는 이라크에 파견된 미군의 현지 적응 훈련을 국방성으로부터 의뢰받아 현지에 도착한 미군을 훈련시켰다.

미국 국방성은 이외에도 앞서 언급한 이라크전쟁 이후 복구 사업의 상당 부분을 군사대행기업과의 계약을 통해 해결했다. 알려진 주요한 계약은 12건이었는데 그 내용은 이라크 정규군의 훈련(MPRI, DynCorp, Vinnell),[76] 이라크 주요 시설의 폭발물 제거(EOD Technology Inc.), 기존 이라크 군의 무장해제와 해체(Ronco Consulting Corporation), 주요 요인 경호 및 주요 시설 보안 임무(Kroll Inc., Blackwater, Aegis, Erinys, Meteoric Tactical Solution), 야간 항공 감시 임무(Air Scan), 그리고 이러한 임무들을 수행하는 데 필요한 자문 요원과 통역 요원의 공급(MPRI, Titan, MZM Inc.)이었다. 이상 12건의 계약에 미국은 951,614,315달러를 사용했다.[77]

2006년에 접어들면, 이라크에는 약 100,000명의 군사대행기업 직원들이 활동하게 되는데, 이 수준은 현지에 파견된 미군의 규모인 약 130,000명에 육박하는 수준이었다. 또한 현지 전황이 정규전에서 비정규전으로 변하면서 현지 저항세력과의 전투에 군사대행기업이 개입되는 사례가 나타났다. 데이빗 아이젠버그(David Isenberg)의 2004년도 조사에 의하면 당시 이라크에는 15,000여 명의 군사대행기업 무장 요원들이 근무하고 있었다.[78] 2006년에는 군사대행기업 무장 요원의 수가 25,000명으로 늘어

---

75 The Center for Public Integrity, "Kellogg Brown & Root (Halliburton)," http://www.publicintegrity.org/wow/bio.aspx?act=pro&ddlC=31(2006-09-03).

76 MPRI와 미국 국방성이 체결한 이라크 정규군 훈련 계약서 원문은 본 논문의 부록에 수록되어 있다. [부록 5-3] 미국 정부-MPRI의 이라크 정규군 훈련 의뢰 계약서 참조.

77 David Isenberg, *A Fistful of Contractors: The Case for a Pragmatic Assessment of Private Military Companies in Iraq*, BASIC Research Report 2004 (London: BASIC, 2004), p. 138.

78 David Isenberg, *A Fistful of Contractors: The Case for a Pragmatic Assessment of Private*

났다. 정규군 2개 사단 이상의 병력이 된 셈이다. 계약 내용상 주요 시설 및 요인 경호를 위해 고용되었지만 사실상 전투 요원이었다. 2004년까지 미국 국방부와 국무부는 30개의 군사대행기업과 주요 시설 및 요인 경호 계약을 맺은 것으로 나타났으며,[79] 이들 군사대행기업 직원들의 상당수는 군에서나 사용할 수 있는 정교한 수준의 장비들을 보유하고 있었다.[80] 미군 특수부대가 맡았던 이라크 내의 주요 인사에 대한 경호 임무도 군사대행기업에 의뢰했다. 주요 인사의 경호 업무에 특수부대가 동원될 경우에 특수부대의 고유 업무에 지장을 줄 가능성이 높았기 때문이다.

요인 경호 및 시설 보호 임무 대행은 사실상 군사대행기업 직원의 교전행위를 암묵적으로 인정하는 것이었다. 전황이 비정규전(insurgency) 양상으로 바뀐 상태에서, 시설 및 요인 경호를 맡은 군사대행기업 직원들은 현지 저항세력과 빈번히 교전을 벌였다. 초기 단계에서는 이러한 교전을 가급적 피하기 위해 차량을 고속으로 운행하는 방식을 도입했지만 교통 정체를 위장한 무장세력의 매복 공격에 의해 이러한 방법은 별 효용성이 없었다. 2004년 3월 31일에는 블랙워터[81]의 직원 스콧 헬벤스턴(Scott Helvenston)과 제리 조브코(Jerry Zovko)가 현지 무장세력의 매복 공격으로

Military Companies in Iraq, pp. 80~99의 Appendix 2: Security Companies Doing Business in Iraq.

79 The U. S. Department of State, "Security Companies Doing Business in Iraq," http://travel.state.gov/travel/cis_pa_tw/cis/cis_1763.html. 이 계약에 참가한 업체 중에는 New Korea Total Service(NKTS Co. 대표 최승갑)도 포함되어 있다. NKTS는 1980년대 초에 창설되어 요르단 왕가의 경호와 요르단 대테러 부대의 훈련도 맡았다.

80 "Private Contractors in Iraq," *The Economist*, April 7, 2004.

81 블랙워터는 1997년에 미국 해군 특수부대 네이비 실(Navy Seals) 출신인 에릭 프린스(Erik Prince)에 의해 창설되었다. 사장인 게리 잭슨(Gary Jackson), 부사장 빌 매튜스(Bill Mathews)를 비롯한 회사의 중역들도 모두 네이비 실 출신이다. 에릭 프린스의 인적사항은 [부록 3]을 참조.

사살되고 그 시체가 불태워지는 사건이 발생하기도 했다.[82]

2004년 4월 7일에 이라크 내 군사대행기업의 직접적 교전 행위가 확인되었다. 당시 이라크 각지에서는 현지 무장세력의 동시다발적 공격이 있었는데, 나자프(Najaf) 지역의 경우에 시아파(Shiite) 무장세력 수백 명이 현지의 미국 주도 임시 연합행정처(The. U. S.–led Coalition Authority, CPA) 청사를 공격했다. 기관총 및 RPG(Rocket Propelled Grenade) 공격으로 인해 이 건물을 지키고 있던 네 명의 미국 해병대원이 사망했고 수명의 부상자가 발생했다. 미군은 즉각적인 지원 병력의 증파를 결정해 미군 특수부대들이 현지에 급파될 예정이었으나 미국 특수부대의 투입은 상당 시간 지연되었다. 다른 지역에서의 무장 공격에 대한 대응 임무로 나자프 지역 파견이 어려워졌던 것이다.

연합행정처 내의 미국 해병대 병사들만으로는 수백 명의 무장세력과의 교전에 한계가 있었다. 지속된 교전으로 인해 탄약은 고갈되었고, 교전 중 발생한 부상병의 후송도 시급했다. 이러한 상황을 해결한 것은 당시 건물 경비를 맡았던 여덟 명의 블랙워터 직원들이었다. 이들은 부상자의 후송과 탄약 공급이 우선이라고 판단해 자사의 헬기를 동원하여 부상당한 해병대 병사들을 후송했다. 또한 생존 해병대원들에게 탄약을 공급하고 자신들이 직접 교전에 개입하여 이라크 현지의 무장세력을 진압했다.[83]

당시 블랙워터 직원들은 단순한 교전 참가를 넘어 현역병을 능가하는 전투 및 지휘 능력 등 상당히 인상적인 모습을 남겼다.[84] 사실 블랙워터

---

82 "After Fallujah: The Truth About the Blackwater Mercenaries," *Revolutionary Worker*, April 11, 2004. 스콧 헬벤스턴은 전직 미국 해군 특수부대(Navy Seal) 출신으로서 퇴역 후에 할리우드 영화(G. I. Jane)의 군사 자문역을 맡기도 했던 인물이었다.

83 Dana Priest, "Private Guards Repel Attack on U. S. Headquarters," *The Washington Post*, April 6, 2004; Dana Priest and Mary Pat Flaherty, "Iraq: Security Firms Form World's Largest Private 'Army'," *The Washington Post*, April 8, 2004.

직원 대부분은 미국 해군 특수부대 네이비 실 출신으로서 전투 및 소규모 부대의 지휘 경력이 있는 자(부사관 출신)들이었다. 또한 당시 교전에서 블랙워터 직원들은 저격(sniping)과 같은 고도로 전문적인 교전 행위도 수행했다.

나자프 사태 이후 미국 정부는 공식적으로 이라크 내 군사대행기업 무장 요원의 임무가 경호 및 경비이며, 전투 행위는 하지 않는다고 주장했다.[85] 전투 행위의 주체를 정규군으로 한정한 경우에 이 주장은 맞는 말이다. 하지만 비정규전 양상으로 전환된 이라크 전황을 고려할 때, 군사대행업체의 교전 행위를 두고 전투인가 아닌가를 따지는 것은 큰 의미가 없을 수도 있다. 현지 저항세력과 교전할 때 동원된 폭력의 강도가 정규군 간의 전투 행위에 육박하고 있기 때문이다. 심지어 이라크에서 정규군대가 군사대행기업의 무장 경호를 받는 사례도 있다. 전 남아프리카공화국의 군사대행기업으로 현재 영국에 사무소를 둔 다국적 군사대행기업인 에리니즈(Erinys)의 경우에 이라크에서 미군 공병단(the U. S. Army Corps of Engineers)의 무장 호송 임무를 수행했다.[86] 그만큼 이라크 현지의 군사대행기업의 무장 수준이 높다는 말이다. 이러한 이라크 현지의 상황은 럼스펠드 장관의 "전투 이외의 가능한 모든 영역의 사영화"[87]라는 말을 무색

---

84 당시의 전투 행위 동영상은 *Military Video*(http://www.militaryvideos.net)라는 인터넷 사이트를 통해 공개되어 있다. 공개된 동영상은 다음을 참조. "Blackwater in Najaf," http://media.militaryvideos.net/videos/Najaf_cut.avi(2006-10-24); "Blackwater in Najaf 2," http://media.militaryvideos.net/videos/blackwater_in_najaf2.wmv(2006-10-24).

85 Dana Priest, "Private Guards Repel Attack on U. S. Headquarters," *Washington Post*, April 6, 2004.

86 PBS, "Private Warriors," *PBS Frontline*, http://www.pbs.org/wgbh/pages/frontline/shows/warriors/view(2006-10-27).

87 황유석, 「[글로벌 이슈] '국방 아웃소싱' 전문성 · 공공투자에 악영향 우려」, 「한국일보」, 2004년 4월 6일.

하게 한다. 이라크에서는 전투에 준하는 교전 행위마저도 사영화가 되어 버렸기 때문이다.

이라크전쟁보다 먼저 개전되었음에도 불구하고, 아프가니스탄전쟁은 이라크전쟁에 비해 큰 비중으로 다루어지지 못했다. 아프가니스탄의 탈레반과 미국의 군사력 격차는 이라크와 미국과의 격차보다도 심했고, 개전 초기에 탈레반 군의 붕괴로 인해 정규전은 단기간 내에 종결지을 수 있었다. 하지만 아프가니스탄의 전후 처리가 제대로 이루어지기 전에 미국은 이라크로 주요 전장을 이동시키게 되고, 상당수의 미군은 이라크전쟁에 투입되어야만 했다.

병력이 충분하지 못한 상태에서 두 개의 전장을 운용해야 하는 미국의 고민은 이만저만이 아니었다. 이라크전쟁을 수행하기 위해 아프가니스탄 주둔 미군의 규모는 축소가 불가피했다. 다행히 정규전이 종결된 상태이고 탈레반의 저항이 심각하지 않은 상태였기에 미군의 이동 배치가 가능했지만, 아프가니스탄 정국의 안정을 위해 탈레반 무장투쟁 조직과 알카에다 조직을 발본색원하는 임무를 지속적으로 수행할 수밖에 없는 입장이었다. 병력이 부족한 상태에서 그나마 동원할 수 있는 병력이 이라크로 투입되는 상황이다 보니 아프가니스탄전쟁 수행에 있어 군사대행기업에 대한 의존도는 더욱 심화될 수밖에 없는 상황이 되었다.

2009년 7월, 아프가니스탄에서는 약 74,000명의 군사대행기업 직원들이 활동하고 있었다. 현지에서 활동이 목격된 군사대행기업들은 현지 미군의 병참부대 역할을 수행하는 다인코프 및 플루어 외에도 이지스(Aegis Security Group), 아머 그룹(Armorgroup), 블랙워터, 갈다월드(Gardaworld), 글로벌 스트래트지스 그룹(Global Strategies Group), 카와르(Khawar), 올리브 시큐리티(Olive Security, Ltd.), 마라(Mallat), 올림퍼스 시큐리티(Olympus Security, Ltd.), 폴 그라임즈(Paul Grimes), 살라딘(Saladin), SOC-SMG(Special

Operation Consulting–Security Management Group), SIG, USPI(U. S. Protection and Investigations, LLC), Watan and Caps 등[88]이며 이들의 직원 수는 아프가니스탄 파견 미군의 총병력 58,000명을 상회했다.[89]

아프가니스탄 현지에 파견되어 있는 군사대행기업의 활동은 기본적으로 이라크전쟁과 유사하다. 미군에 대한 현지 병참 지원, 미군의 현지 적

[그림 5] 2009년도 상반기 주요 전장에서의 미군 병력

* Source : August Cole, "Afghanistan Contractors Outnumber Troops," *The Wall Street Journal*, August 22, 2009.

88 Sarah Meyer, "Security Companies in Afghanistan," http://indexresearch.blogspot.com/2007/11/security–companies–in–afghanistan.html(2006–10–27).

89 *Financial Times*, July 16, 2009.

응 훈련, 아프가니스탄 정부군 및 경찰에 대한 훈련, 주요 시설 및 요인 경호, 무장 호송 등이다. 이러한 임무 외에 아프가니스탄에서 활동하고 있는 군사대행기업은 특이한 임무를 부여받았는데, 바로 현지 마약 재배 및 운반책의 일망타진이다. 마약(아편)은 탈레반의 주요한 소득원으로 탈레반은 이를 통해 저항세력의 무장 및 운영 자금을 조달하고 있는 것으로 알려져 있다. 현지 미군의 병참을 맡은 다인코프가 마약 재배 및 운반책의 소탕작전을 수행하고 있는 것으로 전해진다.

이상의 내용에도 불구하고 일부 독자들은 아프가니스탄전쟁과 이라크전쟁에서 미군의 군사대행기업 의존도에 대해 여전히 궁금증을 갖게 될 것이다. 2009년 「월스트리트저널」의 기사는 미국의 양쪽 전장에서의 군사대행기업 의존도를 단적으로 보여주고 있다.

[그림 5]에 나타나 있듯이 2008년까지 이라크에서는 군사대행기업 직원의 인원이 미국 정규군의 병력을 상회하고 있었다. 아프가니스탄의 경우에 오바마 정부 출범 이후인 2009년 상반기까지도 군사대행기업의 직원 인원이 정규군을 압도하고 있으며, 2008년에는 미군이 군사대행기업 직원의 1/3 미만의 비중을 차지하고 있을 정도이다. 이라크 현지의 병력 부담으로 아프가니스탄전쟁은 정규군을 많이 투입하지 못한 결과이다. 이렇듯 아프가니스탄과 이라크 양대 전쟁은 미국으로 하여금 전 영역에서 군사대행기업에 대한 의존도를 극대화시키게 되는 결정적인 계기를 제공하게 되었다.

6) 군사대행기업 활용의 부작용

미국의 군사대행기업 활용은 전 영역에서 대규모로 활용되는 것으로 나타났다. 미국의 군사대행기업 활용은 성공적이라고 말할 수 있을까? 아직까지 군사 외주가 전쟁 수행의 큰 장애가 되거나 패전의 직접적 원인이 되지는 않고 있다는 점에서 일정 수준 성과를 거두고 있는 듯이 보인다. 하지만 이 성과는 심각한 부작용도 함께 안고 있다.

전쟁 비용이나 국방 예산의 경우에 군사대행기업의 활용을 통해 오히려 증가한 측면이 있다. 현재 나타나고 있는 예산 낭비의 원인은 두 가지인데 하나는 계약 제도의 취약성을 노린 군사대행기업의 부당 이득 추구이고 다른 하나는 군사대행기업 직원들의 고임금이다.

계약 제도의 취약성을 노린 부당 이득 추구의 경우에 군사대행기업의 지나친 이윤 추구에서 비롯된다. 군사대행기업과의 계약 내용 및 서비스 공급 내용을 주도면밀하게 검토하지 않을 경우에 예상치 못한 추가 비용 지급을 요구받을 가능성이 있다. 특히 국방부 내 계약 담당자의 관련 지식 부족이나 제도적 미비가 있을 경우에 이러한 가능성은 더욱 높아진다. 현재 미국에서 나타나고 있는 군사대행기업 활용 관련 예산 낭비는 바로 이러한 형태이다. 대표적인 사례로는 이라크에서 병참 업무를 수행하고 있는 KBR의 서비스 불성실 이행 사례를 들 수 있다. KBR은 일부 병사가 KBR이 제공한 식사를 먹지 않았음에도 불구하고 이에 대한 비용을 청구하다가 적발되었다.[90] 서비스의 신속한 공급을 우선시하고 상대적으로 공급에 대한 검수가 느슨한 우선 계약의 취약점을 노린 군사대행기업의 부당이득 행위를 보여준 것이다. 한편 2010년 2월에 블랙워터는 퇴사한 전직원 두 명으로부터 사기 혐의로 고소당한 일이 있는데, 이들은 블랙워터가 이중 영수증 발급을 통해 이라크 현지에서 음주 파티, 온천 여행 및 성매매 비용을 지급 받았다고 주장했다.[91] 이렇듯 군사대행기업이 계약의 취약점을 악용할 경우에 정부는 필요 이상의 과다한 예산을 지출하게

90 「전쟁을 생산한다: 민간군사기업」, 「KBS스페셜」, 2006년 3월 4일 오후 8시 방영.

91 Carol D. Leoning, "Former Blackwater Employees Accuse Security Contractor of Defrauding Government," *The Washington Post*, February 12, 2010, A. 2.

될 가능성이 높다.

군사대행기업 직원의 높은 임금도 예산 지출의 원인이다. 구체적인 계약 내용에 따라 다르나 군사대행기업 직원의 연봉은 25,000~75,000달러에 달한다. 정규군에 비해 약 5배의 임금을 받는 셈이다. 납세자의 입장에서 보면 군대와 똑같은 일을 하는 군사대행기업을 비싸게 고용하는 미국 정부의 정책에 대해 불만을 가질 수밖에 없을 것이다. 이러한 의문과 불만은 군사대행기업을 둘러싼 각종 의혹과 음모론을 생산하게 되고,[92] 미국 정부는 군사대행기업 활용에 대한 여론의 부담을 안을 수밖에 없게 된다.

군사대행기업 활용의 부작용은 비단 예산 낭비만 있는 것이 아니다. 이라크 및 아프가니스탄에 파견된 군사대행기업 직원들의 부적절한 행태는 군사대행기업에 대한 이미지뿐만 아니라 이들을 고용하는 미국 정부 및 그의 대외 정책에 대한 여론을 악화시키는 데 일조했다. 주요한 내용으로는 고문 등 잔학 행위에의 가담, 과잉 대응으로 인한 민간인 살상, 전문성 결여로 인한 임무 실패, 성매매, 무절제한 행동으로 인한 현지 민사 작전 환경 악화 등이 있는데 그 대표적인 사례를 통해 살펴보면 다음과 같다.

첫째, 고문 등의 잔학 행위 가담의 대표 사례는 아브그레이브(Abu Ghraib) 포로수용소 사건이다. 이 사건은 미국의 군사대행기업인 타이탄(Titan) 직원들이 관여하고 있는 것으로 알려져 있는데, 아이젠버그(David Isenberg)의 조사에 의하면 이 업체의 미국 국방성과의 계약 내용은 현지 통역 요원 공급이었으며, 그 대가로 4억 달러를 지급받도록 되어 있었다고 한다. 하지만 언어 통역 요원에 대해 상당히 많은 액수를 지급하도록

92 KBR의 모 기업인 헬리버튼과 딕체니 부통령의 관계를 근거로 한 특혜설은 군사대행기업과 관련된 대표적 의혹이다.

된 계약 자체가 통역 임무 이외에 다른 임무를 의뢰했음을 암시한다. 여기에 대해 이들이 이라크에서 정보전쟁 임무를 맡았다는 주장은 상당히 설득력이 있다. 이 업체는 다른 군사대행기업인 캐키(CACI)와 함께 아브그레이브 포로수용소에서 이라크 포로에 대한 심문을 맡았고 미군 헌병의 학대 행위를 사주했다는 혐의를 받았다. 포로 고문에 가담한 헌병들은 군형법에 따라 처벌받았으나 타이탄과 캐키는 학대 행위를 사주한 직원에게 적용할 군형법의 미비 등을 이유로 총 계약금에서 1,115,000달러(학대에 가담한 자사 직원들의 인건비)를 반납하는 것으로 불미스러운 사태에 대한 책임을 졌다.[93]

둘째, 총기 난사 내지 민간인 사살도 이라크 내 군사대행기업의 대표적 부작용이다. 대표적인 사례는 블랙워터 직원들의 총기 난사 사건이다. 이 회사는 앞서 언급한 바와 같이 2004년 나자프 임시 행정처 습격 사건 당시 정규군을 능가하는 능력을 보이며 주목을 받은 업체였고 대부분의 직원이 전직 미국 해군 특수부대 출신이라는 점에서 최고의 엘리트 군사대행기업으로 인식된 회사이다. 하지만 2005년부터 시작된 일련의 사고로 인해 이 회사는 과격 대응 및 민간인 살상의 오명을 얻게 된다.

2005년 2월 16일, 미국 외교관을 호송하던 블랙워터 직원들이 호송단에 접근하던 민간인 차량에 무차별 총격을 가하는 사태가 벌어졌다.[94] 2006년 12월 24일에는 술에 취한 블랙워터 직원이 이라크 수상의 경호원을 살해한 일이 발생했다.[95] 2007년 5월말에는 바그다드 시내 도로에서

---

93 Isenberg, *A Fistful of Contractors: The Case for a Pragmatic Assessment of Private Military Companies in Iraq*, p. 138의 footnote 385.

94 Matt Kelley, "Lies in Iraq shooting unpunished," *USA Today*, April 2, 2009.

95 John M. Broder, "Ex-Paratrooper Is Suspect in a Blackwater Killing," *The New York Times*, October 4, 2007.

무차별 총격을 가하는가 하면,[96] 차량에 지나치게 접근했다는 것을 이유로 이라크 민간인을 사살한 사건도 발생했다.[97]

블랙워터가 개입된 최악의 사건은 2007년 9월 16일에 있었다. 바그다드 거리에서 블랙워터 직원들이 무차별 총격을 가해 이라크 민간인 17명이 사망한 것이다. 블랙워터 측은 당시 분명한 저항세력의 로켓 공격이 있었고 이에 응사한 것이라고 했으나 현장의 다수 목격자들은 당시 블랙워터에 대한 공격이 없었음에도 불구하고 블랙워터는 헬기까지 동원하여 민간인들을 공격했다고 주장했다.[98]

이에 이라크 정부는 블랙워터에 대한 면허 취소[99] 및 이라크에서의 철수 명령으로 대응했고,[100] 2007년 9월 22일에는 같은 사건에 연루된 블랙워터 직원 5명에 대한 사법기소를 기대한다는 입장을 표명했다.[101] 사태의 심각성을 인식한 유엔도 UNAMI(United Nations Assistance Mission for

---

96 Steve Fainaru and Saad al-Izzi, "U. S. Security Contractors Open Fire in Baghdad," *The Washington Post*, May 27, 2007.

97 Adam Zagorin and Brian Bennett, "Iraq Limits Blackwater's Operations," *Time*, September 17, 2007.

98 MacAskill, "US Court Dismisses Charges Against Blackwater Security Guards," *Guardian*, December 31, 2009.

99 여기서 면허란 미군정 최고 행정관 폴 브레머가 포고령 17호를 통해 고용된 PMC들에게 발급한 이라크 내 면책특권을 말한다. 펠튼(Robert Young Pelton)은 이러한 면책특권이 사실상 PMC들에게 살인면허를 발급한 것과 같다고 판단해 이라크 내 PMC들의 활동을 기록한 자신의 저서 제목을 『살인면허자들』(*Licensed to Kill*)로 정했다. Robert Young Pelton, *Licensed to Kill: Hired Guns in The War on Terror* (New York: Crown Publishers, 2006).

100 「이라크, 美 용병업체 첫 철수명령」, 「문화일보」, 2007년 9월 18일.

101 James Glanz and Sabrina Tavernise, "Security Firm Faces Criminal Charges in Iraq," *The New York Times*, September 23, 2007. 하지만 2009년 12월말에 미국 연방판사 어비나(Ricardo Urbina)는 증거 불충분으로 동 기소를 기각했으며, 이에 이라크 정부는 2010년 1월초에 이들에 대한 법적 투쟁을 지속할 것을 선언했다. Ewen MacAskill, "US Court Dismisses Charges Against Blackwater Security Guards," *Guardian*, December 31, 2009; "Iraq to Take Blackwater to Court," *Al Jazeera*, January 15, 2010.

Iraq)의 2007년 이라크 관련 보고서를 통해 블랙워터 등 이라크 현지 군사대행기업들의 과잉 대응을 전쟁 범죄로 간주하고 이들에 대한 사법 처리를 권고했다.[102] 동년 10월 11일, 미국의 시민단체인 The Center for Constitutional Rights는 희생자 가족을 대신해서 사건에 연루된 블랙워터 직원 5명을 미국 연방법원에 기소했다.[103] 동 사태에 대한 이라크 정부 및 미국 시민단체의 태도에 미국 정부도 블랙워터를 더 이상 두둔할 수 없게 되었다. 이들을 두둔하는 것은 이라크 치안 유지 및 안정을 대이라크 정책의 최우선 목표로 내건 미국 정부의 입지를 더욱 약화시킬 가능성이 높았다. 결국 미국 정부는 이듬해 5월에 블랙워터와의 계약 갱신을 거부했고 블랙워터는 이라크에서 철수하게 되었다.[104]

자사에 대한 비난의 여론이 거세지자 블랙워터는 회사 로고 및 명칭을 비롯한 CI 개정 작업에 착수해 2009년 10월에 Xe Services LLC로 회사명을 개정했다.[105] 최근에는 Xe사가 사무소를 아랍에미리트연합(UAE)으로 옮긴다는 소문도 전해진다. 이와 같은 변화는 지난 수년간의 불미스런 사건으로 인한 자사 이미지 개선의 의도가 있는 것으로 보이나 미디어에 남긴 부정적 이미지가 워낙 강한 이 회사의 쇄신 노력이 성공할 수 있을지는 여전히 의문으로 남는다.

셋째, 총기 난사 사건 이외에도 군사대행기업 직원의 전문성 결여로 임무가 실패하는 경우도 있다. 대표적인 사례로 이라크 남부에서 활동하고

---

102 United Nations Assistance Mission for Iraq, "Human Rights Report 1 April–30 June 2007," July 11, 2007, p. 10.

103 "EXCLUSIVE–Family Members of Slain Iraqis Sue Blackwater USA for Deadly Baghdad Shooting," *Democracy Now*, October 11, 2007, http://www.democracynow.org/2007/10/11/exclusive_family_members_of_slain_iraqis(2006-11-04).

104 "*Iraq to Take Blackwater to Court*," *Al Jazeera*, January 15, 2010.

105 Xe Service LLC의 웹사이트는 http://www.xecompany.com이다.

있는 군사대행기업인 크레센트(Crescent Security Group) 직원 납치 살해 사건(2006년 11월 16일)을 들 수 있다.[106] 이 사건은 이라크 현지 군사대행기업이 얼마나 부실한 서비스를 제공하고 있는지를 여실히 보여주는데, 당시 납치 과정에 대한 기록을 보면 전문성을 강조한 군사대행기업의 광고가 무색할 정도이다.

당시 크레센트 직원들은 이라크 남부 타릴(Tallil) 공군기지 주둔 이탈리아군에 제공할 주요 물자 호송 임무를 맡았다. 임무에 투입된 총 7명은 5대의 SUV에 분승하고 있었으며, 이들이 호송해야 할 차량(트레일러)은 무려 37대에 달했다. 동원된 SUV 중 4대는 2대씩 전면과 후면의 경계를 맡았고 나머지 1대는 측면을 따라 이동식 경계를 맡았다.[107] 37대의 트레일러가 차지하는 길이를 고려하면, 정상적 사주 경계가 불가능한 상황이었고 특히 측면 경계는 사실상 포기한 것이나 마찬가지였다. 또한 전면과 후면의 거리로 인해 어느 일방에서 문제가 발생할 경우에 즉각 지원도 불가능한 상황이었다. 더욱 놀라운 것은 이들이 현지 저항세력에 대해 충분히 대비할 역량이 없었다는 것이다. 이들은 이라크 현지 경찰로 위장한 저항세력에 의해 납치되었는데, 그 중에는 민간인 옷을 입고 복면을 한 채로 총을 들고 있는 이들이 상당수 있었다.[108] 실전 경험이 풍부한 자라면, 저항세력으로 의심되는 자들을 발견했을 때부터 교전을 포함한 대응조치를 취해야 했다. 하지만 이들은 무력하게 저항세력에게 무장해제 당했다.[109] 당시 임무에 투입된 7명의 크레센트 직원 중 5명(모두 전직 특수부

---

106 납치 과정에 대한 상세한 내용은 Steve Fainaru, *Big Boy Rules: America's Mercenaries Fighting in Iraq* (Philadelphia: DeCapo, 2008), pp. 89~98 참조.

107 *Ibid.*, p. 92.

108 *Ibid.*, p. 89; p. 93.

109 당시 전방 경계근무를 하던 크레센트 직원은 저항 세력에게 총격을 받자 "경찰이 자신을 죽이려 한다"고 후방 경계 직원에게 이야기했으나 후방 경계 직원은 그들에게 협조하라는 안

대원들) 및 9명의 이라크인 운전사가 납치되었다. 나머지 2명의 크레센트 직원은 저항세력이 보유한 차량의 탑승 공간 부족으로 현장에 버려졌다.[110] 5명의 피랍 직원들은 같은 해 12월 26일에 저항세력이 서방 언론에 공개한 비디오를 통해 피랍 사실이 확인된 뒤 살해되었다. 저널리스트인 스티브 파이나루(Steve Fainaru)는 크레센트 직원 납치 사건이 모두 크레센트사 및 직원들의 과도한 이윤 추구에서 비롯된다고 지적했다.[111]

이윤 극대화의 차원에서 보면 투입 비용을 줄여야 한다. 비용을 줄일 수 있는 대표적인 영역은 장비 및 무기들이다. 장비 및 무기 구입에 드는 비용을 줄이기 위해 군사대행기업 및 그 직원들은 불법 무기 거래를 하게 된다. 불법 무기 거래의 경우에 상대적으로 질이 낮은 무기(대부분 구소련제로 폐기 대상이어야 할 무기들)를 구입하게 되며, 차량의 경우도 비용을 줄이기 위해 방탄이 제대로 되지 않은 차량을 사용하게 된다. 또한 일당으로 지급되는 인건비를 최소화하기 위해 최소의 인원으로 위험 지역에서 임무를 수행하는 무모한 모습을 보이게 된다. 운이 좋으면 이윤이 극대화되지만, 운이 나쁘면 앞서 언급한 사건과 같은 일을 겪게 되는 것이다.

넷째, 성매매 등 현지에서의 비윤리적 행위도 군사대행기업을 고용한 미국 정부의 대내외적 입지를 약화시켰다. 앞서 언급한 블랙워터의 이중 비용 청구 사건에서도 블랙워터 직원들은 이라크 현지에서 성매매를 즐

이한 태도를 보였다. *Ibid.*, p. 91. 또한 무기력한 피랍 과정에 대해 당시 크레센트 직원의 통역을 맡았던 '히슬람'(Hislam)이라는 이라크 현지인의 저항 세력과의 내통 가능성이 제기되었다. *Ibid.* p. 93.

110 *Ibid.*

111 Steve Fainaru, "Cutting Costs, Bending Rules, And a Trail of Broken Lives: Ambush in Iraq Last November Left Four Americans Missing And a String of Questions About the Firm They Worked For," *The Washington Post*, July 29, 2007.

긴 것으로 나타났다.[112] 한편, 아프가니스탄전쟁 및 이라크전쟁 개전 이후 미국은 정부 계약 업체 직원(대부분 군사대행기업 직원)의 성매매를 금지하고 있지만 실효를 거두지 못했다. 당초 미국 정부는 아프가니스탄 및 이라크에서 성매매를 한 계약 업체 직원을 기소하고 계약을 중단 · 파기하는 정책을 추진했으나 실제 전투 지역에서 이들의 성매매가 공공연하게 이루어지고 있다는 것이다.[113] 특정 지역을 점령하거나 그 지역에 대한 민사작전에 돌입할 때 가장 신경을 써야 하는 것이 바로 점령군에 의한 성범죄 방지이다. 점령군의 성범죄는 약탈자로서의 이미지를 극대화시키며, 현지인들의 강한 저항 동기를 유발한다. 특히 아프가니스탄 및 이라크와 같이 외부 세력에 대해 배타적이고 종교가 사회윤리의 기초로 작용하는 지역에서의 성범죄는 더욱 강한 부작용을 발생시키며 현지 재건 사업을 추진하는 미국 정부의 입지를 더욱 약화시키게 된다.

다섯째, 군사대행기업 직원의 무절제한 행동으로 인한 현지 민사작전 환경 악화도 이들을 활용하는 미국을 곤경에 빠뜨리는 요인이다. 이라크 및 아프가니스탄 현지 군사대행기업 직원들은 서부 개척시대의 '현상금 사냥꾼'(bounty hunter)과 같은 이미지를 대중에게 각인시켰다. 앞서 언급한 파이나루는 이라크 현지에서 군사대행기업을 밀착 취재했는데, 이라크 현지의 군사대행기업 직원 중에는 알코올 중독자도 있었다. 하지만 군사대행기업은 이들에 대한 적절한 통제를 하지 않았다. 또한 직원들의 통제를 위한 복무규정은 대부분 직무 수행의 편의만을 고려한 것이고 이들의 고객(정부)이 수용할 수 없는 내용도 있었다. 예를 들면, 이라크 현지의 군사대행기업 중에는 군에서는 극도로 제한된 공개 장소에서의 주류 섭

---

112 Carol D. Leoning, "Former Blackwater Employees Accuse Security Contractor of Defrauding Government," The Washington Post, February 12, 2010, A. 2.

113 「美 전투지역 성매매 금지 유명무실〈WP〉」, 「연합뉴스」, 2007년 7월 18일.

취를 허용하는 경우도 있었으며, 심지어는 현지 사무소 내에 주류 섭취를 위한 바(Bar)를 둔 업체도 있었다. 또한 일부 기업은 사용할 무기 및 장비를 저렴하게 구입하기 위해 불법 거래를 하기도 했으며,[114] 구입 후 이를 도난당하는 일도 발생했다.[115]

또한 군사대행기업이 관련된 일련의 사고가 잔혹한 내용을 담고 있는 것도 문제였다. 팔루자에서의 블랙워터 직원 피격 사건(일명 Blackwater Down)의 경우에 블랙워터 직원의 시신이 심각하게 훼손된 채로 교각에 걸리게 되었으며, 크레센트 직원의 경우도 시신 발견 당시 심각한 훼손으로 인해 신원 파악에 상당한 시일이 걸렸다. 정규군이 아닌 군사대행기업 직원은 전쟁 포로에 관한 제네바 협정의 보호 대상이 아니므로 전장에서 잔인하게 살해되어도 국제법적인 책임을 물을 수 없다. 정규군이 아니기 때문에 임무 중 희생에 대한 여론의 비난에서 자유로울 것이라는 기대와 달리, 군사대행기업 직원의 희생은 이들의 회사와 계약한 정부에게도 정무적으로 큰 타격을 주었다. 잔인하게 살해된 사건 내용이 기사화됨으로써 이를 접한 미국 국민의 이라크 참전 의지를 약화시키고 현지 민사작전에 대한 회의론을 부각시키게 되었다.

이렇듯 군사대행기업은 그 전문성과 효율성으로 각광을 받는 듯했으나 이들에 의한 부작용을 보면, 중세시대 용병단 폐해의 재현을 배제할 수

---

114 크레센트의 경우에 규정상 금지된 로켓발사기와 수류탄도 구입했다. Steve Fainaru, "Cutting Costs, Bending Rules, And a Trail of Broken Lives: Ambush in Iraq Last November Left Four Americans Missing And a String of Questions About the Firm They Worked For." 또한 불법 무기 거래는 이라크 현지의 군사대행기업만의 이야기는 아니다. 2007년 10월에 Watan and Cap을 포함한 아프가니스탄 군사대행기업 2개사가 불법 무기 거래로 아프가니스탄 당국으로부터 폐쇄 조치된 바 있다. "Afghans Closes Two Private Security Firms," *USA Today*, October 11, 2007.

115 Steve Fainaru, *Big Boy Rules: America's Mercenaries Fighting in Iraq* (Philadelphia: DeCapo, 2008), p. 53.

없게 한다. 그럼에도 불구하고 미국이 단기간 내에 군사대행기업 활용에 급격한 변화를 줄 수 있을 것으로 보이지는 않는다. 왜 그럴까? 다음의 내용을 통해 정규군의 증원을 통한 과거로의 회귀가 어려운 미국의 사정을 살펴보도록 하자.

7) 군사대행기업 활용의 딜레마

부시 행정부 임기 동안 미국의 군사대행기업 활용은 사상 최대를 기록해 사실상 전체 군사 영역에 대한 대규모의 군사대행기업 활용을 보여주었다. 하지만 앞서 언급한 바와 같이 군사대행기업 활용은 이에 따른 부작용도 컸다. 이와 관련해 2009년 미국 하원의회 연구 보고서 "Department Defense Contractors in Iraq and Afghanistan"[116]는 미국의 군사대행기업에 대한 의존도 심화에 따른 문제점을 지적했다. 동 보고서에서 지적한 군사대행기업 활용의 문제점은 크게 두 가지이다. 하나는 군사대행기업의 정부–군사대행기업 간 계약 관리의 미흡으로 과도한 예산 지출 및 불충분한 서비스 제공의 문제점이 발생하고 있다는 것이고 다른 하나는 검증되지 않은 군사대행기업 직원들의 전장 내에서 일탈 및 범죄 행위로 인해 미국의 아프가니스탄전쟁 및 이라크전쟁에서의 입지를 약화시킬 가능성이 매우 높다는 것이다.[117]

이러한 군사대행기업 활용의 문제점을 해결하기 위해 미국은 어떠한 대안을 고려할 수 있을까? 앞서 언급한 냉전 종식 이후 미국의 군사적 옵션들과 유사하다. 첫째, 과거로의 회귀(정규군 증원을 통한 군사대행기업 활용의 폐지 혹은 대폭 축소), 둘째, 동맹군의 기여 확대, 셋째, 예비 전력(주방위

---

116 Moshe Shwartz, "Department Defense Contractors in Iraq and Afghanistan," *CRS Report for Congress*, December 14, 2009.

117 *Ibid.*, p. 2.

군) 및 현역 전력 간 비율 조정과 같은 병력 구조 재편 등이다. 여기에 추가적으로 현행 군사대행기업 활용의 큰 틀은 유지하되 현재의 문제점에 대한 획기적 개선 방안 마련이 대안으로 추가될 수 있다.

위에서 소개한 해결 방안 중에서 우선 정규군 위주로 군사력을 운영하는 과거로의 회귀는 사실상 불가능하다. 앞서 언급한 미국 의회조사국의 보고서에 의하면, 미국 중부사령부(CENTCOM, 이라크전쟁과 아프가니스탄전쟁 수행)에서 미국 국방부에 고용된 군사대행기업 직원만 24만 2천 명에 달한다.[118] 만약 이전의 정규군 위주 시스템으로 돌아가기 위해서는 두 개의 전장에서만 24만 2천 명의 추가 정규군 증원이 필요하다는 것이다. 앞서 미국의 군사대행기업 활용 과정에서 언급한 바와 같이 현재 미국이 안고 있는 가장 심각한 문제 중의 하나는 바로 신병의 채용이며, 경험 있는 장병의 수가 감소하고 있다는 것이다. 최근 미국은 냉전 종식 이후 군복무 기피가 만연된 상태이다. 두 개의 전쟁을 치르면서 발생하게 된 잦은 해외 원정은 복무하고 있는 현역병의 조기 퇴역을 증가시켰고 전사자의 증가와 힘든 임무 수행으로 인해 젊은이들은 군복무를 더욱 기피하게 되었다. 이를 극명하게 보여준 것이 2007년 5월과 6월의 미국 육군의 신병 충원이었다. 2007년 5월에 미국 육군은 5,500명의 신병을 모집해야 했으나 고작 93명밖에 모집하지 못했다. 다음 달인 6월에는 9,750명을 목표로 모집했으나 실제 충원은 100명에 그쳤다.[119]

이러한 상태에서 24만 명에 달하는 현역병 증강은 행정부뿐만 아니라 의회 및 미국 국민의 엄청난 결단을 요구한다. 만약 이러한 방안을 추진할 경우에 미국 행정부는 세 가지 장벽에 부딪히게 된다. 첫째, 의회, 둘

---

118 *Ibid.*, p. 5의 Table 1.

119 "EXCLUSIVE: Army Missed Recruiting Goal Again," *ABC News*, July, 9. 2007.

째, 여론, 셋째, 현실이다. 우선적으로 의회는 상기안에 대해 비현실적이며, 또한 구소련과 같은 명백하고 현존하는 위협이 재등장하지 않는 상태에서 미국이 24만 명에 달하는 정규군 병력을 증강할 명분이 없다고 행정부를 비판하게 될 것이다. 둘째, 여론의 저항도 만만치 않을 것이다. 특히 여론의 경우, 병력 증강 문제를 거론하면서 미국이 세계 곳곳에 개입하는 대외 정책의 수정을 요구하는 등 종전보다 공격적으로 정부를 비판할 것이며, 이 문제가 여론으로 확대되면 베트남 참전 반대시위와 같은 저항운동으로 이어질 가능성도 있다. 마지막으로 현실의 장벽은 더욱 치명적이다. 여론과 의회가 행정부의 방안에 우호적 반응을 보여도 앞서 언급한 최근의 군복무 기피 경향 확산으로 인해 24만 명 이상의 병력 충원은 사실상 불가능하다. 이를 해결하기 위해 징병제와 같은 신병 충원 방식의 획기적 변화를 추구할 경우에는 더욱 문제가 복잡해진다. 징병제는 병역의무를 차별 없이 부과해야 한다. 즉 자격 요건이 되는 사람들 모두를 군대가 수용해야 한다는 이야기이다. 하지만 24만 명이라는 한정된 인원에 대한 징병을 진행할 경우에 '누가 징병 대상이 될 것인가?'에 대한 새로운 사회 문제를 유발하게 된다.

이에 더하여 외주가 장기화된 영역의 경우에 이를 다시 정규군이 담당하려면 그동안 소멸 혹은 최소화되었던 조직을 재편성 · 보완하고 업무 담당자에 대한 교육에 착수해야 한다. 이렇듯 이미 외주를 통해 수행해온 업무를 다시 공공 부문에 맡기는 데 드는 비용 및 시간도 만만치 않다. 국가의 군사대행기업 활용이 용이했던 것은 그 직원들이 퇴역군인으로서 해당 업무에 대한 경험이 풍부했기 때문이다. 하지만 현역병은 다르다. 충원된 신병들은 군복무 경험이 없어서 교육 및 훈련하는 데 시간이 걸린다. 기존 병사의 특기 전환을 통한 병력 구조 변환도 전환 교육에 비용과 시간이 소요될 수밖에 없다. 특히 지난 10여 년 동안 병참과 같이 거의 대부분의 업무를 군사대행업체에 의뢰한 경우에 관련 업무의 노하우를 재습득하는 데는 더욱 많은 시간이 걸리게 된다. 이렇듯 군사대행기업 활용은 이를 확대하는 것보다 축소하는 것이 더 어렵다.

정규군 이외의 대안인 동맹국의 기여 확대 혹은 주방위군 및 현역 전력의 구조조정도 쉽지 않다. 동맹국은 미국이 원하는 수요를 충족시켜주지 못할 가능성이 높다. 예비군(주방위군) 및 현역 간 비중 조정은 주정부와의 추가 협의가 필요하며, 의회보다도 강한 저항에 부딪칠 가능성이 높다. 미국 본토 방어의 중요성을 강조하면서 본토 방위의 핵심인 주방위군을 해외에 원정 보낸다는 방안이 주정부에게 설득력 있게 다가설 리 만무하기 때문이다. 실제로 부시 행정부는 예비군 동원 확대로 주정부와의 마찰을 빚었다. 2006년, 미국은 현역병들이 파병되었던 구(舊)유고슬라비아 지역에 예비군(주방위군)을 파견하고 이라크에도 예비군 파병 규모를 확대했는데, 주방위 전력의 공백을 우려한 주정부의 즉각적인 반발을 샀다. 주정부와의 갈등을 최소화하기 위해 미국 국방부는 주방위군의 해외 원정 횟수와 기간을 제한했지만, 주방위군의 해외 파병은 주정부의 치안 유지 및 재해 복구에 상당한 지장을 초래해 주지사들의 강력한 반발을 야기했다.[120]

이렇듯 미국은 군사대행기업 활용으로 인한 부작용에도 불구하고 이를 계속 활용할 수밖에 없는 입장이다. 그 이유는 첫째, 아직까지 군사대행

120 "National Guard Drained by Iraq," *International Herald Tribune*, March 01, 2006. 캘리포니아 주지사인 아놀드 슈왈츠제네거(Arnold Schwarzenegger)는 지나치게 많은 수의 주방위군이 이라크전쟁에 파병되어 주정부가 각종 재난에 대한 대비를 제대로 못하고 있다고 주장했다. Dan Shapley, "Iraq War Leaving Home Front Vulnerable—Schwarzenegger: States Need National Guard for Natural Disaster Response," *The Daily Green*, February 26, 2008, http://www.thedailygreen.com/environmental-news/latest/national-guard-47022602(2009-11-04).

기업이 수행하고 있는 임무를 대체할 다른 수단을 확보하지 못했고, 둘째, 현재의 부작용이 미국의 군사대행기업 활용을 전면적으로 중단시킬 만큼 치명적인 단점도 못 되기 때문이다. 앞서 언급한 군사대행기업의 문제점은 정규군에 의해서도 반복될 수 있다. 정규군의 경우에도 전장의 일탈 행위는 발생할 수 있으며, 정규군의 증파는 저항 집단에 노출되는 피격 대상도 증가하게 된다는 것을 의미한다. 또한 정규군이 현지에서 문제를 일으킬 경우에 미국 행정부가 정무 및 외교적으로 입는 타격은 군사대행기업에 의한 것보다도 크다. 반면, 현 상황에서 군사대행기업 활용의 효과는 기존의 수단으로 달성하기 어려운 것이다. 단적으로 말해서, 미국 국방부가 모집할 수 없는 24만 명 이상의 병력을 군사대행기업이 제공하고 있다고 할 수 있다. 따라서 미국은 현재의 문제점에도 불구하고 군사대행기업의 활용을 중단할 수 없다. 현재 미국의 처지는 다인코프의 CEO인 폴 롬바르디(Paul V. Lombardi)의 이야기를 통해 여실히 드러난다.

> 당신[미국 정부]은 우리[군사대행기업] 없이 전쟁을 수행할 수 있을지 모르나, 그것은 매우 어려울 것이다. 왜냐하면, 우리는 이제 너무나 깊이 [미국이 수행하는 전쟁에] 관여하고 있기 때문이다.[121]

롬바르디의 이 말은 1990년대부터 시작된 미국의 군사대행기업 활용은 선택의 여지가 없는 필수요소가 되고 있다는 것을 시사한다. 결국 오바마 행정부가 군사대행기업 활용의 문제를 해결하는 방안은 제한적일 수밖에 없다. 이미 15년간 제도로 정착된 군사 외주를 하루아침에 획기적

---

121 David Isenberg, "Shadow Force: Private Security Contractors in Iraq," February 16, 2009, http://www/cato.org/pub_display.php?pub.id=9979(2009-11-04).

으로 전환하는 것은 지난 15년 동안 진행해온 군사대행기업 활용 확대만큼이나 어려운 일이 되었다.

8) 오바마 정부의 대안: Doing More with Less의 수정?

앞서 소개한 미국의 딜레마는 팍스 로마나(Pax Romana) 시기, 즉 로마의 군사적 딜레마를 연상시킨다. 당시 로마도 영토 확장에 따른 군사 임무의 증대와 이를 달성하기 위한 수단(병력) 동원의 어려움을 겪었다. 현재의 미국이 겪고 있는 "Doing More with Less"를 약 1900년 전에 미리 겪은 것이다. 로마 황제 아우구스투스(Augustus)는 포에니전쟁 이후 로마군의 병력을 40%까지 줄였고 이후 300여 년 동안 로마는 대폭 감축된 병력을 전제로 한 다양한 군사 정책을 수립했다. 당시 로마가 고안한 정책은 크게 세 가지이다. 첫째, 접경 지역 방어의 효율화를 위한 퇴역군인을 활용하는 것이었다. 즉 이들을 국경 근방에 정착시켜 유사시에 투입하는 방안이다. 둘째, 분쟁이 없는 지역에서 병력을 끌어내 분쟁 지역에 투입하는 정책을 활용하기도 하였다. 셋째, 로마 시민의 병역 기피를 보완하기 위해 보조부대(Auxiliary)와 같은 용병 비중을 증대시키기도 했다.[122] 이러한 세 가지 군사 정책은 이미 소개된 미국의 병력 충원 대안(예비군 활용, 해외 주둔 병력의 유연성 확보, 그리고 군사대행기업의 활용)과 맥락을 같이한다.

생각해보면 미국이 처한 전략적 딜레마의 가장 근본적인 문제는 "Doing More with Less"로 대표되는 군사 전략 목표와 이의 달성에 소요되는 군사력(병력) 사이의 양적 격차이다. 그리고 이에 대한 해결 방법은 크게 세 가지 방향으로 이루어질 수 있다. 첫째, 보다 많은 군사력(병력)을

---

122 Dupuy, R. E. and T. N. Dupuy, *The Encyclopedia of Military History From 3500 B. C. to the Present* (New York: Harper and Row Publishers, 1977), p. 115, p. 147.

동원하는 것, 둘째, 전략 목표의 수정을 통해 군사 임무의 양을 줄이는 것, 셋째, 이 두 가지를 모두 실행하는 것이다.

첫 번째 대안으로 소개한 군사력 증강은 기존의 안보 전략 목표를 고수한 가운데 이의 달성을 위한 수단(병력)을 강화하는 방안이다. 하지만 이 방안은 추진하기에 앞서, 이미 소개한 미국의 군사적 딜레마를 고려해야 한다. 특히 군사력 증강이 현역병의 증강을 통해 이루어질 경우에 의회 및 여론의 저항과 신병 충원의 어려움이라는 장벽에 직면할 수 있다.

두 번째 대안인 전략 목표 수정의 경우에 로마 황제 트라야누스(Trajan, A. D. 98~117)나 하드리아누스(Hadrian, A. D. 117~138)의 정책을 참고할 수 있을 것이다. 트라야누스는 로마의 추가 영토 확장을 금지했으며, 하드리아누스는 로마 동쪽 지방의 점령지를 포기하는 등 자국의 영토를 축소하기까지 했다.[123] 미국도 줄어든 병력이 감당할 수 있도록 전략 목표의 조정을 통해 목표와 수단 사이의 괴리를 줄일 수 있다. 구체적으로는 전략적 우선 순위 재조정으로 나타나게 될 것이다. 그 예로 이라크 및 아프가니스탄에 대한 개입 수준의 조정이나 평화 유지 임무 등 비전투 군사작전의 비중 축소를 들 수 있다. 하지만 이는 국제사회의 리더로서의 역할 및 위상에 대한 변화를 수반하고, 이에 반대하는 의회 및 여론과의 합의를 필요로 할 수도 있다. 또한 전략적 수정의 경우에 임기 중인 대통령에게 큰 부담을 줄 수 있기 때문에 임기 말 대통령 선거(재선) 때의 공약을 통해 국민의 뜻을 묻는 형태로 진행될 가능성이 높다.

세 번째 대안의 경우, 군사력 증강과 전략 목표 수정 두 가지를 부분적으로 실행함으로써 한쪽만을 실행했을 때 따르는 부담을 줄이는 일종의 절충안으로 나올 수 있다. 구체적으로 아프가니스탄과 이라크에 대한 군

123 *Ibid.*

사 지원을 축소하는 한편, 이라크 및 아프가니스탄 정부 자체의 치안 능력 확보에 주력하고 현역병을 소폭 증강시켜 현지 주둔 미군의 부담을 줄이는 것을 생각할 수 있다. 이 대안은 전략 목표 수정과 병력 규모 조정의 최적 조합이 이루어질 경우에 어느 일방만을 추구하는 데서 오는 부작용 없이 현재의 딜레마를 해결할 수 있는 이상적 정책 대안이 될 수 있으나, 최적 수준 도출에 실패할 경우에는 전략 목표 축소와 병력 증강을 모두 실행했음에도 불구하고 "Doing More with Less"가 개선되지 않는 상황에 처할 수 있다.

그렇다면 이러한 세 가지 대안 중 실제 미국이 택한 대안은 어떠한 것이었을까? 미국 대통령 선거 과정과 오바마 정부 취임 기간 동안 상기의 방안들이 모두 등장했다. 먼저, 부시 행정부는 병력 증강안을 택했다. 2006년 12월 20일에 있은 기자회견에서 부시 대통령은 이라크 현지에 대한 병력 증파와 함께 항구적으로 미군의 병력을 증강시키는 입법안을 내놓았다.[124] 이라크전쟁의 장기화와 고질적인 병력 부족에 대응하기 위해 이제껏 시도되지 못했던 현역 병력 증강이라는 대안을 택한 것이다.[125] 반면, 민주당의 대선 후보인 오바마(Barack Obama)는 전략 목표의 수정(축소)을 주장했다. 이라크전쟁의 종결, 이라크 주둔 미군 병력의 철수와 대이라크 지원 축소를 비롯해[126] 주방위군 및 예비군의 전비 태세 복구, 다른 국가와의 군사 협력 강화 및 군사 외주 계약과 관련한 제도 개선 방안

---

124 Tabassum Zakaria, "Bush Weighs More Troops for Iraq," *Washington Post*, December 20, 2006.

125 하지만 부시 행정부의 방침은 이라크전쟁에 대한 여론 악화로 좌절된다. 2008년 8월에 부시 행정부는 이라크 정부의 요구로 2011년말까지 대부분의 미군을 철수시키기로 합의했는데, 이는 이라크전쟁에서 승리를 거둘 때까지 미군을 주둔시켜야 한다는 매캐인(John Mccain) 공화당 대선 후보의 주장과 상반된 것이었다. 이민주, 「미군, 2011년 짐싼다… 이라크와 철군시한 합의」, 「한국일보」, 2008년 8월 23일.

126 김선일, 「이라크, 미군 철군해 파키스탄 보낼 것」, 「조선일보」, 2007년 8월 3일.

도 제시했다.[127] 정리하자면, 부시 행정부는 전략 목표를 고수한 상태에서 현역병의 증강(with more)을 대안으로 제시했고, 민주당 측은 병력 규모의 증강을 배제하고 전략 목표의 축소(doing less)를 제시한 것이라고 볼 수 있다.

하지만 2009년 오바마 행정부가 출범하면서 이러한 대안들은 절충안으로 합쳐졌다. 일단 전략 목표의 축소에 해당하는 이라크전쟁의 조기 종결은 주요한 정책 목표로 채택되었다.[128] 하지만 이 조기 종결은 테러와의 전쟁에서의 승리를 전제한 것이다.

오바마 정부는 이라크전쟁에서의 미군의 임무 종료 시한과 이라크 철군 시한을 취임 16개월 후인 2010년 8월로 정하고 동 기간 내에 미군의 전투병력을 모두 철수하기로 했다. 이행 과정에서 철군 시한의 현실성 문제로 19개월에서 23개월 후에 철군을 완료하는 것을 검토하는 등 진통을 겪기도 했으나 2010년 8월 31일, 미군은 이라크에 대한 군사 지원 및 이라크 내 테러와의 전쟁 수행을 위한 5만 명을 제외한 전투병력 전원의 철수를 완료했다. 또한 병력 증강에 해당하는 항목인 현역병의 증강도 채택했다. 약 35,000명에 달하는 병력을 충원하고 아프가니스탄전쟁의 조기

127 오바마 후보의 군사 안보 관련 공약은 1) 이라크전쟁 종결, 2) 21세기 군통수권자로서의 미국 대통령의 역할 강화, 3) 21세기 군사력을 위한 투자, 4) 주방위군 및 예비군의 전비 태세 복구, 5) 21세기에 부합하는 국방력 건설, 6) 전지구적 안정을 촉진하기 위한 추가 수단의 개발, 7) 다른 국가와의 군사협력 강화, 8) 군사 외주 계약 관련 제도 강화이다. 특히 이라크전쟁과 관련해서는 16개월 이내에 이라크 파병 미군의 철수를 주요한 내용으로 한다. Obama'08, "A 21st Century Military for America: Barack Obama on Defense Issues," http://www.barackobama.com/pdf/Defense_Fact_Sheet_FINAL.pdf (2009-11-15).

128 이외에도 오바마 정부의 주요한 안보 목표는 테러리즘 및 핵무기를 비롯한 대량살상무기 제거 및 확산 방지로 구성되었다. The White House, *National Security Strategy*, May 2010, http://www.whitehouse.gov/sites/default/files/rss_viewer/national_security_strategy.pdf(2010-06-22).

종결에 주력토록 했다. 동맹의 역할을 강조하며, 동맹국으로부터의 군사 지원을 획득하는 방안도 강구했다.

이에 더하여 오바마 정부는 군사대행기업 활용에도 일련의 개혁을 추진했다. 오바마 대통령은 대통령 선거 후보 때부터 지나친 공공 부문 사영화가 오히려 세금을 낭비시키고 있다고 판단해 공공 부분 사영화를 축소시키는 방안을 모색했다. 군사 영역에 있어서 사영화 축소는 군사대행기업 활용에 대한 개혁으로 구체화되었는데, 오바마 대통령은 자신이 상원의원이던 시절인 2007년에 "군사 안보 계약에 관한 투명성 및 책임성 확보 법"(Transparency and Accountability in Military and Security Contracting Act, S. 674)을 발안했으며, 대통령 선거 후보 때 공약을 통해 군사대행기업과의 계약에 대한 개혁을 주요한 안보 공약으로 제시했다. 2009년 2월에는 군사 · 정보를 포함한 주요한 군사 임무에 대한 민간 부문의 활용을 줄이고 (군인을 포함한) 공무원을 통해 임무를 수행할 것을 주요한 내용으로 하는 개혁안을 추진했다.[129] 2010년 8월 9일에는 미국 국방부 예산 관련 브리핑을 통해 군사대행기업과 관련해 매년 10%씩 3년간 군사대행기업 활용을 줄이는 것으로 방향을 잡았고 정보 활동 영역에서의 군사대행기업에 대한 의존도를 줄이기로 했다.[130]

이상 소개한 오바마 정부의 대안을 정리해보면 다음과 같다. 1) 이라크전쟁 및 아프가니스탄전쟁에 조기 종결 및 군사적 개입 중단 등 전략 목표를 축소한다. 2) 이와 동시에 현역병 증강을 포함해 미군의 전비 태세를 보완한다. 3) 동맹과의 협력에 기반한 군사 지원 확보를 통해 미군의

129 David Isenberg, "Private Military Contractors and U. S. Grand Strategy," *PRIO Report*, January 2009, p. 15.

130 Christine Fox, "DoD Efficiency Decisions," August 9, 2010 12:00PM, 미국 국방부 브리핑 슬라이드 자료, p. 5, p. 10.

부담을 경감시킨다. 4) 국방 예산 낭비의 주요한 원인인 군사대행기업 활용을 감소시켜 국방 예산의 효율적 활용을 도모한다.

상기의 대안들은 성공할 수 있을까? 일단 이라크에서의 임무 종료와 철군 완료로 전략 목표 수정에 대한 강한 의지와 실행을 보이고 있으나 현재의 대안이 과연 최적화된 전략 목표 수정과 병력 규모 조정으로 나타날지는 미지수이다. 2009년까지 이라크에 주둔했던 미군은 12만 명이었다. 이중 지속적으로 주둔하는 5만 명을 제외하면 철수 병력은 약 7만 명이다. 하지만 아프가니스탄전쟁에 주력하기 위해 약 35,000명의 미군을 추가 파견하기로 함으로써 아프가니스탄 주둔 미군은 약 10만 명 수준으로 증가하게 된다. 2009년까지 이라크와 아프가니스탄에 파견된 미군은 약 17만 5천 명이었다. 2010년 8월 31일 이라크 주둔 병력 철수에도 불구하고 이 두 곳에서 약 15만 명의 미군이 여전히 근무를 하고 있는 상황이다. 결과적으로 오바마 정부의 대안은 약 2만 명 정도의 해외 파병 부담만 덜어준 것이 되고, 총체적인 미군의 병력 부담을 크게 개선하지는 못한 것이 될 수 있다. 또한 아프가니스탄전쟁 추가 병력 증파와 관련한 문제를 발생시킬 가능성을 배제할 수 없다.[131]

특히 이라크에 대한 미군의 임무 종료를 선언하면서 5만 명의 병력을 향후 1년간 지속 주둔시킨 것은 이후 문제를 발생시킬 여지가 있다. 베트남전쟁 참전 경험이 있는 파월은 1993년 4월에 상원의회 증언에서 "만일 미국이 2,000명의 지상군을 이 지역[유고슬라비아 내전]에 파견한다면 그

131 대표적 사례가 맥크리스털 아프가니스탄 주둔 미군 사령관 교체이다. 맥크리스털은 이전부터 미국의 무분별한 군사대행기업 활용이 아프가니스탄의 전황을 악화시키고 있다고 비판했고 즉각적인 현역병 증강을 주장했다. 하지만 현역병 증강은 지연되었고 그는 『롤링스톤즈』(Rolling Stones)와 인터뷰에서 오바마 대통령을 비롯한 미국 행정부 주요 인사를 원색적으로 비난한 일과 관련해 사임되었다. 후임으로는 패트레이어스 중부사령관이 임명되었다. 김희원, 「미 아프간정책 비난 사령관 경질」, 「서울경제」, 2010년 6월 24일.

2,000명을 지키기 위해 추가적으로 10만 명을 투입해야 할 것"이라고 주장한 바 있다.[132] 미군 철수 이후 이라크에서 테러 공격 증가 등 치안 불안 상황이 가속화되고 있는 상황을 감안하면,[133] 치안 불안 및 현지 주둔 5만 명의 보호를 이유로 한 추가 병력 파견 가능성이 항상 열려 있다고 하겠다.[134] 결국 오바마의 대안의 성공 여부는 현재의 전략 목표 축소와 병력 규모 조정 간의 최적 조합 도출에 있다. 만약 최적 조합과 거리가 멀 경우에 미국은 여전히 Doing More with Less에 의한 딜레마에 처하게 될 것이다. 정규군 규모 조정, 추가 전략 목표 축소 등 문제의 원점으로 돌아가는 상황에 처할 수 있다. 절충안이 가진 한계를 반복하게 되는 것이다. 여기에 더하여 전비 태세를 더욱 위태롭게 만들 가능성도 생각해볼 수 있는데, 지속적인 경제난과 국방 예산에 대한 압박으로 오바마 정부가 추가 감군안을 발표하는 것이다. 이 경우, 추가 감군을 통해 축소된 미군이 감당할 수 있을 만큼 현격한 전략 목표의 축소가 불가피하다. 오바마 행정부의 BUR(Bottom Up Review) 발표를 주목해야 할 이유가 여기에 있다고 하겠다.

이상의 상황을 고려할 때, 군사대행기업에 대한 의존도를 줄이겠다는

---

132 Lyle J. Goldstein, "General John Shalikashvili and the Civil-Military Relations of Peacekeeping," *Armed forces and Society*, Spring 2000, http://www3.gettysburg.edu/~dborock/courses/Spring/p344/ps344read/GOLDSTEIN-SHALIKASHVILI,PEACEKEEPING.HTM(2006-11-20).

133 후세인 정권 시절 공화국 수비대 사령관을 지낸 라드 알-함다니는 미군 철수 이후 치안 상황 불안을 우려하면서 "이라크 주둔 미군 철수는 이라크에 대한 도덕적, 법적, 역사적 의무를 미국이 거부한 것"이라며, 미국이 정작 이라크가 도움을 필요로 할 때는 이라크를 포기했다고 비난했다. 「이라크 미군 철수, 너무 이른가?」, 「뉴시스」, 2010년 8월 31일.

134 이에 문제제기를 우려한 탓인지 오바마 대통령의 이라크전쟁 임무 종결 선언 직후 로버트 기브스 미국 백악관 대변인은 이라크에서의 미군 철수는 항구적인 것이고 다시 이라크에 파병되는 일은 없을 것이라고 못 박았다. 박상현, 「백악관 '이라크 전투병력' 철수는 영구적 조치」, 「연합뉴스」, 2010년 9월 1일.

오바마 정부의 방안은 일정 부분 제한을 받을 수도 있다. 이라크전쟁에 대한 비중을 줄인다고 하지만 철군 시한 이후에도 남을 일부 미군 병력은 군사대행기업을 통해 병참 문제를 해결해야 한다. 추가 파병 없이 미군을 보호하기 위해 군사대행기업에 이들의 보호를 의뢰하게 될 수도 있다. 또한 병참의 물자 수송 및 무장 호송도 군사대행기업이 담당할 수밖에 없다. 이라크 정규군에 대한 훈련 모두를 미군이 감당하기 어려워 이를 군사대행기업에 맡길 수도 있다. 아프가니스탄의 경우도 현지 군경의 훈련을 대행하기 위해 군사대행기업이 파견될 가능성이 있다. 특히 오바마 정부가 추가 감군을 계획할 경우, 병력 부족으로 이라크 및 아프가니스탄 군경훈련을 비롯한 해외 파병 임무의 상당 부분을 군사대행기업에 의뢰하게 될 수도 있다. 오바마 정부의 계획과 달리, 미국의 군사대행기업 활용은 큰 변화를 주기는 어려울지도 모른다. 단, 오바마 정부가 시도하고 있는 군사대행기업 계약 관련 개혁 작업은 현재의 비용 낭비와 군사대행기업 활동에 대한 감시 수준을 높이는 등 군사대행기업 활용의 부작용에 대한 일부 개선을 가져올 수 있을 것으로 보이며, 미국 정부의 군사대행기업 활용에 대한 통제권을 일정 부분 강화할 것으로 기대한다.

4. 제1유형의 특성

미국의 군사대행기업 활용 사례를 통해 본 바와 같이, 제1유형의 특성은 대외 군사 활동의 보완으로 나타났다. 냉전 종식은 자체 군사력이 강하고 대외군사협력관계가 존재하는 강대국 미국의 외교 안보 정책에 두 가지의 상반된 변화를 초래했다. '명백하고 현존하는 위협'(clear and present danger)의 소멸에 의한 미래에 대한 낙관은 대규모 병력 감축을 야기했다. 하지만 대외군사협력관계 지속은 냉전 시기보다 대외 군사 임무를 급증시켰다. 기존의 동맹국 · 우방국에 대한 해외 군사 지원과 함께 냉전 종식 이후의 인도주의적 개입을 비롯한 세계 질서 관리의 임무가 추가되었기 때문이다.

결과적으로 기존보다 적은 병력으로 더 많은 임무를 수행하는 "Doing More with Less"에 처한 미국은 병력 부족을 겪게 되고, 이를 해결하기 위해 다양한 방안을 모색하지만 현역 병력 증강, 예비군 및 동맹국의 지원 확보 등 기존의 대안은 상당한 제한을 받게 된다. 결국 군사대행기업의 활용을 통해 정규군의 해외 군사 임무를 보완하는 방법이 1990년대의 미국에게는 가능한 최선의 대안이 되었다.

제1유형의 특색은 군사대행기업의 활용이 해외 군사 활동과 밀접한 관련을 맺고 있다는 것이다. 군사대행기업 활용의 계기를 마련한 미국의 병참 지원 대행의 경우에 해외 파견 미군의 병참 지원을 대행하기 위해 추진되었으며, 이후 확대된 군사 훈련 부문의 군사대행기업 활용도 해외 파병을 위한 전투병의 비중을 높이기 위해 추진되었다. 이후 미국은 다양한 병과에 대한 군사대행기업 활용의 모습을 보이는데, 이는 현존하는 보유 병력을 가급적 해외 파병이 가능한 전투병으로 두기 위한 목적에서 시행된 것이다. 하지만 이러한 노력에도 불구하고 병력 부족은 획기적으로 개선되기 어려웠고, 콜롬비아의 해외 군사 지원 자체의 대행 및 이라크전쟁 · 아프가니스탄전쟁에서의 대규모 군사대행기업 활용을 추진하기에 이른다. 그리고 그 활용 영역에 있어서도 지원이나 병참에서 전략 기획 및 실제 전투에 이르는 거의 모든 군사 영역의 군사대행기업 활용을 보여준다. 또한 2009년 미국 중부사령부에 약 24만 명의 군사대행기업 직원이 근무하고 있었다는 것은 미국의 군사대행기업에 대한 의존도가 사상 유례없이 크다는 것을 보여준다.

미국의 군사대행기업 활용은 단기적으로는 효과를 발휘했다고 평가할 수 있다. 당장 활용할 수 있는 해외 파병 병력이 부족한 상태에서 군사대행기업은 직접 해외에 파견되어 현역병의 기능을 대행함은 물론이거니와 지원이나 병참 분야를 대행함으로써 해외 파병에 필요한 전투병력 확보에 기여했다. 하지만 장기적 관점에서 미국의 군사대행기업 활용은 병력 부족을 더욱 악화시켰다. 부족한 병력을 대체할 민간 인력 자원이 확보되자, 신병 충원을 비롯한 현역병 충원을 위한 노력에 관심을 기울이지 못하게 된 것이다. 2006년 9월에 나온 미국 하원 사무국(Representative Office)의 미국 육군 전비 태세 보고서[135]는 군사대행기업 활용에도 불구하고 병력 부족의 문제가 악화되고 있음을 보여준다. 이 보고서는 미국 육군의 전비 태세가 베트남전쟁 이래 최악의 상태가 되었다고 주장했다. 장비의 경우에 자금의 부족으로 정비 태세가 악화되고 있고[136] 병사들은 충분한 휴식을 취하지 못한 상태에서 해외에 재배치되는 상황[137]이었다. 더욱 심각한 것은 병력 부문이었다. 해외 원정을 마치고 본토로 돌아와 있는 대부분의 병사들은 1년도 채 안 되는 재충전 기간 동안 가족과 훈련에 전념하지 못하고 장비 보수를 포함한 각종 연장 근무에 시달리고 있었다. 여기에 더하여 신병의 충원도 상당한 어려움에 처해 있었다. 2006회계연도 기간 동안 미국 육군이 정해놓은 신병 모집 목표(80,000명)는 2006

135 Murtha and Obey, "United States Army Military Readiness," September 13, 2006, http://www.globalsecurity.org/military/library/congress/2006_rpt/060913-murtha-obey_army-readiness.htm(2006-09-29).

136 9·11테러 이전 장비의 정비 부문에서 최하위 등급(lowest rate)을 받은 미국 육군부대는 전체 부대의 20% 정도였다. 하지만 2006년에 이르면 미국 육군부대의 절반이 장비의 정비 부문에서 최하위 등급을 기록하고 있는 것으로 나타났다. *Ibid.*

137 보통 미군의 경우에 해외 복무 이후 본토로 귀환하여 1여 년의 기간 동안 병력 충원과 재훈련 기간을 거쳐야 하나 현재 증가된 작전의 템포로 인해 충분한 병력 충원과 재훈련을 거치지 못한 채로 다른 지역에 파견되는 일이 빈번하게 발생하고 있다는 것이다. *Ibid.*

년 말까지 달성하기 어려울 것으로 평가되었으며, 약 6,700명가량의 신병이 부족하게 될 것으로 전망했다. 또한 현역 병사들 중 근무 연장을 신청하지 않고 조기 퇴역하는 병사가 증가하고 있었다. 2006년 가을, 미국 육군은 1차 복무연한(6년)을 마친 현역병들의 복무연장(re-enlist)을 위해 고군분투하고 있었는데 이러한 현상이 발생한 이유는 잦은 해외 원정과 같은 업무량 증가로 많은 수의 장병들이 1차 복무연한만 마치고 조기 퇴역을 신청한 것에서 비롯된 것이었다.[138] 2007년 5월에 이르면, 앞서 언급했듯이 미국 육군은 5,500명의 신병 모집에 93명만 지원하는 최악의 상황에 직면하게 된다.[139] 이러한 병력 부족 상황의 지속은 군사대행기업에 대한 수요를 지속적으로 증가시켜 2009년에 이르면, 미국 중부사령부에서만 고용한 군사대행기업 직원이 24만 명에 이르게 된다. 군복무 여건의 악화로 신병 충원과 장기 근무 병사가 줄어든 반면, 임금 조건이 좋은 군사대행기업으로 상당한 퇴역군인이 이직한 결과이다.

군사대행기업의 활용에 따른 부작용도 심각했다. 예산 낭비, 직원의 자질 부족으로 인한 작전 차질, 전장에서의 일탈과 불법 행위로 인한 미국의 대외적 입지 악화 등 군사대행기업 활용을 통해 미국은 적지 않은 국익의 손실을 감내해야 했다. 하지만 미국은 현재 군사대행기업으로 인한 부작용이 아무리 심각해도 과거로 회귀할 수 없는 상황이다. 군사대행기업의 활용 확대로 이를 다시 복구하는 것은 엄청난 비용과 시간을 소요하기 때문이다.

현역병 증강, 동맹으로부터의 지원 확대, 예비군 파병 확대 등 기존의 수단은 전장에서 활동하고 있는 군사대행기업을 대체하기에는 역부족이

---

138 *Ibid*.

139 Jonathan Karl and Luis Martinez, "EXCLUSIVE: Army Missed Recruiting Goal Again," *ABC News*, July, 9. 2007.

다. 이라크에서 철수했지만, 아프가니스탄에 주력하는 상황으로 인해 100,000명의 병력을 여전히 해외에 파병시켜야 하는 상황이다. 아프가니스탄전쟁이 오바마 정부의 의도대로 진행되지 않을 경우에 미군은 현지 주둔 미군에 대한 지원 및 현지 안정화 작업을 위해 지속적으로 군사대행기업에 의존할 수밖에 없다. 이러한 상황을 보면, 미국의 군사대행기업 활용은 전략적 선택이 아닌 필수가 되어가고 있는 듯하다.[140]

그럼에도 불구하고 오바마 정부의 결정은 군사대행기업 활용과 관련해 주목할 필요가 있다. 바로 이 책에서 강조하고 있는 국가의 중요성을 보여주는 사례이기 때문이다. 전략 목표의 유지(이라크와 아프가니스탄에 대한 군사 개입 지속)를 전제할 경우에 앞에서 언급한 롬바르디의 주장은 상당한 설득력을 가진다. 하지만 롬바르디는 다른 일면을 보지 못했다. 미국 정부는 군사적 개입 및 전쟁 수행 자체를 선택할 수 있는 결정권이 있다는 것이다. 전략 목표 수정을 통한 군사력 투입 수준의 조정은 군사대행기업이 아닌 국가가 할 수 있는 일이다. 비록 제한된 수준이나 오바마 정부는 전략 목표의 수정을 통해 군사력 투입 수준을 조정했고, 이를 통해 군사대행기업 활용 수준도 축소하기로 했다. 결국 오바마 정부는 군사력 운용과 관련해 국가가 결정적 주체임을 다시 한 번 입증한 셈이다.

140 앞서 소개된 다인코프 CEO 롬바르디 외에 아이젠버그도 다음과 같이 주장했다. "군사대행기업 활용이 보다 저렴한 대안이라는 생각은 항상 옳은 것이 아니다. 또한 군사대행기업의 활동이 적법한 것이라는 주장도 사실과 다를 수 있다. 하지만, 군사대행기업의 활용은 미국의 대외 정책에 있어 피할 수 없는 결과이다." David Isenberg, "Private Military Contractors and U. S. Grand Strategy," p. 15.

제5장

제2유형: 해외군사지원대체 —크로아티아 · 보스니아 · 사우디아라비아

자국의 힘이 주변의 국가보다 약한 국가들은 자국의 안보를 위해 외부로부터의 군사 지원을 활용한다. 냉전 당시 이러한 국가들은 강대국과 형성된 동맹 혹은 우방 관계에 의하여 자국의 안보 문제를 해결해왔다. 이러한 국가 중에는 냉전 종식 이후에도 안보적 위협에 있어 큰 변화를 겪지 않은 국가들도 있었다. 한국이나 일본과 같이 강대국의 지속적인 안보공약과 지원을 확보할 수 있을 경우가 바로 그것이다.[1] 하지만 미국이나 소련(냉전 이후의 러시아)의 감군이 진행되면서 이들로부터의 군사 지원을 기존의 수준만큼 획득하지 못하는 국가들이 생겨나게 되었다. 한편 냉전 당시 강대국과 공고한 동맹관계를 형성했던 국가가 냉전 종식 이후 관계가 소원해지면서 직접적인 군사 지원의 철회를 경험하는 국가도 생겼다.

제2유형은 냉전 당시 강대국으로부터 자국의 안보를 의존하던 국가들이 냉전 이후 국가 간 군사 협력이 약화되면서 발생한 군사적 공백을 군

1 1990년대 한국이 그 대표적인 사례라고 할 수 있다. 냉전이 종식된 이후에 미국은 해외 주둔군의 50% 정도를 감군할 계획을 가지고 있었으나 한국 정부의 부단한 노력에 의해 지속적인 주둔군의 유지를 확보할 수 있었다.

사대행기업 활용을 통해 보완하는 모습을 보여준다. 이들 국가는 군사대행기업 활용을 통해 외부로부터 군사 지원을 대체하는 모습을 보이는데, 제2유형의 사례 국가는 크로아티아, 보스니아, 그리고 사우디아라비아이다.

1. 군사대행기업 활용의 배경: 해외 군사 지원 축소

자국의 안보를 강대국에 의존하던 국가들은 외부 군사 지원을 통해 자체적인 국방력의 한계를 극복해왔다. 특히 냉전 당시 동서 진영의 사활적인 대결은 미국이나 소련과 같은 강대국의 군사적 지원을 받을 수 있는 주요한 근거를 제공해주었다. 하지만 냉전 종식 이후 강대국과의 군사협력관계에 일정 부분 한계가 발생하기 시작했다. 냉전 종식 이후 국제 질서의 관리자로 부상한 미국은 대외 개입에 있어서 냉전 당시만큼 사활적으로 대응하지는 않게 되었다. 냉전 당시보다 많은 해외 군사 임무를 수행하게 되었지만, 미국에 있어 냉전 종식 이후의 대외 개입은 사활적 이익(vital interest)이 아닌 상황적 이익(situational interest)과 관련된 문제였다. 미국은 해외 파병에 따른 희생이 발생하는 것을 우려하는 등 직접적인 군사 지원에 소극적인 모습을 보이게 되고 대외 개입에 있어 선별적인 태도를 보이게 되었다. 냉전 종식 이후 구(舊)유고슬라비아 연방으로부터 독립한 크로아티아 · 보스니아가 이러한 미국의 태도 변화로 어려움을 겪게 된 대표적인 사례이다.

또한 냉전 당시 공산 진영에 대한 대항에 의견을 모았던 국가들의 협력관계가 냉전 종식 이후 상호간의 정치적인 견해 차이에 의해 약화되는 경우도 발생하였다. 냉전 당시에는 공동의 적이라는 것이 존재했으나 냉전 종식 이후 공동의 적에 대한 입장에 차이가 발생하고 자신에 대한 동맹국 · 우방국의 정책이 과거와 같이 확고한 지지를 표명하는 것이 아니라 자국의 이해와 상반되는 방향으로 진행하는 상황을 맞이하게 되는 것이다. 이러한 양국의 갈등은 군사 협력에 있어 쌍방의 비협조적 태도를 가져오고 이러한 갈등은 일방의 군사 지원의 축소와 같은 구체적인 행동으로 나타나기도 했다. 냉전 종식 이후 미국과의 관계가 소원해진 사우디아라비아가 이의 대표적인 사례이다.

위의 세 국가들은 군사대행기업 활용을 통해 동맹국 · 우방국으로부터의 군사 지원 공백을 보완하는 모습을 보여주었는데, 국가 간 군사 협력이 약화되면서 이들이 처한 문제는 자국의 군대를 육성함에 있어서 자문을 구해줄 외부 지원을 얻을 수 없다는 것이었다. 냉전 당시, 미국을 위시한 강대국의 군사 지원은 이들 국가에 대한 주변 국가의 공격이 강대국의 개입을 동반한다는 것을 암시함으로써 주변 국가로부터의 공격을 억제하는 인계철선(trip-wire)으로서의 기능을 수행하였을 뿐 아니라 이들 국가의 열악한 자체 군사력을 개선하는 군사 자문의 기능을 수행했다.

하지만 냉전 종식은 이러한 두 가지 기능이 예전처럼 작동하기 어려워진다는 것을 의미했다. 미국과 소련의 사활적 대결이 종식된 상황에서 강대국은 자국에게 직접적인 위협이 되지 않는 대외 군사 문제에 연루되는 것을 원치 않았고 이로 인해 강대국과의 군사협력관계가 인계철선의 기능을 수행하게 될 가능성이 낮아졌다. 더욱 문제가 되는 것은 강대국의 군사 지원이 축소되면서 이들 국가가 자국의 열악한 국방력을 개선할 기회마저 얻을 수 없게 된 것이다. 인계철선이 제대로 작동하지 않는 상황에서 이들 국가는 자체 군사력을 증가시키는 대안을 선택할 수밖에 없었다. 하지만 이들 스스로 자체 군사력을 증가시키는 것은 한계가 있었다. 자체 군사력 증강을 장기적으로 계획하고 조직화하는 노하우(know-how)

가 부족하기 때문이다. 냉전 당시 미국과 소련의 전폭적인 군사 지원은 이들 국가의 자체 국방력 건설 능력을 저하시켜버렸다. 이들 국가는 자체 군사력 건설의 한계를 만회하기 위해 대안적 수단을 필요로 하게 되었다. 이들 국가의 군사대행기업 활용이 군사 훈련과 군사 자문에 집중되고 있는 것은 바로 이러한 배경이 깔려 있는 것이다.

2. 군사대행기업 활용의 채택 과정

앞서 언급한 국가들은 냉전 종식 이후 공통의 문제를 안고 있었다. 오랜 기간 외부 군사 지원 의존으로 인해 자체 군사력 증강에 필요한 장기적 기획 능력과 훈련의 노하우를 갖추지 못하게 된 것이 문제였다.

이러한 자체 군사력 증강의 문제를 해결하기 위한 유일한 방법은 또다시 외부 군사 지원에 의존하는 것이다. 외부로부터 군사적 협력을 얻는 것은 대략 네 가지 방안이 있을 수 있다. 첫째, 과거 동맹국 혹은 군사협력국에게 지원을 지속적으로 호소하는 것, 둘째, 과거 동맹국 이외의 국가에게 협력을 구하는 것, 셋째, 유엔의 지원을 통해 해결하는 것, 넷째, 국가 이외의 주체를 통한 군사 지원의 획득(군사대행기업 활용)이다.

첫째, 과거 동맹국 혹은 군사협력국에게 지원을 지속적으로 호소하는 방안은 미국이나 소련과 같이 냉전 당시 이들 국가에게 과거 군사 지원을 행하였던 국가들에게 군사고문단의 파견과 같은 직접적인 군사 지원 유지를 호소하는 것이다. 하지만 냉전 종식 이후 이러한 대안은 쉽게 획득할 수 있는 것이 아니었다. 소련의 경우에 연방 붕괴로 인해 자국 이외의 다른 지역의 안보에 개입할 여력이 되지 못했다. 또한 미국의 경우에 냉전 당시보다 해외 파병 빈도수가 증가되었지만, 이러한 증가된 해외 파병은 대규모 감군과 연결되어 인력난을 야기했다. 이에 의해 해외 파병에 있어 선별적인 태도를 보이게 되었다. 이렇듯 기존의 군사 동맹을 맺고 있는 국가에게 직접적인 군사 지원 유지를 호소하는 것은 상당히 어려운 일이 되었다.

둘째, 미국과 소련 이외의 국가에게 지원을 호소하는 일이다. 이것은 앞서 언급한 미국과 소련의 지속적인 지원을 호소하는 것만큼 어려운 문제이다. 1990년대에 미국을 제외한 나머지 국가들 중에서 해외 군사 지원을 수행할 만한 여력이 있는 국가를 찾기 어렵기 때문이다.[2] 1999년에 미국은 자국 국방 예산의 약 3%인 97억 달러를 해외 군사 지원에 할애했다.[3] 전체 국방 예산의 약 3%를 차지하는 비교적 적은 돈이기는 하나 이 금액은 세계 2위의 군비 지출국인 일본의 연간 국방 총예산의 22.5%, 3위인 영국의 26%, 4위인 프랑스의 약 30%에 해당하는 금액이 된다.[4] 세계 2위의 군비 지출국인 일본조차도 미국과 같은 수준의 해외 군사 지원을 수행하기 위해서는 자국 국방 예산의 약 1/5을 할애해야 하는 것이다. 즉, 미국을 제외한 나머지 국가가 미국과 같은 수준의 해외 군사 지원을 수행하는 것은 상당히 어려운 일이 된다는 것을 시사한다.

셋째, 유엔의 군사 지원을 획득하는 경우를 생각할 수 있는데, 유엔의 군사 지원은 자국의 군사력으로 활용하기 어렵다는 문제점이 있다. 유엔은 국제적 분쟁의 중재 역할을 담당한다. 유엔이 집단안전보장기구로서

2 2005년도를 기준으로 미국의 국방 예산은 전세계 총국방 예산의 40%를 차지하고 있었다. SIPRI, "The Fifteen Major Spender Countries in 2005," http://projects.sipri.org/milex/max_major_spenders.pdf(2006-11-18).

3 1999년 미국의 국방 예산은 약 3,000억 달러였다. IISS, *The Military Balance 2001/2002* (London: Oxford University Press, 2001), p. 18.

4 1999년 일본의 국방 예산은 약 400억 달러, 영국은 약 350억 달러였다. *Ibid.*, p. 194; p. 75. 1999년 미국 수준의 해외 군사 지원을 수행할 경우에 프랑스는 국방 예산의 약 30%, 중국은 약 71%를 사용해야 한다.

활동한 것은 한국전쟁이 거의 유일한데, 이러한 집단안전보장기구로서의 유엔의 군사 지원을 획득하기 위해서는 먼저 유엔이 인정하는 국가로서의 자격을 갖추어야 하고, 자국이 침략에 대한 희생자라는 것을 유엔이 인정해야 하는 문제가 생긴다. 만약 상임이사국 간의 희생자와 침략자 규정에 관한 견해 차이가 생기게 되면, 유엔의 집단 안보 기능을 통한 군사 지원은 획득하기 어려워진다.

또한 내전과 같은 문제의 경우에는 유엔의 평화유지활동(Peace Keeping Operation, PKO)에 의해 군사 개입을 획득할 수 있는데, 이때 유엔의 역할은 분쟁의 중재자 역할에 국한된다. 즉 외부로서의 군사 지원 주체가 자국의 편이 되어 활동하는 것이 아니라 중립자로서 활동하게 되는 것이다. 이러한 상황에서 유엔의 군사 지원은 자국의 군사력으로 활용할 수 없는 문제를 남기게 된다. 따라서 유엔의 지원은 급박한 위기가 발생하면 위기 상황을 모면하거나 일정 기간의 휴전을 확보하는 수준 이상은 기대하기 힘든 대안이 된다.

넷째, 군사대행기업을 활용하는 대안이다. 이 대안은 외부 군사 지원을 우회적으로 달성할 수 있는 대안이다. 군사대행기업은 경제적인 반대급부만 제공되면 서비스를 제공하기 때문에, 위에서 언급한 국가 혹은 유엔과 같은 국제 지원으로부터 군사 지원을 획득하는 데 따른 문제가 발생하지 않는 장점이 있다. 하지만 군사대행기업 활용은 재원을 마련하여야 하는 문제를 남긴다. 자금력이 있는 국가의 경우에 이러한 문제는 쉽게 달성할 수 있으나 자금력이 부족한 국가는 이 대안을 선택함에 있어서 제한을 받게 된다.

여기서 군사협력관계는 이러한 문제를 해결하는 수단이 된다. 비록 군사 협력의 축소로 파병과 같은 직접적인 군사 지원을 획득하기는 어렵지만 군사협력관계를 통해 군사대행기업의 고용 자금을 획득하는 간접 군사 지원을 획득할 수 있기 때문이다.[5] 군사대행기업 활용은 대외 군사 지원에 소극적이 된 국가와 이들로부터의 군사 지원이 절실한 국가들이 처한 문제를 해결하는 주요한 수단으로 등장하게 된다. 군사대행기업을 활용하게 되면 직접적으로 정규군을 파견하지 않고도 대외 군사 지원을 간접적으로 수행할 수 있다는 장점이 있다. 또한 냉전 종식 이후 일방의 대외 정책의 태도 변화에 따른 갈등이 빚어진 경우에도 군사대행기업을 활용하여 자국이 필요한 군사적 지원을 지속적으로 획득할 수 있게 된다.

3. 해외군사지원대체의 사례

제2유형의 구체적 사례로는 1990년대의 군사대행기업 활용을 통해 외부 군사 지원을 대체한 크로아티아, 보스니아 및 사우디아라비아의 사례를 들 수 있다. 이들 국가가 구체적으로 어떠한 과정을 거쳐 군사대행기업을 활용하게 되었는지 살펴보도록 하겠다.

1) 크로아티아의 사례

냉전 종식에 의해 가장 큰 정치적 변화를 겪은 지역은 동구권의 사회주의 국가였다. 구유고슬라비아 연방의 분리에 의해 신생 국가가 된 크로아티아(Croatia)도 이러한 냉전 종식의 산물이었다. 1980년에 유고슬라비아의 정치 지도자 티토(Tito)가 사망한 후 유고슬라비아의 국내 질서는 이미 연방의 분열로 진행되고 있는 터였다.[6] 하지만 이러한 유고슬라비아 분열

---

5 이후에 소개될 1990년대 중반의 크로아티아 및 보스니아가 대표적인 사례이다.

6 구(舊)유고슬라비아 연방은 세르비아(Serbia), 크로아티아(Croatia), 보스니아(Bosnia), 슬로베니아(Slovenia), 마케도니아(Macedonia), 몬테네그로(Montenegro) 및 두 개의 자치주로 구성

의 결정적인 국면을 마련해준 것은 냉전 종식이었다. 냉전 종식이 유고의 분열에 미치는 의미는 유고슬라비아 연방의 해체에 대해 개입할 외부 세력이 없어졌다는 것이었다. 냉전 당시 유고슬라비아 연방의 해체에 대해 개입할 수 있는 국가는 소련이었다. 하지만 냉전 종식 이후 소련 역시 연방 해체의 길을 걷고 있었으며 유고슬라비아 문제에 개입할 여력이 없었다. 또한 이러한 유고슬라비아 문제에 개입할 군사적 근거인 바르샤바조약기구도 해체되어 버렸다.

1990년대 초에 연방의 주도권을 두고 벌어진 세르비아(Serbia)와 나머지 지역 간의 갈등은 군사 충돌로 발전하게 되었다. 유고슬라비아 연방의 내전이 복잡한 양상을 띠게 된 것은 이 내전이 단순히 연방의 주도권 문제가 아니라 인종적 · 종교적 문제와 연결되었기 때문이다.[7] 1991년 6월에 크로아티아가 보스니아(Bosnia)와 함께 독립을 선언하자 크로아티아 내의 소수민족인 세르비아인은 이에 저항하여 자신들만의 공화국을 따로 건립하거나 세르비아에 편입시켜줄 것을 요구했다. 이들은 신유고슬라비아 연방군과 합세해 크라이나(Krajina) 지방을 중심으로 무장저항을 시작하였고 이 지역은 내전의 상황에 이르게 되었다.[8]

하지만 아프리카 지역의 내전과는 달리 이곳의 내전은 내전 발발 직후

되었다. 1980년 티토의 사망 이후 세르비아는 유고슬라비아 연방의 주도권을 장악하고자 하였고 이를 거부한 크로아티아 · 보스니아 · 슬로베니아 · 마케도니아는 연방을 탈퇴할 움직임을 보이게 되었다. 결국 세르비아는 같은 슬라브계인 몬테네그로와 신유고슬라비아공화국을 결성하기에 이른다.

7 유고슬라비아 연방에 가입했던 각 공화국들은 각 국가의 인종 및 종교 분포가 상이했다. 그 예로 세르비아는 슬라브족의 일종인 세르비아인이 위주가 되었고 크로아티아는 크로아티아인이 주된 인종이었으며, 가톨릭을 종교적 배경으로 하고 있었는데 유고슬라비아 연방 전체적으로 보면 세르비아인이 우세하나 크로아티아 내에서 세르비아인은 소수민족으로 전락하게 되는 것이다. 크로아티아의 내전도 이러한 배경을 안고 있었다.

8 피터 싱어, 『전쟁대행주식회사』, p. 226.

비교적 빠른 시일 내에 유엔 및 미국을 비롯한 국제사회의 개입이 이루어졌다. 냉전 당시 소련이 해왔던 동유럽 지역 문제의 개입을 유엔 및 미국을 비롯한 국제사회가 대신 한 것이다. 1991년에 유엔의 동유럽 지역 국가들에 대한 무기 금수 조치(arms embargo)를 비롯하여 1992년에는 유엔 평화유지군(UNPROFOR) 15,000명이 파병되는 등, 유엔에 의한 중재 노력이 거듭되었다.[9] 이러한 국제사회의 지원에도 불구하고 실제 전황은 크로아티아에게 불리하게 돌아가고 있었다. 물자를 수송하는 모든 주요 도로를 포함한 광대한 지역을 세르비아계가 장악하고 있었던 것이다.

여기에 더하여 크로아티아의 자체 군사력은 신유고슬라비아 연방군의 지원을 받는 세르비아계의 위협을 감당하기에는 무리가 있었다. 크로아티아는 연방에서 탈퇴한 직후 변변한 군대도 갖추지 못한 상태였다. 내전은 주로 민병대에 의해 수행되었는데, 이들은 전문적인 군사 훈련을 받아본 경험이 없는 자들이었다. 구유고슬라비아 연방으로부터 받은 장비들도 신유고슬라비아 연방(세르비아-몬테네그로)이 가지고 있는 것에 비해서는 낡고 성능이 떨어지는 것뿐이었다.[10] 외부로부터의 지원도 요원한 실

---

9 Paul Lewis, "U. N. is Extending Force in Croatia," *The New York Times*, October 5, 1993, http://www.nytimes.com/1993/10/05/world/un-is-extending-force-in-croatia.html (2010-04-05). 이러한 중재안이나 평화유지군의 파견이 모두 효과적인 것은 아니었다. 1992~1993년 동안 유엔의 중재 노력은 별다른 효과를 거두지 못했다. 평화 회담은 세르비아계 혹은 무슬림계의 불참으로 결렬되기 일쑤였고 평화협정 이후에도 지역 내의 인종청소를 비롯한 학살이 지속되는 경우도 있었다. 결국 이러한 문제는 1999년의 코소보사태로 나타나게 되는 것이다.

10 신유고슬라비아 연방인 세르비아-몬테네그로는 1,000대의 전차와 183대의 전술기를 물려받은 데 비해 크로아티아는 독립 당시 300여 대의 전차와 41대의 전술기를 확보할 수 있었다. 보스니아-헤르체고비나와 마케도니아는 더 심각하여 크로아티아보다도 훨씬 적은 수의 장비들을 확보하는 데 그쳤다. 수량도 문제였지만 이러한 장비의 질도 문제였다. 신유고슬라비아 연방이 냉전 종식 직전에 공급된 최신형 장비로 무장한 데 비해 그 이외의 국가들은 제2차 세계대전 당시에 사용했던 T-34전차와 같은 낡은 장비들의 수준을 갖추게 되었다.

정이었다. 바르샤바조약기구는 이미 소멸되어버렸고 러시아 역시 국가 재건 문제로 인해 외부에 대한 군사적 지원을 할 여력이 없었다. 폴란드(Poland)나 체코(Czech Republic)처럼 냉전 종식 이후 나토(NATO)에 가입할 생각도 할 수 없었다. 아직 국제사회가 인정하는 독립국가가 되지 못했기 때문에 나토의 회원국이 될 자격이 없었던 것이다.

이에 당시 크로아티아의 대통령이었던 프란조 터즈만(Franjo Tudjman)은 이러한 난국을 타계할 전략 방안을 모색하게 된다. 터즈만에게 우선적으로 필요한 것은 독립국가 크로아티아에 대한 국제사회의 인정이었다. 이러한 국제사회의 인정을 바탕으로 터즈만은 크로아티아를 유고슬라비아 내전의 희생자로 공식화하고 세르비아를 국제사회의 공공의 적으로 만드는 계획을 세우고 있었다.[11] 크로아티아에 대한 타국의 독립국가 승인은 크로아티아 내의 세르비아계의 저항을 박멸할 수 있는 근거를 마련할 수 있고, 향후 나토에의 가입 추진과 미국으로부터의 군사적 지원을 받을 수 있는 좋은 구실이 된다고 판단한 것이다. 터즈만은 크로아티아의 독립국가 지위 승인을 얻기 위한 외교적 노력을 하는 한편으로 이후 자국 내의 세르비아계와의 본격적인 전쟁을 위한 군사력 증강 작업을 계획했다.[12]

이러한 터즈만의 계획은 1992년부터 본격화되었다. 1992년에 이르면 국제사회는 크로아티아를 독립국가로 인정하게 되는데 이 시점을 기점으로 터즈만은 크로아티아 정규군(Croatia Armed Forces: Hrvatska Vojka, HV) 창설을 비롯한 국방력 강화 계획을 수립하였다.[13] 하지만 이러한 노력에

IISS, *The Military Balance 2000/2001* (London: Oxford University Press, 2000), pp. 90~91; pp. 107~108.

11 Susan Woodward, *Balkan Tragedy: Chaos and Dissolution after the Cold War* (Washington, D. C.: Brookings Institute, 1995), p. 171.

12 *Ibid*., p. 463.

13 *Ibid*., p. 146.

도 불구하고 크로아티아의 국방력 강화는 상당한 어려움에 직면하고 있었다. 창군 이후 2년이 지난 1994년에도 크로아티아군의 전투력은 향상될 기미가 보이지 않았다. 크로아티아군은 여전히 열악한 조직 운영 체계를 가지고 있었으며 군의 사기도 저하된 상태였다. 게다가 1991년부터 지속된 유엔의 무기 금수 조치에 의해 열악한 장비의 보완도 어려운 실정이었다. 당시 크로아티아군의 능력으로는 세르비아계 무장세력의 토벌은 고사하고 이들의 게릴라 공격조차 막아내지 못하는 실정이었다.[14] 더욱 심각한 문제는 크로아티아군에게 충분한 시간이 주어진다고 해도 스스로 문제를 해결하는 데 한계가 있었다는 점이다. 크로아티아군은 스스로 자국의 군사력을 건설할 노하우를 가지고 있지 못했기 때문이다.

결국, 크로아티아군 육성은 외부로부터의 지원에 의해 해결할 수밖에 없는 문제였다. 하지만 해외군사지원을 확보하는 것은 쉬운 일이 아니었다. 미국은 유고슬라비아 지역의 분쟁 해결을 위해 유엔을 통한 외교적 해결을 추구하고 있었으나 파병을 비롯한 직접적인 군사 지원에 대해서는 상당히 소극적인 입장을 가지고 있었다.

유고슬라비아 지역 파병에 가장 반기를 든 것은 당시 합참의장인 콜린 파월(Colin Powell)을 위시한 군부였다. 파월은 1993년의 상원의회 증언에서 "정예 미군 병력 250,000명을 가지고도 이 지역의 내전을 해결하기에는 충분하지 않을 것"이라고 주장하면서 현재 미군의 역량으로는 이 지역에 대규모 지상군의 파병은 어렵다는 견해를 표명했다.[15] 1993년은 미군의 대규모 병력 감축의 가속도가 붙었던 시기로 이 해에만 약 300,000명

---

14 Orzen Zunec, "Civil-Military Relations in Croatia," Constantine P. Danopoulos and Daniel Zirker (eds.), *Civil-Military Relations in the Soviet abd Yugoslav Successor States* (Boulder: West View, 1996), p. 221.

15 "Department of Defense Appropriations: Fiscal Year 1994," *Senate Hearings Before the Committee on Appropriations*, April 21, 1993.

의 병력 감축이 이루어졌다. 대규모 병력 감축과 더불어 진행된 기지 폐쇄와 인사이동 등, 조직적으로 혼란스러운 상황이었다. 이러한 상황 하에서 250,000명 이상이 요구되는 대규모 군사 원정을 수행하기는 어려운 실정이었다.

이러한 병력 감축으로 인한 동원의 문제 이외에도 이 지역에 대한 군사적 개입을 소극적으로 만든 것은 클린턴 행정부 집권 첫해부터 시작된 이른바 '소말리아 증후군'(Somalia Syndrome)이었다.[16] 당시 미국의 병력 감축 및 여론의 동향과 같은 정치적인 문제를 고려할 때, 이 지역에서 미국이 할 수 있는 군사 개입은 대규모 지상군 투입이 아닌 최소 수준의 공중 폭격(air-strike)이었다.[17]

내전 개입에 소극적인 미국의 입장은 크로아티아를 난처하게 만들었

---

16 소말리아 증후군은 다른 말로 모가디슈 효과(Mogadishu effect)로 불리기도 한다. 이 용어는 1993년 10월 9일, 블랙호크다운(Black Hawk Down)으로 알려진 미군의 소말리아 군벌지도자 체포 작전의 실패 이후, 해외 파병에 소극적이었던 클린턴 행정부의 태도를 지적한 것이다. 미국 공화당의 리처드 루거(Richard Lugar) 상원의원은 미국 PBS와의 인터뷰를 통해 1993년의 소말리아 사태가 미국의 개입 정책이 소극적으로 변화하게 되는 중요한 전환점이었음을 강조한 바 있다. 그는 소말리아 사태 이후 미국의 개입에 대한 소극적 태도로 인해 아이티(Haiti) 및 코소보(Kosovo)에서 인종청소가 자행되고 있다고 지적했다. PBS, "Ambush in Mogadishu," *PBS Frontline*, http://www.pbs.org/wgbh/pages/frontline/shows/ambush/interviews/lugar.html(2006-11-18).

17 베트남전쟁 경험이 있는 파월은 1993년 4월 상원의회 증언에서 "만일 미국이 2,000명의 지상군을 이 지역에 파견한다면 그 2,000명을 지키기 위해 추가적으로 100,000명을 투입하여야 할 것"이라고 주장하면서 유고슬라비아 지역의 지상군 파견을 경계했다. 파월은 지상군 파병의 반대에 덧붙여 이 지역에 대한 미국의 군사적 개입은 수차례의 공중 폭격(a little surgical strike)과 같은 제한적인 것이어야 한다고 주장했다. 파월의 주장은 1999년의 코소보사태에서 관철되어 미국은 지상군의 파병 없이 공중 폭격으로만 전쟁을 치렀다. Lyle J. Goldstein, "General John Shalikashvili and the Civil-Military Relations of Peacekeeping," *Armed forces and Society*, Spring 2000, http://www3.gettysburg.edu/~dborock/courses/Spring/p344/ps344read/GOLDSTEIN-SHALIKASHVILI.PEACEKEEPING.HTM(2006-11-20).

다. 유엔평화유지군 15,000명이 파병되어 있는 상태지만 그들은 정치적으로 중립적인 입장을 가지고 있는 분쟁 중재자의 입장이었다. 크로아티아에게는 자신의 안보상 위협을 해소할 '같은 편'으로서의 개입자가 필요했다. 유엔평화유지군과는 별도로 미국의 직접적인 군사적 지원이 필요한 이유가 바로 여기에 있었다. 또한 미국의 직접적인 군사적 지원은 이들과의 접촉을 통해 자국의 군대를 육성할 수 있는 계기를 마련해줄 수도 있었다. 하지만 클린턴 행정부는 이러한 직접적인 군사 지원에 난색을 표명하고 있었다. 대안으로 등장한 미국의 공중 폭격은 크로아티아에게 세르비아의 공격을 저지할 수 있는 수단이긴 하지만 이것만으로는 터즈만이 목표로 하고 있는 자국의 정예군 육성은 요원해질 수밖에 없었다. 크로아티아에게 필요한 것은 미국 공군의 항공 지원이 아니라 미국의 군사 자문을 통해 자국의 군대를 조직화하고 전략을 수립하는 노하우를 습득하는 일이었다. 이러한 바탕을 만들기 위해 터즈만은 세르비아를 국제사회의 공적인 화두로 만드는 계획을 수립하고 크로아티아의 국제사회로부터의 인정을 바랐던 것이다. 이러한 계획이 거의 완수된 상태인데도 불구하고 미국은 지상군 병력 투입 자체를 주저하는 상황이 발생하고 말았다. 터즈만에게는 이러한 문제를 해결할 다른 방도를 모색할 수밖에 없었다.

이에 크로아티아는 다른 경로를 통한 군사적 지원을 생각하게 되었다. 1994년 9월에 크로아티아는 미국 국무성으로부터 MPRI와의 계약에 대한 허가를 얻어냈다. 크로아티아가 어떻게 MPRI를 알게 되었는지에 대한 정보는 다소 논란의 대상이 되고 있다. 아이젠버그(David Isenberg)는 미국 국방성이 크로아티아 국방부에게 MPRI를 소개했다고 한다.[18] 하지

18 David Isenberg, "Soldier of Fortune Ltd.: A Profile of Today's Private Sector Corporate Mercenary Firms," *Center for Defense Information Monograph*, November 1997,

만 애번트(Deborah Avant)는 공식적으로 확인된 것은 1994년 3월에 크로아티아 국방장관 고이코 수삭(Gojiko Susac)이 미국 정부에게 MPRI와의 협상을 중재해줄 것을 의뢰한 것이라고 주장한다.[19]

생각해보면, 크로아티아와 MPRI의 계약 체결은 두 국가의 이해관계가 만났기 때문이다. 1993년 당시 미국은 이 지역의 군사적 개입에 대해 소극적이었고 군대를 직접적으로 파견하는 것에 난색을 표명하고 있었다. 크로아티아의 입장에서는 이러한 소극적인 태도에 외부로부터 군사적 지원을 받을 다른 방편을 모색하고 있었다. 이러한 가운데 MPRI라는 군사대행기업과의 계약은 양쪽이 처한 딜레마를 해결해줄 수 있는 수단으로 등장했다. 미국에 있어서는 대외 군사 개입을 군사대행기업 활용으로 대체함으로써 병력 부족 문제를 해소하고 여론과 같은 정치적 변수를 피해갈 수 있는 방편이 되었다. 반면, 크로아티아의 입장에서는 미군의 직접적인 지원은 아니지만 군사대행기업 활용을 통해 군사력 공백을 보완할 외부 지원 세력을 확보할 수 있게 되었다. 게다가 고용된 군사대행기업이 미국을 국적으로 하고 있다는 것은 미국 정부가 크로아티아를 지지하고 있다는 신호(signal)를 세르비아 측에게 보내는 정치적 수단이 되기도 했다.[20] 결과적으로 이 두 국가의 이해관계는 미국의 대체적 개입 정책 수단과 크로아티아의 대체적 우방 · 동맹 지원(foreign support by proxy) 획득이라는 동전의 양면과 같은 관계를 나타내게 된 셈이라고 하겠다.

---

http://www.aloha.net/~stroble/mercs.html(2006-11-20). 이외에도 미국 국방성이 MPRI를 크로아티아에게 소개(refer)했다는 주장은 Roger Cohen, "US Cooling Ties With Croatia after Winking at Its Build Up," *New York Times*, October 28, 1995, p. A1; Matt Gaul, "Regulating New Privateers: Private Military Service Contracting and the Modern Marque and Reprisal Clause," *Loyola Law Review*, June 1998, p. 1 참조.

19 Avant, *The Market For Force*, pp. 101~102.

20 *Ibid*., p. 105.

MPRI와 크로아티아의 계약이 성사되긴 하였지만 이 계약 역시 넘어야 할 장애요소가 있었다. 유엔의 무기 금수 조치가 바로 그것인데 이 조치는 유고슬라비아 연방 지역 국가에 대한 무기 조달 및 군사 훈련 지원을 금지하고 있었다. 크로아티아 정부로서는 이러한 '금수 조치'의 규제로부터 벗어나면서 MPRI를 통해 군사적 지원을 받을 방법이 필요했다. 이에 대한 해결은 당시 NATO가 실행하고 있었던 평화 동반자(Partner for Peace, PfP) 프로그램의 변칙적 활용을 통해 이루어졌다. 평화 동반자 프로그램은 과거 바르샤바조약기구의 구성원인 구(舊)동구권 국가와의 안보 협력을 위한 NATO의 프로그램인데, 크로아티아와 MPRI는 이 프로그램을 적용해 자신들의 계약을 성사시키게 된다. 평화 동반자 프로그램의 후보로서 적합하도록 크로아티아군을 NATO식으로 개편하고,[21] 이에 대한 자문을 MPRI로부터 받는다는 구실을 만들어낸 것이다. 또한 이 구실은 미국으로부터 재정 지원을 받을 수 있는 방편이 되기도 했다. NATO의 확산과 관련된 같은 프로그램에 미국이 재정 지원을 하고 있었기 때문이다.[22] NATO의 평화 동반자 프로그램은 크로아티아에게 자국의 군사력 강화에 필요한 모든 것(실질적 군사 지원과 재정)을 해결할 수 있는 절묘한 구실이 된 셈이다.

1994년 9월에 MPRI의 칼 부오노(Carl E. Vuono)[23]와 크로아티아 국방부 장관 고이코 수삭(Gojiko Susac) 사이에 두 건의 계약이 체결되었다. 하나

21 피터 싱어, 『전쟁대행주식회사』, p. 227.

22 Avant, *The Market for Force*, p. 153.

23 칼 부오노는 미국의 퇴역 육군 장성으로 1987~1991년의 기간 동안 미국 육군참모총장을 지냈다. 그가 MPRI에 입사한 것은 1993년으로, 그 이듬해인 1994년에 크로아티아와의 계약을 성사시키는 등 MPRI에서 주도적 활동을 했다. 1999년 이후에 부오노는 MPRI의 최고경영자(CEO)가 되었다. Source Watch, "MPRI," http://www.sourcewatch.org/index.php?title=MPRI(2006-11-18).

는 크로아티아 국방부에 '장기적인 관리 능력'(Long-term management)을 육성하기 위한 프로그램이었고 다른 하나는 민주주의 전환 지원 프로그램(Democracy Transition Assistance Program, DTAP)의 이행을 보조하는 것을 내용으로 한 것이었다. 첫 번째 계약인 장기적 관리 능력 육성 프로그램은 크로아티아의 장기적인 전략 수립 능력 부여를 목표로 1995년 1월부터 진행되었다. MPRI 측의 책임자는 존 시웰(John Sewell)이 맡도록 되어 있었는데 그는 퇴역한 지 얼마 되지 않은 장성으로서 그가 미국 국방성에서 맡았던 직책은 바로 발칸 지역의 협상 대표였다.[24]

두 번째 계약인 민주주의 전환 지원 프로그램은 퇴역 육군 소장 출신인 리처드 그리피스(Richard Griffiths)를 책임자로 하여 진행되었으며, 크로아티아군의 민주화와 나토 평화 동반자 프로그램의 실행을 위한 군 조직 개편을 주요한 내용으로 하고 있었다.[25] 민주주의 전환 지원 프로그램은 1일 8시간으로 구성되고 일주일에 5일 동안 진행하는 것으로 총 14주 동안 진행되는 것이었다. 11단계로 진행되는 교육은 체력 훈련(Physical Training, PT), 교육 관리(Education Management), 훈련조교 교육(Instructor Training), 지형학(Topography), 병참(Logistics), 국제 군사법(International Military Law), 리더십(Leadership), 전쟁사를 포함한 군사 운용(Military Management Including Analysis of Historical Battles and Lessons), 그리고 응급치료(First Aid)의 과목으로 구성되었다. 강의 교재들은 미국 육군사관학교(West Point)와 같은 미국 내 군사 교육기관의 교과서를 번역하여 사용했다.[26] 이렇듯 겉으로 드러난 계약 내용들은 실제 전투와는 무관한 내용으

24 Shearer, "Private Armies and Military Intervention," p. 58.

25 *Ibid.*; Avant, *Market For Force*, p. 102.

26 Yves Goulet, "MPRI: Washington's Freelance Advisors," *Jane's Intelligence Review*, Vol. 10, No. 7. (1998).

로 하고 있었다. 두 개의 계약은 명목상 바르샤바조약기구의 기준으로 운용되던 군대를 나토의 기준에 부합하는 것으로 바꾸기 위한 것이었고 주로 민주주의 원리 및 민군 관계(Civil-Military Relation)에 대한 강의를 위주로 한 것이었다.

하지만 크로아티아가 MPRI로부터 들은 '강의'는 다른 효과를 나타내었다. 1995년 8월에 크로아티아군(HV)은 크라이나 지방을 장악하고 있던 세르비아계 저항세력에 대한 대대적인 공격을 감행했다. "폭풍작전"(Storm Operation)으로 명명된 이 작전에서 크로아티아군은 이전에 비해 놀라울 정도로 달라진 모습을 보였다. 불과 2~3년 전까지만 하더라도 민병대를 위주로 한 지리멸렬한 모습에서 완전히 탈피하여 나토군의 기동전을 그대로 재현한 듯한 조직적이고도 전문화된 모습을 보여준 것이다. 크로아티아군은 작전 개시 일주일 만에 크라이나 지방을 완전 장악했다.[27] 이 작전의 결과로 세르비아계 저항세력은 크로아티아 내에서 자신과 연대하여 투쟁할 동맹 세력을 완전히 잃게 되었고 크로아티아군은 보스니아군과의 연합 작전을 통해 세르비아계 저항세력을 압박함으로써 세르비아계가 장악하고 있던 영토를 대부분 회복했을 뿐 아니라 보스니아 영토의 20% 정도를 점령하기도 했다.[28] 이러한 압도적인 승리는 세르비아계 저항세력의 휴전 합의를 이끌어내게 되었고 1995년에 미국 오하이오(Ohio)주 데이턴(Dayton)에서 평화협정(Dayton Agreement)이 체결되었다.[29]

---

27 Juan Carlos Zarate, "The Emergence of a New Dog of War: Private International Security Companies, International Law and the New World Disorder," *Stanford Journal of International Law*, Vol. 34 (1998), p. 107; Charlotte Eagar, "Invisible US Army Defeats Serbs," *The Observer*, November 5, 1995.

28 Juan Carlos Zarate, "The Emergence of a New Dog of War," p. 108.

29 "Dayton Accords," *Encyclopædia Britannica*, Retrieved August 30, 2010, from Encyclopædia Britannica Online: http://www.britannica.com/EBchecked/topic/153203/Dayton-

이러한 크로아티아군의 놀라운 변모는 과연 MPRI가 그 지역에서 무엇을 하고 있었는가에 대한 의문을 증폭시켰다. 겉으로 드러난 MPRI의 지원 임무인 조직 개편에 대한 강의가 실제적으로 너무나도 다른 모습으로 나타났기 때문이다. 나중에 드러난 사실이지만 MPRI의 '강의'는 단순히 민주주의의 원리와 민군 관계에 대한 것만을 내용으로 하고 있지 않았다. MPRI는 계약 착수 시점인 1995년 이전부터 크로아티아에서 활동하고 있었다는 의혹을 받았고[30] 크로아티아군의 조직 개편을 맡은 이후에는 강의 내용 이외의 '특강'을 크로아티아군에게 시행한 것으로 나타났다. MPRI의 크로아티아에 대한 군사적 지원은 기초보병 전술훈련과 중간급 규모의 부대작전 및 통합작전에 관한 내용을 포함한 군 운용에 관한 전략적 조언을 담고 있었다. 민군 관계 개선을 넘어선 내용의 프로그램을 진행하고 있었던 것이다.[31] 또한 당시 크로아티아는 구동구권 국가들로부터 무기를 구입하는 데 상당한 노력을 기울이고 있었는데 이러한 무기 구입에 있어 MPRI는 무기 획득을 알선해준 것으로 나타났다.[32]

Accords(2010-07-01). 데이튼 협정에 의해 미국의 지상군의 파견이 결정된다. 하지만 당시 미군이 수행한 임무는 크로아티아나 보스니아에게 어떠한 도움을 주지도 못했다. 당시 미국의 임무는 유엔평화유지군의 임무와 별다를 것이 없었고 주둔 시기도 1년 정도로 못 박았다. 약 1년 동안 분쟁 당사자에게 숨 쉴 틈을 제공한다는 아주 모호한 임무였던 것이다.

30 MPRI는 크로아티아와의 계약이 성사된 1994년 9월부터 현지에서 임무에 착수한 것으로 나타났다. 1994년 9월부터 그해 말까지 MPRI는 현장조사(survey)를 명목으로 크로아티아에서 활동을 시작한 것이다. David Shearer, "Private Armies and Military Intervention," p. 58. 문제는 이들이 여기서 단순히 현장조사만 하지는 않았을 가능성이 있다는 것이다. 실례로 민주주의 전환 프로그램은 1995년 4월에 시행되는데 시행한 첫 달에 첫 졸업생을 배출하게 된다. 14주로 구성되어 있는 프로그램이 시행 첫 달에 졸업생을 배출했다는 것은 MPRI가 계약 시행 시점 이전부터 계약을 이행하고 있었다는 강한 의혹을 제기하게 하는 것이다. Avant, *Market for Force*, p. 102의 footnote 112를 참조.

31 Charlotte Eagar, "Invisible US Army Defeats Serbs," *The Observer*, November 5, 1995.

32 Roger Cohen, "US Cooling Ties With Croatia after Winking at Its Build Up," *New York Times*, October 28, 1995, p. A1.

폭풍작전이 개시되기 수일 전에 MPRI의 최고경영자인 부오노(Carl Vuono)와 크로아티아의 바리마르 체르벤코(Varimar Cervenco) 장군이 회동했다는 사실이 알려지면서 MPRI가 폭풍작전에 직접적으로 개입했다는 의혹까지 제기되었다.[33] 이러한 의혹에 대해 MPRI는 폭풍작전과 자신들의 연계를 완강히 부인했다. 그들은 크로아티아 폭풍작전에서 활용된 크로아티아의 전쟁 계획은 MPRI를 통해서만 획득할 수 있는 것은 아니며, 조지타운대학교와 같은 일반 대학에서도 얻을 수 있는 것이었다면서 폭풍작전과 자신들의 연계를 부인했다. 하지만 폭풍작전에서 나타난 크로아티아군의 모습은 같은 작전에 있어서 MPRI의 역할을 부인하기에는 너무나도 강한 흔적을 남기고 말았다. 당시 크로아티아군은 세르비아군의 지휘 통신망을 제압하는 작전을 전개하였는데, 이 작전에서 보여준 크로아티아군의 전술은 수년 전 크로아티아군이 보여준 구(舊)바르샤바조약기구의 전술과는 크게 다른 것으로 당시 MPRI가 미국 육군의 "공지합동전투 2000"(Air Land 2000) 교범을 크로아티아군에게 교육시켰다는 의혹이 제기되었다.[34]

폭풍작전은 군사대행기업을 활용한 크로아티아의 군사적 성공을 보여주는 사례였다. 하지만 이러한 성공의 이면에는 학살로 얼룩진 내전의 모습이 공존하고 있었다. 크로아티아군이 세르비아계가 장악한 지역을 재탈환하면서 미처 대피하지 못한 세르비아계의 노인 · 부녀자들을 무참하게 학살한 사건이 발생한 것이다.[35] 크로아티아의 폭풍작전 자체가 평화

33 Ken Silverstein, "Mercenary Inc.?" *Washington Business Forward*, April 26, 2001.

34 피터 싱어, 『전쟁대행주식회사』, pp. 228~229.

35 Manfred Nowak, "Question of the Human Rights of All Persons Subjected to Any Form of Detention or Imprisonment Question of Enforced or Involuntary Disappearances: Special Process on Missing Persons in the Territory of the Former Yugoslavia," March 1996, http://www1.umn.edu/humanrts/commission/country52/36-yug.htm(2006-11-24).

협정을 위반한 것으로 국제사회의 비난을 받고 있는 상황에서 이러한 학살 사건은 MPRI가 이 지역에서 활동하는 것에 대한 비난을 가속시켰다. MPRI의 프로그램은 그 주된 목표인 크로아티아군의 민주화와 민군 관계 개선은 달성하지 못하고 숙련된 학살 집단을 육성한 결과를 초래했다는 비난을 받게 되었다.

2) 보스니아의 사례

크로아티아가 MPRI를 활용하여 군사적 성공을 거둔 이후, 안보 사영화를 통해 군사력을 개편한 방식은 비슷한 처지에 놓인 이웃 국가들에 의해 응용되기 시작했다. 크로아티아와 비슷한 정치 군사적 배경 하에 있었던 보스니아는 신유고슬라비아 연방(세르비아-몬테네그로)과 불편한 관계인 동시에 신유고슬라비아 연방에 대응할 만한 군사력을 가지지 못한 상태였다. 보스니아는 크로아티아가 보여준 폭풍작전의 성공의 배경에 MPRI와의 계약이 있음을 인식하고 MPRI에 자국의 군사력 개편을 위한 계약을 추진하게 되었다. 1995년에 데이튼 협정에 참여한 보스니아는 그 해에 데이튼 협정의 체결 조건으로 MPRI와의 계약을 내걸었다.[36] 데이튼 협정에 의해 미군의 파병이 결정되었지만 당시 파견된 미군은 크로아티아나 보스니아의 편에 서 있는 것이 아니었다. 유엔평화유지군과 같이 중재자의 입장에서 양쪽에 1년 간의 휴전 기간을 제공하는 것이었기 때문이다. 이는 보스니아에게 있어서 현지에 파견된 미군을 통해 자국의 국방력 강화를 수행하기 어렵다는 것을 의미했다. 결국 자국의 군사력 증강을 위해 외부 군사 지원이 절실했던 보스니아는 크로아티아의 사례를 모방해 MPRI와의 계약을 통해 자국 군사력을 보완하기에 이른다. 1996년 5월

36 피터 싱어, 『전쟁대행주식회사』, p. 228.

에 보스니아는 보스니아연방군의 개편을 지원하는 것을 내용으로 하는 계약을 MPRI와 체결했다.[37] 계약 기간은 1년으로 약 5천만 달러의 계약 금액을 받도록 되어 있었고 매년 계약을 갱신하는 방식으로 이루어졌다.

크로아티아와 마찬가지로 보스니아도 군사대행기업과의 계약을 후원할 외부 지원 세력을 확보할 수 있었다. 이러한 점은 1990년대 중반에 시에라리온이나 앙골라처럼 국제적으로 완전히 고립된 약소국들과는 차별이 되는 경우이다. 보스니아가 종교적으로 무슬림(muslim)에 기반한 국가라는 것은 아랍계 세력의 지원을 획득할 수 있는 좋은 구실이 되었다. 아랍 국가들은 기독교(서방) 세력과 무력 분쟁 중에 있는 국가들에 대해 지속적인 재정 지원을 해왔다. 사우디아라비아의 하마스(HAMAS) 지원은 그 대표적 사례이다. 이들 아랍계 세력은 파병과 같은 직접적인 군사적 지원을 주지는 못하지만 서방 세력과 투쟁하는 형제 국가에 대해 재정적인 도움을 줄 수 있었다. 보스니아도 이러한 아랍 국가의 지원 혜택을 누릴 수 있었다. 보스니아와 MPRI의 계약에 필요한 자금은 사우디아라비아(Saudi Arabia), 쿠웨이트(Kuwait), 브루나이(Brunei), 아랍에미리트연합(United Arab Emirates) 및 말레이시아(Malaysia)와 같은 이슬람 국가들로부터 지원받았다.[38]

또한 보스니아는 MPRI와의 계약에 있어서 노골적으로 전투훈련을 위

---

37 *Ibid.*, p. 230. 당시에는 경쟁 입찰로 MPRI 이외에도 미국이 SAIC과 BDM이 참여하였으나 MPRI에게 낙찰되었다. MPRI의 크로아티아에서의 명성이 작용한 결과이다.

38 *Ibid.*, p. 231. 이러한 아랍의 재정적 지원은 체첸 지역의 내전에서도 나타나고 있다고 전한다. 체첸 내전은 용병 간의 전쟁이 되고 있는데 아랍 진영과 유럽의 무슬림 국가인 터키가 용병을 사들여 체첸에 보내고 있다는 말이 나오고 있다. "RUSSIA: Turkish Organizations Support Chechnya Mercenaries?" *Corp Watch*, November 5th, 2004, http://www.corpwatch.org/article.php?id=11654(2006-11-24); "Mercenaries aid Chechen rebels," *CNN*, February 14, 2001, edition.cnn.com/video/world/2001/02/14/ sh.chechnya.affl.html(2006-11-24).

주로 한 내용을 담게 했다. 군 안정화 프로그램(Military Stabilization Program)으로 명명된 보스니아의 군사력 개편 프로그램은 보스니아 내부의 무슬림과 세르비아계의 세력 균형을 창출하는 데 목적을 두고 있었으나 세르비아계를 지원하는 신유고슬라비아 연방과의 무력 충돌까지 고려한 것이기도 했다.

계약 첫해인 1996년에 MPRI는 첫 번째 계약의 실행을 위해 현지 책임자로 윌리엄 보이스(William Boice) 예비역 소장을 보스니아로 파견했다. 보이스는 사라예보(Sarajevo)에 보스니아 사업본부를 두고 175명의 MPRI 직원을 동원했다. 보이스가 실행한 보스니아군 안정화 프로그램은 보스니아 국방부 및 병참을 위한 통합 시스템의 구축이었다. 보스니아는 크로아티아와는 달리 내부에 두 개의 군대가 존재하고 있었다. 하나는 보스니아 무슬림 계열의 보스니아 헤르체고비나군(Army of Bosnia-Herzegovina, ABiH)이었고 다른 하나는 크로아티아계의 보스니아 크로아티아 방위평의회(HVO)의 무력 조직이었다. 이러한 문화적 · 종교적 배경이 다른 두 개의 군대를 하나로 통합하는 것은 또 다른 도전적 과제였다. MPRI는 군대의 재조직화와 동시에 보스니아 통합군 훈련의 현대화를 위한 일도 맡았다. 하지치(Hazici) 인근에 건설한 군사훈련소 및 컴퓨터 시뮬레이션 훈련장을 비롯하여 리브노(Livno) 지역에서는 미국의 가상 적군(Opposition Force, OPFOR) 훈련소를 모방한 훈련 시설을 건설했다.[39]

이러한 보스니아에서 MPRI의 활동은 보스니아 군의 능력을 크게 향상시킬 가능성이 있었다. 하지만 이에 대한 비판도 적지 않았다. 특히 전투훈련을 내용으로 한 보스니아와 MPRI의 노골적인 계약은 이러한 계약 이

39 Tammy Arbuki, "Building a Bosnian Army," *Jane's International Defense Review*, August 1997.

후 보스니아에 의한 또 다른 폭풍작전이 전개될지도 모른다는 우려를 낳았다.[40] MPRI는 보스니아의 군 안정화 프로그램이 지역 내의 세력 균형을 위한 것이라고 주장하지만 이에 대해 비판자들은 유고슬라비아 내전 초기에 많은 영토의 손실을 본 보스니아가 내부 극우 세력의 선동에 의해 다시 전쟁에 돌입하게 될 가능성을 지적했다.[41]

하지만 이러한 우려에도 불구하고 MPRI는 여전히 보스니아에서 사업을 진행하고 있다. 뿐만 아니라 크로아티아와 보스니아의 MPRI의 활용을 통한 성공적인 군의 현대화는 이웃 나라들로 확산되고 있다.[42] 이러한 추세라면 발칸 지역 전체가 MPRI를 고용하는 상황이 연출될 가능성도 있다. MPRI는 이를 고려해서인지 발칸 지역에서의 활동을 자사의 주요한 업적으로 홍보하고 있다.[43]

3) 사우디아라비아의 사례

중동 지역에서도 군사대행기업을 통해 군사 지원 및 자문을 획득하는 국가를 발견할 수 있다. 바로 사우디아라비아(Saudi Arabia)이다. 크로아티아의 경우에 냉전 종식 이후 등장한 신생국으로 국제적 지원이 절실한 가운데 미국의 소극적 태도와 유엔의 무기 금수 조치라는 장애를 군사대행기업 활용이라는 대안을 통해 극복한 경우이다. 반면에 사우디아라비아는 냉전 당시부터 미국과 공고한 우방 관계를 유지한 아랍계의 친미 국가

---

40 피터 싱어, 『전쟁대행주식회사』, pp. 231~233.

41 Thomas Valasek, "Bosnia Five Years Later," *Defense Monitor*, Vol. XXIX, No. 10 (December 2000), http://www.cdi.org/dm/2000/issue10/bosnia.html(2006-11-24).

42 대표적인 나라가 바로 마케도니아(Macedonia)이다. 피터 싱어, 『전쟁대행주식회사』, p. 234.

43 MPRI, "International Security Sector Training and Education," http://www.mpri.com/main/internationalsecuritysectort.html.(2006-11-24).

이다. 이들에게 있어서 미국과 같은 외부로부터의 군사 지원은 냉전 이전부터 지속되어온 당연한 것이었다. 하지만 냉전 종식 이후 미국과 사우디아라비아의 관계는 문제가 생기기 시작하고 이러한 문제는 안보 협력의 약화로 나타나게 되었다. 사우디아라비아가 군사대행기업을 활용하게 되는 동기는 앞서 언급한 크로아티아나 보스니아와 차이가 있지만 대외 군사 지원의 축소로 인해 안보상의 공백이 나타나고 이러한 문제점을 군사대행기업을 통해 보완한다는 점에서 활용 유형에서는 유사성을 띤 사례이다.

1991년의 걸프전은 미국과 사우디아라비아의 항구적이고도 공고한 관계를 과시하는 것처럼 보였다. 두 국가의 협력 하에 걸프전은 미국을 위시한 연합군의 일방적인 승리로 끝났으며 1991년에 걸프전이 종결된 후 사우디아라비아에는 미군 약 4,000여 명이 주둔하게 되었다. 이들은 대부분 공군 전력으로서 이라크의 비행 금지 구역의 감시를 맡은 전력이었고 일부는 사우디아라비아 정규군의 현대화를 지원하는 군사고문의 성격을 띠고 있었다. 사우디아라비아의 입장에 있어서 미국의 현역 병력의 배치는 이란 · 이라크의 위협으로부터 벗어날 수 있는 중요한 자산이 되었다.

하지만 1993년에 클린턴 행정부가 출범한 이후 사우디아라비아와 미국의 관계에 긴장이 조성되기 시작했다. 문제의 발단은 클린턴 행정부의 대중동 정책에 있었다. 클린턴 행정부는 미국 경기의 회복에 가장 큰 목표를 두고 있었고 이러한 국내 경기의 회복 노력은 사우디아라비아와의 석유 무역의 균형 요구로 나타났다.[44]

더욱 심각한 문제는 클린턴 행정부가 사우디아라비아와의 관계에 있어

44 Josh Pollak, "Saudi Arabia and United States," *Middle East Review of International Affairs*, Vol. 6, No. 3 (2003), p. 85.

일종의 금기 사항을 어긴 것이다. 사우디아라비아의 왕정 독재체제를 문제삼고 민주화를 해야 한다는 주장을 공개적으로 하는 한편, 아랍계의 맹주인 사우디아라비아로 하여금 이스라엘과 관계 정상화를 하도록 요청한 것이다.[45] 사우디아라비아에 있어서 이스라엘과 관계를 정상화한다는 것은 아랍계 수장의 자존심을 건드리는 아주 민감한 부분이었다. 하지만 클린턴 행정부는 이러한 사우디아라비아의 아랍계에서의 위치를 고려하지 않은 채 성급하게 관계 정상화를 요구하였고 이러한 관계 정상화 요구에 대해 사우디아라비아는 팔레스타인 무장투쟁 지원으로 대응했다.[46]

클린턴 행정부의 아랍계와 이스라엘의 관계 정상화를 두고 나타난 사우디아라비아와의 불협화음은 1999년에 이르러 더욱 증폭되게 되었다. 클린턴 대통령은 고(故)후세인(Hussein) 요르단 국왕의 장례식을 사우디아라비아와 이스라엘의 화해 조성 기회로 삼을 목적으로 사우디아라비아 왕가에게 참석을 요청한 것이다. 이는 사우디아라비아와의 관계를 오히려 더욱 불편하게 만드는 결과를 초래하고 말았다.[47]

---

45 사우디아라비아의 국가자문평의회(Shura Council)의 오트만 알 라와프(Othman Al-Rawwaf)는 이러한 클린턴의 중동 정책에 대해 사우디아라비아 정부는 강력한 반대 입장을 표명하였고 이러한 클린턴 행정부의 정책이 사우디아라비아로 하여금 아랍 국가들의 팔레스타인에 대한 지원을 주도하는 역효과를 초래했다고 증언했다. "Saudi Shura Member: Saudi Arabia Should Seek a Strategic Alternative to U. S.," *Ai-Asharq Al-Awasat*, January 25, 2002, translated by MEMRI(The Middle East Media Research Institute).

46 1990년에 아라파트(Asir Arafat)가 이라크를 지지하자 사우디아라비아는 PLO(Palestine Liberation Organization)에 대한 지원을 중단했다. 하지만 1990년대의 사우디아라비아는 팔레스타인 무장단체인 하마스(HAMAS)에 대해서는 지속적 지원을 유지했다. Mark Matthews, "Saudis Shown to Aid Terror, Israel Alleges," *Baltimore Sun*, May 7, 2002.

47 당시 클린턴 대통령은 사우디아라비아의 압둘라 왕세자에 지속적으로 접근하여 만약 압둘라 왕세자가 이스라엘 측 인사들과 접촉하기를 원한다면 장례식에 참석하라고 요청했다고 한다. 이에 압둘라 왕세자는 퉁명스럽게 대꾸했다고 한다. "대통령 각하, [사우디아라비아와 미국의] 우정에는 한계가 있다고 여겨집니다"(I believe, Your Exellency Mr. President, that there are limits to friendship). Elaine Sciolino, "Out Front: A Desert Kingdom Takes the

이러한 경제-외교 문제를 둘러싼 갈등보다 더 심각한 갈등은 바로 테러리즘에 대한 대응을 비롯한 안보 영역에서 발생했다. 이 두 국가의 테러와의 전쟁을 둔 불협화음은 9 · 11과 이라크전쟁을 통해 익히 알려져 있지만 테러와의 전쟁 이전인 1990년대 중반부터 테러리즘에 대한 대응을 두고 두 국가의 갈등이 시작되었다.

1995년과 1996년에 미국은 사우디아라비아에서 알 카에다(Al-Qaeda)에 의해 수행된 두 건의 테러를 당하게 되었다. 당시 알 카에다는 리야드(Riyadh)와 코바 타워즈(Khobar Towers)에 주둔하고 있던 미군의 청사에 자살 폭탄테러를 감행하였는데, 사후 대응을 두고 양국 간의 마찰이 심화되었다. 사우디아라비아와 미국의 갈등을 여실히 보여주는 것이 바로 1996년의 오사마 빈 라덴(Osama bin Laden) 검거 실패 사건이다. 1996년에 미국은 수단(Sudan) 정부를 설득하여 빈 라덴을 추방시키는 데 성공했다. 이러한 상태에서 사우디아라비아가 빈 라덴을 자국으로 송환토록 조치하면 미국은 빈 라덴의 검거에 성공하는 것이 되었다. 하지만 사우디아라비아는 빈 라덴의 본국 송환을 철회했다.[48] 이러한 사우디아라비아의 비협조적인 태도는 이후, 클린턴 행정부로 하여금 양국 간 이해관계의 공통분모가 상당 부분 줄어들고 있다는 것을 인식하게 만들었다.[49]

2001년의 9 · 11테러 이후 미국과 사우디아라비아와의 관계는 더욱 악화되었다. 9 · 11 이후에 나타난 양국 간의 갈등은 1973~1974년의 중동 석유 금수 조치(Oil Embargo) 이래 최고조에 달하는 것이었다. 미국 내의

Spotlight," *New York Times*, March, 2002.

48 Barton Gellman, "The U. S. Was Foiled Mutipple Times in Efforts to Capture Bin Laden or Have Him Killed: Sudan's Offer to Arrest Militant Fell Through After Saudis Said, No," *The Washington Post*, October 3, 2001.

49 Paul Michael Wihbey, "The End of the Affair (US and Saudi Arabia)," *Spectator UK*, September 4, 2003.

언론 및 의회 등에서 미국의 '테러와의 전쟁'(War on Terrorism)에 대한 사우디아라비아의 비협조적인 태도를 비난하는 움직임이 거세게 일어났으며,[50] 아랍계 테러 단체의 자금 지원에 사우디아라비아 왕가가 개입하고 있다는 의혹이 제기되었다. 사우디아라비아에서는 미국의 대(對)이스라엘 지원에 대한 비판이 있었다.[51] 이러한 양국의 갈등이 사상 유례없는 수준으로 증폭되는 가운데 2003년에 미국은 사우디아라비아에 주둔하고 있던 자국의 병력을 철수시키기로 결정하게 되었다.

냉전 당시부터 지속된 사우디아라비아의 미국에 대한 군사적 의존을 생각할 때, 미국의 철군 소식은 반드시 좋은 소식인 것만은 아니었다. 사우디아라비아는 냉전 당시부터 미국과의 군사 협력에 의해 자국의 군사력을 유지한 국가이다. 장비는 말할 것도 없고 군사고문단 파견에 의한 정규군 훈련까지 미국에 의존했다. 이러한 배경을 가진 사우디아라비아에게 미국과의 갈등은 자국의 군사력 유지의 핵심 지원 세력을 잃게 되는 결과를 초래했다. 사우디아라비아는 미국과의 관계 악화로 야기된 자국의 군사적 공백을 보완할 대책이 필요했다.

이러한 외부 군사 지원의 공백에 대해 사우디아라비아가 활용한 것은 당시 사우디아라비아에서 활동하고 있던 비넬(Vinnell)[52]이라는 군사대행

---

50 미국은 크게 세 가지 영역에서 사우디아라비아의 협력을 의심하고 있었다. 사우디아라비아 내의 기지 사용, 테러리스트 집단의 재정 연계망에 대한 조사, 사우디아라비아 내의 극단주의자에 대한 억제가 그것이었다. Alfred Prados, "Saudi Arabia: Post War Issues and U. S. Relations," *CRS Issue Brief for Congress (IB93113)*, December 14, 2001, p. 2.

51 Josh Pollak, "Saudi Arabia and United States," pp. 89~90.

52 비넬은 1931년에 알란 비넬(Allan S. Vinnell)에 이해 설립되었다. 창사 초기에 이 회사는 건설회사로 활동하면서 미군의 군사기지 건설 하청을 담당하게 되었다. 베트남전쟁에서의 활동 당시 미군의 비밀작전을 대행하고 있는 것으로 의심받던 이 회사는 1975년에 사우디아라비아와의 계약을 통해 군사대행 사업을 본격화했다. 이 회사는 2002년에 노스롭 그루먼(Northrop Grumman)사에 합병되어 현재 노스롭 그루먼의 자회사로 활동하고 있다. 현재 최고경영자는 토마스 핀텔(Thomas Fintel)이다. The Center for Public Integrity, "Vinnell

기업이었다. 사우디아라비아와 비넬의 관계는 1975년 2월부터 시작되었다. 당시 사우디아라비아 정부와 비넬의 계약 내용은 사우디아라비아 국가보안군(Saudi National Guard, SANG)의 훈련을 위한 것이었는데,[53] 계약금액은 7,700만 달러에 달했다.[54] 이들의 능력에 고무된 사우디아라비아 정부는 비넬에 지속적으로 사우디아라비아 국가보안군의 훈련을 의뢰하게 되고 이는 비넬과 사우디아라비아 왕가의 30년 간의 관계를 형성하는 중요한 계기가 되었다.

사우디아라비아 왕가에 있어서 사우디아라비아 국가보안군의 존재는 매우 중요한 존재였다. 이들은 정규군의 편제에 포함되지 않는 사우디아라비아 왕가의 안위를 위한 특별한 군대였기 때문이다. 75,000명의 병력으로 구성된 사우디아라비아 국가보안군은 전시에는 사우디아라비아 정규군의 기갑사단으로 편입되지만 평시의 주요 임무는 사우디아라비아 왕가를 보호하는 친위대의 임무를 수행한다.[55] 이러한 사우디아라비아 왕가의 안위와 관련된 부대의 훈련을 맡은 비넬은 사우디아라비아 왕가에게 있어 핵심적 군사 자원이었다.

30여 년 이상 지속되어온 비넬의 활동은 현지에 파견된 비넬 직원들을

(Northrop Grumman)," http://www.publicintegrity.org/wow/bio.aspx?act=pro&ddlC=64(2006-12-01).

53 Kim Willenson, Nicholas C. Profitt, and Lloyd Norman, "Saudi Arabia: This Gun for Hire," *Newsweek*, February 24, 1975. 당시의 계약은 미국의 민간 기업이 외국군의 군사 훈련을 맞게 된 최초의 사례였다.

54 이 계약은 당시 도산 위기에 있던 비넬을 구했다. 비넬은 베트남전쟁과 관련된 미국과의 계약을 수행하고 있었는데 비넬의 베트남전쟁 참가는 회사의 재정을 어렵게 만들었고 도산 직전의 위기까지 몰아넣었다. Ian Urbina, "Saudi Arabia: Vinnell and the House of Saud," *Asia Times*, May 17, 2003.

55 사우디아라비아 국가보안군은 사우디아라비아 왕세자인 압둘라 빈 압둘 아지즈(Abdullah bin Abdul Aziz)가 직접 감독하도록 되어 있다. Michael Kranish, "US Company Has Long History with Saudis," *Information Clearing House*, May 15, 2003.

사실상 사우디아라비아 국가보안군 소속으로 만들어버렸다.[56] 1979년 9월 20일에 일어난 그랜드 모스크(Grand Mosque) 사건[57]은 사우디아라비아 왕가와 비넬의 공고한 관계를 여실히 보여주었다. 당시 미군과 비넬은 사우디아라비아 국가보안군의 진압작전을 도와주게 되었는데 사우디아라비아 국가보안군이 주도한 초기의 작전이 실패하자 비넬은 자신들의 직원들을 동원하여 사우디아라비아 국가보안군의 작전을 지원(전투 개입)하게 되고 작전은 성공리에 마무리되게 되었다.[58] 이러한 비넬과 사우디아라비아 왕가와의 관계는 냉전 종식 이후에도 지속적으로 유지되어 비넬은 현재까지도 사우디아라비아 왕가의 친위대인 사우디아라비아 국가보안군의 훈련을 계속 담당하는 한편, 사우디아라비아에서의 사업 영역을 지속적으로 확장하고 있다.

2003년에 미국이 사우디아라비아에서 철수 결정을 내리면서 윌리엄 할퉁(William D. Hartung)과 같은 일부 전문가들은 미군의 사우디아라비아에서의 군사적 지원 축소가 비넬과의 계약의 축소로 이어져 사우디아라비아 내의 군사대행기업의 활동이 크게 위축될 것으로 전망했다. 할퉁은 비넬과 같은 군사대행기업이 사우디아라비아 주둔 미군과 관련된 활동을 하고 있다고 판단해 사우디아라비아에서의 미국의 병력 철수는 결과적으로 비넬과 같은 군사대행기업에 대한 수요의 감소로 이어질 것이라고 전망한 것이다.[59]

---

56 Source Watch, "Vinnell Corporation," http://www/sourcewatch.org/index.php?title=vinnell_corporation(2006-12-01).

57 1979년 9월 20일에 발생한 그랜드 모스크 사건은 사우디아라비아의 근본주의 무장세력에 의한 반란으로 당시 사우디아라비아 왕가의 정권 이양을 요구했다.

58 Source Watch, "Vinnell Corporation."

59 William Hartung, "Bombings Bring U. S. 'Executive Mercenaries into the Light'," *Foreign Policy in Focus*, May 16, 2003.

하지만 현실은 정반대로 나타났다. 사우디아라비아는 미국과의 관계가 소원해졌을 때마다 비넬과의 계약을 강화한 것이다. 1995년은 사우디아라비아에서 테러가 발생한 해이고 대테러 대응을 두고 미국과 사우디아라비아 사이의 긴장이 조성된 시기였다. 리야드 테러가 발생하고 나서 약 4개월이 지난 1995년 12월에 비넬의 핵심 당국자인 프랭크 칼루치(Frank Carlucci)는 리야드(Riyadh)를 방문해 비넬의 사우디아라비아 현지 사업 확장을 논의했다.[60] 그 결과 비넬은 사우디아라비아 측에 조인트벤처 기업을 설립할 것을 제안하고 비넬 사우디아라비아(Vinnell Arabia in Saudi Arabia)라는 현지 법인을 세웠다.[61] 이후 비넬은 사우디아라비아 군의 훈련뿐 아니라 사우디아라비아 국방부가 계획한 군의 현대화 계획을 포함한 전략 컨설팅까지 사업 영역을 확대하게 되었다. 비넬과 사우디아라비아의 계약은 1996년의 빈 라덴 검거 실패 이후에 더욱 악화된 미국과의 관계에도 불구하고 지속적으로 유지되었으며, 비넬은 사우디아라비아 군대 운용의 실질적 주체라고 할 정도로 입지가 강화되었다. 이러한 모습은 미군이 철수를 결정한 2003년에도 나타났다. 미군이 철수를 결정한 뒤 얼마 지나지 않은 시점인 2003년 12월에 사우디아라비아는 사우디아라비아 국가보안군의 훈련과 장비의 현대화, 군사 자문, 추가적인 계약에 대한 행정 지원, 장비의 수송 및 부대 유지와 장비의 수리를 포함하는 포괄적인 내용을 담은 계약을 비넬과 체결했다.[62]

---

60 Charles J. Habley, "Saudi Arabia: Royal Family Gets Quiet Help From U. S. Firm With Connections," *Associated Press*, March 22, 1997.

61 Vinnell, "Contract Support to the Saudi Arabian National Guard," http://vinnell.com/ArabiRecruiting/recruiting.htm(2006-12-02).

62 동 계약의 기간은 5년(2004년 1월부터 2008년 12월 31일까지)이고 계약 당시 잠정 집계된 계약 금액은 9억 9천만 달러였다. Robin Hughes, "Modernisation Drive for Saudi National Guard," *Jane's Defense Weekly*, December 3, 2003.

이러한 사우디아라비아의 군사대행기업 활용은 기존의 동맹국 · 우방국과의 관계 소원으로 인해 차단된 해외 군사 지원을 군사대행기업을 통해 대체하는 유형을 보여준다. 사우디아라비아는 냉전 당시부터 군사대행기업을 자국의 군사력 육성에 활용해온 국가라고 할 수 있다. 하지만 냉전의 종식과 뒤이은 강대국과의 동맹 · 우방 관계의 변화가 군사대행기업에 대한 사용 의존도를 높이는 것을 보여주는 사례라는 점에서 사우디아라비아의 사례는 시사하는 바가 있다.

4. 제2유형의 특성

지금까지 제2유형의 사례로 자체 군사력이 상대적으로 약하나 군사협력관계가 유지되고 있는 국가들의 군사대행기업 활용 유형을 살펴보았다. 이들 국가들은 자국의 약한 자체 군사력을 외부로부터의 군사 지원에 의해 극복하던 국가들로서 냉전 종식 이후 군사협력관계의 축소로 차단된 해외 군사 지원을 군사대행기업 활용을 통해 대체하였다. 이들 국가들은 군사대행기업을 통해 타국으로부터의 군사 지원을 대체하고 있다는 점에서 해외 군사 지원 대체의 유형으로 규정지을 수 있을 것이다.

사례에서 언급한 국가 이외에도 제2유형의 군사대행기업 활용을 보이는 국가들이 목격되고 있다. 구유고슬라비아 연방의 지역에서는 보스니아에 뒤이어 마케도니아가 MPRI와 계약을 체결했다. 마케도니아는 군대와 국경경비대를 위한 소규모 프로그램을 MPRI에 의뢰하는 것을 내용으로 하는 계약을 체결했다.[63] 또한 대만의 경우는 1990년대초 MPRI로부터

---

63 피터 싱어, 『전쟁대행주식회사』, p. 234.

걸프전 이후의 군사력 운용에 관한 자문을 받은 바 있다.[64] 이들 모두는 크로아티아나 사우디아라비아와 같이 자체 군사력은 주변 국가보다 상대적으로 약하나 대외군사협력관계를 통해 자국의 안보 문제를 해결해온 국가들이다.

이러한 국가들이 냉전 종식 이후 겪게 되는 안보상의 중요한 변화는 바로 미국의 대외 정책 변화와 그에 의한 군사협력관계의 변화라고 볼 수 있다. 미국의 대외 정책 변화는 이 국가들에게 군사 협력의 축소로 인한 안보상의 공백을 만들게 된다. 앞서 크로아티아의 사례에서 언급한 것처럼, 냉전 종식 이후 대외 개입 정책에 소극적인 클린턴 행정부의 정책은 미국의 군사적 협력이 절실한 크로아티아에게 안보상의 문제를 발생시켰다. 사우디아라비아 역시 클린턴 행정부의 대(對)중동 정책 변화는 양국의 관계 악화로 이어졌고 이러한 관계 악화는 실질적 군사 협력의 축소를 비롯한 사우디아라비아 안보의 공백을 발생시켰다. 이러한 상황에 놓인 국가들은 군사대행기업 활용을 통해 자국의 군사적 공백을 보완하는 모습을 보여주었다. 크로아티아와 보스니아는 MPRI와의 계약을 통해, 사우디아라비아는 비넬과의 계약을 통해 자국의 군사력 건설에 있어서 부족한 부분을 보완했다.

제2유형의 사례에서 발견되는 흥미로운 사실 중 하나는 바로 대외 군사 지원의 양상 변화이다. 이전의 경우에 대외 군사 지원은 재정 지원이나 직접적인 군사 지원 모두 국가가 가지고 있는 공공의 수단에 의해 이루어졌다. 하지만 크로아티아 및 보스니아의 사례에서 나타난 것은 군사적 지원을 행하는 국가는 재원만을 마련하고 그의 실행은 사적인 영역인 군사대행기업이 행하는 형태를 보여주고 있다. 이른바 대체 수단에 의한

64 *Ibid.*, p. 37.

대외 정책(foreign policy by proxy)의 모습이 나타나고 있는 것이다. 이러한 모습은 군사 지원에 필요한 핵심 구성요소에 일련의 변화를 가져다줄 가능성을 생각하게 한다. 예전 같으면 해외 군사 지원을 하기 위해 자국에게 해외에 파견할 병력이 충분한지를 고려해야 했지만, 군사대행기업을 활용할 경우에는 고용 자금만 마련할 수 있다면 타국을 지원할 수 있게 되었다. 군사대행기업에 의한 해외 군사 지원 임무의 대체는 이를 활용하여 군사 지원의 수혜국뿐만 아니라 시혜국의 성격도 변화시킬 가능성이 있다. 자국의 군사력은 상대적으로 미약하지만 경제력이 막강한 국가(예로 아랍계의 산유국이나 일본과 같은 경제 대국)가 대외 군사 개입에 있어서 적극적인 활동을 할 수 있는 길이 열린 것이다.

제6장

제3유형: 패키지 활용—앙골라 · 시에라리온 · 파푸아뉴기니

제3유형은 냉전 종식 이후 고립된 약소국들의 군사대행기업 활용을 담고 있다. 이들 국가는 자국을 지킬 충분한 군사력을 갖추고 있지 못하면서도 외부로부터의 지원마저 차단되는 국가들이다. 이러한 국가가 내부 혹은 외부로부터의 군사적 위협에 휘말리게 될 경우에 이는 파멸로 가게 되는 경우를 어렵지 않게 예상할 수 있다. 이러한 예상과 달리 1990년대의 앙골라 · 시에라리온 및 파푸아뉴기니는 군사대행기업 활용을 통하여 자국의 총체적 위기를 극복하는 모습을 보여주었다.

이들 국가가 군사대행기업 활용을 시도하게 되는 주요한 이유는 총체적 위기 상황을 극복하기 위한 것이다. 자체 군사력으로 내전과 같은 위기 상황을 극복하는 데 한계가 있었다는 것은 앞서 언급한 제2유형의 사례들과 유사한 점이나 제3유형의 국가들은 내전에 의해 자국의 정권이 붕괴 직전의 상황에 처하였음에도 불구하고 유엔평화유지군을 비롯한 국제사회의 중재 노력을 얻지 못하게 되는 상황에 처하게 된다. 이러한 국제사회로부터의 고립은 이들 국가의 위기 상황을 더욱 악화시키고 이러한 일촉즉발의 위기 상황을 극복하기 위해 모든 수단을 동원할 필요가 있었다. 이들의 노력은 자국의 천연자원을 매각하여 군사대행기업을 고용하고 군사대행기업으로 하여금 국가의 내전 자체를 해결하게 하는 형태로 나타났다.

1. 군사대행기업 활용의 배경: 군사적 해결수단의 부재

냉전 질서는 약소국과는 다소 무관한 것으로 보일지도 모른다. 냉전의 결과가 어떻게 되든지 간에 약소국의 지위가 현격하게 변화를 일으키는 것은 아니기 때문이다. 하지만 현실에서 냉전 종식은 약소국에게 가장 안 좋은 결과를 초래했다. 특히 냉전 종식과 함께 무관심의 대상으로 전락하게 되는 고립된 약소국은 냉전 이후 국가 존폐의 위기에 처하는 아이러니를 보여주었다.

냉전 당시 약소국들은 제3세계라는 자신들의 독자적인 세력을 결성했다. 그러나 제3세계의 국가들도 미국 · 소련 양국의 관리 대상이었던 것은 마찬가지였다. 미국과 소련 양국 모두 냉전에서의 승리를 위해 자신의 진영을 지지하는 국가들을 지원했다. 결과적으로 냉전은 약소국 정권에게 다소간의 '특혜'를 제공한 셈이 되었다. 미소 양진영 중 어느 일방에 대한 지지 표명은 독재적이고 폭압적인 정권에 대한 면죄부를 제공함과 동시에 군사 지원이라는 혜택을 주었다. 아프리카 지역에서 소련을 비롯한 동구권 국가들은 이른바 공산주의 혁명 지원이라는 명분하에 사실상의 군부 쿠데타를 지원하였고 새로 들어선 정부에 대한 군사적 지원을 수행했다. 미국 역시 이러한 군사쿠데타를 방지하거나 공산 정권을 붕괴시키기 위한 비밀작전 혹은 군사고문단 파견을 시행했다.

하지만 냉전이 종식되면서 미국과 소련 양진영은 더 이상 아프리카를 비롯한 약소국에 대한 군사적 지원을 수행할 필요가 없어졌다. 미소 양진영의 군사 및 정치적 후원 하에 자신의 정권을 지탱해온 약소국 정부는 더 이상 지원을 기대할 수 없게 되었다. 독재, 부정부패 및 무능을 미소 양진영의 지원으로 만회하던 아프리카의 정권들은 하루아침에 자신의 정권을 유지할 기반을 상실하게 되었다. 이들 국가는 대내외적 무력 분쟁을 해결할 적절한 수단을 가지지 못한 상태가 되었고 이는 이들 국가의 내전이 더욱 악화되는 주요한 원인을 제공하게 되었다.

이후 사례를 통해 자세히 언급하겠지만, 자체 군사력이 약하면서 외부 지원마저 차단된 국가들의 대부분은 자국 내 저항세력보다도 약한 군사력을 보유하고 있었다. 일례로 시에라리온의 경우에 자국의 병력이라곤 수천 명에 지나지 않았으며 전차는 고사하고 장갑차도 보유하지 못한 상태였다. 반면 저항세력은 15,000명이 넘는 병력을 가지고 있었다. 이는 앙골라의 경우도 마찬가지였다. 내전이 격화될 1993년 당시 앙골라 정규군의 병력은 45,000명으로 반군세력의 65,000명 병력에 비해 열세를 면치 못하고 있었다.[1] 또한 내전의 지속은 자국의 군복무 가능 인구의 축소를 불러왔다.

자국의 열악한 자체 군사력에 더하여 국제사회로 부터의 지원 부재도 이들 국가의 안보 상황을 더욱 악화시켰다. 미국의 개입은 위기에 처한 고립된 약소국이 기대할 수 있는 최선의 군사 지원이었다. 하지만 미국을 위시한 국제사회가 국제적으로 발생한 내전에 모두 개입하는 것은 한계가 있었으며, 유엔도 파병에 대한 각국의 비용 분담을 두고 시간만 지연시키고 있었다. 결국 이들 국가에게 당장 필요한 군사 지원은 사실상 존재하지 않게 된 것이다.

1 IISS, *The Military Balance 1993/1994* (London Oxford University Press, 1993), p. 199.

이렇듯 냉전 종식 이후 제3유형의 사례 국가들은 자국의 위기 상황을 극복할 어떠한 군사적 수단을 확보할 수 없었다. 최악의 상황을 맞게 된 이들 국가들이 채택한 대안은 최후 수단으로서 국가 이외의 군사력인 군사대행기업을 활용하는 것이었다. 그렇다면 구체적으로 어떠한 과정을 거쳐 이들 국가가 군사대행기업을 활용하게 되었는지 살펴보도록 하자.

2. 군사대행기업 활용의 채택 과정

내전에 처한 고립된 약소국이 자국의 위기 상황을 해결할 수 있는 방법은 크게 다섯 가지이다. 첫째는 열악한 상황임에도 불구하고 병력 동원과 같은 자체 군사력 증강을 추구하는 방법과 둘째, 미국과 같은 강대국에게 지원을 호소하는 방법, 셋째, 과거 식민 지배국에 대하여 지원을 요청하는 것, 넷째, 유엔에 중재를 요청하는 방법, 마지막으로 군사대행기업을 고용하여 해결하는 방법이다.

첫째, 자체 군사력 증강의 경우에 상당한 한계를 가진 대안이었다. 내전이 격화된 지역에서 추가 병력 모집은 상당한 어려움을 겪기 때문이다. 내전 격화로 군복무가 가능한 성인 남성들의 숫자가 감소하고 군복무를 기피하는 경향이 확대되었다. 또한 대부분의 지역이 반군의 손에 넘어간 상태에서 추가 병력 모집은 사실상 불가능한 상황이었다. 이러한 상황에서 일부 국가는 도시 부랑자 및 소년병을 활용하는 극단적인 방법을 취했다. 하지만 결과는 부작용이 더 컸다. 소년병과 도시 부랑아들로 구성된 군대는 저항세력 진압작전에 도움을 주지 못하고 상관 살해, 전투 중 이탈, 민간인에 대한 공격을 일삼는 모습을 보였다.

둘째, 미국으로부터의 군사 지원은 대외적 지지 기반의 확보와 함께 국제사회의 추가적인 지원을 기대할 수 있는 가장 이상적인 대안이다. 하지만 미국의 군사 지원 획득은 상당히 어려운 문제였다. 1993년 소말리아에서의 실패를 계기로 미국은 타국의 내전에 직접적으로 군 병력을 파견하는 데 대해 상당히 소극적인 모습을 보였다. 유럽의 크로아티아 내전에도 직접적인 병력 증파를 거부하는 마당에 아프리카 약소국의 지원을 위해 미국이 직접적인 군사 지원을 한다는 것은 거의 불가능한 일이었다.

셋째, 미국을 제외한 외부 군사 지원 중의 하나로 꼽을 수 있는 것은 과거 식민 지배국의 도움을 요청하는 것이다. 하지만 과거 식민 지배국들은 미국보다도 더 소극적 태도를 보였다. 국제사회에 대한 관리가 미국만큼 절실하지 않은 이들 국가에게 자신과 결별한 과거 식민지를 위해 군사력을 동원한다는 것은 쉽지 않은 결정이었다. 1990년대 중반에 시에라리온은 식민 지배국이었던 영국에게, 파푸아뉴기니는 오스트레일리아에게 버림 받았다.

넷째, 미국 및 과거 식민 지배국으로부터의 군사 지원 외에 취할 수 있는 국제사회의 지원으로는 유엔의 평화유지활동(Peacekeeping Operation)이 있다. 분쟁의 중재자로 개입하는 유엔 평화유지군은 미국에 의한 직접적 군사 지원만큼 확실한 지원은 아니다. 유엔 평화유지군은 분쟁의 중단에 주요한 목표가 있고 어느 편이 승리하여야 하는가의 문제는 유엔 평화유지군이 해결할 사안이 아니기 때문이다. 유엔 평화유지군의 역할은 자국의 군사력 증강에 기여하는 바가 거의 없으나 극단의 위기가 발생했을 때 교전 중단을 도모함으로써 자국의 위기 상황을 잠시 모면할 수단이 될 수 있었다. 하지만 고립된 약소국들은 유엔 평화유지활동의 혜택도 입지 못했다. 이들 국가에 대한 유엔 평화유지활동은 의사결정에서 실전 배치까지 너무나 많은 시간이 걸렸기 때문이다. 시에라리온에 파견된 유엔 평화유지군의 경우에 파병 결정 과정에만 무려 5개월이 소요되었고 실제 유엔 평화유지군의 배치는 내전이 발생한 후 2년이 지난 시점에서야 이루어지게 되었다.

이상 언급한 대안들이 실패로 귀결될 경우에 이 국가들에게 자국의 안보 문제를 해결할 방안은 사실상 존재하지 않는 것처럼 보인다. 하지만 몇몇의 사례에서 막다른 길목에 다다른 국가가 기존과 다른 방식으로 자국의 위기를 해소했다. 바로 다섯째 방안인 군사대행기업을 활용하는 방법이다. 이들 국가의 군사대행기업 활용은 총체적 위기에 대한 최후 수단의 성격을 띠며, 군사적 분쟁 자체를 해결하는 총체적 위임의 형태를 띠게 된다. 자국이 자체적으로 할 수 있는 군사적 대응이 모두 실패했기 때문에 자국 군대의 훈련과 같은 부분적 활용은 급박한 위기 상황에 대한 해결책을 제시해주지 못했다. 이들 국가는 내전에 필요한 모든 병참, 지휘 및 전투 자체까지도 군사대행기업에게 의뢰하는 패키지 활용(package deal)의 형태를 보여주었다.

제3유형의 군사대행기업 활용에 있어 발견되는 또 다른 특징은 군사대행기업과의 계약 체결에 필요한 자금을 자국의 천연자원에 대한 매각을 통해 동원했다는 점이다. 제2유형에서 언급한 크로아티아나 보스니아의 경우에 직접적인 군사 지원을 대신하는 재정 지원을 통해 군사대행기업과의 계약을 체결할 수 있었다. 하지만 이러한 외부의 재정 지원마저 얻을 수 없었던 제3유형의 국가들은 재원 마련을 위해 자국의 주요 천연자원의 채굴권을 군사대행기업에 넘기거나 채굴권을 담보로 돈을 빌리는 방법을 통해 군사대행기업 고용 자금을 마련하였다. 자국의 천연자원을 매각하는 결정은 이들의 급박한 사정에서 비롯된 것이다. 이후 언급할 사례 중의 하나인 시에라리온의 경우에 군사대행기업과의 계약은 반군세력에 의해 수도가 함락되기 직전에 체결된다. 이러한 급박한 상황 하에서 고립된 약소국은 가능한 모든 수단을 동원할 수밖에 없었다.

이외에도 제3유형에서 주목할 만한 것은 군사대행기업의 의존 심화이다. 급박한 위기 상황에서 동원한 군사대행기업의 성공적 활용은 적대세력으로 하여금 평화협정의 조건으로 군사대행기업의 철수를 요구하게 되는데, 군사대행기업이 철수한 후, 적대세력의 재침공이 이루어지고 이러한 재침공에 대처하기 위해 다시 군사대행기업을 활용하는 모습을 보여주었다.

3. 패키지 활용의 사례

앞서 언급한 바와 같이 제3유형의 국가들은 자국의 총체적 위기 수단에 대한 최후의 수단으로써 군사대행기업을 활용하게 되었다. 제3유형의 군사대행기업 활용은 앙골라와 시에라리온, 그리고 파푸아뉴기니의 사례에서 목격되는데, 이들의 경우에 모두 냉전 종식 이후 총체적 안보 위기에 도달하게 되는 공통점을 가진 국가들이다. 먼저 앙골라의 사례부터 살펴보도록 하겠다.

1) 앙골라의 사례

1975년에 포르투갈(Portugal)의 식민지에서 벗어나 독립을 쟁취한 앙골라는 그 과정에서부터 내전에 시달렸다. 앙골라 내전의 원인은 바로 이념이었는데, 냉전 당시 앙골라 내전은 정권을 잡은 MPLA(*Movimento Popular para a Liberacao de Angola*)과 UNITA(*Uniao Nacional para a Independencia Total de Angola*) 대결로 압축되었다. 이들의 경쟁은 냉전의 대결 구도 속에서 서방과 공산국 진영의 대리전 양상을 띠었다. 소련과 쿠바가 MPLA 정권을 위해 자금과 군대를 지원하였고[2] 남아프리카공화국은 1970년대 중반 이후에, 미국은 1980년대부터 UNITA를 지원했다.

앙골라 내전은 냉전 종식 이후 다른 국면으로 전개되었다. 가장 중요한 냉전 종식의 영향은 바로 외부 군사 지원의 단절이었다. 냉전 당시 MPLA에게 무장력을 제공하였던 소련은 더 이상 MPLA 정권을 지원하지 않게 되었다. 특히 가장 큰 타격을 준 것은 50,000명에 달하는 쿠바군의 철수였다. 앙골라 안보에 있어서 쿠바군의 영향은 지대한 것이었다. 당시 앙골라의 총병력 수는 45,000명으로 앙골라 주둔 쿠바군보다도 적었다. 게다가 쿠바군은 앙골라군이 하지 못하는 특수전을 대행해주기도 했다. 이러한 상황에서 쿠바군의 철수는 내전에 있어 외부 군사 지원에 상당 부분을 의존하고 있던 MPLA 정권을 큰 혼란에 빠뜨렸다. 쿠바군의 지원으로 동원 병력 95,000명에 이르던 자국의 군사력은 이제 저항세력인 UNITA(추산 병력 65,000명)에도 못 미칠 정도로 축소된 것이다.

1993년에 들어서면서 MPLA 정권은 최대의 위기 국면을 맞이했다. UNITA는 급속하게 세력을 확장해 전국토의 80%를 장악하고 해안 지역의 정부군 요새까지 진격하였다.[3] 같은 해 3월에 MPLA의 경제 기반인 소요(Soyo) 지방의 석유시설이 UNITA의 수중에 넘어가게 되면서 앙골라 내전은 UNITA의 승리로 끝나는 듯이 보였다. 소요의 석유시설은 앙골라 국영기업인 소노갈(Sonogal, 혹은 Sonangol)과 브렌치 헤리티지(Brench Heritage)[4]의 공동 소유로 되어 있었고, 이 두 기업은 임차 비용으로 하루 2

2 이외에도 MPLA와 군사적으로 밀접한 관련은 맺은 국가로는 북한이 있다. 북한은 1970년대 초부터 MPLA의 게릴라 병력을 북한 내에서 훈련시켜왔으며, 이들에게 군사고문단을 파견했다. 1984년 9월에는 1,500~3,000명에 달하는 군사고문단을 보낸 적도 있었는데 당시 북한이 보낸 군사고문단은 UNITA를 지원하는 남아프리카공화국 특수부대를 상대하기 위한 것이었다. Joseph S. Bermudez Jr., 조용관 · 유지웅 역, 『북한과 테러리즘』(서울: 고려원, 1991), pp. 225~227.

3 Shearer, "Private Armies and Military Intervention," p. 46.

4 브렌치 헤리티지는 다국적기업으로 아프리카 등지의 천연자원 개발을 주요한 사업으로 전개

만 달러를 MPLA 정권에게 지급하고 있었다.[5] UNITA가 석유시설을 장악한 이후, 이 두 회사는 석유 시추 장비를 철수하려 했지만 UNITA는 이를 허락하지 않았다. 이미 개발되어 있는 석유시설을 자신의 경제 기반으로 삼으려 한 것이다. 석유 시추 장비의 철수를 원하지 않은 것은 MPLA 정권도 마찬가지였다. 하지만 MPLA 정권의 문제는 어떻게 석유시설을 파괴하지 않고 이 지역을 탈환할 수단이 없다는 것이었다.

소요지방의 석유시설 탈환을 위해 MPLA 정권이 동원할 수 있는 국가 차원의 노력은 크게 세 가지였다. 첫째, 자체 군사력을 증강시키기 위해 추가적인 병력 동원을 하는 것이었고, 둘째, 기존의 소련 및 쿠바 이외의 대외 군사 지원국을 획득하는 것이었다. 마지막으로 유엔평화유지군에게 이 문제의 해결을 맡기는 것이었다. 하지만 이 세 가지 방법은 모두 현실화되지 못했다. 첫 번째 대안인 자체적인 군사력 충원의 경우에 국토의 20% 정도만을 차지하고 있는 수세적인 상황에서 가용 병력의 추가적인 증원을 시도하기 어려운 상황이었다.

두 번째 대안인 소련이나 쿠바를 대신할 외부 지원 획득의 경우, 냉전 이후 국제사회의 주도 세력인 미국의 지원을 확보하는 것이 유력한 대안이었으나 이것도 현실성이 없었다. 냉전 당시 미국은 MPLA 정권에 대항하는 UNITA를 지원하고 있었고 냉전 종식 이후에도 미국의 의회에는 UNITA에 대한 지지 세력이 여전히 존재하고 있었다.[6]

하고 있는 회사이다. 브렌치 헤리티지는 앙골라뿐만 아니라 시에라리온 · 파푸아뉴기니의 군사대행기업 고용에도 직간접적으로 관여를 하게 되는데 이러한 브렌치 헤리티지의 행동에 의해 이 회사가 일부 군사대행기업과 사업상 동맹관계라는 의혹이 제기되고 있다. 피터 싱어, 『전쟁대행주식회사』, pp. 340~341.

5 Tim Spicer, *An Unorthodox Soldier: Peace and War and the Sandline Affair* (Edinburg: Mainstream Publishing, 2003), p. 144.

6 미국 내 대표적인 UNITA 후원 세력으로는 헤리티지재단의 마이클 존스(Michael Johns), 유

세 번째 대안인 유엔 평화유지군을 통해 이 문제를 해결하기도 어려웠다. 유엔 평화유지군은 정치적 중립을 유지하며 교전 행위의 중단을 주요한 목표로 활동한다. 정치 · 경제적 이해가 결부된 지역의 탈환 및 점령은 유엔 평화유지군의 정치적 중립을 깨는 행위가 된다. 따라서 소요지방의 탈환에 유엔 평화유지군을 동원하는 것은 사실상 불가능한 대안이었다.[7]

이상과 같은 국가 차원의 군사적 해결 수단이 부재한 상태에서 최후 수단으로 선택할 수 있는 대안이 떠오르게 되었다. 바로 국가 이외의 군사력인 군사대행기업에 문제 해결을 의뢰하는 대안이다. 1993년 5월에 MPLA 정권은 소요지방의 유전 시설을 탈환하는 것을 내용으로 남아프리카공화국 군사대행기업인 EO와 계약을 체결하게 된다. 당시 계약에는 브렌치 헤리티지재단의 앤서니 버킹엄(Anthony Buckingham),[8] EO의 핵심 인사인 사이먼 만(Simon Mann)[9] 및 MPLA 정권의 관리가 참석했다. 당시 소요지방의 탈환 비용에 대한 질문에 버킹엄이 무심코 1,000만 달러를 제시했고 이에 MPLA 정권의 관리가 계좌 번호를 묻는 것으로 계약이 성사되었다.[10]

EO는 소요지방의 탈환을 위해 80명의 병력을 파견했다.[11] 이들 대부분은 앙골라와 나미비아에 거주하던 남아프리카공화국 제32대대 출신들이

력 로비스트인 잭 아브라모프(Jack Abramoff), 보수주의 운동가인 그로버 노퀴스트(Glover Norquist)를 비롯하여 공화당의 주요 인사들이 있다.

7 피터 싱어, 『전쟁대행주식회사』, p. 195.

8 버킹엄은 앙골라 및 시에라리온에서 EO 및 샌드라인 인터내셔널을 정부군에 소개시키는 등 EO 관련 사례에 자주 등장한다. 그는 군사대행기업 고용 자금이 없는 정부에게 자금을 빌려주는 대가로 그 나라의 천연자원 채굴권을 획득했다.

9 사이먼 만의 인적사항에 대해서는 이 책의 [부록 3] 참조.

10 Robert Young Pelton, *Licensed to Kill: Hired Guns in War on Terror* (New York: Crown Publishers, 2006), p. 256.

11 피터 싱어, 『전쟁대행주식회사』, p. 195.

다. 원래 EO는 훈련과 장비 및 병참 지원만 제공하기로 되어 있었으나 당시 앙골라 정규군의 열악한 전투력으로 인해 EO가 작전을 주도하게 되었다. EO는 지체 없이 소요지방에 대한 기습작전을 전개해 UNITA와 치열한 전투를 벌였다. EO의 승리로 끝난 이 작전은 EO가 군사대행기업으로서의 명성을 날리게 된 첫 번째 작전이었다. 작전의 기획부터 작전에 필요한 병참과 실제 전투에서의 교전 및 지휘 모두 EO의 주도하에 이루어졌다. 하지만 자사 직원 3명이 사망하고 상당수가 부상을 입는 등 EO의 피해도 만만치 않았고 성공적 임무 완수 후 EO는 앙골라에서 철수했다.[12]

소요지방의 석유시설 탈환작전을 성공적으로 마친 EO가 앙골라를 떠난 지 얼마 되지 않아 MPLA 정권은 EO와 다시 계약을 체결했다. EO가 앙골라를 떠난 직후에 UNITA가 소요지방을 재점령했기 때문이다.[13] UNITA에 의한 소요지방 재점령 이후에 국제사회는 MPLA 정권의 붕괴를 전망했다. 1993년 9월에 EO와의 첫 계약에 고무된 MPLA 정권의 수반 도스 산토스(Jose Eduardo dos Santos) 대통령은 재차 앤서니 버킹엄(Anthony Buckingham)과 접촉해 UNITA를 박멸할 보다 장기적인 해결책을 논의하고 EO와의 새로운 계약을 추진하게 된다.[14] 계약 기간은 1년으로 4,000만 달러의 계약금액이 제시되었다. EO를 고용할 자금은 캐나다의 레인저(Ranger)를 비롯한 광산 회사들이 제공하였는데 이들 광산 회사들은 대가로 앙골라의 석유 및 천연자원에 대한 채굴권을 확보하게 되었다.[15]

---

12 Robert Young Pelton, *Licensed to Kill*, p. 257.

13 Shearer, "Private Armies and Military Intervention," p. 46.

14 Tim Spicer, *An Unorthodox Soldier*, p. 144.

15 피터 싱어, 『전쟁대행주식회사』, p. 197.

EO와 체결한 두 번째 계약에서 MPLA 정권은 앙골라 정규군 재건을 위한 훈련 및 병참을 비롯하여 전략 · 전술적인 조언을 EO에게 의뢰했다. 이에 EO는 앙골라 정규군의 항공기를 조종할 조종사까지도 조달했다.[16] 하지만 앙골라 정규군의 훈련은 쉽지 않았고 첫 번째 계약처럼 EO가 직접 전투를 수행할 수밖에 없게 되었다. 결국 MPLA 정권은 재계약을 통해 EO의 전투 개입을 의뢰하게 되고 이로 인해 계약금액은 1년에 1억 달러로 증가하게 되었다. EO와의 두 번째 계약은 3년간 지속되었으며, MPLA 정권은 EO에 총 3억 달러를 지불했다.[17]

EO에 의해 보강된 앙골라 정규군은 실전에서 위력을 발휘했다. EO는 우세한 항공력을 이용한 UNITA의 집결지 타격 및 UNITA 점령지역 기습을 수행했다. EO의 활약으로 MPLA 정권은 앙골라의 주요 도시와 산업지역을 빠르게 회복했고 UNITA는 서북부의 근거지에서마저 밀려나 병참 및 식량 공급선까지 차단되는 고립 상태에 처하였다. EO를 활용한 군사작전의 성공은 결국 UNITA를 평화협정 테이블에 나오게 만들었고 1994년 11월에 루사카(Lusaka)에서 MPLA 정권과 UNITA는 평화협정을 체결했다. UNITA는 협정 체결을 조건으로 EO의 철수를 요구했는데, 평화협정이 체결된 이후에도 MPLA 정권은 1년이 넘는 기간 동안 EO와의 계약을 유지했다. EO와 MPLA 정권의 계약이 끝나게 되는 것은 클린턴 행정부의 개입에 의해서였다. 클린턴 행정부는 앙골라 내전에 개입한 EO

16 Venter, *War Dog*, p. 415. EO의 앙골라 공군 전투기 운용은 앙골라 고위 장성들의 반발을 샀고 EO의 앙골라 전투기에 대한 무제한적 사용을 제한하려 했다. 하지만 EO의 항공작전이 성과를 보이자 이러한 제한은 철폐되었다.

17 Robert Young Pelton, *Licensed to Kill*, p. 258. 흥미로운 사실은 앙골라와의 두 번째 계약 당시 사이먼 만이 영국군 장교로 군복무 중이던 옛 친구 팀 스파이서(Tim Spicer)에 연락하여 EO의 중역을 맡아달라고 요청한 것이다. 이후 샌드라인 인터내셔널을 창설한 스파이서는 그 당시 사령관(장군) 진급을 앞두고 있어서 이 요청을 거절했다.

를 조속한 시일 내에 철수시키도록 국제적인 압력을 행사했다. 1995년 12월에 미국의 압력에 의해 EO는 앙골라에서 철수했다.[18]

하지만 EO의 철수가 앙골라의 군사대행기업 활용의 종식을 의미하지는 않았다. EO가 떠난 자리는 다른 군사대행기업에 의해 대체되었다. 클린턴의 EO 철수 요구가 관철된 후 얼마 시간이 지나지 않은 1996년 초에 MPLA 정권은 미국의 군사대행기업인 MPRI와 앙골라 정규군 육성 계획을 내용으로 하는 계약을 체결했다.[19] MPRI와의 계약은 전투를 포함한 포괄적인 계약은 아니었다. 이미 EO에 의해 UNITA의 세력이 약화되어 MPRI에게 이를 부탁할 이유가 없었다. 당시 앙골라에게 시급한 것은 내전으로 망가진 군사력을 빠른 시일 안에 육성하는 것이었고 이를 미국계 군사대행기업인 MPRI에게 의뢰하게 된 것이다. EO의 빈자리를 보완한 MPRI는 앙골라를 서부 사하라의 군사 강국으로 만들었다. 2001년에 접어들면 앙골라는 총병력 약 100,000명에 달하는 군사력을 보유하게 되고 주변 국가에 비해 양적 · 질적으로 우월한 장비를 보유하게 되었다. 군사력 지표만으로 보면 군사비를 제외한 나머지 부분에서 앙골라는 남아프리카공화국보다도 강한 군사력을 보유한 국가가 되었다.

2) 시에라리온의 사례

시에라리온 내전은 EO를 군사대행기업의 대명사로 불리게 한 대표적

---

18 피터 싱어, 『전쟁대행주식회사』, p. 198.

19 Shearer, "Private Armies and Military Intervention," p. 62. EO의 철수 과정에 대해, EO의 한 중역은 MPRI와 이해관계가 있는 클린턴이 MPRI의 앙골라 진출을 돕기 위해 EO의 철수 압력을 행사했다고 주장했으며, 펠튼도 클린턴이 명목상 루사카 평화 협정 준수를 내세워 EO의 철수를 주장했지만 내심 산토스 대통령이 EO 대신 MPRI를 고용할 것을 기대했다고 주장했다. 피터 싱어, 『전쟁대행주식회사』, p. 198의 각주 33; Robert Young Pelton, *Licensed to Kill*, p. 260.

사례이다. 마치 영화처럼 극적으로 전개된 시에라리온 내전은 군사대행기업에 관한 문헌들에서 가장 많이 거론되는 사례이기도 하다.[20]

시에라리온은 자체적으로 무장한 다수의 민족 집단을 보유한 국가로, 중앙의 통제가 약화될 경우에 내전이 발생할 가능성이 상당히 높았다. 1991년 3월에 라이베리아 대통령 찰스 테일러(Charles Taylor)의 지원[21]을 받은 포데이 산코(Fodey Sankho)의 RUF(Revolutionary United Front)가 정부를 상대로 한 무장투쟁을 전개하면서 시에라리온은 내전의 상태에 돌입하게 되었다.[22] 내전과 더불어 시에라리온의 혼란을 가중시킨 것은 군사쿠데타였다. 내전이 진행되던 1992년에 발생한 군사쿠데타로 시에라리온은 정권이 바뀌게 되고 27세의 육군 대위였던 발렌타인 스트라서(Valentine Strasser)가 새로운 정치 지도자로 들어섰다. 이후 시에라리온은 마치 춘추전국시대와 같은 혼란상이 나타났다.[23] 이러한 가운데 과거 식민 지배국으로서 시에라리온 문제에 개입하던 영국은 모든 형태의 지원을 중단하는 결정을 내렸다.[24]

당시 스트라서 정권이 내전 해결을 위해 할 수 있는 일은 사실상 부재했다. 자체 군사력의 경우에 군대 내에 만연되어 있는 정부에 대한 충성도(loyalty)의 결여와 열악한 장비 및 훈련 수준은 라이베리아의 전폭적인

20 2006년 시에라리온 내전을 다룬 영화 「블러드 다이아몬드」(Blood Diamond)에서도 EO를 모티브로 한 군사대행기업이 등장했다.

21 찰스 테일러는 RUF의 쿠데타 지원의 대가로 시에라리온의 다이아몬드 채굴권을 따내려 했다. Venter, *War Dog*, p. 26.

22 산코와 찰스테일러의 관계 및 산코의 내전 발발 관련 상세한 내용은 시에라리온 특별재판소 검사 크레인(David M. Crane)의 산코에 대한 기소장에 상세히 나와 있다. The Special Court for Sierra Leone, Indictment (Case No. SCSL-03-), http://www.sc-sl.org/LinkClick.aspx?fileticket=Aehotqx6lAA%3d&tabid=187(2010-05-15).

23 Tim Spicer, An Unorthodox Soldier, p. 190. 스트라서가 집권한 1992년에 또 다른 쿠데타 음모가 발각되었다. 스트라서는 쿠데타의 진압 이후 25명의 군 장교를 처형했다.

24 *Ibid.*

지원을 받고 있는 RUF를 상대하기에는 역부족이었다. 군대라고 해봤자 형식적인 집단에 지나지 않았고 빈번한 쿠데타가 증명하듯이 중간급 이하 장교들을 신뢰하기는 더더욱 어려웠다. 또한 병력의 충원 문제도 심각한 문제였다. 내전으로 인해 군에 지원할 젊은이가 극도로 부족한 상태에서 병력 충원은 요원한 상태였다.[25]

이에 스트라서 정권은 당시 아프리카 내의 반군세력이나 무장 게릴라가 행하던 수법과 유사한 방식으로 병력 충원을 시도했다. 범죄자와 거리의 부랑아들을 군인으로 징집하고 이들에게 매일 마리화나와 럼주를 지급하는 방식을 취한 것이다. 하지만 이러한 방식은 역효과를 불러일으켰다. 이들은 반군 대신 민간인을 공격하기 일쑤였고 작전 실패를 이유로 다그치는 장교를 살해하는 일도 발생했다.[26]

이러한 상황에서 외부 군사 지원의 차단은 스트라서 정권의 위기를 가속화시켰다. 과거 식민 지배국이었던 영국의 지원 중단을 대체하기 위해 미국을 위시한 강대국과 유엔을 비롯한 국제사회의 지원을 호소했지만 국제사회의 지원은 모두 거절당했다.[27] 가능한 수단을 모두 동원했음에도 불구하고 스트라서를 기다리고 있는 것은 파멸인 듯이 보였다.

스트라서의 시에라리온 정규군이 지속적인 어려움을 겪고 있는 가운데 산코의 RUF는 공포 전술[28]을 활용하고 소년들을 유괴하여 자신의 병력으

---

25 당시 시에라리온 정규군의 총병력은 약 6,000여 명이었는데 RUF의 병력은 최소 15,000명 달하는 것으로 나타났으며 점령 이후 강제 동원한 소년병들을 합치면 40,000명 정도가 되는 것으로 추산되었다.

26 Al J. Venter, "Sierra Leon's Mercenary War," *Jane's International Defense Review*, November, 1995.

27 피터 싱어, 『전쟁대행주식회사』, p. 205.

28 RUF는 자신이 점령한 촌락의 촌장들의 목을 베어 전시하는가 하면, 선거를 보이콧시키기 위해 주민의 팔다리를 절단하는 테러를 감행했다. International Crisis Group (ICG), "Sierra Leon: Time for a New Military and Political Strategy," ICG Africa Report, No. 28 (2001), p. 10.

로 활용함으로써 세를 확장해나갔다.[29] 1995년 4월이 되자 RUF는 수도까지 진격했고[30] RUF의 잔인한 살상 방식을 익히 알고 있는 각국 대사관은 서둘러 피신하였고 스트라서 정권은 붕괴의 위기를 맞이했다.

가능한 모든 수단을 다 동원한 스트라서 정부에게 더 이상의 희망이 보이지 않던 1995년 4월에 스트라서는 최후의 선택을 하게 된다. 국제사회에의 호소를 비롯하여 모든 국가 차원의 수단이 쓸모가 없게 된 시점에서 군사대행기업에 내전 해결을 의뢰한 것이다. 수도 프리타운(Free Town)이 RUF에 의해 포위된 상태에서 스트라서 정부는 EO와 계약을 체결했다. 계약금액은 착수금으로 1,500만 달러를 지급하도록 되어 있었으나 21개월 동안의 추가 병력 투입으로 3,500만 달러가 추가 지급되었다.[31] 하지만 당시 스트라서에게는 1,500만 달러의 착수금을 지불할 여력이 없었다. 1987년부터 지속된 경제 파탄과 내전으로 시에라리온은 세계 최빈국의 지위에 있었다. 이러한 상황에서 급하게 1,500만 달러를 구한다는 것은 불가능한 일이었다. 하지만 시에라리온에게는 현금을 대신할 자산이 있었다. 바로 다이아몬드 광산이었다. 스트라서는 자국의 다이아몬드 채굴권을 대가로 EO와의 계약을 체결했다.[32] 당시 스트라서의 결정에 대해

29 시에라리온을 비롯한 아프리카 내전에서의 소년병에 대한 최근의 연구로는 다음을 참조. Peter Singer, *Children at War* (Berkeley: University of California Press, 2006).

30 Robert Young Pelton, Licensed to Kill: Hired Guns in War on Terror (New York: Crown Publishers, 2006), p. 262.

31 *Ibid.*; James R Davis, *Fortune's Warriors: Private Armies and the New World Order* (Toronto: D&M Publishes, 2002), p. 14; William Reno, "Foreign Firms, Natural Resources, and Violent Political Economies," *Social Science Forum*, March 21, 2000. 스트라서와 EO 접촉 배경에는 두 가지 설이 있다. 하나는 스트라서가 『뉴스위크』(*Newsweek*)와 『용병』(*Soldier of Fortune*)의 EO 관련 기사 등을 통해 EO의 활약상을 이미 알고 있었다는 설이다. 다른 하나는 광산업자 앤서니 버킹엄의 추천 설이다. 피터 싱어는 시에라리온 1년 예산의 1/3에 해당하는 3,500만 달러짜리 계약은 시에라리온 정부에게 아주 유리한 것이었다고 주장했다. 피터 싱어, 『전쟁대행주식회사』, pp. 203~204.

국가의 주요 자산을 군사대행기업에게 팔 필요가 있었는가라는 의문을 던질 수도 있을 것이다. 이에 대해 당시 시에라리온의 부통령이었던 줄리어스 비오(Julius Bio)[33]는 다음과 같이 당시 스트라서 정권의 행동을 옹호하고 있다.

> 당시 우리는 군사정권이었기 때문에 국제사회의 지원을 얻을 수 없었다. 미국 · 영국 · 유엔 모두 우리의 지원 요청을 거부했다. 우리는 우리 국민들이 죽어가는 것을 수수방관할 수밖에 없었다. [……] 일각에서는 아주 비싸다고 할 수 있겠지만 우리가 구한 국민들의 숫자에 비교해보면 그렇지도 않다. 우리가 그렇게 한 근본적인 이유는 생명을 구하기 위한 것이었다. [……] 나는 그들(EO)이 훌륭히 임무를 수행했고 그러한 대가를 지불할 만했다고 생각한다.[34]

스트라서 측이 EO에 제시한 요구 조건은 크게 두 가지였다. 정치적 중심으로서의 수도를 보호하는 것과 RUF의 주요한 자금원이 되고 있는 코노(Konoh)지방의 다이아몬드 탄광을 탈환하는 것이었다. EO에게는 가능한 모든 수단의 동원이 허락되었고 작전을 위해 필요한 모든 조치도 EO가 자체적으로 해결하도록 했다.[35] 사실상 EO에게 내전 자체의 해결을 의뢰한 것이다. 계약이 체결된 이후의 과정은 신속하게 전개되었고 성공적으로 마무리되었다. 1995년 5월에 EO는 항공수송을 통해 앙골라에 있

---

32 Alex Vines, "Mercenaries and the Privatisation of Security in Africa in the 1990s," Greg Mills and John Stremlau (eds.), *The Privatisation of Security of Africa* (Pretoria: South Africa Institute of International Affairs, 1999), p. 53.

33 그는 1996년 무혈 쿠데타로 스트라서 정권을 무너뜨리고 집권했다.

34 줄리어스 비오와 한국방송공사 『KBS스페셜』 제작진과의 인터뷰. 한국방송공사, 「전쟁을 생산한다: 민간군사기업」, 『KBS스페셜』, 2006년 3월 4일 오후 8시 방영.

35 *Ibid.*

던 자사 직원 125명을 시에라리온의 프리타운으로 공수했고, 즉각적으로 군사작전에 돌입했다. 4일 동안의 전투 끝에 EO는 반군을 수도 외곽으로 물러나게 했다.[36] 실전에 배치된 지 9일 만에 RUF의 진격을 저지하고 밀림 오지로 129km 정도 퇴각시키는 한편, 코노지방 탈환 과정에서 RUF에게 괴멸적인 타격을 입혔다.[37]

EO의 투입과 성공적인 작전 수행은 결국 RUF를 정전 협상 테이블로 끌어내게 되었다. 시에라리온은 한동안 정국의 안정과 평화를 누리면서 1996년 2월에는 복수 정당이 참여하는 대통령선거를 실시하기도 했다. 새 대통령으로 아메드 테잔 카바(Ahmed Tejan Kabbah)가 당선되었다. 하지만 정전 협상은 좀처럼 진전되지 못하고 있었다. 협상이 장기화되던 1996년 10월에 RUF는 협상을 깨고 다시 무장투쟁을 전개했다. RUF 진압에 재투입된 EO는 붐페(Bumpe)지역에 위치한 RUF의 본부를 파괴했다. EO의 공격에 또다시 무기력한 모습을 보인 RUF는 1996년 11월에 결국 평화협정을 체결했다. 당시 평화협정에서 RUF는 협상 체결 조건으로 EO의 철수를 요구했다.[38]

새로 대통령으로 선출된 카바는 이전의 군부 지도자와는 달리 EO에 대해 호의적이지 못했다. 카바는 국제사회의 EO에 대한 부정적 시각을 잘 알고 있었다. 그리고 EO의 성공적인 작전에 의해 촉발된 국제사회의 관심은 유엔 평화유지군을 비롯한 시에라리온에 대한 지원으로 연결될 것으로 기대했다. 카바는 이러한 국제사회의 지원에 대한 기대와 RUF의

---

36 Robert Young Pelton, *Licensed to Kill*, pp. 262~263.

37 피터 싱어, 『전쟁대행주식회사』, p. 204. 당시 산코의 최측근 조나단 포서와(Jonathan Kposowa)의 증언에 의하면, 당시 EO는 1 : 15라는 전투 교환 비율(1명의 EO 직원을 사망시키기 위해 RUF 병사 15명이 희생)을 기록했다고 한다. 한국방송공사, 「전쟁을 생산한다: 민간군사기업」.

38 Shearer, "Private Armies and Military Intervention," p. 51.

협정 체결 조건에 EO의 철수가 있다는 것을 고려해 EO와의 계약을 취소했고[39] 1997년 1월에 EO는 시에라리온으로부터 완전히 철수했다.[40]

하지만 카바는 두 가지 결정적인 오판을 범했다. 하나는 EO에 의해 괴멸적인 타격을 입은 RUF가 더 이상 무력투쟁을 전개할 수 없을 것이라는 판단이었고 다른 하나는 조속한 시일 내에 유엔 평화유지군을 비롯한 국제사회의 지원이 이루어 질 것이라는 판단이었다. EO가 철수 한 후, 카바의 판단은 모두 오판이었음이 증명되었다. EO 철수 직후에 RUF는 반격을 재개했으며, 유엔 평화유지군은 배치되지 않았다. 유엔 평화유지군은 배치에 필요한 4,700만 달러의 자금 분담 문제로 시간만 낭비하고 있었다. 결국 ECOWAS(the Economic Community of West African States)의 승인하에 나이지리아주도 평화유지군이 배치되어 시에라리온의 정국은 한숨을 돌리는 듯했다.[41]

ECOWAS 평화유지군의 개입으로 한숨을 돌린 시에라리온 정국에 또 다시 위기가 찾아왔다. 군부쿠데타가 발생한 것이다. EO의 철수 후 100일이 채 안 되는 시점인 1997년 5월에 RUF와 밀접한 관련을 맺고 있는 자니 코로마(Johnny Koromah) 대령 주도의 쿠데타가 발생해 카바는 축출되었다. 코로마 대령의 쿠데타 성공은 사실상 RUF의 혁명 성공을 의미하는 것이었다.[42]

---

39 Robert Young *Pelton, Licensed to Kill*, p. 263.

40 피터 싱어, 『전쟁대행주식회사』, p. 206.

41 나이지리아 주도의 ECOWAS 평화유지군이 유엔보다 먼저 시에라리온에 배치된 것도 군사대행기업을 활용한 덕분이었다. 당시 ECOWAS는 해외 군사 개입 경험 부족, 항공수송 및 병참 능력이 취약했다. 이에 ECOWAS는 미국계 군사대행기업인 ICI Oregon 및 PAE와 계약을 맺고 항공수송 및 병참 문제를 해결했다. 피터 싱어, 『전쟁대행주식회사』, p. 322; Al J. Venter, *War Dog*, p. 171.

42 철수 당시 EO의 핵심 관계자는 EO의 철수 이후 100일 안에 군부 쿠데타 발발 가능성이 높다고 전망하고 카바 대통령에게 이에 대비하기 위한 약 500명의 준군사조직 육성 계약을 제

민주주의적 선거에 의해 선출된 카바가 권좌에서 축출되었음에도 국제사회의 반응은 소극적이었다. 스트라서 군사정권 때와 달리, 유엔은 안전보장이사회 결의(Security Council Resolution) 1132호를 통해 카바 정권에 대한 복권을 천명했다. 문제는 쿠데타가 발생한 지 5개월이나 지난 1997년 10월에 들어서야 이러한 일을 했다는 것이다.[43] 국제사회는 쿠데타가 발생한 후 5개월 동안 직접적으로 시에라리온에 대하여 어떠한 대책도 내놓지 않고 있었다. 하지만 시에라리온의 내전은 더욱 악화되었다. 동맹관계를 형성한 쿠데타 세력과 RUF는 "Operation Pay Yourself"로 명명된 공포작전을 전개하면서 민간인 주거지역과 상점에 대한 무차별적인 약탈과 살상을 감행했다.[44]

1997년 5월에 수도 프리타운을 탈출하여 기니(Guinea)의 수도 코나크리(Conakry)에 머물고 있던 카바 대통령은 퇴역한 영국 장교로부터 전화를 받았다. 그는 카바 대통령에게 "당신이 원한다면 당신과 당신의 정부를 위해 우리가 무엇인가를 할 수 있을 것이라고 생각한다"는 내용의 통화를 남겼다.[45] 그는 샌드라인 인터내셔널의 대표인 팀 스파이서(Tim Spicer)였다.[46]

하지만 군사대행기업의 고용에 소극적인 태도를 보인 카바로 인해, 샌드라인 인터내셔널과의 계약은 상당한 시일이 걸렸다.[47] 카바의 소극적

안했다고 한다. 하지만 카바 대통령은 이 계약에 응하지 않았다. Khareen Pech and Yuxsef Hassan, "Sierra Leone's Faustian Bargain," *Weekly Mail & Guardian*, May 20, 1997.

43 유엔 평화유지군(UNAMSIL)의 실제 배치는 이보다 더 지연되어 1999년 7월에 들어서야 실현되었다.

44 당시 RUF의 살상과 약탈 관련 상세 내용은 The Special Court for Sierra Leone, Indictment (Case No. SCSL-03-), http://www.sc-sl.org/LinkClick.aspx?fileticket=Aehotqx6lAA%3d&tabid=187(2010-05-15) 참조.

45 Tim Spicer, *An Unorthodox Soldier*, p. 192.

46 스파이서의 인적사항은 이 책 [부록 3] 참조.

태도는 국제사회 지원에 대한 집착에서 비롯된 것으로 보인다. 카바는 민주적 선거를 통해 집권한 자신의 정권은 국제사회에서 인정받는 정권이고 국제사회는 자신과 자신의 정권을 버리지 않을 것이라고 믿었다. 또한 자신이 집권한 후 ECOWAS에 의해 나이지리아군 주도의 유엔평화유지군이 배치되었다는 사실은 국제사회의 지원을 통해 자신이 복권될 수 있으리라는 희망을 갖게 했다. 국제사회와 과거 식민 지배국 영국의 립 서비스(lip service)도 카바의 국제사회 지원에 대한 집착에 한몫을 했다. 국제사회나 영국은 구체적인 정책을 취하지 않으면서도 카바 정권의 복귀를 공공연히 이야기했다.[48]

하지만 카바는 자신의 기대가 실현되지 않고 있음을 깨달았다. 자신이 축출된 지 2개월이 지난 시점에서도 국제사회는 구체적인 지원을 내놓지 않고 있는 실정이었다. 카바는 결국 이전 정권에서 했던 방식을 따를 수 밖에 없었다. 바로 군사대행기업에 문제 해결을 의뢰하는 것이다. 1997년 7월에 카바 대통령은 샌드라인 인터내셔널과 계약을 체결했다. 쿠데타가 발생하여 시에라리온 주민들이 또다시 곤경에 빠진 지 2개월이나 지난 시점에서였다.

카바 대통령과 샌드라인 인터내셔널 사이의 계약은 1,000만 달러짜리의 계약이었다. 카바 측은 쿠데타 진압 시도에 대한 전략 · 전술적 지원과

---

47 Tim Spicer, *An Unorthodox Soldier*, p. 194. 스파이서는 당시 국제사회의 승인을 받은 정부를 위해 일한다는 원칙을 준수하기 위해 카바 정부가 국제사회의 승인을 받은 정부인지 확인하기 위한 시간이 필요했다고 주장하나 카바와의 통화 내용은 카바가 계약 체결을 원했다면 당장에 실행에 옮길 것을 내용으로 하고 있었다. 계약의 지연은 스파이서가 아닌 카바의 결단에서 비롯된 것이었다.

48 영국의 구체적인 외교 조치는 샌드라인 인터내셔널이 반군 세력을 다시 진압한 후에 이루어졌다. 1997년 8월에 토니 블레어(Tony Blair) 영국 수상은 영연방 회의에 카바 대통령을 개인 자격으로 초청해 카바 정권 지지를 공개적으로 표명했다. *Ibid.*

약 3백 톤에 달하는 무기의 공급을 비롯한 전반적인 병참 문제 해결, 그리고 카마조르(Kamajor) 민병대에 대한 훈련을 요구했다. 전략·전술적인 지원이라고 했으나 이러한 지원에는 실질적인 전투 행위가 포함되어 있었다. 계약 실행에 착수하면서 샌드라인 인터내셔널이 가장 중요하게 활용한 것 중의 하나는 EO가 남기고 간 헬기였다. 이 헬기를 이용하여 샌드라인 인터내셔널은 화력 지원을 포함한 전술 지원을 수행할 수 있었다.[49] 샌드라인 인터내셔널과 카바의 계약은 시에라리온 탈환에 필요한 모든 군사 영역에 대한 지원을 내용으로 담고 있는 패키지 거래였다.

이전의 스트라서 정권과 마찬가지로 카바 대통령 역시 계약을 체결하기 위한 자금이 없었다. 결국 스트라서 정권의 경우처럼 다이아몬드 채굴권을 활용하여 해결할 수밖에 없었다. 이번에는 채굴권을 담보로 자금을 빌렸다. 카바에게 자금을 빌려준 사람은 라케시 삭세나(Rakesh Saxena)라는 전직 은행가였다. 삭세나는 카바 대통령에게 샌드라인을 고용할 자금을 빌려주고 이에 대한 대가로 코보지역 다이아몬드 광산의 채굴권을 획득했다.

샌드라인 인터내셔널의 배치 이후 쿠데타 세력 및 RUF의 진압은 성과를 거두게 되었다. 1998년 3월에 샌드라인 인터내셔널은 ECOWAS 평화유지군과의 공동작전을 통해 수도 탈환에 성공했다. 쿠데타 세력과 RUF는 수도에서 밀려났고 카바는 대통령직으로 복귀했다.

성공적인 군사작전으로 카바의 복귀를 도운 샌드라인 인터내셔널은 스캔들에 의해 시에라리온에서 손을 떼게 되었다. 계약 내용의 일부인 3백 톤의 무기 공급을 이행하는 과정이 문제되었다. 샌드라인 인터내셔널이

---

49 헬기 운영을 위해 스파이서는 EO 출신 헬기 조종사 닐 엘리스(Neal Ellis)를 고용했다. Al J. Venter, *War Dog*, p. 71.

공급하기로 되어 있는 무기가 밀매에 의한 것임이 발각된 것이다. 이 스캔들로 인해 샌드라인 인터내셔널은 더 이상 시에라리온에서 활동을 할 수 없게 되었다.

샌드라인 인터내셔널의 철수 이후 시에라리온에는 국제사회의 지원이 이어졌다. 카바 대통령의 숙원이 이루어진 것이다. 기니(Guinea)군의 개입과 31개국에서 파견된 10,000여 명의 유엔 평화유지군(UNAMSIL)의 개입(1999년 7월)도 이어졌다. 식민 지배국이었던 영국도 660여 명의 군사고문단을 파견하여 시에라리온군의 재건을 도왔다. 문제는 이전보다 많은 국제사회의 지원에도 불구하고 이 국가의 내전이 상당 기간 지속되었다는 것이다. 1999년 7월에 유엔평화유지군이 개입했음에도 불구하고 RUF의 완전 소탕은 3년의 기간이 소요되었다.[50] 그리고 그 기간 동안 가장 많은 고통을 당한 것은 바로 시에라리온 국민이었다.

3) 파푸아뉴기니의 사례

파푸아뉴기니는 1970년대 이후 오스트레일리아(Australia)의 보호령으로 있는 남태평양의 섬나라이다. 지리적으로 크고 작은 600여 개의 섬으로 구성되어 있는 이 나라의 경제력은 부건빌(Bougainville) 섬에 있는 팡구나(Panguna) 구리광산에 집중되어 있다. 1988년에 부건빌의 분리독립세력이 중앙정부로부터 팡구나 광산을 되찾기 위해 광산에 대한 공격을 전개하면서 파푸아뉴기니는 내전에 돌입하게 되었다.

자국의 내전이 지속되자 파푸아뉴기니 정부는 부건빌 분리독립세력의 진압을 위해 오스트레일리아에 군사 지원을 요청했다. 정규군에 대한 훈

---

50 이 과정에서 산코는 체포되고 RUF는 무장해제를 당하게 되었다. 현재 RUF는 시에라리온의 정당으로 변모했다.

련 지원을 비롯하여 전자전과 정찰 임무를 수행하기 위한 장비의 지원이 포함되었다. 하지만 오스트레일리아는 파푸아뉴기니 군대의 인권 문제를 제기하면서 지원 요청을 거부했다.

오스트레일리아 정부는 파푸아뉴기니 문제에 대해 미온적인 입장을 유지했다. 당시 오스트레일리아 정부에게 있어 파푸아뉴기니 문제는 구체적인 입장을 취할 수 없는 복잡한 성격을 띠고 있었다. 부건빌 분리독립 세력은 지속적인 로비를 통해 자신들의 독립을 보장받으려 했으며, 광구나 광산의 국영화를 시도하려 했다. 다른 한편으로 오스트레일리아의 광산 회사인 RTZ, CRA가 부분적으로 이 광산의 소유권을 보유하고 있어 부건빌 분리독립을 승인할 경우에 RTZ, CRA로부터 거친 항의가 들어올 것은 뻔한 일이었다.[51] 여기에 더하여 오스트레일리아 정부에게는 전략적으로 고려하여야 할 문제가 있었다. 파푸아뉴기니와 국경을 접한 인도네시아의 반응이었다. 파푸아뉴기니 내전에 오스트레일리아가 개입하게 되면 이는 남태평양의 지배권을 장악하려는 의도로 받아들여지기 십상이었다. 이로 인해 인도네시아 측의 군사적 대응을 불러일으킬 수 있으며 두 국가 간 군사안보 문제로 확대될 가능성이 높아질 수밖에 없는 것이었다.[52]

오스트레일리아 정부의 입장에서는 냉전이 종식되고 안보 문제가 이전만큼 맹목적으로 받아들여지지 않는 시점에서 무리한 군사적 동원으로 국제 문제를 야기할 이유가 없었다.

골치 아픈 파푸아뉴기니 문제를 두고 오스트레일리아 정부는 파푸아뉴기니를 고립시키는 방법을 통해 문제를 해결하려고 했다. 파푸아뉴기니

---

51 Shearer, "Private Armies and Military Intervention," p. 12.

52 *Ibid*. 이러한 전략적 고려는 이후 파푸아뉴기니의 샌드라인 인터내셔널을 고용할 때 오스트레일리아 정부의 강한 반발을 불러오는 배경을 이루게 된다.

의 지원 요청이 있을 때마다 이를 거절하는 한편, 오스트레일리아 이외의 외부 세력이 파푸아뉴기니의 문제에 개입하는 것도 거부했다.[53] 파푸아뉴기니의 전 수상 존 기헨노(John Giheno)는 "오스트레일리아 정부는 우리에게 확고한 도움을 주지 않았다. 반면 우리가 다른 쪽의 지원을 구하려 할 때마다 이를 훼방놓았다"[54]면서 당시 오스트리아 정부의 행위를 비난했다.

이러한 외부적인 지원 부재 상황에 더하여 열악한 파푸아뉴기니의 자체 군사력은 내전의 해결을 더욱 어렵게 만들었다. 파푸아뉴기니 정규군은 총병력 4,400명에 지상군 3,800명의 소규모 군대이다. 더욱 문제가 되는 것은 장비였다. 소총 이외에 육군이 보유한 장비라고는 3문의 박격포가 전부인 군대(보병 운송 수단인 장갑차도 없음)였던 것이다. 해군의 경우는 4척의 고속 순찰선과 2척의 상륙정이 고작이었고 공군이 보유한 전력이라고는 6대의 소형 수송기와 4대의 헬기가 전부였다. 오스트레일리아로부터 제공받은 4대의 UH-1 헬기도 비무장 상태였다.[55]

외부 지원 차단과 자체 군사력의 부족으로 내전이 장기화되던 1996년 말에 파푸아뉴기니는 총선을 앞두게 되었다. 당시 정부 수반인 줄리어스 찬(Julius Chan) 총리는 내전의 장기화로 인해 실각의 위기에 처했다. 정치적 반대파의 비판을 무마시키기 위해서 내전을 종식시키기 위한 특단의 대책이 필요했고 그러한 의욕은 "하이 스피드 투"(High Speed Two)라는 전

53 당시 오스트레일리아 정부는 파푸아뉴기니로의 다른 서구 국가의 군사장비 유입을 막기 위해 외교적 노력을 기울였다. Juan Carlos Zarate, "The Emergence of a New Dogs of War: Private International Security Companies, International Law, and the New World Order," *Stanford Journal of International Law*, Vol. 34 (1998), p. 128.

54 Lucy Palmer, "Canberra Under Fire Over Lawyers," Sidney Morning Herald, April 30, 1997.

55 IISS, *The Military Balance 1996/1997* (London: Oxford University Press, 1996), pp. 204~205.

례 없는 대규모의 토벌작전으로 이어졌다.[56] 하지만 이 작전은 오히려 찬 총리의 입지를 더욱 악화시키는 결과를 초래했다. 토벌작전은 대실패였다. 토벌작전에 참가했던 많은 수의 병력이 죽거나 인질이 되어버린 것이다.

국제사회의 지원이 없는 상태에서 의욕적으로 진행한 토벌작전이 실패로 돌아간 후, 찬 총리는 더욱 궁지에 몰렸다. 차기 총선에서의 승리는 고사하고 당장 자신에 대한 사임 압박이 예상되었다. 여기에 더하여 오스트레일리아의 정부의 태도는 파푸아뉴기니 정부를 더욱 고립 상태로 만들 것이 분명했다. 정치적 위기에 몰린 것은 찬 총리만이 아니었다. 파푸아뉴기니 군 총사령관인 제리 싱기록(Jerry Singirok) 역시 위기에 처했다. 자신이 지휘한 "하이 스피드 투" 작전이 실패하면서 싱기록도 해임의 위기에 직면하였던 것이다. 이렇듯 국제사회의 지원 차단과 열악한 자체 군사력으로 인해 파푸아뉴기니는 기존의 방법으로 내전을 해결하기 어렵다는 것을 인식하게 되었다. 특히 오스트레일리아의 방해는 자국의 내전 종식을 더욱 어렵게 만들 것이 분명했다. 결국 파푸아뉴기니는 국가 이외의 주체로부터 군사력을 확보하는 방안을 채택하게 되었다.

1997년 1월에 찬 정부는 샌드라인 인터내셔널과 부건빌의 질서 회복을 내용으로 하는 계약을 체결했다. 구체적인 내용으로는 파푸아뉴기니 정규군의 특전대를 육성시키고 부건빌 분리독립세력의 병력에 대한 첩보를 수집하는 것이었다. 이에 덧붙여 샌드라인 인터내셔널은 부건빌 독립세력의 토벌작전을 전개하고 팡구나 광산을 회복하며 이후 필요한 제반 지원을 공급한다는 것이 들어 있었다.[57] 당시 계약금액은 3,600만 달러로서

---

56 찬 총리는 이 작전을 위해 1,000만 달러를 사용했다. Shearer, "Private Armies and Military Intervention," p. 12.

57 "Agreement for the Provision of Military Assistance Dated This 31 Day of January 1997

이의 절반인 1,800만 달러는 선불로 결제하고 나머지 금액은 샌드라인 인터내셔널이 파푸아뉴기니에 배치된 이후 30일 이내에 결제되도록 되어 있었다. 3,600만 달러는 파푸아뉴기니의 연간 국방 예산 2,400만 달러[58]에의 한 배 반이 넘는 액수였다.

당시 찬 정부가 어떻게 샌드라인 인터내셔널과 접촉하게 되었는지는 알려지지 않고 있으나 계약 직전, 샌드라인 인터내셔널 및 찬 정부 요인의 회동에 광산업체인 브랜치 헤리티지 관계자가 참석했다는 설이 유력하다.[59] 브랜치 헤리티지는 앞서 언급한 시에라리온의 군사대행기업 활용 사례에서도 언급된 바 있는데, 광산업체인 브렌티 헤리티지 관계자의 참석은 동 회사가 광구나 광산의 채굴권을 대가로 파푸아뉴기니 정부에게 샌드라인 인터내셔널을 소개했을 가능성을 생각하게 한다.

계약의 이행에 들어간 샌드라인 인터내셔널은 우선적으로 16명의 인원을 훈련 자문역으로 파견했다. 이후 이들은 중대 규모의 타격부대[60]에 편입되었다. 이 타격부대는 샌드라인 인터내셔널에 의해 '현대화'가 추진되는데 이 타격부대의 육성을 위해 샌드라인 인터내셔널은 Mi-24 공격헬기 2대, Mi-17 강습수송헬기 2대, 로켓발사기 6대를 비롯한 화력 지원을 실시했다.[61] 계약서에 명기된 특전대도 이들 중대 산하에서 육성되도

Between the Independent State of Papua New Guinea and Sandline International," http://coombs.anu.edu.au/SpecialProj/PNG/htmls/Sandline.html. 이 책 [부록 5-1] 파푸아뉴기니-샌드라인 인터내셔널의 계약서 참조.

58 IISS, *The Military Balance 1997/1998*, p. 204.

59 Sinclair Dinnen, "Challenging the State: The Sandline Affair in Papua New Guinea," *Pacific Policy Paper*, No. 30 (1997). p. 24.

60 파푸아뉴기니 정규군은 전체 2개 대대(battalion)의 규모로, 중대 규모는 파푸아뉴기니에서는 큰 규모의 군사조직이다.

61 당시 동원된 장비의 내역은 이 책 [부록 5-1] 파푸아뉴기니-샌드라인 인터내셔널의 계약서 참조.

록 되었다. 또한 샌드라인 인터내셔널은 진압작전에서도 이전과는 다른 방식을 제시했다. 부건빌 분리독립세력의 지휘관들을 암살하고 혼란에 빠진 잔존 병력들을 일망타진한다는 계획이었다. 이를 통해 “위반 작전”(Operation Contravene)으로 명명된 부건빌 분리독립세력 소탕작전이 입안되었다. 여기에 더하여 샌드라인 인터내셔널은 계약서상에 자사 직원들에 대한 특별한 신분 보장을 요청했다. 그것은 샌드라인 인터내셔널 직원들에게 특별치안 담당관(special constable)의 지위를 인정하여 무장을 허용하고 필요한 경우에 자위를 위해 무력을 행사할 수 있는 권한을 부여한다는 것이었다.[62]

하지만 샌드라인 인터내셔널의 투입은 파푸아뉴기니 정국에 미묘한 갈등을 야기했다. 2개 대대로 구성된 지상군이 전부인 파푸아뉴기니 정부군에 있어서 현대화된 부대의 등장은 싱기록을 비롯한 기존 장교들의 위기의식을 고조시켰다. 게다가 샌드라인 인터내셔널 직원들에 대한 찬 정부의 막대한 자금 투입은 열악한 자신들의 상황에 대비되어 이들의 위화감을 고조시켰다.

1997년 3월에 싱기록 장군은 샌드라인 인터내셔널을 철수시키고 찬 정부를 축출할 기회를 모색했다. 싱기록은 계약 체결 당시에 샌드라인 인터내셔널이 정부 주요 인사들에게 사례금을 지급한 것을 알아내고 이를 이유로 찬 총리의 사임을 권고했다. 찬 정부는 싱기록 장군의 해임으로 대응했지만 싱기록의 폭로전은 사태를 일파만파로 확대시켰다. 싱기록은 샌드라인 인터내셔널과 파푸아뉴기니 정부의 계약 내용을 모두 폭로했다. 공개된 내용을 통해 대규모의 군사작전이 국민의 동의 없이 진행되고

62 피터 싱어는 동 조치가 당시 샌드라인 인터내셔널의 활동이 용병 활동으로 고발되는 것을 막기 위한 것이었다고 주장했다. 피터 싱어, 『전쟁대행주식회사』, p. 341.

있었다는 것을 알게 된 파푸아뉴기니 국민들은 폭동을 일으켰다. 싱기록을 비롯한 군부는 폭동을 지원하여 사태를 더욱 악화시켰다. 싱기록 장군을 지지하는 군대와 찬 정부를 지지하는 군대 사이의 무력충돌까지 나오게 되고 군대 내 항명사건으로까지 발생하였다. 두 세력의 대결이 전면전으로 확대될 조짐이 보이자 결국 찬 총리는 사퇴를 표명하고 그의 내각은 해산했다.

작전 수행을 위해 보급을 지속해오던 샌드라인 인터내셔널의 직원들은 졸지에 계약이 파기되는 상황을 목격해야 했다. 찬 총리의 사임과 동시에 샌드라인 인터내셔널은 파푸아뉴기니에서 철수했다. 하지만 샌드라인 인터내셔널의 대표인 스파이서는 한동안 파푸아뉴기니에 억류되었다. 싱기록 측에서 찬 정부의 스캔들에 관한 증인을 확보하기 위해 스파이서를 체포한 것이다.[63] 하지만 스파이서를 억류하여 찬 정부의 비리를 폭로하려던 싱기록은 위기에 처하게 되었다. 싱기록 장군이 계약 내용을 미리 알고 있었다는 사실이 밝혀졌기 때문이다.[64] 이외에도 싱기록 장군이 샌드라인 인터내셔널의 경쟁 상대로부터 뇌물을 받았다는 사실도 공개되었다.[65] 이러한 사실이 밝혀지면서 싱기록 장군도 공직 취임이 금지되었다.

결국 찬과 싱기록 두 사람의 대결은 두 사람 모두 공직에서 사퇴하는 'lose-lose'로 종결되었다. 그리고 샌드라인 인터내셔널이 진행해오던 반군 소탕작전과 군 현대화도 허공에 떠버린 격이 되어버렸다. 샌드라인 인터내셔널이 철수한 이후에 파푸아뉴기니군은 새로운 고민에 빠졌다. 샌드라인

---

63 Tim Spicer, *An Unorthodox Soldier*, pp 174~188.

64 스파이서는 싱기록이 계약의 내용을 알고 있었을 뿐만 아니라 초기부터 깊숙이 개입하고 있었다고 주장했다. *Ibid.*, p. 165.

65 당시 샌드라인 인터내셔널의 경쟁 상대는 프랭클린(J. S. Franklin)이라는 무기중개상 업체였다. *Ibid.*

인터내셔널이 들여온 헬기를 비롯한 현대화 장비를 어떻게 처리할 것인지에 대한 문제였다. 이에 대해 파푸아뉴기니군은 더 이상의 현대화를 진행하지 않는 퇴보의 길을 선택했다. 샌드라인 인터내셔널의 직원들이 철수한 마당에 이러한 장비를 운용할 자금도, 기술도 운용할 인력도 없었기 때문이다. 파푸아뉴기니군은 결국 샌드라인 인터내셔널이 들여온 장비를 모두 바다 속에 수장시키는 것으로 골치 아픈 군 현대화의 문제를 해결했다.

4. 제3유형의 특성

이상 살펴본 바와 같이 제3유형의 군사대행기업 활용은 열악한 자국의 군사력과 국제사회로부터의 고립에 의한 총체적 난국이 주요한 계기를 마련하게 되었다. 군사협력관계가 존재하는 국가와 달리 이들 국가는 자국의 열악한 군사력을 보완할 국가 단위의 외부 지원을 확보할 수 없게 되고 이러한 국제사회로부터의 고립은 이들의 위기를 더욱 심화시키게 된다. 국제사회의 지원을 어느 정도 확보할 수 있었던 제2유형의 경우와 달리, 제3유형의 사례 국가들은 유엔평화유지활동이 상당 기간 지연되거나 투입된 평화유지군에 의한 작전도 결실을 맺지 못하는 상황에 처했다. 또한 과거 이들의 식민 지배국들의 지원 중단은 이들의 내전이 더욱 악화되는 원인을 제공했다. 제3유형의 국가들은 총체적 위기 상황에 대해 사적 영역에서의 해결 방법을 모색하게 하게 되고, 결국 군사대행기업 활용을 통해 자국의 위기를 해결하는 모습을 보이게 된다.

제3유형의 군사대행기업 활용은 주목할 만한 두 가지의 특성을 보이고 있다. 하나는 계약의 형태에 있어서 자국의 위기 상황을 군사대행기업에게 모두 위임하여 해결하는 패키지 활용(package deal)의 모습을 보인 점이다. 이는 자체 군사력이나 외부 군사 지원을 비롯한 국가 차원의 군사 수단을 활용할 수 없게 되면서 비롯된 것인데, 자체적으로 동원할 공적인 군사력 동원 수단(자체 군사력과 대외 군사 지원)이 모두 쓸모없게 된 상황에서 부분적인 군사대행기업 활용만으로는 위기 상황을 해결할 수 없었기 때문이다.

다른 하나는 군사대행기업 고용 자금의 동원 방식이다. 같은 약소국의 처지나 외부와의 군사협력관계가 지속된 제2유형의 경우에 직접적인 군사 지원을 획득하지는 못한다고 하더라도 이를 대신하는 재정 지원을 통해 군사대행기업과의 계약을 체결할 수 있었다. 하지만 이러한 외부의 재정 지원마저 얻을 수 없었던 제3유형의 국가들은 재원 마련을 위해 자국 소유 천연자원의 채굴권을 군사대행기업에 넘기거나 채굴권을 담보로 돈을 빌리는 방법을 통해 계약에 필요한 자금을 마련하는 모습을 보였다.

이외에도 제3유형에서 발견되는 흥미로운 사항은 내전의 해결 과정에서 나타난 군사대행기업에의 의존 심화이다. 총체적 위기 상황에서 최후 수단으로 채택한 군사대행기업 활용이 성공하면서, 저항세력들은 군사대행기업의 철수를 평화협정체결의 주요한 요구 조건으로 내세웠다. 하지만 군사대행기업이 철수한 직후 저항세력의 반격으로 인해 다시 위기 상황에 봉착하고 이들 국가는 다시 군사대행기업을 활용하여 위기 상황을 극복하는 모습을 보여주었다.

이렇듯 제3유형의 군사대행기업 활용은 자체 군사력 부족과 대외 군사 지원 차단이라는 총체적 위기 상황에 대한 최후 수단으로서의 성격으로 나타났다. 이들에 의한 단기적이고 포괄적인 군사대행기업 활용은 분쟁의 해결에 성공적인 측면을 보이나 자체 군사력의 한계로 말미암아 이후 재개된 위기 상황에 다시 군사대행기업을 끌어들이게 되는 의존 양상을 보여주고 있다고 하겠다.

제7장

군사대행기업 공급 유형: 남아프리카공화국

앞서 살펴본 군사대행기업 활용 국가들은 기존의 가용한 군사력이 냉전 종식 이후에 발생한 안보상 수요를 충족시키지 못해 이를 보완 · 대체하기 위해 군사대행기업을 활용했다. 하지만 냉전 종식 이후 이러한 문제에 자유로운 국가들도 있었다. 앞서 군사력에 의해 국가군을 구분할 때 B셀에 해당되는 국가들로 자체 군사력이 상대적으로 강하면서 대외군사협력관계가 부재한 국가들이다. 이들은 자국의 안보를 위해서는 군사대행기업을 활용할 이유가 없다. 하지만 냉전 당시 과도하게 건설했던 군사력을 해체하는 과정에서 자국의 퇴역군인들이 군사대행기업을 설립하고 해외 사업(내전 및 국제 분쟁에의 개입)을 전개하게 되는 등 이들 국가는 자신은 군사대행기업을 활용하지 않으면서 군사대행기업 공급 및 확산의 근거지가 되는 역설적인 모습을 보이게 된다. 대표적인 사례로는 1990년대의 남아프리카공화국을 들 수 있다. 동 사례는 국가의 군사대행기업 활용과는 직접적인 관계가 없으나, 퇴역군인의 문제와 이의 해결 방안으로 등장하는 군사대행기업 설립 등 군사대행기업의 등장 및 확산 과정에 대한 상세한 내용을 담고 있으며, 해당 국가 출신의 군사대행기업의 해외 활동이 다른 국가의 군사대행기업 활용에 중대한 영향을 미쳤다는 점에서 주목할 필요가 있다.

남아프리카공화국은 자국을 보호할 만큼 충분히 강한 자체 군사력을 가지고 있으나 대외군사협력관계가 부재한 국가이다. 이러한 국가는 고립된 지역 강국의 성격을 띤다. 냉전 당시 이러한 국가가 처했던 가장 큰 위협은 미소 양진영의 대리전으로 전개된 주변 국가의 무력분쟁이 자국으로 확산되는 것이었다. 하지만 고립된 국가의 경우에 이러한 위협에 대해 '동맹'을 포함한 군사협력을 활용할 수 없고 자체 군사력의 증대가 유일한 대안이 된다. 따라서 병력 및 국방 예산의 증가를 주요한 내용으로 하는 총력 동원이 안보 정책의 핵심이 된다. 하지만 총력 동원은 국가 기구의 전반적인 군사화(militarized) 및 자원 분배의 기형화를 초래하게 된다. 이러한 국가가 냉전의 종식이라는 안보 환경 변화에 직면할 경우에 총력 동원에 의해 과도하게 건설된 군사력은 국가 운영의 부담으로 작용하게 되어 최우선적인 구조조정의 대상이 된다.

남아프리카공화국이 냉전 종식 직후 직면한 문제도 이와 같았다. 냉전 당시 건설된 과도한 군사력은 냉전 종식 이후 최우선적인 구조조정 대상이 되었다. 구조조정은 주요 군부대의 해체와 급격한 병력 감축을 내용으로 하고 있었는데, 우수한 군사기술을 보유한 숙련 군인들이 하루아침에 실업자가 되었다. 군사적 지식 이외에 다른 어떠한 기술도 보유하지 못한 퇴역군인들이 재사회화에 실패하게 되면서 퇴역군인 문제는 사회문제로 확대되었다. 사회에 정착하지 못한 퇴역군인들에게 군사대행기업의 설립 혹은 입사는 재사회화 비용을 최소화하면서 생계를 유지할 수 있는 매력적인 대안이 되었다. 하지만 이들은 자국 내에서의 활동에 제약을 받게 된다. 주요한 고객이 될 국가가 군사대행기업을 고용할 동기가 부재했기 때문이다. 자체적인 군사력만으로 충분히 자국의 안보 문제를 해결할 수 있는 상황에서 추가적인 군사력은 동원할 필요가 없었다. 이러한 상황에서 군사대행기업은 해외로 눈을 돌리게 된다. 바로 타국에서 벌어진 무력 분쟁을 대행하는 사업을 전개한 것이다. 냉전 종식 이후 1990년대 중반까지 남아프리카공화국이 주요한 군사대행기업 공급 국가가 된 것은 바로 이러한 배경이 있기 때문이었다. 그렇다면 1990년대 남아프리카공화국에서 구체적으로 어떠한 일들이 벌어진 것일까? 보다 상세한 내용을 통해 남아프리카공화국의 사례를 소개하도록 하겠다.

1. 냉전 종식 이후의 상황: 안보 위협 소멸과 대규모 병력 감축에 따른 퇴역군인 증가

냉전 종식 이후 남아프리카공화국 최대의 골칫거리는 냉전 당시 과도하게 형성된 군사력이었다. 남아프리카공화국의 과도한 군사력 건설의 배경은 다음과 같다. 주지하다시피, 인종 차별 정책을 시행했던 구(舊)남아프리카공화국 백인 정부는 냉전 당시 동서양 진영으로부터 환영받지 못했다. 이러한 상황에서 남아프리카공화국은 자국의 안보를 스스로 해결할 수밖에 없었다. 외부와의 관계 단절로 인해 군사력 건설을 위한 재원을 확보하기 어려운 상황은 이 국가를 총력안보에 매진하게 만들었다. 1977년에 국방장관 보타(P. W. Botha, 후일 남아프리카공화국 대통령 취임)는 반 아파르트헤이트(Anti-apartheid)운동 박멸과 주변국의 공산화 저지를 목표로 총력 전략(total strategy)을 입안했다.[1] 이후 1980년대까지 남아프리

1 Kent Hughes and Steven Metz, "Armies and Democracy in the New Africa: Lessons from Nigeria and South Africa," *RESDAL*, January 1, 1996, http://www.resdal.org/archivo/d0000105.htm(2007-01-04).

카공화국은 연간 GDP의 4.4%를 국방비로 할당하는 한편, 병력 충원을 위해 징집(conscription) 규모를 확대해 최대 500,000명의 병력(남아프리카공화국 주변 12개국의 총병력보다도 많음)을 보유했다. 또한 혁명 세력의 준 군사조직을 통한 게릴라전에 대비해 대게릴라전(counter-insurgency warfare) 수행을 위해 남아프리카공화국 민간협력국(South African Civil Cooperation Bureau, CCB) 및 남아프리카공화국 방위군 제32대대 등 공안조직과 특수부대를 보강했다.[2] 아파르트헤이트 정권은 이들을 활용해 남아프리카공화국 내부의 공산주의 및 반아파르트헤이트 운동을 저지하는 한편, 주변국가의 공산화를 막는 데에도 활용했다.

냉전 종식 이후 남아프리카공화국의 군사안보 문제는 외부 위협이나 대외군사협력관계로 인한 군사 지원에 의해 발생하지 않았다. 남아프리카공화국의 정권 교체로 인한 주변국과의 화해로 인해, 주변국과의 적대적 관계는 대부분 청산되었으며,[3] 냉전 종식 이후에도 남아프리카공화국은 주변국에 대해 상대적 군사력 우위를 유지했다. 여기에 더하여 남아프리카공화국은 대외협력관계의 부재로 인해 외부에 대한 군사 지원을 할 필요도 없었다. 이에 대해 좀 더 구체적으로 살펴보면, 1994년에 음베키(Thabo Mbeki) 정부 수립 이후 남아프리카공화국 정부는 아프리카의 지역 안정과 인간 안보를 주요 내용으로 하는 대외정책을 발표했지만 이를 위한 남아프리카공화국의 해외 군사 파견은 거의 전무했다. 단적인 예로, 1990년대 중반에 앙골라(Angola) 내전 당시 앙골라 정부는 남아프리카공

---

2 Len Le Roux and Henri Boshoff, "The State of Military," John Daniel, Roger Southall, and Jessica Lutchman (eds.), *The State of Nation: South Africa 2004~2005* (Capetown: HSRC Press, 2005), p. 178.

3 Jane's Information Group, "South Africa: External Affairs," *Jane's Sentinel Security Assesments*, http://search.janes.com/Search&Prod_Name=SAFRS(2007-01-04).

화국에게 군사적 지원을 요청하였으나 남아프리카공화국 정부는 이를 거부했다. 남아프리카공화국은 1999년에 들어서야 콩고민주공화국(Democratic Republic of the Congo)에 대한 평화 유지 임무를 시작했고 2001년에 브룬디(Burundi)에 평화유지군을 파견할 정도로 대외군사협력에 인색한 국가였다.[4]

냉전 종식 이후 기존에 건설한 과도한 군사력은 국가 운영의 부담 요인으로 작용했다. 국가의 경제력에 비해 과도하게 건설된 군사력은 국가 재정에 부담만 안겨줄 뿐이었다. 결국 남아프리카공화국은 이 문제를 대규모 군비 축소로 해결할 수밖에 없었다. 1990년에 넬슨 만델라(Nelson Mandela)의 아프리카 민족회의(ANC)가 주도하는 다인종 임시정부(multi-ethnic interim government)는 ANC 산하 무력 조직인 '국민의 창'(*Unkhonto we Sizwe*, MK)의 사령관이었던 조 모디세(Joe Modise)를 국방장관으로 임명하고 군사화된 국가기구를 개편하는 작업(demilitarization)에 착수했다.[5] 주요 개편 중 핵심은 군사조직의 개편으로 전체 네 가지의 핵심 사업으로 구성되었다. 그것은 첫째, 내부 폭력에 대한 통제,[6] 둘째, 이의 해결 방안

4 *Ibid*.

5 Peter Batchelor, Jacklyn Cock, and Penny Mckenzie, *Conversation in South Africa in the 1990s: Defense Downsizing and Human Development Challenges*, Bonn International Center for Conversion Brief No. 18 (Bonn: Bonn International Center for Conversion, 2000), p. 8.

6 넬슨 만델라의 집권 이후 하급 군 간부들의 쿠데타 기도에 관한 루머 및 아프리카 민족회의(ANC)의 축출을 위한 조직적 저항이 적발되었다. 당시 남아프리카공화국에는 아프리카 민족회의(ANC) 산하 국민의 창(*Umkhonto we Sizwe, MK*), 범 아프리카회의(Pan Africanist Congress, PAC) 산하 무장단체, 보푸타츠와나 공화국 방위군 출신 무장단체(The Defence Dorce of the Former Homeland of Bophuthatswana), 시스케이(Ciskei), 트랜스케이(Transkei), 벤다(Venda) 자치군, 아자니아 인민해방군(Azanian Peoples' Liberation Army, APLA) 등 다수의 무장단체가 있었다. Jane's Information Group, "South Africa: Internal Affairs," *Jane's Sentinel Security Assesments*, http://search.janes.com/Search&Prod_Name=SAFRS(2007-01-04).

으로서의 무력집단 통합, 셋째, 구(舊)아파르트헤이트 정권의 인사에 대한 처벌, 넷째, 예산 삭감과 군의 역할 조정이었다.[7]

당시 개편에서 전비 태세(military readiness) 강화나 외부 위협에의 대응과 같은 사안은 고려 대상에서 제외되고, 거대 군조직의 축소와 이를 통한 재원 마련 및 경제 부담의 축소가 주요 고려 사항이 되었다. 이는 냉전 종식 이후 안보상의 위협 소멸에 기인한 것이었다.[8] 이러한 안보상의 위협 소멸은 국가 안보를 넘어 인간 안보(human security)를 추구하는 국방 정책의 변화를 가능케 했다.[9] 하지만 인간 안보를 비롯한 국제 문제 개입은 당장 실천할 수 있는 것이 아니었다. 앞서 언급한 바와 같이 냉전 당시부터 뚜렷한 군사협력관계가 존재하지 않는 남아프리카공화국에게 대외 군사 지원을 수행할 대상 국가는 없었으며, 냉전 종식 이후에 새로이 군사협력관계를 만들 이유도 없었다. 이타주의적 성격이 강한 인간 안보의 실천 및 국제 문제 개입은 당시 남아프리카공화국에게는 시급한 안보 사안이 아니었으며 언젠가 시행해야 할 선언상 목표의 성격이 강했다.

이러한 배경에서 군조직 개편에 본격적으로 착수한 만델라 정부는 백인 정권 하에서 반 아파르트헤이트 운동을 적극적으로 탄압한 제32대대 및 경찰 특공대 쾨베트(Koevet)를 우선적 해체 대상으로 삼았다. 1993년까지 남아프리카공화국은 총병력을 129,000여 명으로 감축했다.[10]이후

7 Len Le Roux and Henri Boshoff, "The State of Military," John Daniel, Roger Southall, and Jessica Lutchman (eds.), *The State of Nation: South Africa 2004~2005* (Capetown: HSRC Press, 2005), p. 179.

8 Jane's Information Group, "The Armed Forces in the New South Africa," *Jane's Intelligence Review*, July 1994, pp. 336~337.

9 Avant, *The Market For Force*, p. 158.

10 South African Department of Defense, *Defense White Paper 1998* (Pretoria: Department of Defense, 1998), p. 70.

1995년 2월에 만델라 정부를 계승한 음베키 정부는 향후 5년 동안 총병력을 75,000명으로 줄이는 추가 병력 감축 계획을 발표했다. 이는 음베키 정권이 아파르트헤이트 정권의 총력안보로 황폐화된 경제를 살리기 위해 국방 예산을 대폭 삭감했기 때문인데, 그렇게 삭감된 국방 예산으로는 기존 12만 명의 병력을 유지할 수 없었다.[11] 그 결과로 54,000명의 군인들이 군대를 떠나게 되었다.

대규모 병력 감축은 군사적 기술을 가진 수만 명의 실업자(퇴역군인)를 양산했다. 이들은 대부분 만기제대를 하지 못한 상태에서 강제적으로 군대에서 나오게 된 사람들이었다. 이들의 사회 적응 문제는 남아프리카공화국의 새로운 군사 문제가 되어버렸다. 2001년에 Institute for Security Studies의 조사에 의하면 퇴역군인들의 23%만이 재취업에 성공했고 35% 이상은 취업을 준비하고 있으나 적응에 어려움을 겪고 있는 것으로 나타났다.[12] 퇴역군인들의 상당수가 퇴역 동기에 대해 남아프리카공화국 신정부의 부당한 처우를 들었다. 특히 과거 백인 정권에서부터 군 경력을 유지했던 자들(백인)은 만델라 정부 취임 이후에 시행된 소수민족 우대 정책(affirmative action)으로 인한 인사상의 불이익에 대한 강한 불만을 토로했다. 소수민족 우대정책은 본래 남아프리카공화국 소수민족의 군 입대 장려를 통해 각 민족 집단 자체의 무장세력을 군으로 통합하는 효과를 노린 것이었다. 하지만 소수민족 우대정책은 오히려 남아프리카공화국 국

11 Jane's Information Group, "Middle East/Africa, South Africa Plans to cut Force by 50 Percent," *Jane's Defense Weekly*, February 2, 1995, p. 18. 하지만 1999년까지 남아프리카공화국은 87,000명의 총병력을 유지했고 이후 추가 병력 감축을 통해 70,000명까지 줄였다. Jane's Information Group, "Middle East/Africa, SANDF Cut Strength," *Jane's Defense Weekly*, February 16, 1999, p. 63.

12 Garth Shelton, David Monyue, Ann Pullinger, Mathew Simmonds and Rocky Williams, *Demobilisation and Its Aftermath I: A Profile of South Africa's Demobilised Military Personnel*, http://www.iss.co.za/Pubs/Monographs/No59/Chap11.html(2007-01-06).

방군 내의 장기적 흑백인종 갈등을 야기했다.[13] 이 정책은 소수민족에게 진급 등의 인사상 특혜를 주어 군 입대를 장려했는데 이는 결국 백인 군인들에 대한 역차별을 의미했다. 소수민족은 숙련도나 직무 수행 능력에 있어서 뛰어나지 않음에도 불구하고 소수민족(흑인)이라는 이유로 진급할 때 인사 특혜를 받았고 이는 상대적 박탈감을 느낀 백인 군인의 자발적 퇴역을 촉발했다.[14]

하지만 자발적 퇴역 이후에 퇴역군인들이 생계를 꾸려나가는 것은 너무나도 어려운 일이었다. 20대 초반부터 배운 것이라곤 군사적 기술밖에 없는 이들에게 일반 사회에서의 직장을 구하기란 너무나도 어려운 일이었다. 여기에 더하여 신 정부의 퇴역군인에 대한 부정적 시선과 역차별은 사회 진출 및 위험의 어려움을 가중시켰다. 결국 이들에게 생계를 유지할 수 있는 방법은 자신이 가진 군사기술을 활용해서 돈을 벌 수 있는 직장을 구하는 것이었다. 상식적으로는 군대가 이를 가능케 하는 직장이지만 군대에서 이미 퇴역한 이들이 군대로 다시 입대하는 것은 불가능한 일이었다.

---

13 1998년에 남아프리카공화국에 파견된 영국 군사고문단(BMATT)은 남아프리카공화국 국방군 통합 과정에 관한 보고서를 통해 기존의 남아프리카공화국 군인(백인)과 무장조직 출신 군인(흑인) 간 갈등에 대하여 심각하게 비판했다. 이에 대해 남아프리카공화국 육군참모총장 오토(Lt. General Reg Otto)는 동 보고서가 사실과 다르다며 강력히 반발했고 국방장관 모디세는 이에 대한 진상 조사를 지시했다. Helmoed-Römer Heitman, "Middle East/Africa, More Controversy over SANDF Integration," *Jane's Defense Weekly*, March 18, 1998, p. 19.

14 Jane's Information Group, "Middle East/Africa, SANDF Loses Instructors," *Jane's Defense Weekly*, September 2, 1995, p. 21.

2. 군사대행기업의 성장, 공급 과잉 및 해외 사업 전개

남아프리카공화국에서 퇴역군인들이 사회 적응에 어려움을 겪고 있는 가운데 남아프리카공화국 정부도 퇴역군인에 대한 처리 및 내부 폭력 통제로 곤경에 처해 있었다. 하지만 남아프리카공화국의 고민은 남아프리카공화국 내 군사대행기업의 활동에 의해 간접적으로 해결되었다. 대표적으로는 EO를 들 수 있는데, EO는 1989년에 전(前) 남아프리카공화국 특수부대장 루터 이븐 발로(Luther Eeben Barlow)[15]에 의해 창설된 회사이다. EO는 국내외 군사대행서비스 공급에 대한 남아프리카공화국 정부의 허가(license)에 의해 사업을 추진했을 뿐만 아니라,[16] 높은 보수와 직원에 대한 복지, 그리고 계열사 설치 등 이후 군사대행기업들에게 추종 모델이 될 만한 활동 내용을 보여주었다.[17] EO와 같은 남아프리카공화국 군사대행기업의 활동 및 성장은 남아프리카공화국 신정부에게 두 가지 반사 이익을 주었다.[18] 첫째는 퇴역군인의 취업 문제 해결로 신정부와의 갈등이

15 발로에 대한 인적사항은 이 책의 [부록 3] 참조.

16 발로는 남아프리카공화국 신문 *The Star*의 브렌단 시리(Brendan Seery)와의 인터뷰를 통해 EO가 해외 군사대행사업에 대해 남아프리카공화국 정부 허가를 받은 최초의 업체였다고 주장했다. Brendan Seery, "Bullets, Bombs and Business: Former Executive Outcomes Boss Eeben Barlow Feels Bitter and Jaded about the Way the Media Portrayed His Legitimate Private Military Company, and with Good Reason," *The Star*, November 5, 2007.

17 EO는 회사 자체의 계급에 따라 급료를 주었는데, 사병은 월 3,500달러, 장교는 4,000달러, 조종사는 7,500달러를 지급했으며, 급여는 모두 미국 달러로 지급했다. 이에 더하여 모든 직원에게 생명보험과 의료보험을 제공하고 텔레서비시즈(Teleservices) 및 라이프가드(Lifeguard), 사라센(Saracen)을 비롯한 약 20개의 계열사를 보유했다. 피터 싱어, 『전쟁대행주식회사』, pp. 186~189.

18 군사대행기업의 초기 활동에 의해 남아프리카공화국 신정부가 반사적 이익을 향유했다는 주장을 한 글은 다음을 참조. Kevin O'Brien, "PMCs, Myths and Mercenaries: the Debate on Private Militaries Companies," *Royal United Service Institute Journal*, February 2000, http://www.kcl.ac.uk/orgs/icsa/Old/pmcs.htm(2007-01-06); Elizabeth Rubin, "An Army of One's Own," Harper's Magazine, February 1997.

억제된 것이다. 대규모 병력 감축으로 배출된 퇴역군인들을 군사대행기업이 고용해줌으로써 남아프리카공화국 정부는 퇴역군인의 재사회화 문제에 대한 부담을 덜 수 있었다. 또한 남아프리카공화국 퇴역군인들 중 상당수는 아파르트헤이트 정권 당시 인권 탄압의 주범으로 인식된 자들이었는데, 이들이 군사대행기업을 통해 해외에서 활동하게 되면서 국내에 체류하는 동안 발생할 수 있는 남아프리카공화국 신정부에 대한 불만 표출 및 이로 인한 집단행동이 억제될 수 있었다.[19]

둘째는 국내 폭력 통제 및 치안 유지에 대한 부담을 덜어주었다는 것이다. 만델라 정권 출범 이후, 국내 폭력 통제와 관련한 두 가지 불안 요인은 퇴역군인과 민족집단 산하 무장조직 출신자들이었다. 퇴역군인들은 남아프리카공화국 신정부의 군사 조직 개편에 의해 강제 퇴역되거나 소수 우대 정책 등에 불만을 품고 자발적으로 퇴역한 자들인데, 숙련된 군사기술을 가지고 있어 이들이 범죄조직이나 반(反) 만델라 무장투쟁에 가담할 경우, 치안 유지에 엄청난 부담을 줄 가능성이 높았다. 후자인 민족집단 산하 무장조직 출신들은 남아프리카공화국 신정부의 국내 폭력 통제에 의해 남아프리카공화국 정규군에 편입된 자들인데, 이들이 군 생활에 적응하지 못하고 군무 이탈 후 무장조직에 복귀하거나 범죄조직에 합류할 경우에 민족집단 간 갈등으로 불안한 치안 상황을 더욱 악화시킬 가능성이 높았다. 실제로 1994년 8월에 남아프리카공화국 국방군에 합류했던 무장조직원 4,084명이 군무 이탈 후 미복귀하는 사태가 벌어졌는데, 당시 남아프리카공화국 정부는 이들의 무장조직 재합류 및 범죄조직 가담을 크게 우려했고, 이에 대해 무력으로 대응할 것이라고 경고했다.[20]

---

19 Kevin A. O'Brien, "PMCs, Myths and Mercenaries: the Debate on Private Militaries Companies."

20 Jane's Information Group, "Former MK Members Face SANDF Dismissal," *Jane's Defense*

상기 두 가지 불안 요인 중 어느 하나라도 현실화될 경우에 남아프리카공화국 국내 치안은 극도로 불안해질 가능성이 높았다. 국가기구 재건의 과도기에서 치안기구도 대규모 조직 개편의 대상이 되어 정상적인 활동을 할 수 없었기 때문이다. 군사대행기업은 이러한 상황에서 당시 남아프리카공화국 정부 부담을 덜어주었다. 퇴역군인의 무장조직 합류 문제에 대해서는 군사대행기업이 이들에 대한 고용을 창출하여 흡수함으로써 이들의 범죄조직이나 반정부 무장조직에의 가담을 방지하는 효과를 가져왔다. 군무 이탈자의 무장조직 및 범죄조직 합류의 경우에 군사대행기업이 이들의 합류 행위를 직접적으로 방지한 것은 아니다. 하지만 남아프리카공화국 군사대행기업은 빈약한 남아프리카공화국 경찰을 대신함으로써 치안 유지에 기여했다. 1990년대 신정부 출범 이후에 치안 불안으로 위협을 느낀 남아프리카공화국 내 민간인들(주로 경제적 기득권을 가진 기업과 백인들)은 신정부의 치안조직만으로 자신의 안전을 확보하기 어렵다고 판단하고 남아프리카공화국 군사대행기업에 보호를 의뢰했다. 당시 남아프리카공화국 군사대행기업들은 국가 정규군의 임무 대행 이외에도 사설 보안 사업도 병행했는데, 드비어스(Debeers)와 같은 남아프리카공화국의 다이아몬드 회사들은 군사대행기업을 고용하여 자사의 주요 시설 및 다이아몬드 광산 경비 등의 임무를 맡기기도 했다.[21] 치안이 극도로 불안한 상태에서 남아프리카공화국 내 무장투쟁 조직들이 다이아몬드를 자신들의 주요한 경제적 수익원으로 취할 가능성이 높았기 때문이다.

남아프리카공화국 내 민간 기업 보호를 통해 사업을 전개하던 군사대

Weekly, November 19, 1994, p. 6.

21 EO도 남아프리카공화국 내 민간기업에 대한 보안 서비스를 제공한 바 있다. Executive Outcomes, "The Initial Contracts," http://web.archive.org/web/19980703122538/www.eo.com/about/p2.html(2007-01-08).

행기업들은 사업을 확대하여 정부를 고객으로 만들기 위해 노력하기 시작했다. 여기서의 정부는 두 가지 종류가 있었는데 하나는 남아프리카공화국 정부였고 다른 하나는 외국 정부였다. 남아프리카공화국 정부에 대한 사업은 남아프리카공화국 경찰 및 특수부대의 훈련이나 치안 임무 대행을 주요한 내용으로 하는 것이었는데, 이는 당시 치안 불안에 대비하기 위한 남아프리카공화국 정부의 수요를 기대했기 때문이다. EO의 경우에는 창립 연도였던 1989년에 구(舊)아파르트헤이트 정권의 특수부대를 훈련시키는 등 남아프리카공화국 정부와의 계약 경험을 가지고 있었다.[22] 1990년대 초에 접어들면서 EO는 자사의 성과(주로 해외 사업)를 남아프리카공화국 정부 주요 인사들에게 정기적으로 보고하는 등 대정부 홍보 사업을 전개했다.[23] 이는 새로이 개척한 자사의 해외 사업을 넬슨 만델라 정부로부터 인정받고 더 나아가 남아프리카공화국 정부를 자사의 고객으로 만들어 본격적인 군사 임무를 대행하기 위한 것이었다.[24]

이러한 군사대행기업의 접근은 남아프리카공화국 정부로 하여금 또 다른 고민거리를 안겼다. 퇴역군인 및 국내 치안 문제 해결을 위해서는 EO를 비롯한 군사대행기업에 대한 수요를 창출하고 이들의 활동을 보장할 필요가 있었다. 하지만 남아프리카공화국에게 군사대행기업에 대한 수요 창출은 불가능한 일이었다. 당시 남아프리카공화국의 안보 위협이 그리 심각하지 않았기 때문이다. 앞서 언급한 바와 같이 1990년대의 남아프리카공화국은 안보적으로 상당히 안정적인 상태였다. 정권 교체에 따른 주

22 당시 EO가 맡았던 임무는 정보수집작전 · 대간첩작전 · 비밀작전 등에 대한 훈련이었다. Executive Outcomes, "The Initial Contracts," http://web.archive.org/web/19980703122538/www.eo.com/about/p2.html.(2007-01-08).

23 Avant, *The Market for Force*, p. 161.

24 Elizabeth Rubin, "An Army of One's Own," *Harper's Magazine*, February 1997, p. 51.

변 국가와의 관계 개선과 대규모 감축 이후에도 유지된 주변 국가에 대한 상대적 군사력 우위로 인해 현역 병력 이외에 추가적인 군사력을 동원할 필요가 없었다. 또한 해외 군사 원정을 발생시킬 뚜렷한 군사협력관계도 없었다. 남아프리카공화국은 군사대행기업을 통해 자국 정규군의 임무를 보완하거나 대체할 필요가 없었다. 또한 아파르트헤이트 정권 말기, 파탄에 이른 국가 경제를 회복하기 위해 과감하게 축소한 국방 예산으로는 EO와 같은 군사대행기업을 고용할 수도 없었다.

결국 군사대행기업의 접촉 시도에 대해 남아프리카공화국 정부는 무대응(방기)으로 대처했다. 정부가 적극적으로 군사대행기업을 고용하거나 이들의 문제에 개입하지 않으면서 이들의 활동에서 나오는 반사적 이익만을 취한 것이다. EO가 활발한 활동을 보인 1990년대 중반까지 남아프리카공화국 정부는 군사대행기업의 활동에 대해 무관심한 태도로 일관했으며, 이들의 정보 제공이나 정기 회합에서도 단순히 보고를 접수할 뿐, 구체적인 정부 지침의 제공이나 활동에 대한 개입은 없었다.[25]

자신들의 성의 있는 설명에도 불구하고 남아프리카공화국 정부가 자신들을 고용할 기미가 보이지 않자 남아프리카공화국 출신 군사대행기업들은 주력 사업을 변경할 필요성을 느끼게 되었다. 퇴역군인의 증가로 군사대행사업의 기반은 갖추어졌지만 내수(자국 정부의 수요) 부재로 사업에 상당한 지장을 초래한 것이다. 다시 말해서 남아프리카공화국 군사대행기업 산업은 공급 과잉 상태가 되어 수요 창출이 필요하게 된 셈이다. 이에 남아프리카공화국 군사대행기업들은 외국 정부를 주요한 고객으로 삼기 시작했다. 이들의 해외 활동은 앞서 제3유형인 패키지 유형의 사례에서 자세히 소개한 바 있는바, 당시 EO는 아프리카 약소국들의 내전 상황을

25 Avant, *The Market for Force*, p. 161.

활용해 반군 진압 대행 사업을 상품으로 내세워 해외 사업을 확장해갔다. 이들이 이렇게 할 수 있었던 것은 아파르트헤이트 정권 당시 해외 공작 부서였던 제32대대 출신의 직원이 다수 포함되어 있었기 때문이다. 냉전 당시 남아프리카공화국은 자국 내 반(反) 아파르트헤이트 운동을 지원하는 앙골라 등 주변 국가에 대해 비밀 군사작전을 수행했는데, 제32대대가 이를 수행하는 대표적 부대였다. EO의 창립자인 발로가 제32대대의 출신이라는 것에서 나타나듯이, 이들은 앙골라를 비롯한 주변 국가의 내부 정세와 반군 세력에 대한 풍부한 정보를 가지고 있어서 내전 진압에 탁월한 능력을 발휘할 수 있었다. EO의 성공은 남아프리카공화국에서 이를 모방한 에리니즈(Erinys), 트랜스 아프리카 로지스틱스(Trans Africa Logistics), 팰코너 시스템즈(Falconer Systems) 등의 등장을 가져왔다. 이들 대부분은 민간인 및 민간 시설에 대한 경호 및 보안 임무를 주요 사업으로 하는 사설 보안 기업으로 출발하여 해외 군사 활동까지 사업을 확장한 기업들이다. 1990년대 중반에 접어들면, 남아프리카공화국은 아프리카 지역에서 우수한 군사대행기업들을 가장 많이 보유하게 되며, 이들이 고용한 직원의 수는 약 130,000명에 달하게 되었다. 국제적으로 주요한 군사대행기업 공급 국가가 된 것이다.[26]

3. 군사대행기업 활동 규제와 남아프리카공화국의 딜레마

남아프리카공화국 출신 군사대행기업의 성장과 이들의 해외 활동은 얼

26 Jenny Irish, "The future of South Africa's Private Security Industry," http://www.iss.co.za/Pubs/Monographs/No39/ExecSumms.html.(2007-01-08).

마 되지 않아 문제를 야기했다. 남아프리카공화국 군사대행기업의 아프리카 내전 개입이 국제 문제로 확대된 것이다. 특히 1993년과 1995년에 발생한 EO의 앙골라 및 시에라리온 내전 개입은 남아프리카공화국이 EO를 이용하여 타국의 내전에 개입했다는 의혹을 불러일으켰다. EO의 내전 개입을 우려한 국제사회는 남아프리카공화국 정부에게 이들에 대한 제재를 요구했다. 이러한 국제사회의 압력으로 남아프리카공화국 정부는 더 이상 자국 출신 군사대행기업의 해외 활동에 대해 방기하고만 있을 수는 없었다.

EO의 활동이 국제 문제로 확대되자 그동안 자국 출신 군사대행기업의 활동에 무대응으로 일관하던 남아프리카공화국 정부는 입장을 변경해 EO를 비롯한 군사대행기업의 해외 활동이 자국의 목표와 더 이상 부합하지 않는다고 결론지었다.[27] 해외 분쟁에의 개입은 그것이 개별 국가, 동맹, 국제기구, 심지어는 NGO에 의한 것이라고 할지라도 엄연한 정치적 행위이며, 사적인 주체에게 해외 분쟁에의 개입을 용인하는 것은 자국이 국제법을 부인하는 결과를 초래한다고 판단했다.[28] 결국 남아프리카공화국은 군사대행기업의 해외 활동을 규제하기로 했다. 하지만 1990년대 중반까지 남아프리카공화국은 군사대행기업의 해외 활동을 규제할 마땅한 법적 · 제도적 장치를 마련하지 못하고 있었다.[29] 그동안 군사대행기업의 활동을 통해 누린 퇴역군인 문제 해소 및 치안 유지만을 생각했을 뿐, 군사대행기업으로 인한 부정적 영향을 미리 예상치 못한 것이다. 이

27 *Ibid.*, p. 164.

28 Mark Malan and Jakkie Cillers, "Mercenaries and Mischief: Regulation of Foreign Military Assistant Bill," *Institute for Security Studies Occasional Paper*, No. 25 (1997), p. 1.

29 EO가 활동을 시작한 1990년대 초 남아프리카공화국에서는 군사대행기업의 활동 규제에 대한 움직임이 거의 없었고 1998년에 5월에 들어서야 해외군사원조법(Regulation of Foreign Military Assistance Act)이 마련되게 되었다. Avant, *The Market for Force*, p. 163.

에 남아프리카공화국 정부는 당시 상황에서 우선적으로 취할 수 있는 조치를 강구했다. 군사대행기업에 대한 정부의 입장을 공개적으로 표명한 것이다. 1996년 당시 남아프리카공화국 외무부의 국장인 러스티 에번스(Rusty Evans)는 EO를 "아프리카에 존재하는 범죄적이고도 파괴적인 세력"(dangerous criminal and destructive force)이라고 비난하기 시작했다.[30] 남아프리카공화국 정부의 태도 변화는 EO 관계자들을 당혹스럽게 만들었다. 얼마 전까지만 해도 자신들의 활동 정보를 브리핑 받은 정부가 갑자기 태도를 바꾼 것에 대해 이해할 수 없었던 것이다.

군사대행기업에 대한 규제를 결심한 남아프리카공화국 정부 역시 곤란한 상황에 처하게 되었다. 일단 군사대행기업에 대한 규제를 결심하긴 했지만 해외 군사대행사업에 대한 남아프리카공화국 정부의 허가를 받은 군사대행기업에 대해 규제 조치를 취한다는 것은 너무도 어려운 일이었다. 더욱이 이들에 대한 규제는 퇴역군인 문제 해소 및 치안 유지 부담 경감이라는 반사적 이익을 포기해야 함을 의미했다. 하지만 남아프리카공화국 정부는 자국 출신 군사대행기업으로 인한 국제적 비난에 무대응으로 일관할 수도 없는 상황이었다. 이러한 딜레마에 대해 남아프리카공화국은 군사대행기업의 해외 활동만을 규제하는 방안으로 대처하되 간접적인 규제 방안을 채택했다. 해외 활동만을 규제함으로써 이에 따른 군사대행기업의 활동 위축을 최소화함과 동시에 규제의 내용도 매우 까다로운 사업 허가 절차 및 사업 활동에 대한 제약을 부가하는 것으로 방향을 잡았다. 또한 국내에서의 활동은 군사적 목적보다 민간 기업이나 개인의 보안, 경호 서비스 제공으로 유도했다. 이는 사실상 남아프리카공화국 내

---

30 Michael Ashworth, "Privatising War, by 'The Executives'," *Independent*, September 16, 1996, p. 1.

군사대행기업들에게 군사 임무 대행을 포기하게 하고 사설 보안 기업으로만 활동할 것을 규정한 것이다.[31]

1998년 5월 20일, 남아프리카공화국 정부는 위와 같은 내용을 담은 해외군사원조법(Regulation of Foreign Military Assistance Act)을 제정하고 자국 내 군사대행기업의 해외 활동에 대해 규제하기 시작했다. 이 법안은 제3장의 규정을 통해 해외 군사 원조에 대한 정부에 의한 사전 허가를 반드시 거치도록 하는 한편, 제7장의 규정을 통해 "[남아프리카공화국의 정부, 혹은 민간의 군사 원조 행위가] 국제법상의 규정, 남아프리카공화국의 안보상 이익이나 책무에 위반되거나 혹은 인권 유린의 가능성이 있는 경우에 이러한 행위는 어떠한 이유에서든지 정당화될 수 없다"[32]고 못 박았다. 해외군사원조법 제정 당시, 일각에서는 동 법률의 한계를 지적했다. 동 법률이 규정한 해외 군사 활동이 지나치게 광범위하여 내전 개입과 같은 해외 군사 활동이 아닌 NGO에 대한 경호 지원까지도 규제 대상에 포함시키는 등 너무나 많은 규제 대상을 담고 있어서 남아프리카공화국 정부 단독으로는 성공적으로 규제할 수 없다는 것이다.[33] 또한 광범위한 규제 대상의 설정은 합법적으로 활동하는 군사대행기업의 활동마저도 위축시킬 가능성이 높았으며,[34] 남아프리카공화국 군사대행기업이 주소

31 1999년 Institute for Security Studies의 보고서에 의하면 5,343명(정부에 정식 허가를 받은 인원)이 남아프리카공화국에서 보안 업무를 직업으로 하고 있다고 한다. 이 중 압도적 다수인 3,174명은 현금 수송과 같은 단순 보안 업무에 종사하고 있었다. Martin Schönteich, "Policing for Profit: The Future of South Africa's Private Security Industry," *Institute for Security Studies Monograph*, No. 39 (1999), http://www.iss.co.za/Pubs/Monographs/No39(2007-02-01).

32 Republic of South Africa, "Regulation of Foreign Military Assistance Act," No. 18912, May 20, 1998, Section 7, http://www.info.gov.za/gazette/acts/1998/a15-98.pdf(2007-02-01).

33 Avant, *The Market for Force*, p. 163; 피터 싱어, 『전쟁대행주식회사』, p. 213.

34 Avant, *The Market for Force*, p. 164.

지 이전 등 초국가 기업화를 통해 해외 군사 활동을 지속하는 경우에 규제가 불가능하게 되는 문제도 있었다.

위와 같은 지적에 대해 남아프리카공화국 정부는 해외군사원조법이 현실성 있는 강력한 법률임을 입증할 필요가 있었다. 남아프리카공화국 정부는 이 법안에 근거하여 자국 내 군사대행기업들의 해외 활동에 대한 실사를 전개했고 EO는 주요 실사 대상이 되었다. 사실상 EO를 동 법률의 현실성을 입증하기 위한 대상으로 삼은 것이다. EO의 관계자들은 동 법률이 자사의 모든 활동을 규제하는 것을 목표로 한다고 인식했다. 이제는 새로이 계약을 체결할 때마다 매우 까다로운 정부의 허가를 받아야 했기 때문이다. 결국 남아프리카공화국 정부의 규제는 EO를 직장 폐쇄로 몰고 갔다. 1999년 1월에 EO는 "아프리카 나라들은 나름대로의 해법을 찾느라고 분주하다. 이들에게 기회를 주어야 한다"는 취지의 성명서를 발표하고 공식 해산했다.[35] 해외군사원조법에 의한 남아프리카공화국 정부의 규제가 처음으로 성과를 거둔 순간이었다.

하지만 일부 군사대행기업들은 EO와 같이 규제에 순순히 응하지 않았다. 특히 군사적 역량이 풍부한 군사대행기업들은 사업상 주소지를 다른 국가로 이전하는 등 초국가 기업화로 대응했다. 앞서 지적한 해외군사원조법의 한계를 이용한 것이다. 영국으로 주소지를 옮기고 쿠웨이트를 비롯한 세계 도처에 사무소를 차리게 된 에리니즈(Erinys)는 이의 대표적 사례이다.[36] 이러한 회사들은 초국가 기업이 된 후 보다 활발히 활동하게 되는데, 에리니즈는 이라크전쟁과 관련해 미국 정부와 계약을 맺고 현지 주요 요인 경호 및 시설 방어의 임무를 수행한 바 있다. 2005년 당시에 이라

35 피터 싱어, 『전쟁대행주식회사』, p. 213.

36 에리니즈는 영국에 주소를 두고 있고 지속적인 사업을 하고 있다. 2007년 이 회사는 미국 정부와의 계약으로 이라크에서 활동하고 있으며, 쿠웨이트에도 현지 사무소를 개설했다.

크에서 활동하고 있는 남아프리카공화국 출신의 군사대행기업 직원의 수는 약 5,000~10,000명에 달했다.[37]

또한 해체된 EO 직원들의 상당수는 다른 군사대행기업에 취업하거나 군사대행기업을 창업하는 등 여전히 군사대행기업에 몸담고 있다.[38]이들 중 일부는 범죄조직에 가담하거나 자원 침탈을 위한 일련의 음모에 가담키도 했다. 이후에 소개할 적도기니 쿠데타 사건은 군사대행기업 규제로 일자리를 잃게 된 퇴역군인들이 돈벌이를 위해 불법적 음모에 가담한 사례이다.

4. 한계: 적도기니(Equatorial Guinea) 쿠데타 기도 사건

남아프리카공화국의 군사대행기업 규제의 한계는 2004년에 적도기니(Equatorial Guinea)에서 발생한 쿠데타 기도를 통해 입증되었다. 해체된 EO의 직원들이 개입된 이 사건은 해외군사원조법의 허점을 여실히 드러냈다. 해체된 EO의 직원들은 국내의 사설 보안 기업에 취직하거나 직종을 바꾸지 않고 외국의 군사대행기업에 합류해 해외 군사 활동을 지속했다. EO의 경우에 합법적인 정부를 위해서만 일을 전개했지만 이 사건에

37 Salim Vally and Andy Clarno, "Privatised War: the South African Connection," *Sunday Independent*, March 6, 2005.

38 구(舊)아파르트헤이트 정권 출신의 EO 관계자 모리슨(Alastair Morrison)은 EO 해체 후 미국 군사대행기업 Kroll Inc.에 고용되었다. 또한 전 EO 직원 클라센(Cobus Claasen)도 EO 해체 직후인 1999년 시에라리온에 주소지를 둔 Southern Cross Security를 창설했다. Source Watch, "Kroll, Inc.," http://www.sourcewatch.org/index.php?title=Kroll%2C_Inc; "Southern Cross Security," http://www.sourcewatch.org/wiki.phtml?title=Southern_Cross_Security(2007-01-10).

서 전직 EO 직원들은 불법적인 정부 전복 음모에 가담했다. 이 사건은 부실한 군사대행기업 규제가 야기할 수 있는 최악의 결과를 보여주었다.

2004년 3월 6일, 짐바브웨(Zimbabwe) 정부는 짐바브웨를 경유하여 적도기니로 향하기 위해 하라레(Harare) 공항에 착륙한 1대의 보잉(Boeing) 727기를 억류하게 된다. 이 비행기에는 65명의 무장병력이 타고 있었는데 이 중 사이먼 만(Simon Mann)과 핵심 요원 8명은 전직 EO 출신이었다. 짐바브웨는 이들을 체포하려고 했으나 당시 짐바브웨의 법규정상 아직 실행되지도 않은 타국의 쿠데타 기도 혐의를 이유로 이들을 체포할 수 없었다.

결국 짐바브웨 정부는 당시에 항공기에 타고 있었던 대부분의 병력에 대해 이민법 위반(당시 조종사 3명의 제외하고는 입국 신고서를 작성하지 않음)을 적용하고, 먼저 도착하여 짐바브웨 무기 중개상으로부터 무기를 구입하려던 핵심 요원들은 불법무기소지죄를 적용하여 체포했다. 사건 발생 직후 적도기니 경찰에 의해 체포된 무기 중개상인 닉 두 투와(Nick Du Toit, 남아프리카공화국 제32대대 출신)의 증언을 통해 이 쿠데타의 전모가 공개되었다. 이 쿠데타는 짐바브웨의 테오도로 응구에마(Teodoro Obiang Nguema Mbasogo)를 쿠데타로 축출하고 당시 스페인에 망명하고 있던 세베로 모토(Severo Moto)를 새로운 적도기니의 대통령으로 옹립하는 것을 주요한 내용으로 하고 있었다.

이들의 쿠데타는 다음의 10단계 시나리오로 전개될 예정이었다. 1) 2004년 3월 5일, 전직 EO의 핵심 인사였던 사이먼 만은 미국으로부터 이번 작전에 사용할 보잉(Boeing) 727기를 구입한다. 2) 3월 6일, 보잉 727기에 65명의 요원을 태우고 짐바브웨의 하라레 공항에 착륙, 3) 하라레에 착륙한 직후 항공기의 연료 재급유와 무기와 탄약을 공급받는다. 사이먼 만과 해리 카렐스(Harry Carelse)는 이를 위해 요원들보다 먼저 하라레에

도착해 현지의 무기 중개상과 접촉한다. 이들이 공급받기로 한 무기들은 수십 정의 AK-47 소총과 8기의 60mm 박격포, 108문의 휴대용 로켓(RPG) 등이었다. 4) 무기를 공급받은 후 바로 적도기니의 말라보(Malabo) 공항으로 향한다. 말라보 공항 도착은 3월 8일 오전 2시 30분으로 한다. 5) 말라보에 도착하자마자 위성전화를 이용해 말라보에 있는 닉 두 트와 및 마리우스 분자이에르(Marius Boonzaaier)와 통화한다. 6) 3월 8일 오전 2시 30분, 말라보 도착 직후 공항을 장악해 공항을 쿠데타를 위한 중앙 기지로 이용한다. 각 요원들은 두 트와가 제공한 차량에 탑승하여 자신들이 맡은 위치를 확보하기 위해 이동한다. 여기에는 현지 안내원도 동승한다. 요원 배치 후 안내원들은 철수한다. 7) 저지조(Stop Group)에 편성된 요원들은 우선적으로 만약에 발생할지 모를 적도기니 군의 저항을 방지하기 위해 방어선을 구축한다. 나머지 요원들은 대통령궁으로 진격하여 현장에서 안토니오 자비에르(Antonio Xavier) 장관을 납치하고 그를 이용하여 응구에마 대통령과 그의 일가를 납치한다. 응구에마 대통령을 비롯하여 그의 손자까지 납치가 완료되면 그들을 공항으로 이송한다. 여기까지의 과정은 30분 이내에 전개된다. 8) 새벽 3시경 새 대통령으로 옹립할 세베로 모토(Severo Moto)가 말라보 공항에 도착한다. 그 시점까지 응구에마 대통령이 살아 있다면 그와 그의 일가는 스페인(Spain)으로 보낸다. 9) 모토는 응구에마 대통령의 축출과 그를 정부수반으로 한 새 정부 수립을 방송을 통해 알린다. 10) 쿠데타에 필요한 병력은 최소한으로 구성하되 불가피한 유혈사태를 고려토록 한다.[39]

짐바브웨 정부가 이들을 사전에 발각하지 않았다면 쿠데타 자체는 수

39 Karyn Maughan, "Thatcher Not Mentioned in Du Toit's 'plot'," *Independent*, October, 19, 2004.

월하게 전개될 가능성이 높았다. 당시 적도기니의 지도자인 응구에마는 자국의 석유를 이용해 자신과 인척들의 축재 수단으로 활용했고 석유의 독점 지배권을 유지하기 위해 폭압정치를 행했다. 이러한 상태에서 발생한 쿠데타에 대해 국민들은 별다른 저항을 하지 않을 가능성이 높았다. 전직 제32대대 사령관인 브레이트 바흐(Brecht Bach)의 주장처럼 아프리카의 폭압적인 불량 국가들에게 있어서 쿠데타에 의한 정권 교체는 국민들의 저항을 불러일으키지 못할 가능성이 높았다. 누가 정권을 잡든지, 국민의 억압된 생활에는 변화가 없을 것이기 때문이다.[40]

하지만 정권 교체에 대한 국민들의 무관심과는 달리, 적도기니의 쿠데타 기도는 상당한 유혈사태를 예고하고 있었고 아주 복잡한 상황을 연출할 가능성이 높았다. 2000년부터 적도기니 정규군 및 해안경비대의 훈련을 위해 미국의 군사대행기업인 MPRI가 현지에서 활동하고 있었기 때문이다.[41] 만약 사이먼 만이 주도한 쿠데타가 감행되었을 경우에 적도기니에서는 남아프리카공화국의 EO 출신이 주도하는 쿠데타 세력과 미국의 MPRI가 훈련시킨 적도기니군의 대결이 펼쳐졌을 것이며 이는 사실상 군사대행기업 간 교전으로 나타났을 가능성이 높았다.

짐바브웨 정부는 현장에서 체포한 쿠데타 기도 세력의 핵심 인사 사이먼 만을 조사하던 중에 이 사건의 배후 세력을 발견했다. 사이먼 만이 아내에게 보낸 편지에 나온 별명인 "스크래처"(Scratcher)와 "스멜리"(Smelly)가 특정 인사를 지칭하고 있음을 알게 된 것이다. 나중에 스크래처는 마거릿 대처(Margaret Thatcher) 전 영국 수상의 아들인 마크 대처 경(Sir Mark

---

40 전 남아프리카공화국 제32대대 사령관 브레이트 바흐의 한국방송공사와의 인터뷰. 한국방송공사, 「전쟁을 생산한다: 민간군사기업 2편, 전쟁비즈니스의 시대」, 「KBS스페셜」, 2006년 3월 5일 방송.

41 Ken Silverstein, "US Oil Politics in the 'Kuwait of Africa'," *Nation*, April 22, 2002.

Thatcher)이었음이 밝혀졌다. 2004년 8월 25일에 남아프리카공화국 정부는 마크 대처 경을 해외군사원조법 위반 혐의로 체포했다.[42]

같은 해 11월 25일부터 시작된 재판을 통해 이 쿠데타의 추가 배후 세력이 밝혀졌다. 추가 배후 세력은 『카인과 아벨』로 유명한 영국의 저명한 베스트셀러 작가 제프리 아처 경(Sir Jeffrey Archer)과 석유 재벌 엘리 카릴(Ely Calil)이었다. 이들은 스페인에 망명 중인 세베로 모토를 대통령으로 옹립하기 위한 쿠데타를 일으킨 후 새로이 들어선 적도기니 정부로부터 석유 채굴권을 확보하려고 했다. 이 사건은 영국과 남아프리카공화국을 당혹하게 만들었고 마크 대처 경의 기소를 두고 영국과 남아프리카공화국 간의 외교적 마찰까지 빚게 만들었다.[43]

적도기니 사건은 군사대행기업 규제의 허점이 어떠한 부정적 결과를 초래하게 되는지를 극명하게 보여준 사례가 되었다. 쿠데타에 가담한 자의 대부분은 남아프리카공화국 퇴역군인으로 사이먼 만을 비롯한 상당수가 해체된 EO에 몸담고 있었던 자들이었다. 앞서 언급한 남아프리카공화국의 정권 교체와 이에 뒤이은 군병력 감축, 그리고 전직 군인들의 사회에의 부적응과 군사대행기업의 해외 활동 규제의 허점이 결합된 최악의 사태가 벌어진 셈이었다.

5. 남아프리카공화국의 교훈: 군사대행기업의 확산과 규제의 어려움

이상 살펴본 바와 같이 남아프리카공화국 사례는 냉전 당시 고립되었

42 "Smuggled Note May Have Nailed Mark Thatcher," *The Cape Argus*, August 26, 2004.
43 *Ibid*.

던 지역 강국이 냉전 종식 이후 자국의 비대해진 군사력을 해체하면서 군사대행기업을 양산하게 되는 과정을 보여준다. 사례를 통해 살펴본 바와 같이 남아프리카공화국은 냉전 당시 자국이 건설한 비대해진 군사력을 평화적으로 해체하는 것이 중요한 관건이었다. 대규모 감군과 새로이 창설되는 남아프리카공화국 국방군의 창설 과정에서 많은 군인들이 실직 상태에 놓이게 되었고, 군사적 기술 이외에 다른 교육을 받지 못한 이들은 사회에의 진출마저 어렵게 되었다.

이러한 퇴역군인의 문제는 군사대행기업에 의해 해결되는 모습을 보였다. EO와 같은 남아프리카공화국 군사대행기업들이 퇴역군인들을 고용하면서 남아프리카공화국은 두 가지의 반사적 이익을 누릴 수 있었다. 군사대행기업을 국가가 직접 고용하지는 않지만 자국 내 군사대행기업 활동에 대해 방기함으로써 퇴역군인의 고용 문제 해결과 국내 치안 부담의 완화 효과를 누렸던 것이다. 하지만 남아프리카공화국 군사대행기업의 활동은 반사적 이익만 가져다준 것은 아니었다.

남아프리카공화국 군사대행기업은 다른 국가의 내전에 개입하는 등 남아프리카공화국의 대외 이미지에 부정적인 영향을 미쳤다. 남아프리카공화국은 대외 이미지 개선을 위해 군사대행기업의 해외 활동을 규제하는 법안을 마련하는 한편, 자국에서 활동하는 군사대행기업의 사업 내용을 규제하기 시작했다. 하지만 남아프리카공화국의 군사대행기업들은 해외 활동을 지속했고 심지어는 석유 자원을 노린 음모에도 개입되는 모습을 보이게 되었다.

남아프리카공화국의 사례는 '확산'(proliferation)과 관련한 새로운 문제를 생각하게 한다. 기존에 국제사회가 고민했던 '확산'의 문제는 대량살상무기의 확산을 중심으로 하고 있었고 이는 대량살상무기 그 자체와 생산 기술의 확산 방지 노력으로 대표되었다. 하지만, 남아프리카공화국의 사례는 국제사회의 확산 방지 노력에 새로운 내용을 추가해야 함을 보여준다. 바로 군사적 노하우를 보유한 자(퇴역군인)의 확산이다. 이들을 효과적으로 관리하지 못할 경우에 이들이 국제적 분쟁에 악용될 가능성이 있다. 특히 대규모 병력 감축이 이루어진 국가들에서 이들의 사회 적응에 대한 적절한 조치를 취하지 않을 경우에 자국의 치안 불안뿐 아니라 국제 분쟁에의 개입으로 인한 새로운 문제를 야기할 수 있다.

퇴역군인과 관련된 군사적 노하우의 확산 문제는 군사대행기업의 고용 창출을 통해 해결할 수 있다. 하지만 군사대행기업 및 그 직원의 활동에 대한 효과적 관리 · 감독이 병행되지 않을 경우에는 더욱 심각한 문제를 야기할 수 있다. 남아프리카공화국의 사례와 적도기니 쿠데타 음모는 이러한 새로운 확산에 대한 대응의 필요성과 군사대행기업 규제의 어려움을 시사해준다고 하겠다.

제8장

군사대행기업의 활용 조건과 이론적 함의

1990년대 냉전 종식 이후의 나타난 가장 중대한 변화는 국가의 군사력 독점에 대한 변화라고 할 수 있다. 국가의 군사대행기업 활용은 국가의 군사력 운용에 있어서 중대한 변화를 야기함과 동시에 전쟁 양상 및 국제 정치질서에도 중대한 변화를 예고하고 있는 현상이다. 하지만 군사대행기업의 활용은 각 국가마다 상이한 형태로 나타나고 있으며, 상이한 군사대행기업 활용의 양상과 특성은 군사대행기업과 관련된 현상을 이해함에 있어서 설명이 필요한 부분이다. 이 책은 이러한 문제의식에서 출발하여 국가를 중심으로 한 군사대행기업 활용 유형을 제시하고 구체적인 사례를 통해 각 유형의 특성을 살펴보았다. 이 책에서 제시한 국가의 군사대행기업 활용 유형은 세 가지였다. 각 유형의 특성을 정리하면 다음과 같다.

제1유형은 대외군사활동보완 유형이다. 제1유형은 자국을 보호하는 데 있어서 충분한 군사력을 보유하였음에도 불구하고 대외적으로 대외군사협력관계의 존재로 인해 대외 군사 활동의 증가를 겪게 된 경우이다. 대외 군사 활동 증가를 정규군 병력만으로 감당하지 못하게 되면서 군사대행기업이라는 민간 영역을 활용하는 것이 유력한 대안으로 부상하게 된다. 제1유형의 사례는 미국을 들 수 있다. 이 유형은 병참 영역과 같은 인력난이 극심한 부분부터 군사대행기업 활용이 시작되어 점진적으로 활용 영역을 확대하는 모습을 보인다. 실제 사례로는 미국이 제1유형의 전형적인 모습을 보여주었다. 미국은 해외 군사 활동 증가에 따른 군사대행기업 활동을 지속적으로 증대해왔다. 2000년대에 이르면 미국은 거의 모든 군사 영역에서 군사대행기업을 활용하는 모습을 보여주게 된다.

제2유형은 해외군사지원대체 유형이다. 제2유형은 자체 군사력이 적성 국가보다 상대적으로 열악한 국가에서 나타난다. 제2유형에서 군사대행기업 활용이 나타나게 된 이유는 국가 간 군사협력관계의 위축으로 인해 파병과 같은 직접적인 군사 지원을 획득할 수 없었기 때문이다. 기존의 동맹국 및 우방국으로부터의 군사 지원 축소는 제2유형의 국가로 하여금 국가 이외의 주체를 통한 군사 지원의 획득을 모색하게 했다. 제2유형의 국가는 군사대행기업을 기존의 군사고문단이 수행했던 일을 대체하는 형태로 활용했다. 자국의 군사력 건설에 필요한 군사 자문 영역에 군사대행기업을 활용한 것이다. 제2유형은 장기 군사전략 자문 및 군사훈련에 군사대행기업 활용이 집중된다. 이 책에서 제2유형은 크로아티아, 보스니아 및 사우디아라비아의 군사대행기업 활용 사례를 통해 검토되었다.

제3유형은 패키지 활용 유형이다. 이 유형에 해당하는 국가들은 냉전 종식 이후 최악의 안보 상황에 처하게 된다. 자국의 자체 군사력이 자국을 지키기에 충분한 역량을 보이지 못한 상태에서 외부로부터의 지원까지 차단되었기 때문이다. 더 이상 자국의 위기 상황을 극복할 수 없다는 것을 깨닫게 된 제3유형의 국가들은 국가 이외의 주체에게 위기 상황의 해결을 의뢰하게 된다. 이러한 노력은 군사대행기업에게 분쟁 해결 자체를 의뢰하는 양상으로 나타난다. 제3유형의 국가들은 무력분쟁의 해결을 위해, 병참에서 전투에 이르는 모든 군사 영역을 군사대행기업에 일괄 의뢰하게 된다. 또한 제3유형의 국가들은 빈곤한 경제 상황으로 인해, 자국의 천연자원을 군사대행기업에 매각하는 방법을 통해 이들과의 계약 자금을 마련하는 특징을 보여주었으며, 아울러 군사대행기업과의 계약 종료 혹은 군사대행기업의 철수 이후 재발된 무력분쟁의 해결을 다시 군사대행기업에게 의뢰하는 모습을 보여주기도 했다. 제3유형은 앙골라, 시에라리온 및 파푸아뉴기니의 사례를 통해 검토되었다.

상기의 세 가지 군사대행기업 활용 유형에 더하여 이 책에서는 공급 유형도 소개했다. 공급 유형에 해당하는 국가는 냉전 종식 이후 자국의 안보 위협이 현격히 감소하는 상황에 처한다. 주변 국가보다 상대적으로 강한 자국의 정규군과 대외군사협력관계의 부재로 정규군을 통한 자국의 방위 이외의 추가적인 군사력에 대한 수요가 부재하게 된다. 이로 인해 해당 국가는 군사대행기업에 대한 수요도 발생하지 않게 된다. 하지만 이 국가는 다른 형태의 군사적 문제에 직면하게 된다. 안보 위협의 감소로 냉전 당시에 보유한 대규모의 정규군을 보유할 필요가 없어지고 이들에 대한 대규모 감축을 수행하면서 퇴역군인이 증가한 것이다. 재사회화에 어려움을 겪은 퇴역군인들이 자체적으로 군사대행기업을 설립하거나 이에 고용되면서 해당 국가는 군사 대행 산업이 급성장하는 계기를 맞게 된다. 하지만 군사대행기업에 대한 국내적 수요가 부재한 해당 국가의 안보 상황으로 인해 이들의 내수 시장은 제한을 받는다. 이러한 상황은 자국 내 군사대행기업의 공급 과잉을 초래하고 군사대행기업들은 내수가 아닌 수출(해외 사업)로 자신의 사업을 전환하게 된다. 결과적으로 이러한 유형의 국가는 국제적으로 주요한 군사대행기업 공급 국가가 되고 자국 출신 군사대행기업의 활발한 활동에 대한 부작용(내전 개입 및 불법적 음모 가담)

도 함께 경험하게 된다. 이 책에서는 공급 국가 유형의 사례로 남아프리카공화국을 검토했다.

제8장에서는 사례를 통해 소개한 군사대행기업 활용 유형들이 담고 있는 이론적 함의를 생각해보고자 한다. 먼저, 각 유형과 관련해 국가가 군사대행기업을 활용하는 조건을 살펴보고 도출된 조건을 통해 사례로 소개되지 않은 국가들의 군사대행기업 활용을 예측하고자 한다. 이에 더하여 군사대행기업의 등장 및 이의 활용이 국제정치 현상 및 이론에 주는 함의를 다루게 될 것이다. 군사대행기업 활용은 국가의 군사력 독점을 전제한 기존 질서에 대한 중대한 변화를 예고하고 있는바, 군사력을 독점한 주권 국가를 전제로 하여 유지되어온 국제 정치질서 및 전쟁의 질서 그리고 이를 연구한 국제정치학이 직면하게 되는 도전과 과제에 관해 논의할 것이다.

1. 군사대행기업 활용의 조건과 향후 현상의 예측

이 책이 제시한 세 가지의 군사대행기업 활용 유형과 공급 유형은 각 유형이 발생하는 특정한 조건을 가지고 있다. 이 조건들은 군사대행기업 활용에 대한 일련의 규칙을 제공함으로써 현상의 예측을 가능하게 한다. 이 책의 논의를 통해 군사대행기업이 활용되는 네 가지 원인이 발견되었다. 국제 분쟁 증가, 무력 갈등의 양상 변화, 국가 간 군사협력의 약화, 그리고 군비 감축으로 인한 확산 문제가 그것이다. 하지만 이 원인들은 이 책에서는 주어진 조건(상수)으로 취급되었다. 이 책의 관심이 국가의 군사대행기업 활용을 전제하여 구체적인 활용 유형의 차이와 그 차이를 발생시키는 원인을 살펴보는 데 있기 때문이다. 따라서 전반적인 군사대행기업 활용 발생의 원인과는 별도로 각 유형 간의 차이를 결정하는 조건을 정리할 필요가 있다. 이 책의 논의를 통해 발견된 각 유형별 조건은 다음과 같다.

제1유형의 조건: 대외군사활동의 보완을 내용으로 하는 제1유형의 경우에 충분한 자체 군사력과 대외군사협력관계를 가진 국가들에서 나타난다. 미국의 사례를 통해 검토한 바와 같이 이들 국가의 군사대행기업 활용을 결정한 조건은 "Doing More with Less"이다. 즉, 제1유형의 조건은 "해외 군사 임무의 증가와 증가된 임무를 감당하기 어려운 자체의 정규군"이다. 이러한 조건에 처한 국가는 자국의 늘어난 해외 군사 임무를 보완하기 위해 군사대행기업을 활용하게 된다. 만약 주변보다 강력한 군사력을 보유한 국가에서 정규군이 감당하기 어려울 정도로 해외 군사 임무의 증가가 발생할 경우에 제1유형에 따른 군사대행기업 활용을 보일 것이다.

제2유형의 조건: 해외 군사 지원의 대체를 내용으로 하는 제2유형의 경우에 자체 군사력은 약하나 대외군사협력관계를 유지한 국가들에서 나타난다. 이들의 군사대행기업 활용을 결정한 가장 주요한 조건은 '국가 간 협력의 약화'이다. 동맹 혹은 우방국으로부터 직접적인 군사 지원을 획득하기가 어렵게 됨에 따라 군사대행기업 활용을 통해 자국 군대 육성에 필요한 해외 군사 지원을 대체하는 유형을 보이게 되는 것이다. 이 유형에서 특징적인 것은 군사협력관계의 유지로 인해 군사대행기업 활용에 대한 재정 지원을 외부로부터 획득할 수 있었다는 것이다. 만약 자체 군사력이 약한 국가가 기존의 동맹 혹은 우방국과의 관계 악화 혹은 일방으로부터의 군사 지원 약화를 경험하게 될 경우에 제2유형의 군사대행기업 활용을 따를 것이다.

제3유형의 조건: 패키지 활용을 내용으로 하는 제3유형의 경우에 자체 군사력도 약하고 대외군사협력관계도 부재한 국가들에서 나타난다. 이 국가들의 군사대행기업 활용 유형을 결정한 조건은 '급박한 위기 상황에 대응할 총체적 수단의 부재'이다. 교전 중인 적성 국가 혹은 집단에 비해 열악한 자체 군사력과 외부 지원의 단절은 해당 국가의 안보 상황을 극도의 위기로 몰고 갔으며, 극도의 위기 상황에 대한 전반적인 해결을 위해 군사대행기업을 활용하게 된다. 앞서 언급한 제2유형과 달리 제3유형의 국가는 군사대행기업 고용의 자금을 외부로부터 지원받지도 못한다. 이들 국가는 자국의 천연자원 매각과 같은 극단적인 방법을 통해 군사대행기업을 고용하는 모습을 보인다. 만약 군사적으로 약한 국가에서 무력분쟁이 발생할 때 외부 지원이 차단되는 상황에 처할 경우에는 제3유형의 군사대행기업 활용을 시도할 것이다.

공급 국가 유형의 조건: 군사대행기업 공급 국가 유형은 자체 군사력은 강하나 대외군사협력관계가 부재한 국가에서 나타난다. 이 유형을 결정한 조건은 '안보 위협 소멸에 의한 전반적인 군사력 수요의 부재와 대규모 병력 감축'이었다. 전반적인 군사력 수요의 부재는 이 국가를 대규모 병력 감축으로 이끌었다. 병력 감축에 의해 증가된 퇴역군인들은 생계를 위해 군사대행기업을 설립하고 정부를 상대로 사업을 추진하게 된다. 하지만 자국 정부가 군사적 수요 감소를 이유로 군사대행기업을 활용하지 않자, 이들은 해외 사업에 주력하게 되고 결과적으로 이 유형의 국가는 자국은 군사대행기업을 활용하지 않으면서 타국의 군사대행기업 수요에 대한 주요한 공급처로 자리매김하게 된다. 만약 대외 군사 문제에 개입하지 않는 지역 강국이 대규모로 자체 군사력을 축소하게 될 경우에 군사대행기업 공급 유형의 양상을 보일 가능성이 높다.

이상 언급한 조건들을 이 책을 통해 소개된 사례 이외의 국가에 대입해 보면 향후의 현상에 관한 예측이 가능하다. 구체적으로 살펴보면 다음과 같다.

제1유형의 조건에 부합하는 국가로는 오스트레일리아를 들 수 있다. 오스트레일리아는 오세아니아주와 주변의 태평양 지역에서 가장 강력한 군사력을 보유한 국가이다. 또한 오스트레일리아의 경우에 피지 · 인도 · 솔로몬제도 · 서사모아 · 말레이시아 등지에 자국의 군대를 파견하고 있을 정도로 활발한 대외군사협력관계를 유지하고 있다. 또한 최근 오스트레일리아는 미국 · 일본과 함께 중국을 포위하는 삼각 군사동맹을 추진하는가 하면, 동티모르와 수단에서의 평화 유지 활동에 참가하는 등, 해외 군사 임무를 증가시키는 추세에 있다.[1] 이렇듯 오스트레일리아는 제1유형이 나타날 수 있는 조건을 가지고 있다.

제1유형에 따르면, 해외 군사 임무가 증가한 오스트레일리아는 정규군의 임무 부담을 줄이기 위해 군사대행기업을 보완적으로 활용하려고 할 것이다. 실제 오스트레일리아는 동티모르 파병 당시에 병참을 군사대행기업에 의뢰했다고 한다. 오스트레일리아는 미국 군사대행기업 활용과 유사하게 비전투 부문에서의 군사대행기업 활용을 통해 전투 인력 확보에 주력하고 있는 것으로 나타났다. 바로 신병 모집을 미국계 기업에게 의뢰한 것이다. 여기에 더하여 오스트레일리아는 특정 군사 부문을 군사대행기업에 이전하는 계획을 수행 중이다.[2] 제1유형을 통해 검토한 바와 같이 대외 군사 임무 증가에 의해 가장 타격을 많이 받는 병참 부문부터 군사대행기업을 활용하여 점차 활용 영역을 계획적으로 확대시키는 모습을 보이고 있는 것이다.

이외에 러시아도 제1유형의 조건이 도래하면 군사대행기업을 활용하

1 유강문, 「오스트레일리아, 세계적 차원으로 군사활동 확대」, 「한겨레」, 2007년 7월 8일.
2 피터 싱어, 『전쟁대행주식회사』, p. 38.

게 될 가능성이 있다. 이의 관건은 러시아가 해외 군사 문제 개입을 보다 활발히 하게 하는가에 달려 있다. 현재 러시아의 상황은 자국을 지킬 충분한 군사력을 가지고 있으나 대외적인 군사협력에 있어 상당히 위축된 상태로 고립된 지역 강국에 가깝다. 하지만 러시아가 국가 재건에 성공한 후 팽창적인 대외 군사정책을 구사할 경우에 러시아 역시 1990년대 미국이 경험했던 것과 상당히 유사한 상황에 직면하게 될 가능성이 크다.

1990년대 러시아는 미국보다도 훨씬 급격한 병력 감축을 시도했다. 냉전 시기였던 1987년의 러시아는 약 500만 명의 정규군을 보유했다. 하지만 2000년대 들어서서 러시아의 총병력은 약 97만 명 수준으로 축소되었다.[3] 또한 징집병의 비중을 축소하여 총병력의 약 2/3가 직업군인으로 구성되어 있다. 이렇게 축소된 군대를 보유한 상태에서 러시아가 대외 군사활동을 증가시키게 될 경우에 러시아는 "Doing More with Less"의 상황에 처하게 되며, 증가된 대외 군사 활동을 보완하기 위해 군사대행기업을 활용할 가능성이 높다.

제2유형인 대외 군사지원 대체의 경우에 이 조건에 부합하는 국가로는 대만과 필리핀을 생각해볼 수 있다. 대만은 중미 관계 개선으로 인해 미국 군사협력관계의 약화를 경험했다. 이러한 대만이 미국의 군사 지원을 대체할 목적으로 군사대행기업 활용하는 것을 생각해볼 수 있을 것이다. 필리핀 역시 냉전 종식 이후 필리핀 주둔 미군이 철수하는 등, 미국과의 군사협력관계가 상당히 위축되었다. 필리핀과 미국 간의 군사 우호관계는 유지되고 있지만, 과거와 같은 수준의 직접적인 군사 지원을 기대하기는 어려운 상태이다.

제2유형에 따르면 이들 국가는 자국군 육성에 대한 해외 군사 지원을

---

3 IISS, *The Military Balance 2001/2002* (London: Oxford University Press, 2001), p. 112.

군사대행기업 활용으로 대체하는 모습을 보이게 된다. 실제로 대만의 경우에 MPRI를 통해 장기 전략 구상에 대한 자문을 의뢰한 바 있으며, 필리핀의 경우에도 자국의 정규군의 군사훈련 및 대테러 훈련을 그레이웍스 시큐리티(Greyworks Security)라는 군사대행기업에 의뢰한 바 있다.[4] 과거 미국 군사고문단이 실행했던 자국 군대의 육성을 군사대행기업에 의뢰한 것이다. 향후, 이라크와 아프가니스탄도 제2유형에 의한 군사대행기업 활용의 증대를 경험하게 될 가능성이 높다. 양국은 모두 미국과의 전쟁 이후, 친미 성향의 정부가 출범한 상태이다. 하지만 미국의 양국에 대한 파병 부담 증대로 주둔 미군의 철수가 이루어질 경우에 이라크와 아프가니스탄은 자국의 정규군 및 경찰 병력 육성을 비롯한 군사지원을 군사대행기업에 의뢰할 가능성이 높다. 또한 크로아티아의 사례처럼 미국의 재정적 지원에 의한 군사대행기업 고용이 이루어질 가능성도 배제할 수 없다.

한국은 아직까지 구체적인 군사대행기업 활용의 사례가 목격되지는 않았다. 아직까지는 징집제를 통한 우수한 병력 자원을 확보하고 있는 상황이고 대외군사협력관계로서의 한미 동맹이 공고히 유지되고 있기 때문이다. 이 책에서 소개된 유형 및 사례를 통해 한국이 군사대행기업을 활용하게 될 조건을 생각해보면, 바로 제2유형에서 나타난 조건에 의해 군사대행기업 활용이 이루어질 가능성을 생각할 수 있다. 사우디아라비아가 미국과의 관계가 소원해진 후 비넬이라는 군사대행기업을 통해 대외 군사 지원을 대체한 것처럼, (발생할 가능성은 극히 적으나) 미국과의 관계 소원으로 인해 주한미군 철수 및 미국으로부터의 군사지원 철회라는 극단적 상황이 발생할 경우에 미국으로부터의 군사지원을 대체할 목적으로 군사

4 피터 싱어, 『전쟁대행주식회사』, p. 37.

대행기업을 활용할 가능성을 배제할 수 없다.

제3유형인 패키지 거래를 활용하는 국가의 경우에 내전에 처한 제3세계 약소국에서 관찰할 수 있을 것이다. 제3유형의 조건에 해당하는 국가는 우간다 · 아이티 · 미얀마를 들 수 있다. 이들 국가들은 주변 국가에 비해 열악한 군사력을 가지고 있으며, 국제적으로 주목을 받지 못하는 국가들이다.

제3유형에 따르면 이들 국가는 자국의 무력분쟁을 군사대행기업에 전체적으로 위임하는 패키지 활용을 보일 가능성이 높다. 실제로 1998년 이디아민의 축출 이후, 내전 상황에 돌입했던 우간다는 EO의 자매 회사와 계약을 시도한 바 있으며, 아이티 내전에 군사대행기업이 개입했다는 소식도 들려온다.[5] 한편, 1988년 군사쿠데타 이후 국제적인 고립을 면치 못하고 있는 미얀마의 경우에 자국의 내전에 프랑스계 군사대행기업을 고용하여 이를 해결한 것으로 나타났다.[6] 이러한 국가들은 모두 자국의 내전에 대해 충분히 대처할 군사적 역량이 부족한 국가들이었고 외부로부터 지원이 차단된 고립된 국가들이었다.

그렇다면 고립된 지역 강국과 같이 군사대행기업을 활용할 이유가 없는 국가들은 어떻게 될까? 자국의 방위 목적으로는 군사대행기업을 활용할 이유가 없으므로, 이들의 군사대행기업 활용은 현실성이 없다. 하지만 일부 국가들에서 앞서 소개한 남아프리카공화국과 같은 사례가 반복될 가능성이 있다. 현재의 러시아가 이러한 조건에 가장 부합하는 국가이다. 러시아의 경우에 주변 국가보다 강력한 군사력을 유지하고 있으나 냉전 당시 자국의 대외군사협력관계의 근원인 바르샤바조약기구가 해체하면

5 *Ibid.*, p. 32.

6 피터 싱어는 미얀마가 고용한 프랑스계 군사대행기업으로 ABAC, OGS, PHL Consultants를 지목했다. *Ibid.*, p. 37.

서 대외적인 군사지원을 할 일도 없어지게 되었다. 사실상 안보상의 수요가 냉전 대비 현격히 줄어들게 된 경우로 냉전 종식 이후의 남아프리카공화국과 상당히 유사한 모습을 보인다.

남아프리카공화국의 사례에서 보았듯이 퇴직 러시아군에 대한 재사회화가 원활하지 못할 경우에 러시아는 자국 출신 군사대행기업의 증가와 이들의 무분별한 해외 활동으로 국제적 위상에 타격을 입을 가능성이 있다. 실제로 러시아는 냉전 종식 이후 대규모의 병력 감축으로 인해 수많은 직업군인들이 예편을 하게 되었고 이들에게 새로운 일자리를 제공해준 것은 군사대행기업이었다. Alpha(Альфа-Центр)와 같은 러시아 군사대행기업은 퇴직군인들을 고용하여 빠르게 사업 기반을 다져갔다.[7] 러시아의 군사대행기업과 관련해서는 여러 가지 확인되지 않은 소문만 무성한 상황이다. 위키피디아를 중심으로 앞서 언급한 Alpha 관련 소문을 접할 수 있는데, 제2차 체첸 내전 당시 Alpha는 친러시아 성향의 아흐메드 카디로브(Akhmad Kadyrov) 정권을 위해 주요한 병참 임무 및 특수부대로서의 역할을 수행했다는 이야기가 공개된 적이 있으나[8] 위키피디아 정보의 신뢰성 한계로 이를 명확하게 확인할 방법이 없어서 현재 러시아의 군사대행기업 활용과 관련한 상세한 내용은 파악하기 어려운 실정이다.

한편, 2009년 러시아의 군사대행기업 활용과 관련하여 주목할 만한 보도가 공개되었다. 2009년 10월에 러시아 군사대행기업인 *Oryol*(독수리란 뜻의 러시아어)이 이라크 지방 경찰의 대테러 훈련 및 요인 경호 임무를 맡고 있는 것으로 확인된 것이다. 이 회사에는 주로 전직 러시아 특수부대원들이 참여하고 있는데, 주목할 것은 이들이 자국인 러시아로부터 해외

---

7 Shearer, Shearer, "Private Armies and Military Intervention," p. 24.

8 http://en.wikipedia.org/wiki/Alfa-Tsentr(2009-08-02). 현재 Alpha와 관련한 위키피디아의 정보는 모두 삭제된 상황이다.

활동에 관한 허가 및 관련 법률 조치를 전혀 받지 못한 상태였다. 2009년 당시 러시아는 자국의 군사대행기업의 해외 활동에 관한 법적 제도가 미비한 상황이었고 이에 *Oryol*는 크렘린 측에 이의 법제화를 추진할 것을 요청했다.[9] 퇴직군인의 군사대행기업 창설과 이에 무관심한 정부의 태도는 러시아가 남아프리카공화국과 같은 군사대행기업 공급 국가의 유형을 따르고 있음을 시사한다. 러시아에는 약 100만 명에 이르는 군사대행기업 직원이 활동하고 있는 것으로 추정되는데, 만약 러시아가 남아프리카공화국과 같은 군사대행기업 활동의 보장이 아닌 규제를 시도할 경우에 러시아 군사대행기업의 역외화와 해체된 군사대행기업 직원의 테러조직 및 해외 군사 음모 가담을 경험하게 될 가능성이 높다.

이상의 분류 유형과 조건을 응용할 경우에 아직 군사대행기업과 관련된 현상을 보이지 않은 국가들의 미래에 대한 잠정적인 예측을 시도해볼 수 있다. 또한 제시한 유형을 활용하면, 불충분한 정보를 가진 군사대행기업 활용 사례에 대하여 알려지지 않은 부분에 대해 예측할 수 있을 것이다. 향후 더 많은 사례에 대한 예측에 이 책의 유형이 활용될 수 있다면, 이 책이 제시한 유형은 일정 부분 성과를 거둔 것이라고 생각할 수 있겠다.

2. 국제정치이론에 대한 함의

군사대행기업 활용은 그동안 국제 질서의 근간이 되어온 웨스트팔리

9 "Iraq, Private Russian Security Guards instead of the Foreign Armies," *AsianNews.it*, October 28, 2009, http://www.asianews.it/index.php?l=en&art=16706&geo=4&size=A(2009-11-28).

아 체제(Westphalia System)를 부정하고 있다. 웨스트팔리아 체제는 국가에 의한 군사력 독점을 야기함과 동시에 군사력을 독점한 국가들이 국제 질서의 핵심적인 지위에 놓이도록 했다. 하지만 국가가 독점했던 군사력이 다시 국가로부터 분리되게 됨에 따라 웨스트팔리아 체제의 작동 원리는 상당 부분 훼손되고 있다. 그렇다면 구체적으로 어떠한 측면에서 변화를 야기하고 있는가? 이 절에서는 군사대행기업 활용이 가져다 줄 국제 질서의 변화상과 국제정치이론의 주요 문제에 관해 언급하고자 한다.

1) 전쟁 주체와 교전 수칙에 관한 문제

안보를 중심으로 하는 국제정치이론에서 국가가 그 중심에 놓이게 된 것은 안보 영역이 국가에게 독점되었기 때문이다. 앞서 군사대행기업이 등장하게 된 역사적 배경을 통해 살펴본 바와 같이 웨스트팔리아 체제의 성립은 중세시대에 국가로부터 분리되어 있던 군사력을 국가에 완전히 예속시키는 결과를 초래했다. 이로 인해 국가는 군사력을 독점하게 되고 전쟁의 주체는 국가가 되었으며, 국제정치이론은 군사력을 독점한 국가들을 중심으로 분석을 진행하게 되었다. 군사대행기업의 등장과 국가에 의한 군사대행기업의 활용은 이러한 기존의 국제정치의 전제에 대한 중대한 도전이다. 아직까지는 군사대행기업의 사업 성패가 국가에 의해 좌우되고 있기는 하나, 국가에 독점되어 있던 군사력이 국가로부터 떨어져 나가고 있다는 것은 기존의 사고방식으로 국제정치를 바라보는 데 한계를 느끼게 한다.

전쟁의 주체가 변화하게 됨에 따라 가장 혼란을 겪게 되는 분야는 바로 국제법이다. 특히 교전 수칙(rules of engagement)의 경우에는 국가의 군사대행기업과 관련하여 가장 큰 영향을 받는 분야이다. 기존의 질서에서는 국가만을 전쟁의 주체로 인정하였고, 전장에 있어 정규군만을 교전의 대상으로 인정했다. 정규군인가 아닌가의 문제는 전쟁포로로서의 대우와 관련하여 아주 중요한 부분이다.

제네바 협정 추가의정서는 제47조 1항 및 2항을 통해 용병을 규정하고 용병은 전쟁포로가 될 권리가 없다는 것을 명시하고 있다. 특히 추가의정서 제47조 2항의 경우에 용병을 규정하고 있는데, 추가의정서에 의해 규정된 용병은 첫째, 무력 충돌에서 싸우기 위해 국내 또는 국외에서 (특별히) 징집된 사람, 둘째, 실제로 적대 행위에 직접 참가하는 정규군 이외의 사람, 셋째, 사적 이익을 추구하기 위해 적대 행위에 참가한 자 및 충돌 당사국에 의해 또는 충돌 당사국을 위해 그 당사국 군대의 유사한 지위 및 기능의 전투원에게 약속되거나 실질적으로 초과하는 물질적 보상을 약속 받은 사람, 넷째, 충돌 당사국 국민이 아니거나 충돌 당사국에 의해 통치되는 영토의 주민이 아닌 자로서 교전 행위에 참가하는 사람, 다섯째, 충돌 당사국 군대의 구성원이 아닌 자로서 교전 행위에 참가하는 사람, 여섯째, 충돌 당사국이 아닌 국가에 의해 같은 나라 군대 구성원으로서 공적인 임무를 띠고 파견되지 아니한 사람을 의미한다.[10] 제네바 협정 추가의정서를 따를 때 군사대행기업 및 군사대행기업에 고용된 사람은 전쟁포로로서 대우를 받지 못하게 된다. 군사대행기업은 사적 이익을 추구하기 위해 적대 행위에 참가하고 있으며, 정규군이 아닌 사람이고, 해외에 파견되어 있을 경우에 외국인으로서 적대 행위에 참가하는 사람이 되기 때문이다.

군사대행기업 활용의 증대는 현존하는 제네바 협정을 비롯한 교전 수

10 "Protocol Additional to the Geneva Conventions of 12 August 1949, and relating to the Protection of Victims of International Armed Conflicts (Protocol 1)," http://www.ohchr.org/english/law/protocol1.htm(2007-01-28).

칙에 일련의 변화를 초래할 수도 있다. 여기에서 두 가지 가능성을 생각해볼 수 있다. 하나는 군사대행기업을 합법적인 전투원으로 인정하는 것이다. 군사대행기업의 활용이 증대되고 국가가 자국이 고용한 군사대행기업 직원의 보호 필요성이 제기되면 국가들은 또 다른 추가의정서를 통해 군사대행기업 직원을 보호하게 될지도 모른다. 용병의 규정을 완화하거나 아니면 군사대행기업 직원의 전쟁포로서의 대우를 인정받게 하는 것이다.

다른 하나는 제네바 협정이 사문화되고 국제적으로 통용되는 교전 수칙 자체가 무의미해지는 비관적 결과이다. 전장에서의 군사대행기업 활용이 증대되면서 전장에서 일련의 무질서가 증대하게 될 가능성을 생각해볼 수 있다. 군사대행기업 직원들은 교전 수칙을 통해 보호받을 권리가 없지만 교전 수칙을 지킬 의무도 없다. 군사대행기업 직원들이 전장을 지배할 때 나타는 결과는 상당히 비관적일 수도 있다. 민간인에 대한 무차별 공격, 전쟁포로에 대한 학대, 잔혹 행위 및 약탈을 자행하고도 법적인 책임을 지지 않거나 상대적으로 약한 처벌을 받는 것이다. 미국의 사례에서 소개한 2004년에 발생한 아브그레이브(Abu Ghraib) 포로수용소 학대사건은 이러한 가능성이 현실화될 수 있음을 보여주었다. 동 사건에서 학대를 사주한 군사대행기업 직원들의 경우에 계약 파기에 의한 해고와 계약금의 환수와 같은 가벼운 처벌만을 받았다.[11]

2) 힘의 대체성에 관한 문제

한 국가가 자국을 보호하기 위해 동원하는 능력(힘)에는 군사력과 경제력을 들 수 있다. 국제정치 일각에서는 군사력과 경제력 사이의 대체성

11 David Isenberg, *A Fistful of Contractors*, p. 138의 footnote 385.

(fungibility)에 관한 논쟁이 있다. 대체성이란 국가의 힘을 구성하는 각기 상이한 요소 간 호환성을 의미한다. 쉽게 말하자면 강한 군사력을 보유하고 있을 경우에 경제력과 같은 다른 영역의 능력이 보완될 수 있다는 것이다.

이러한 힘의 대체성에 대해 로버트 커헤인(Robert Keohane)과 같은 학자는 부정적인 입장을 피력한다. 커헤인은 국가의 "힘이란 대체성이 있는 자산이 아니며, 국가가 영향력을 행사하고자 하는 맥락에 따라서 차별화되어야 한다"(Power is not a fungible asset, but has to be differentiated according to the contexts in which a state tries to be influential)고 주장한다.[12] 경제적인 부는 영토 지배에 필요한 강제력(군사력)과는 분리되며 영토 지배에 대한 보상일 뿐이라는 것이다. 즉 군사력은 다른 안보 이외의 이슈에 대한 영향력을 증가시키지 못하며, 역으로 경제적 역량의 증대 역시 자국의 안보 이슈에 대해 미치는 영향이 그리 크지 않다는 주장이다.[13]

군사대행기업 활용은 기존의 대체성을 둘러싼 논의에 대해 이의를 제기하고 있다. 기존의 논의에서 힘의 대체성은 강력한 군사력을 가지면 이를 바탕으로 경제력과 같은 다른 영역에서의 역량도 보완이 된다는 것을

---

12 Robert Keohane, "The Theory of Hegemonic Stability and Changes in International Economic Regimes, 1967~1977," Ole R. Holsti, Randolph Siverson and Alexander L. George (eds.), *Changes in International System* (Boulder: Westview Press, 1980), p. 143. 커헤인에 앞서 권력의 대체성에 대해 논한 볼드윈(David A. Baldwin)도 힘의 대체성은 일반적으로 거론할 수 있는 성질의 것이 아니며 국가가 추구하고자 하는 구체적 이익에 따라 달리 생각하여야 한다고 주장했다. David A. Baldwin, "Power Analysis and World Politics: New Trends versus Old Tendencies," *World Politics*, Vol. 31, No. 2 (1979), p. 162.

13 이에 대해 월츠는 힘(Power)은 돈(경제력)만큼 대체성이 있는 것은 아니나 힘의 수준(강대국/약소국)에 따라 강하게 나타날 수도 있다고 주장한다. 강대국의 경우에 힘의 대체성은 강하게 나타나지만, 약소국은 그렇지 못하다는 주장이다. Kenneth N Waltz, "A Response to my Critics," Robert O. Keohane (ed.) *Neorealism and its Critics* (New York: Columbia University Press, 1986), p. 333.

의미했다. 하지만 군사대행기업의 활용은 이와 반대의 시각을 제공한다. 강한 경제력을 바탕으로 군사력이 보완이 되는 것이다.

또한 군사대행기업 활용은 대체성을 부정하는 커헤인의 논리에 대한 반박의 근거를 제공한다. 군사대행기업 활용으로 인해 경제력의 군사력으로의 전환은 이전보다 용이해졌다. 군사대행기업 활용은 경제력만 갖추면 군사력을 단기간 내에 급성장시킬 수 있는 도구로 활용할 수 있게 되었다. 군사대행기업은 풍부한 경제력을 가지고 있으면서도 이를 군사력으로 전환하지 못하는 국가의 고민을 해결한다. 바로 군사 전문 인력 및 장비 운용과 같이 국가의 자체 노력에 의해 단기간 내에 보유하기 어려운 군사적 자산을 공급해주기 때문이다.

경제력이 군사력으로 전환되지 못하는 주요한 이유 중의 하나는 인적 자원이나 운용의 노하우 미비를 들 수 있다. 이러한 인적 자원과 노하우의 문제는 좋은 무기와 장비를 도입하더라도 실질적인 군사력이 개선되지 못하는 문제를 발생시킨다. 냉전 시기에 많은 저개발 국가에서 이러한 현상이 나타났다. 이들 국가들은 미국과 소련의 엄청난 장비 지원을 획득하고서도 이를 전력화하지 못하였고 미국과 소련의 지원이 중단된 후 사실상 자국의 장비가 용도 폐기되는 상황에 처하게 되었다.[14] 군사대행기업은 이러한 문제를 해결하고 있다. 적정한 보수만 지급된다면 군사대행기업은 고객인 국가에게 장비에 대한 운용 노하우를 전수시킬 뿐 아니라 직접 대행 운용해주기까지 한다.

이렇듯 군사대행기업은 단기적으로 획득하기 어려운 군사 운용 및 전문 인력을 제공함으로써 경제적 부가 군사력으로 보다 용이하게 전환되

14 실례로 본 연구에서 살펴본 앙골라의 경우에 소련의 지원이 중단된 이후 자국의 항공 전력의 절반이 가동 불능 상태가 되었다.

도록 한다. 이러한 상황이 되면 국가의 경제력은 안보 이슈와 관련해서도 무시할 수 없는 변수로 작용할 수 있다. 예를 들어 일본이나 캐나다와 같은 국가의 경제력이 안보 이슈에 영향을 줄 가능성이다. 자체적으로 군사력을 동원하기에 한계가 있는 국가들이 자국의 풍부한 경제력을 통해 부족한 군사력을 보완함으로써 안보 이슈에 있어서 경제력이 영향을 미칠 수 있게 된 것이다.

군사대행기업이 야기하는 힘의 대체성의 변화는 국력의 구성 요소에도 영향을 미칠 수 있다. 현실주의 국제정치이론은 군사력을 최우선으로 한다. 군사력이 최우선이 되는 이유는 첫째, 군사력은 국가의 가장 근본적인 가치인 생존의 문제와 직결되기 때문이고, 둘째, 국익을 추구하기 위한 다른 수단에 비해 가장 효과적이라고 생각되기 때문이다. 이러한 현실주의 국제정치이론의 주장을 증명해주는 극단적인 사례도 존재한다. 자국의 경제력과 군사력의 세계적 서열이 큰 괴리를 보이는 국가들이다. 북한이나 파키스탄이 대표적인데 이 국가는 경제적 서열에 있어 세계 최빈국의 위치에 놓인 국가이면서도 군사력에 있어서는 상위권에 위치하는 국가들이다.

군사대행기업 활용에 의해 경제력이 군사력으로 쉽게 전환될 경우에 국가의 자원 배분에 일련의 변화를 야기할 가능성이 있다. 경제력이 강한 국가가 자국의 경제적 힘을 보다 용이하게 군사력으로 전환할 수 있는 길이 열리게 됨에 따라 기존의 군사력을 중심으로 한 자원 배분에서 경제력을 우선으로 하는 자원 배분 양상이 등장할 가능성이 있다. 극단적인 경우에 이러한 경향은 17세기 네덜란드와 같은 해상 패권 국가의 등장을 초래할 수도 있다. 17세기 네덜란드는 해상무역에서 쌓은 부를 바탕으로 자국의 군대를 모두 용병으로 고용하였고 고용된 용병을 기반으로 해상 패권을 유지하기도 했다. 군사대행기업의 활용은 군사력의 구매를 통해 패권을 쟁취하는 국가가 등장할 가능성을 열어놓고 있는 것이다.

3) 군사력에 있어 불확실성 증대 및 약소국 문제

군사대행기업은 힘의 대체를 용이하게 할 뿐만 아니라 한 국가의 군사력에 대한 예측을 더욱 어렵게 만든다. 국가의 군사력이 국가의 외부에 놓이게 되고 구매 계약을 통해 단기간 내에 군사력을 급성장시킬 수 있는 길이 열리게 됨에 따라 일국의 군사력을 예측하기가 더욱 어려워지게 되었다. 이러한 상황은 각국의 국방 당국자를 당혹스럽게 만든다. 기존의 정규군을 중심으로 한 주변 국가와의 군사력 비교가 사실상 무의미하게 될 가능성이 있다. 군사대행기업 활용이 보다 확대될 경우에 기존의 정규군을 중심으로 한 군사 지표 이외에 각국의 군사대행기업 계약에 관한 추가적인 정보가 필요할 것이다.

군사대행기업을 활용하게 됨에 따라 국가의 군사력은 기존보다 역동적으로 변화하게 된다. 이러한 역동적인 변화의 근원이 국가의 외부에 있다는 것은 한 국가의 군사력 및 전비 태세를 더욱 예측하기 어렵게 만든다. 이러한 불확실성의 문제로 인해 국가는 힘의 균형 상태에 대한 지속적인 의심을 갖게 되며, 기존에 자국에게 도전할 역량이 없는 국가가 급격하게 군사력을 성장시킬 가능성에 대해서도 대비해야 하는 상황이 된다.

결과적으로, 군사대행기업 활용은 세력 균형에 의한 평화를 더욱 어렵게 만든다.[15] 세력 균형은 "대등한 국가 간의 힘이 균형 있게 분포되어 있는 상태"를 말한다.[16] 또한 세력 균형 이론은 힘이 균형 있게 분포된 상태

---

15 군사력의 불확실성에 의한 전쟁 가능성을 논의한 대표적인 연구는 James Fearon, "Rationalist Explanation for War," *International Organization*, Vol. 49, No. 3 (1995) 참조.

16 Inis L. Claude, Jr, *Power and International Relations* (New York: Random House, 1962), p. 13.

에서 전쟁이 발생하지 않게 된다고 주장한다. 문제는 힘이 균형 있게 분포된 상태라는 것을 국가가 인식해야 한다는 것이다. 군사대행기업 활용은 힘의 분포 상태에 대한 측정을 기존보다 더욱 어렵게 만들어버린다. 힘의 분포 상태에 대한 측정의 어려움은 세력 균형의 전제, 다시 말해서 "각 국가의 힘의 분포 상태가 균등하면 전쟁이 발생하지 않는다"는 것을 무너뜨린다. 균형 여부를 판단할 근거가 없어진 상태에서 각국은 서로를 위협으로 간주하게 되며, 기존에 위협이라고 생각하지 않던 국가의 급격한 군사력 성장을 우려하여 과잉반응하게 될 가능성이 높다. 이러한 상태가 되면, 균형을 통한 평화는 사실상 불가능한 상태에 처하게 된다.

군사대행기업 활용은 약소국의 힘에 관한 논의에도 이의를 제기한다. 기존의 논의는 약소국을 강대국의 시혜에 의존하여 존립을 유지하는 수동적인 존재로 간주해왔다.[17] 강대국의 시혜란 군사적 측면에서는 동맹 혹은 우방관계 형성에서 비롯된 약소국에 대한 군사 지원을 의미하는데 이러한 시혜가 없을 경우에 약소국은 안보적으로 상당히 불안한 상황에 놓일 수밖에 없게 된다는 주장이다. 1990년대 강대국의 무관심 속에서 내전을 겪게 된 국가들은 자체 위기 대처 능력 및 국제사회 지원 부재로 야기된 극도의 혼란상을 보였다. 하지만 제3유형의 군사대행기업 활용 사례는 몰락의 위기에 처한 약소국들이 강대국을 비롯한 국제사회 지원 없이도 자국의 안보 문제를 해결하고 있다는 것을 보여주었다.

17 반면, 한델(Michael Handel)은 약소국은 군사적 · 경제적 역량 등에 있어 강대국만큼의 영향력을 가지고 있지는 않지만 기존의 국제정치학에서 주장하는 것처럼 항상 부차적인 존재는 아니며 특정 국면에 있어서는 강대국보다 덜 취약한 존재라고 주장한다. 마이클 한델, 김진호 역, 『약소국생존론』, 대왕사, 1995. 이외에도 약소국 문제에 대한 국제정치적 관심을 환기시키는 연구로는 다음의 연구를 참조. James D. Fearon and David D. Latin, "Neotrusteeship and Problem of Weak States," *International Security*, Vol. 28, No. 4 (2004).

이렇듯 군사대행기업 활용은 기존의 국제정치에서 부차적이고 무기력한 존재로 여겨졌던 약소국이 다른 수단에 의해 자신의 안보 문제를 해결할 수 있다는 점을 시사한다. 앞서 언급한 약소국의 군사대행기업 활용은 비슷한 처지에 놓인 다른 약소국이 이의 사례를 모방할 가능성을 생각하게 한다. 앞서 언급된 약소국들의 군사대행기업 활용 사례에서 군사대행기업은 아서왕의 마법사 멀린(Merlin)이나 촉나라의 제갈공명(諸葛孔明)과 같은 군사적 기적을 일으키는 주체로 등장한다. 크로아티아, 시에라리온 및 앙골라의 사례에서 군사대행기업은 이들 국가와 상대방의 군사적 균형을 단기간 내에 뒤바꿔버리는 역할을 수행했다. 이러한 성공의 사례는 향후 이들과 동일한 처지에 놓인 약소국들이 군사대행기업을 활용하게 되는 주요한 동기로 작용할 것이다. 이미 보스니아와 마케도니아는 크로아티아의 성공 사례를 모방해 군사대행기업과 계약을 체결했다. 아프리카 지역에서는 국제사회에서 고립된 폭압정권이 군사대행기업을 활용하여 자국의 군사력을 증강시키려는 사례가 발견되기도 한다. 2000년에 있었던 적도기니와 MPRI의 계약도 앞서 언급한 군사대행기업의 성공 사례가 상당 부분 영향을 주었다고 볼 수 있다.

군사대행기업 활용은 약소국 간의 차이를 발생시킨다. 바로 군사대행기업을 활용할 수 있는 약소국과 활용할 수 없는 약소국이다. 군사대행기업을 활용할 수 있는 경우는 군사대행기업을 고용할 자금을 마련할 수 있는 경우이다. 여기에는 두 가지 경우가 있는데, 하나는 다른 국가로부터 자금 원조를 통해 군사대행기업을 고용하는 경우이고 다른 하나는 자국의 천연자원을 매각하여 자금을 마련하는 경우이다. 이러한 두 가지 자금 동원 능력이 없는 경우에 우리가 기존에 생각해왔던 전형적인 약소국의 상황을 겪게 된다. 자국의 안보 위기에 대해 아무런 조치도 취하지 못하는 무기력한 모습을 나타내게 될 것이다. 또한 천연자원을 가진 경우에도 긍정적인 결과만 초래하는 것은 아니다. 자국의 천연자원 존재로 인해 위기에 처할 가능성이 있다. 앞서 남아프리카공화국 사례를 통해 살펴본 적도기니 쿠데타 사건처럼, 약소국의 천연자원 침탈을 위해 다른 국가 혹은 개인이 군사대행기업을 고용하여 정권을 붕괴시키게 될 가능성도 있기 때문이다. 천연자원은 약소국에게 축복일 수도 있지만 이와 반대로 저주가 될 수도 있다.

4) 국가 간 군사협력에 관한 문제

앞서 크로아티아 · 보스니아 · 사우디아라비아의 사례를 통해 검토한 것처럼 군사대행기업은 기존의 동맹 혹은 우방관계가 소원해지거나 이를 통한 군사적 지원을 확보할 수 없을 경우에 해외 군사 지원을 대체하는 데 활용되었다. 앞서 보스니아의 사례에서 나타난 바와 같이, 군사대행기업 활용은 대체적 수단을 통한 군사 지원이 가능하다는 것을 보여주고 있다. 사우디아라비아 · 쿠웨이트 · 아랍에미리트와 같은 국가들은 직접적인 군사 지원을 할 수는 없었지만, 군사대행기업의 서비스를 대신 구매해 줌으로써 우방 국가에 대해 군사적 지원이 가능하다는 것을 보여주었다.

이러한 대체적인 수단에 의한 군사 지원은 기존의 국가 간 협력관계에 변화를 초래할 수 있다. 우선적으로 생각할 수 있는 것은 기존의 군사동맹보다 군사대행기업 활용을 선호하는 국가가 등장할 가능성이다. 이는 기존의 동맹을 유지하는 데 대한 정치적 비용을 부담스럽게 생각하는 국가들에 의해 실현될 것이다. 특히 강대국과 약소국 간의 군사협력에 있어서 이러한 현상이 나타날 가능성이 있다.

군사대행기업 활용이 강대국과 약소국의 동맹관계에 대해 어떠한 영향을 미칠 수 있을까? 다소 상반된 두 가지 전망을 생각해볼 수 있다. 하나는 약소국이 군사대행기업의 활용을 선호하게 됨에 따라 약소국의 자주성이 증대되는 반면 강대국의 약소국에 대한 이른바 '지렛대 효과'가 상실될 가능성이다. 이 경우에 강대국과 약소국 간 군사협력관계는 퇴색되게 될 것이다. 다른 하나는 군사대행기업의 활용이 약소국에 대한 보다 세련된 개입 도구로 활용될 가능성인데, 강대국이 대외 개입 정책에 군사대행기업 활용을 하게 되면서 보다 세련된 방법을 통해 약소국에 대한 영향력을 행사하게 되는 것이다.

먼저 약소국의 자주성 증대와 강대국의 지렛대 약화의 경우를 생각해 보자. 약소국은 강대국과의 동맹을 통해 자신의 부족한 군사력을 보완하고 강대국은 약소국과의 동맹을 통해 영향력의 증대를 꾀해왔다.[18] 약소국과 강대국 간의 동맹은 약소국으로 하여금 안보와 자주성 간의 조정(Alignment)을 요구하게 마련이다. 강대국은 군사 지원의 대가로 강대국의 대외 정책에 대한 공개적 지지나 약소국의 국내 제도 개혁을 요구할 수도 있다. 특히 강대국과 약소국 간의 이념이나 대외 정책에 대한 견해가 일치하지 않을 경우에는 약소국은 강대국으로부터의 군사적 지원과 자주성 사이에서 심각한 고민에 빠지게 될 가능성이 높다. 군사대행기업 활용은 기존의 강대국과 약소국 간에 '후원-수혜'(Patron-client) 관계를 깨뜨릴 가능성이 있다. 군사대행기업 활용은 오로지 돈과 같은 금전적인 재화만을 요구할 뿐, 방위 서비스 제공에 따른 정치적 단서 조항이 수반되지 않는다. 따라서 군사대행기업을 활용할 경우에 약소국은 자신의 자주성을 희생하지 않고서 외부로부터의 군사적 지원을 확보할 수 있는 길이 열리

---

18 이러한 주장에 대해서는 다음의 연구를 참조. Alexander Wendt and Michael Barnett. "Dependent State Formation and Third World Militarization," *Review of International Studies*, Vol. 19, No 4 (1993); Stephen R. David, "Explaining Third World Alignment," *World Politics*, Vol. 43, No. 2 (1991); Edgar E. Azar and Chun-in Moon (eds.), *National Security in the Third World: The Management of Internal and External Threat* (Hants: Edward Elgar, 1988).

게 된다. 반면, 강대국은 약소국에 대한 군사 지원이라는 기존의 지렛대를 상실하게 된다. 군사 지원을 이용하여 강대국의 대외 정책에 대한 지지를 확보하거나 약소국의 제도 개혁을 기대하기 어려워질 뿐만 아니라 약소국에 의한 무력 도발을 억지하는 데 어려움을 겪게 된다.

위의 전망과 반대로 군사대행기업 활용이 보다 세련된 대약소국 개입 정책의 도구로 활용될 가능성을 생각해보면, 약소국의 군사대행기업 활용에 있어서 핵심적인 관건은 군사대행기업을 고용할 자금이다. 앞서 언급된 사례에서 약소국은 자국의 천연자원 매각을 통해 군사대행기업을 고용하는 모습을 보여주었지만 이러한 천연자원의 매각은 일련 중개자를 필요로 했다. 당장 필요한 현금의 조달을 위해 자금력이 풍부한 은행가나 광산 업체의 도움이 필요했던 것이다. 강대국이 약소국의 부족한 현금 문제를 이용할 경우에 기존과 비슷한 수준의 지렛대 효과를 누릴 수 있다. 바로 강대국이 약소국을 위해 군사대행기업의 서비스를 구매해주는 것이다.[19] 이 방법은 강대국으로 하여금 기존의 공식적 동맹이 가져다주는 부작용을 피하면서 약소국과의 '후원-수혜'(Patron-client) 관계를 유지할 수 있게 할 것이다. 군사대행기업과의 계약 자금만을 지원할 경우에 동맹국이 벌인 불필요한 분쟁에 직접적으로 연루될 필요도 없을뿐더러 전쟁 지역에의 파병에 대한 국내 여론과 같은 정치적 부담을 줄일 수 있다. 반면 자금 제공을 이유로 약소국의 제도 개혁과 강대국에 대한 지지를 확보하는 등 지렛대 효과를 지속적으로 유지할 수 있을 것이다.

여기에 더하여 군사 협력의 주체에 관한 변화를 예상해볼 수도 있다. 군사 원조의 주체가 국가가 아닌 다른 형태의 주체까지 확산될 수 있을 가능성이다. 앞서 언급한 약소국들의 사례에서 이러한 경우를 발견했다.

19 앞서 소개한 제2유형 중 1996년 보스니아의 MPRI 활용 사례가 대표적이다.

시에라리온에서는 삭세나(Makeshi Saksena)와 같은 일개의 금융자산가가 군사대행기업 고용에 필요한 자금을 지원한 사례도 있었다.[20] 이러한 사례는 기존의 국가 이외의 주체에 의한 군사 지원 가능성에 대해 생각하게 한다.

20 시에라리온 내전 당시 시에라리온 정부와 샌드라인 인터내셔널의 계약에 자금을 지원한 태국의 금융 부호이다. 삭세나는 경제지원 대가로 다이아몬드 광산의 채굴권을 획득했다.

제9장

결론:
군사력 운용 방식과 미래의 질서, 그리고 국가

다시 처음에 던졌던 문제의식으로 돌아보기로 하자. 베버가 살아 있다면 지금 현재의 모습을 어떻게 평가할까? 현재의 모습은 분명 베버가 전제한 폭력의 독점으로서의 근대화와는 거리가 있어 보인다. 그렇다면 군사대행기업과 관련한 미래 질서는 어떻게 전개될 것인가? 그리고 국가는, 보다 구체적으로 우리 대한민국은 무엇을 준비해야 하는가? 이 책을 마치면서 이러한 질문에 대한 생각을 정리해보도록 하겠다.

1. 군사력 운용 방식과 미래의 질서

근대화의 전제에 관한 베버의 논리를 따르면, 국가의 모습을 좌우하는 것은 군사력(폭력)의 건설 방식이고 군사력에 대한 독점 여부는 국가의 모습을 결정하는 중요한 요소이다. 역사적으로 국가는 군사력의 독점 수준과 관련한 두 개의 극단적 이념형(ideal type) 사이를 움직여왔다. 한 극단은 국가가 폭력을 완전히 독점하는 전형적인 근대 국가의 형태이고 다른

한 극단은 국가의 군사력을 전적으로 사적 영역에 의존하는 형태이다. 물론 이 극단 사이의 혼합적인 형태도 존재했다. 초기 당시의 군사력은 혼합형이었다. 고대 그리스-로마 시대 정규군과 용병의 혼합 운영은 중세시대에 접어들면서 용병으로 대표되는 사적 영역에 전적으로 의존하는 형태로 진행되었으며, 이후 근대에서부터 냉전 시기 동안은 정규군 중심의 군사력 독점의 시대로 이어졌다.

냉전의 종식은 국가의 군사력 건설과 관련해 근대화 논리를 깨뜨리는 중대한 계기를 마련했다. 앞서 소개한 각 유형과 사례들에서 나타난 것처럼 최근 주요 국가의 군사력 건설 및 이의 운용은 독점과는 상당한 거리가 있다. 그렇다면 앞으로는 어떠한 모습으로 전개될까? 현 시점을 군사력 건설과 관련한 제도적 전환기로 판단할 때, 세 가지의 방향을 제시할 수 있다.

첫째는 중세시대와 같은 군사적 분권화의 전개이다. 일부 국제정치학자들은 1990년대에 나타난 국제정치역학의 변화를 근거로 향후의 국제질서가 중세시대로 회귀할 것으로 보았다.[1] 지난 약 400년 동안 근대적 군사력 독점의 문제점을 인식한 국가가 이에 대한 반동으로 사적 영역인 군사대행기업에 대한 의존을 극대화시키는 경우이다. 이러한 움직임은 기존의 군사 제도를 통한 군사력 운용의 실패, 군사대행기업 활용의 성공 사례 축적 및 성공 사례를 추종하는 국가의 증가를 통해 더욱 가속화될 수 있다. 군사대행기업 활용과 관련한 선구적 연구들은 국가의 무능과 군사대행기업의 효율성을 강조하고 있는데, 이러한 주장이 지배적 논리가 되고 현실이 이 논리를 입증할 때, 국가는 군사력에 대한 독점을 풀고 중

1 다나카 아키히코(田中明彦)는 냉전 종식 이후 국제질서가 주권 국가를 위주로 한 웨스트팔리아(Westphalia) 체제에서 탈피하고 그 이전의 사회로 회귀하는 모습을 보이고 있다고 지적한 바 있다. 田中明彦, 『新しい"中世": 21世紀の世界システム』(東京: 日本経済新聞社, 1996).

세시대와 버금가는 수준의 군사적 분권화를 추진하게 될 수도 있다.

이 과정에서 중세시대 발렌슈타인의 용병단과 같이 일국 전체의 군사력을 통째로 제공하는 군사대행기업들이 나오고 이 기업들의 사업 확장이 전체 군사 부문을 아우르게 됨에 따라 이들이 국제질서의 독자적인 세력으로 성장할 가능성도 생각해볼 수 있다. 최근 일부 군사대행기업-무기제조업체 간의 인수합병을 통해 종합군사회사(total military company)로 확장하는 것이 목격된다. 실제 사례를 들면, MPRI, 타이탄(Titan)과 같은 군사대행기업은 미국 굴지의 군수산업체인 L-3 Communications에 합병되었으며, 비넬(Vinnell)은 군사항공기 제조기업인 노스롭 그루먼(Northrop Gruman)에 합병되었다. 한편, 록히드 마틴(Lockheed Martine)은 북미방공사령부(NORAD)의 임무를 대행했던 OAO Corporation이라는 군사대행기업을 인수한 바 있다. 또한 기존의 방위산업체가 군사대행기업과 같은 군사 용역 서비스를 제공하는 사례도 있다. 대표적인 사례가 러시아의 수호이(Sukhoi)이다. 냉전 당시 구소련의 전투기를 생산해온 이 회사는 냉전 종식 이후 아프리카 국가에 전투기와 정비 요원, 조종사 및 관제 요원과 작전장교를 동시에 판매하는 패키지 상품을 내놓는다. 사실상 한 국가의 공군력을 모두 대체하는 상품을 판매하는 것이다. 에티오피아가 대표적인 고객이 되었는데 에티오피아는 이러한 수호이로부터 공급받은 공군력을 활용해 에리트리아와의 전쟁을 수행했다.[2] 또한 블랙워터(Xe)는 무장 지원, 훈련, 병참 및 항공 지원을 넘어서 자체적으로 장갑차와 무장 항공기를 제작해 고객에게 제공하고 있다. 이 회사는 세계 어느

---

2 Charles Smith, "Wars and Rumors of Wars: Russian Mercenaries Flying for Ethiopia," *World Net daily*, July 18, 2000, http://www.worlddaily.com/bluesky_smith_news/20000718_xnof_russian_me.shtm(2006-12-14); Thomas K. Adams, "The New Mercenaries and the Privatization of Conflict," *Parameters*, Vol XXIX, No. 2 (1999), pp. 103~116.

곳이나 대대 규모의 완전무장한 군대 또는 작전부대의 배치가 가능하다고 하며, 일부 작전에서는 군을 완전히 대체할 수 있는 능력을 가지고 있다고 한다.[3] 이러한 군사 대행과 무기 제조의 결합은 '30년 전쟁' 당시 장비와 병력, 지휘관을 포함한 군대 전체를 국가에게 임대했던 발렌슈타인의 용병단을 연상시킨다. 상상력을 동원하면 지금보다 훨씬 심화된 수준의 군사대행기업 활용도 생각할 수 있을 것이다. 현실화될 가능성은 아주 적지만 핵무기의 발사권을 포함한 핵전력의 운영에 군사대행기업이 활용되는 것이다.

군사대행기업의 활용 확대는 일국의 국방 담당 부처의 주요 업무에 변화를 가져올 가능성이 크다. 국방부의 주요 업무 중 전투수행(fighting)보다 군사력 건설(military building)의 중요성이 더욱 강조된다. 특히 이 군사력 건설에는 군사대행기업 활용을 통한 군사력 건설이 큰 비중을 차지하며, 군사대행기업에 대한 평가 및 계약을 담당하는 부서가 핵심 부서로 부상하게 된다. 우수한 군사대행기업과의 계약이 한 국가의 국방력을 좌우하는 핵심이 되기 때문이다. 국방비는 군사대행기업으로 인한 부담이 증대될 가능성이 있다. 특히 전통적으로 징병제를 기반으로 한 정규군을 보유한 국가가 군사대행기업을 활용하게 될 경우에는 국방비 예산의 증대와 이로 인한 국민의 부담은 더욱 가중될 수 있다.

한 국가의 군사 대행 산업화 수준에 따른 다양한 양상의 활용 유형이 나타날 수도 있다. 미국과 같은 군사 대행 산업 선진국은 자국의 군사대행기업을 내수 및 수출의 용도로 모두 활용한다. 일부 국가는 수출 주도형으로 군사대행기업의 내수 활용보다는 수출산업으로 삼을 수도 있다. 앞서 언급한 사례에서 남아프리카공화국의 사례에 주목했던 이유도 여기

3 Robert Young Pelton, *Licensed to Kill*, pp. 285~286.

에 있다. 비록 남아프리카공화국은 자국 군사대행기업에 대한 규제로 이 기회를 상실했지만 러시아와 같은 국가가 군사대행기업의 주요 수출국으로 부상할 가능성을 생각해볼 수 있다. 군사 대행 산업을 육성할 여유가 없고 자체 군사력의 부족에 처한 국가들의 경우에는 수입 대체를 통해 이를 보완하는 모습을 지속할 것이다. 여기에는 시에라리온같이 패키지 거래와 같은 완제품을 수입하는 국가와 크로아티아와 같이 필요한 부분만을 수입하는 국가들로 나뉘게 될 것이다.

이 시나리오가 현실화된다면 앞서 언급한 한 바와 같이 힘의 대체성 및 전장에서의 불확실성이 극대화되는 상황이 발생할 것이다. 경제력이 군사력을 대체하게 됨에 따라 경제 대국이 군사 강국으로 급부상하는 결과를 초래하고 전쟁의 승패는 더욱 예측하기 어려워진다. 또한 장기적으로 중세시대에 경험한 용병의 폐해가 재현될 가능성도 배제하지 못한다. 애국심이 바탕이 되지 않는 군사대행기업 중심의 군대가 전장에서 쉽게 교전을 포기하거나 상대국에 고용된 군사대행기업과 적당히 싸우면서 시간만 지체하는 상황이 발생할 수도 있다.

둘째는 군사대행기업 활용의 반동으로 다시 국가의 폭력 독점이 강화되는 시나리오이다. 군사대행기업 활용의 긍정적 측면보다는 부정적 측면이 강조되고 현실이 이를 입증할 경우에는 국가는 다시금 정규군을 중심으로 한 독점화된 군사력을 운영할 가능성이 높다. 주요한 내용으로는 군사대행기업을 활용하는 과정에서 과감한 축소를 감행했던 분야를 정규군 중심으로 재건하는 한편, 군사대행기업이 대행했던 해외 군사 지원도 정규군이 대체하게 된다. 이 과정에서 높은 수준의 군사대행기업 활용도를 보인 국가들은 막대한 비용과 혼란을 부담할 수도 있다. 앞서 미국의 사례를 통해 언급한 바와 같이 군사대행기업 활용으로 축소 혹은 폐지된 군사 임무를 다시 정규군에게 맡기기 위해서는 병력의 충원과 그들에 대한 훈련이 필요하며, 이는 상당한 시간과 비용을 요구하게 된다. 전직 군인이던 군사대행기업 직원과 비교하여 현역병들은 자신들에게 맡겨진 새로운 임무에 대한 경험이 부족하며, 신병의 숙련도는 더욱 떨어지게 된다.

약소국도 자국의 열악한 군사력에 대해 자체적인 육성을 통해 해결하거나 동맹국 · 우방국 및 국제사회의 지원을 통해 해결해야 하는 상황에 처한다. 이 상황에서 적절한 지원을 확보하지 못하게 된다면 1990년대 중반에 나타났던 약소국의 절체절명의 위기 상황이 재현될 가능성이 높다. 결과적으로 폭력 독점 강화의 시나리오는 냉전 종식 직후 국제사회가 경험한 군사력의 국제적인 수요와 공급의 격차 확대를 재현할 수 있다.

또한 국가에 의한 군사력의 독점 시나리오는 진행 과정에서 국가 간 힘의 역학에 변화를 초래할 가능성도 있다. 이미 높은 수준의 군사대행기업 활용을 보인 국가의 경우에는 정규군 중심의 군사 제도 복구에 따른 엄청난 비용 부담과 제도적 혼란 및 군사적 쇠퇴를 경험하게 된다. 반면, 군사대행기업 활용을 시도하지 않은 국가는 기존의 군사력을 유지한 가운데 안정적인 상황에서 군사력 증강을 추진하게 된다. 만약 이러한 시나리오가 현실화될 때 주목할 것은 미국과 중국이다. 군사대행기업을 적극적으로 활용한 미국이 정규군 중심의 군사 제도로 변화하면서 제도의 혼란과 군사적 쇠퇴를 경험하게 된다. 특히 현지 안정화를 위해 충분한 병력 파견을 전제로 하는 해외 개입 정책은 이전보다 현격하게 줄어들 수밖에 없다. 적극적인 개입을 통해 대외 정책을 구사하던 미국의 전략 기조는 수정이 불가피해지고 초강대국으로서의 위상도 쇠락해질 수 있다. 반면 정규군을 중심으로 강한 군사력의 건설한 중국은 군사적으로 더욱 위상이 강화되는 모습을 보이게 될 것이다. 특히 중국이 보유한 세계 최대의 병력을 평화 유지 임무를 비롯한 해외 군사 지원에 투입할 경우에 중국은 빠른 속도로 미국의 국제적 리더십을 대체하는 세력으로 부상하게 될 수도 있다.

마지막으로 혼합형의 경우는 정규군 기반의 군사력과 군사대행기업 활용이 공존한다. 이는 고대 그리스나 로마의 군사력 구성과 유사한 형태로 정규군 중심의 주력 부대를 군사대행기업이라는 보조부대(auxiliaries)가 지원하는 형태이다. 핵무기와 같은 전략무기 및 이와 관련한 전력은 전적으로 정규군을 통해 운용한다. 각 군 핵심 주력부대의 경우는 주로 자본집약적 형태의 부대가 정규군의 중심이 될 가능성이 높다. 수명 주기가 비교적 길고 첨단화되어 도입 및 운용에 막대한 비용이 드는 무기체계들, 다시 말해 전차 · 야포 · 전투함 · 전투기 등은 여전히 정규군 중심으로 운용된다. 단, 이러한 전력 운용에 군사대행기업이 부분적으로 활용될 수 있다. 예로 각 군이 보유한 전투기 중 일부를 군사대행기업 직원이 조종한다든지, 전차 및 전투함의 운용에 군사대행기업 직원을 투입하는 경우가 발생할 수 있을 것이다. 또한 정찰 · 병참 · 정비 · 수송 · 훈련 및 점령지의 안정화, 해외 군사고문단 파견과 같은 임무는 그 자체를 군사대행기업에 위임하는 일이 빈번할 것이다. 전략기획에 있어서는 각 국의 국방부 주도의 기획에 군사대행기업의 자문을 구하는 형태로 진행하게 된다. 단, 무력분쟁의 성격 및 각국의 사정에 따라 군사대행기업 활용과 정규군 투입의 비중이 변화할 수 있다.

현재의 상황을 감안할 때, 향후 미래의 전망은 혼합형이 가장 현실성 있는 시나리오가 되리라 생각한다. 전면적 군사대행기업 활용으로 가기에는 아직 군사대행기업 활용의 장점이 명확하게 검증되지 않았으며, 각국이 보유한 엄청난 수의 정규군을 군사대행기업으로 대처하기에는 상당한 시간이 걸리기 때문이다. 밀리터리 발란스에 의하면 전세계적으로 약 2,049만 명의 군인이 자국의 방위를 위해 복무하고 있다고 한다. 군사대행기업이 이들을 모두 대체하기 위해서는 산술적으로 2,000만 명 이상의 숙련된 퇴역군인이 필요하다는 이야기가 된다. 냉전 종식 직후 이 인원의 약 1/3인 700만 명 정도의 군인이 퇴역했지만,[4] 냉전 종식 이후 20년이 지난 상태에서 이들을 모두 군사대행기업 직원으로 고용할 수 있을지는 회의적이다. 군사대행기업 활용이 보다 확대되기 위해서는 냉전 종식 직후와 같은 대규모의 병력 감축이 다시 재현되거나 군사대행기업이 퇴역군인에 의존하지 않고 스스로 숙련된 직원을 만들어내는 자기 완성적의 형태로 발전할 경우에나 가능한 이야기일 수 있다.[5]

정규군과 군사대행기업의 혼합 활용은 끊임없는 제도의 변화를 수반하게 될 수도 있다. 앞서 고대 로마시대의 정규군(시민군)과 보조부대(용병)의 비중을 중심으로 수차례의 군사 제도 개혁을 추진한 것처럼, 향후 군사대행기업과 정규군 활용의 비중을 둘러싼 군사 제도 개혁을 경험하게 될지도 모른다. 특히 군사적 실패를 경험하게 된다면 자국 방위 정책의 개선안으로 정규군 및 군사대행기업 비중의 재조정과 같은 제도적 실험을 추진할 가능성이 높다.

군사대행기업과 정규군의 혼합적 운용은 그것이 이상적으로 이루어질 경우에는 양자의 장점만을 살린 긍정적인 형태로 나타날 수 있다. 병참과 같은 보조적 기능을 군사대행기업이 대행해주면서 정규군은 전투병력 중심으로 구성되고 정예화될 수 있다. 또한 우수한 군사대행기업이 민간의 혁신 경영 기법을 군에 도입해줌으로써 군 운영의 선진화를 추구할 수 있게 된다. 반면, 양자의 단점만 부각되는 최악의 상황을 연출할 수도 있다.

4 피터 싱어, 『전쟁대행주식회사』, p. 104.

5 최근 Xe(구 블랙워터)를 비롯한 주요 군사대행기업들이經 자체적인 훈련 시설을 갖추고 이를 확대하는 모습을 보이고 있는데, 이는 훈련 대행과 같은 사업을 수행함과 동시에 군 경험이 없는 신입 직원을 훈련시켜 직원으로 활용할 가능성을 생각게 한다.

예로 군사대행기업 활용으로 정규군 충원에 대한 절박감을 느끼지 못하게 됨에 따라 정규군의 만성적인 병력 부족과 병사의 수준 저하에 시달리고 일부 장기 복무 병사들은 고임금에 대한 유혹으로 자발적 퇴역 후 군사대행기업에 취직하는 일이 벌어지게 될 것이다. 이러한 병력 부족의 악순환에 시달리는 가운데 군사대행기업은 각종 계약 제도를 악용해 저질의 서비스를 고비용에 지급하는 등 전반적인 전비 태세가 악화되는 상황이 발생할 가능성도 배제할 수 없다.

2. 더욱 강조되는 국가의 중요성

인류는 지금 중대한 군사 제도의 전환기에 있다. 1990년대 이후 전세계적으로 도입된 군사 혁신(RMA)은 첨단무기를 중심으로 한 미래 전쟁만을 담고 있는 것이 아니었다. 그보다도 더 근본적인 변화를 예고하고 있었다. 바로 병력의 운용과 관련된 군사 제도의 변화이다. 군사대행기업 활용으로 대표되는 군사 제도의 변화는 국가에 의한 폭력 독점이 아니라는 점에서, 분명 군사적 탈근대화(post-modernization in military affairs)의 경향이라고 할 수 있다. 이와 관련 이 책이 강조하고 싶은 점은 바로 '국가'이다. 이 책에서 소개한 냉전 종식 이후 각국의 사례에서 보듯이 군사대행기업 활용은 국가가 독점한 군사력 중 어떠한 분야를 군사대행기업에 의뢰할 것인가를 결정하는 과정이었으며, 각국이 처한 군사적 현실에 따라 그 양상은 달리 나타났다.

제1유형인 미국의 경우에 냉전 종식 이후 "Doing More with Less" 상황 도래에 대해 다양한 정책의 옵션을 가지고 있었다. 하지만 이 중에서 기존의 정규군을 중심으로 한 옵션들은 실행에 제한이 된 상태였다. 이 상태에서 과감하게 독점화된 군사 영역에 군사대행기업 활용을 적용한 것은 국가의 결정에 의한 것이었다. 군사 임무의 확대에 따른 또한 군사대행기업 활용의 확대도 국가의 결정에 따라 이루어졌다. 이로 인해 다양한 영역에서 군사대행기업이 활용되었지만 군사대행기업의 주요 사업은 국가의 결정에 의해 추진된 정책에 좌우되었다. 군사대행기업이 국가를 초월하여 군사력 운용을 좌우하는 일은 없었다.

그러나 역설적으로 미국은 군사대행기업에 의존적으로 되었다. 비록 군사대행기업 활용에 대한 주요한 의사결정권은 국가에게 있지만, 군사 임무 및 정책을 직접적으로 실행(executive)할 정규군의 부족으로 이를 대신할 군사대행기업 활용이 더욱 절실해졌다. 군사대행기업 없이 전쟁을 수행하는 것이 불가능할 정도로 미국의 군사대행기업 활용에 대한 의존도는 심화된 상태이다. 여기서 유의할 것은 이러한 의존의 심화에도 불구하고 미국 오바마 정부가 군사대행기업 활용의 축소 및 정규군 강화라는 제도 개선을 추진하고 있다는 점이다. 현재는 제한적인 수준에서 시작하고 있으나 군사대행기업의 활용에 관해 국가가 여전히 중요한 결정권을 쥐고 있다는 것을 시사하는 부분이라고 할 수 있다.

제2유형인 크로아티아, 보스니아 및 사우디아라비아의 경우에도 국가의 결정이 주요했다. 동맹국 · 우방국들과의 대외군사협력 약화로 안보 위기 상황에 처한 상태에서 군사대행기업 활용은 이들 국가 정부의 결단에 의해 수행된 것이었다. 미국과 달리 자체 군사력이 열세인 약소국의 상황에서 이들은 자국의 현실에 부합하는 형태로 군사대행기업 활용을 추진했다. 크로아티아는 미국 정부 당국에 MPRI와의 계약에 대한 허가를 요청하는 등 군사대행기업 활용을 추진하기 위해 적극적으로 임했다. 사우디아라비아는 동맹국인 미국과의 관계가 소원해졌을 때, 군사대행기업 활용을 확대하여 자국의 열악한 군사력을 보완했다.

제3유형인 앙골라, 시에라리온 및 파푸아뉴기니도 자국의 군사대행기업 활용과 관련한 중요한 결정을 내렸다. 고립된 약소국으로 최악의 안보상황에 처한 상태에서 군사대행기업 활용은 선택의 여지가 없는 것처럼 보이나, 이들의 사례에서도 국가의 결정이 상당히 주요한 요인으로 작용한 것이 목격된다. 대표적인 예로 시에라리온의 카바 정부를 들 수 있다. 앞서 소개한 것처럼, 카바는 내전 악화로 자신의 정부가 붕괴 직전에 몰린 상황에서도 군사대행기업 활용보다는 유엔평화유지군을 선호했고 영국과 같은 주요국의 군사 지원을 기다렸다. 당시 시에라리온 내전의 승리는 전적으로 군사대행기업의 활약에 기반했지만, 사실 그 결정적인 요인은 이들과의 계약을 추진한 국가의 결정에 따른 것이었다. 반면, 파푸아뉴기니는 군사대행기업 활용과 관련한 국가 정책의 대표적 실패 사례이다. 자국의 내전 해결을 위해 군사대행기업을 고용한 후 내부 권력투쟁으로 총리가 사임하는 사태가 되자 군사대행기업과의 계약을 일방적으로 파기해 군사대행기업의 활용을 통한 군 현대화 사업은 폐기되었다. 이에 대해 샌드라인 인터내셔널은 아무런 대응도 하지 못한 채 계약 당사자인 파푸아뉴기니 정부의 결정에 따라야만 했다.

군사대행기업의 활용 유형은 아니나 공급 유형인 남아프리카공화국의 사례에서도 국가 결정의 중요성이 나타난다. 남아프리카공화국은 퇴역군인 문제 및 내부 치안 안정에 군사대행기업이 상당한 기여를 했음에도 불구하고 이들과 적극적으로 계약을 맺지 않았다. 이로 인해 남아프리카공화국 군사대행기업들은 해외 활동에 주력할 수밖에 없는 상황이 되고, 자국 군사대행기업의 해외 활동에 대한 국제적 비난이 증가에 대해 남아프리카공화국이 군사대행기업 규제법을 입안하면서 주요 기업(EO)의 폐쇄와 군사대행기업의 역외화를 경험하게 된다.

이상 언급한 바와 같이 냉전 종식 이후 군사대행기업 관련 현상의 중심에는 국가의 결단이 있었다. 그리고 이러한 국가의 결단은 반드시 긍정적인 결과만 초래한 것이 아니었다. 그렇다면 이 책에서 소개한 군사대행기업 활용 사례들은 '국가'의 결정에 대해 어떠한 교훈을 주고 있는가? 대략 다음의 여섯 가지의 교훈을 도출할 수 있을 것이다.

첫째, 자국의 안보 상황에 대한 주도면밀한 검토가 필요하다. 미래에 대한 지나친 낙관과 이를 근거로 한 급격한 군사 제도 변화는 이후 돌이킬 수 없는 상황을 초래한다. 미국의 사례에서 보듯 미래에 대한 낙관적 기대 및 이를 전제로 한 대규모 병력 감축이 현재 미국이 처한 군사적 곤경의 근본적 원인임을 상기할 필요가 있다.

둘째, 군사 제도의 변환과 개혁은 신중을 기해야 한다. 군사대행기업 활용과 같이 국가의 병역과 관련한 제도의 변화는 더욱 신중한 접근이 필요하다. 미국의 사례에서 나타난 바와 같이 한번 이루어진 대규모의 변혁은 이의 부작용을 경험한 이후 기존의 형태로 복원하는 것이 너무나 어렵다.

셋째, 군사대행기업 활용은 이의 효과에 대한 엄밀한 검증을 전제로 추진해야 한다. 몇몇의 성공 사례가 전반적인 군사대행기업의 효율성 및 우수성을 일반화시키지 못한다. 군사대행기업의 효율성은 명확하게 검증되지 못하였으며, 이의 활용은 만만치 않은 부작용을 안고 있음을 간과해서는 안 된다. 언론 등에서 군사대행기업 활용과 관련해 미국의 사례가 자주 언급되지만, 이 책의 검토 결과 미국은 효율성보다는 병력 부족의 보완을 위해 고비용에도 불구하고 군사대행기업을 활용했으며, 이제는 전쟁 수행을 위한 필수적 제도로 정착되고 있다.

넷째, 군사대행기업 활용 및 군사 대행 산업 육성은 우수한 정규군이 전제되어야 한다. 군사대행기업 직원의 공급원이 국가의 정규군이기 때문이다. 자국이 우수하지 못한 정규군을 보유한 상태에서 군사 대행 산업 육성 및 활용 제도를 도입하는 것은 재앙적인 결과를 초래할 수도 있다. 숙련되지 못한 퇴역군인이 결성한 군사대행기업이 고비용을 요구하면서 군사 임무를 대행할 수도 있기 때문이다. 이 경우에 바람직한 결과를 가져오기 위해서 우수한 해외 군사대행기업을 활용할 수밖에 없다.

다섯째, 군사대행기업 활용은 많은 비용과 제도적 보완을 수반한다. 특히 징병제에 바탕을 둔 국가에서는 군사대행기업 활용 이후에 기존보다 많은 국방비를 지출하게 될 수 있다는 사실을 명심해야 한다. 제대로 된 계약 제도가 마련되지 않을 경우에 이를 악용한 군사대행기업의 부당이득 추구 행위가 발생할 수 있다. 무분별한 군사대행기업 활용은 결과적으로 국민에 대한 과중한 납세 부담과 전비 태세의 악화를 초래할 수 있다.

여섯째, 군사대행기업 활용을 추진함에 있어 정규군과 긍정적인 경쟁 관계를 형성해야 한다. 군사대행기업 활용은 경우에 따라서 군의 거센 저항을 야기하며, 이를 제대로 통제하지 못할 경우에는 엄청난 혼란을 발생시킬 수 있다. 극단적인 경우에는 군사대행기업 활용에 위기의식을 느낀 군부의 쿠데타(파푸아뉴기니의 사례)를 초래할 수도 있다. 정규군과 군사대행기업이 보다 나은 군사적 결과를 두고 긍정적 경쟁을 하는 것은 군사력 강화에 큰 도움을 줄 수 있다. 하지만, 양자의 경쟁이 권한 분쟁 및 권력 투쟁으로 전개될 경우에는 국가 내부적 혼란과 전비 태세 악화를 초래하게 될 것이다.

이상 언급한 교훈은 국가가 군사대행기업 활용 관련 정책을 검토할 때 참고할 수 있을 것으로 생각한다. 아울러 학계도 추가 연구를 통해 보다 군사대행기업 활용과 관련한 보다 치밀한 검증과 분석을 제시할 필요가 있다. 구체적으로 다음과 같은 과제를 언급할 수 있다.

첫째, 추가적인 사례 연구가 필요하다. 특히 러시아의 군사대행기업 활용 사례에 대한 조사와 연구가 진행되어야 할 것으로 생각한다. 이 책의 연구를 진행하면서 아쉬웠던 것은 냉전 종식 이후 가장 대규모의 병력 감축을 한 러시아의 군사대행기업 활용 사례를 다루지 못한 것이다. 제인스 인텔리전스(Jane's Intelligence)의 일부 보도를 통해 러시아계 군사대행기업의 활동 정보를 얻을 수는 있으나 얼마나 많은 러시아계 군사대행기업들이 활동하고 있으며, 러시아는 이들을 어떻게 활용하고 있는지 구체적인 정보를 확보하지 못하고 있는 상태이다. 냉전 당시 최대 500만 명에 달하던 러시아(구소련)군은 2000년대 초에는 약 100만 명까지 축소되었다.[6] 냉전 종식 이후 약 400만 명에 달하는 정규군을 감축한 셈이다. 이러한 러시아의 퇴역군인들이 과연 어떠한 활동을 하고 있는지, 그리고 이 국가에서 군사대행기업은 어떠한 모습으로 활동하고 있는지에 대한 연구를 진행할 필요가 있다. 또한 이 책에서 다룬 사례 이외에 현지의 군사대행기업 활동이 목격된 약 40여 개국의 군사대행기업 활용 사례에 대한 조사와 연구도 필요하다. 이들 국가의 군사대행기업 활용에 관한 충분한 정보의 획득은 이 책이 겪은 사례 수의 문제를 일정 수준 해결하여 보다 정교한 유형의 고안 및 이론화를 가능하게 할 것으로 생각한다.

둘째, 군사대행기업 활용과 관련한 보다 심층적인 이론 연구를 진행할 필요가 있다. 기존의 연구는 새로운 연구 영역을 개척했지만, 보다 심도 있는 이론 연구는 아직 부족하다고 할 수 있다. 이 책의 후반에서 제기한 군사대행기업 활용의 이론적 함의는 향후 전개될 이론 연구의 주요 주제가 될 수 있을 것이다. 군사대행기업 활용과 전쟁 원인, 군사대행기업 활용과 힘의 대체(fungibility), 동맹을 비롯한 국가 간 군사협력관계의 변화,

6 2002년도의 러시아군 총병력은 99,8100명이다. IISS, *The Military Balance 2002/2003* (London: Oxford University Press, 2002), p. 88.

군사대행기업 활용과 폭력의 통제는 향후 군사대행기업 연구의 주요 주제로서 보다 심도 있는 연구가 이루어져야 할 부분이다. 이에 더하여 군사대행기업이 활용에 따른 기존 전략이론(특히 억지이론)에 주는 함의에 대해 추가적인 연구도 진행할 필요가 있다.

셋째, 군사대행기업 활용과 관련한 국제법 및 정책 분야에 관한 연구도 필요하다. 일부 국가의 군사대행기업 활용 제도화를 통해 군사대행기업 활용의 국내 법적 근거가 자리 잡고 있는 추세지만, 국제법은 아직까지 군사대행기업 활용에 대한 제도적 근거를 마련하지 못하고 있는 실정이다. 특히 제네바 협정 추가의정서를 비롯한 전쟁 법규는 군사대행기업 활용을 구체적으로 다루지 못하고 있다. 군사대행기업을 국제법의 테두리 안으로 끌어들일 것인가? 아니면 용병의 일종으로 간주하여 국제적 불법행위로 간주할 것인가에 대한 논의가 전개되어야 할 것이다. 또한 군사대행기업을 국제법적 테두리 안으로 끌어들인다고 하더라도 어떠한 영역을 적법한 군사대행기업 활용 영역으로 인정할 것인가의 문제가 남는다. 특히 군사대행기업의 전투 대행을 인정할 것인가에 대한 것은 가장 핵심적인 논쟁으로 자리 잡게 될 것이다.

넷째, 한국의 안보와 군사대행기업 활용에 대한 연구도 이루어져야 할 것이다. 한국의 국제정치학계에서는 아직까지 군사대행기업 활용에 관한 논의가 그리 많지 않다. 우리의 군사대행기업 활용은 세 가지 측면에서 연구가 가능하다. ① 군의 정예화 촉진 수단으로서의 활용 가능성 검토이다. 군사대행기업에 지원 임무 등의 비전투 임무를 대행하게 하여, 정규군 병력을 가급적 전투병력으로 활용하는 정예화 방안 등을 연구해볼 수 있다. 이를 위해서는 군사대행기업 활용 가능 영역 및 수준에 대한 연구가 선행될 필요가 있다. ② 통일한국군의 미래와 관련한 연구도 가능하다. 통일 이후 남북한 군통합 과정에서 필연적으로 수행될 대규모의 병력 감축은 퇴역군인의 사회 적응 문제를 남길 가능성이 높다.[7] 이를 해결하기 위해 군사대행기업을 통해 퇴역군인을 고용하고 이들로 하여금 일정 영역의 군사 임무를 대행토록 하는 방안을 연구해볼 수 있을 것이다. 예로 국제평화유지군에 대한 지원을 대행하게 하는 방안을 들 수 있다. ③ 한미 동맹과 군사대행기업 활용이다. 현재와 같이 공고한 한미 전략 동맹이 지속될 경우에 한국이 군사대행기업을 활용할 여지는 없다. 하지만 양국 간 군사적 역할 분담의 조정 과정에서 한국의 역할이 기존보다 확대될 경우를 대비해 이에 필요한 추가 군사력 수요를 보완하기 위해 군사대행기업을 활용하는 대안을 검토할 수 있다. 특히 역할 확대에 따른 한국 주도의 장기 군사 정책 수립에 어려움을 겪게 될 경우에 기획 능력 보완 및 수립된 계획의 검토를 위해 군사대행기업의 자문을 구하는 방안을 검토할 수도 있을 것이다.

징병제를 근간으로 하는 한국에서 군사대행기업 활용은 치밀한 검토하에 진행되어야 한다. 앞서 사례에서 살펴보았듯이 미국은 군사대행기업의 활용을 장기적 · 계획적으로 활용했음에도 불구하고 전반적인 전비 태세가 개선되지 못하는 결과를 초래했다. 2006년 9월에 발표된, 베트남 전쟁 이래로 미국의 전비 태세가 최악으로 나타났다는 미국 의회의 보고서는 군사대행기업 활용에 대해 시사하는 바가 있다. 미국의 사례에서 보듯, 군사대행기업의 무분별한 활용은 막대한 비용을 지불하고서도 전반적인 전비 태세가 개선되지 못하는 문제점을 발생시킬 수 있다. 동북아시

7 남북한 군의 병력을 합치면 약 1,650,000명으로 세계 2위의 병력이 된다. 남북한 군 통합에 의한 대규모 병력의 축소 과정은 퇴역군인의 폭발적 증가를 야기할 가능성이 높다. 특히 약 100,000명 이상으로 추정되는 북한의 특수부대원들의 문제를 고려해야 한다. 이들이 통일한국에서 사회 적응에 실패하고 국제 테러조직, 범죄 집단 혹은 내전 중인 국가에 용병으로 팔려가는 상황을 고려해야 하며, 군사대행기업이 퇴역군인의 문제를 해결할 대안이 될 수 있는지 신중한 검토를 해보아야 할 것이다.

아 미래 정세에 대한 치밀한 분석 하에 적정 군사력에 대한 도출이 이루어져야 하고 이러한 적정 군사력 도출과 관련하여 필요한 부분에 한해서 군사대행기업 활용을 검토해야 할 것이다. 이러한 검토에는 정책 담당 부서 및 학계의 공동 노력이 필요하다. 상호간 활발한 의견 교류를 통해 감군에 따른 부작용을 최소화하는 방안을 마련해야 하며, 군사 외주 및 군사대행기업 활용의 타당성에 관한 치밀한 검토가 이루어져야 할 것이다.

지금까지, 냉전 종식 이후 등장한 군사대행기업 활용 현상을 분석적으로 파악하기 위해 상이한 국가들의 군사대행기업 활용 유형을 제시하고 국가를 중심으로 상이한 군사대행기업 활용이 나타나는 원인을 살펴보았다. 이 책을 마치면서 베버와 관련된 질문에 대해 대답을 할 필요가 있겠다.

서론에서 이야기한 바와 같이 베버의 관점에서 보면 국가의 군사대행기업 활용은 '말도 안 되는 퇴보'이다. 하지만 국가의 군사대행기업 활용은 이제 엄연한 현실이 되었다. 군사 영역에 있어 국가의 독점적 지위는 상실해가고 있으며, 군사 영역에서도 탈근대화가 진행되고 있다고 할 수 있다.

하지만 탈근대화로의 변화 속에서 국가는 폭력에 대한 다른 형태의 독점을 향유하고 있다. 폭력(전쟁)의 행사(executive)는 독점적으로 하지 않으나 폭력 행사의 목적 설정 및 행사 주체 선정에 관한 결정(decision)은 여전히 국가가 독점하고 있다. 따라서 군사대행기업 활용(안보 사영화) 현상으로 대표되는 군사 영역의 탈근대화에서 중요한 것은 군사력(보다 정확하게는 군사 대행 서비스)을 판매하는 군사대행기업이 아니라 이에 대한 구매(purchasing military power) 결정을 내리는 국가이다. 이 책의 사례를 통해 살펴본 바와 같이 군사대행기업의 활용 여부, 활용 영역, 활용 수준에 관한 결정은 여전히 국가가 독점하고 있다. 군사대행기업이 아무리 국가보다 탁월한 군사적 능력을 발휘한다고 하더라도 국가가 이들을 고용하지 않으면, 전장에서 활약할 수 없다. 따라서 군사대행기업이 활용된다고 하더라도 전쟁에 관한 중대한 결정은 여전히 국가에 달려 있게 된다.

전쟁에 관한 국가의 결정은 너무나도 중요하다. 우리는 너무나 당연한 이 말을 군사대행기업과 관련한 이야기들을 접할 때 쉽게 잊곤 한다. 군사대행기업 활용과 관련해 국가의 중요성을 생각하기 위한 다음의 말을 남기면서 이 책을 마칠까 한다.

전쟁에 관해 클레망소(Georges Clermenceau)는 다음과 같이 말했다. "전쟁은 장군[군대]에게만 맡기기에는 너무도 중요한 일이다."

피터 싱어는 클레망소의 이야기를 빗대어 다음과 같이 말했다. "전쟁은 기업[군사대행기업]에게만 맡기기에는 너무도 중요한 일이다."[8]

이 책은 위의 말들에 대해 이렇게 대답하고자 한다. '맞다, 전쟁은 너무도 중요한 일이다. 전쟁을 누구에게 맡길 것인지 결정하는 국가를 배제하기에는…….'

8 피터 싱어, 『전쟁대행주식회사』, p. 423.

참고문헌

단행본

노병천, 『도해세계전사』, 연경문화사, 1996.

막스 베버, 이상률 역, 『직업으로서의 학문』, 문예출판사, 2005.

박상섭, 『근대국가와 전쟁』, 나남출판, 1996.

버나드 로 몽고메리, 승영조 역, 『전쟁의 역사』, 책세상, 2005.

윌리엄 맥닐, 신미원 역, 『전쟁의 세계사』, 이산, 2005.

켄 실버스타인, 정인환 역, 『전쟁을 팝니다』, 이후, 2007.

콜린파월, 요셉 E. 퍼시코, 류진 역, 『콜린 파월 자서전』, 샘터, 1997.

피터 싱어, 유강은 역, 『전쟁대행주식회사』, 지식의풍경, 2005.

Bermudez Jr., Joseph S., 조용관 · 유지웅 역, 『북한과 테러리즘』, 고려원, 1991.

Dunnigan, James F., 김병관 역, 『현대전의 실제』, 현실적지성, 1999.

Arnold, Guy, Mercenaries: *The Scourge of the Third World*, New York: Macmillan, 1999.

Avant, Deborah, *The Market for Force: The Consequences of Privatizing Security*, New York: Cambridge University Press, 2005.

Brasher, Bart, *Implosion: Downsizing the U. S. Military, 1987~2015*, Westport: Greenwood Pub Group, 2000.

Carafano, James Jay, *Private Sector, Public Wars: Contractors in Combat: Afghanistan, Iraq, and Future Conflicts*, London: Praeger Security International, 2008.

Cillers, Jakkie and Peggy Mason (eds.), *Peace, Profit, or Plunder: The Privatization of Security in War–Torn African Societies*, Pretoria: Institute for Security Studies, 1999.

Creveld, Martin Van, *The Rise and Decline of the State*, Cambridge: Cambridge University Press, 1999.

Danopoulos, Constantine P. and Daniel Zirker (eds.), *Civil–Military Relations in the Soviet abd Yugoslav Successor States*, Boulder: West View, 1996.

Davis, James R., *Fortunes Warriors*, Vancouver: Douglas & McIntyre, 2002.

Delbruck, Hans, *History of Art of War: Within the Framework of Political History*, Westport: Greenwood Press, 1975.

Donahue, John, *The Privatizaion Decision: Public Ends and Private Means*, New York: Basic, 1989.

Dorney, Sean, *The Sandline Affair: Politics and Mercenaries and the Bougainville Crisis*, Sydney: ABC Books, 1998.

Drohan, Madelaine, *Making a Killing: How and Why Corporations Use Armed Force to Do Business*, Guilford: The Lyons Press, 2004.

Dupuy, R. E. and Dupuy, T. N., *The Encyclopedia of Military History From 3500 B. C. to the Present*, New York: Harper and Row Publishers, 1977.

Fainaru, Steve, *Big Boy Rules: America's Mercenaries Fighting in Iraq*, Philadelphia: DeCapo, 2008.

Ferguson, Niall, *Colossus: The Price of America's Empire*, New York: Penguin Press, 2004.

Fever, Peter D. and Christopher Gelpi, *Choosing Your Battles: American Civil–Military Relations and the Use of Forces*, Princeton: Princeton University Press, 2004.

Ford, Daniel, *Flying Tigers: Claire Chennault and the American Volunteer Group*, Washington, D. C.: Smithsonian Institution Press, 1991.

Hooper, James, *Bloodsong!: An Account of Executive Outcomes in Angola*, London: Harper UK, 2003.

Howe, Herbert M., *Ambiguous Order: Military Forces In African States*, Boulder:

Lynne Rienner Pub, 2004.

Human Rights First staff, *Private Security Contractors at War: Ending the Culture of Impunity*, New York: Human Rights First, 2008.

Isenberg, David, *A Fistful of Contractors: The Case for a Pragmatic Assessment of Private Military Companies in Iraq*, London: BASIC, 2004.

———, *Shadow Force: Private Security Contractors in Iraq*, London: Praeger Security International, 2009.

Johnson, Chalmers, *The Sorrow of Empire*, New York: Metropolitan Books, 2004.

Kinsey, Christopher, *Corporate Soldiers and International Security: The Rise of Private Military Companies*, London: Routledge, 2006.

Lanning, Michael Lee, *Mercenaries*, New York: Presidio Press, 2005.

Mallett, Michael, *Mercenaries and Their Masters: Warfare in Renaissance Italy*, Totowa: Rowman and Littlefield, 1974.

Mandel, Robert, *Armies Without States: The Privatization of Security*, Boulder: Lynnne. Rienner Publishers, 2002.

Migdal, Joel, *Weak States and Strong Societies*, Princeton: Princeton University Press, 1988.

Musah, Abdel-Fatau and J. Kayode Fayemi, *Mercenaries: An African Security* Muschett, James O., *U. S. Army: A Complete History*, Arlington: Army History Foundation, 2004, *Dilemma*, London: Pluto Press, 2000.

Nagl, John A., *Learning to Eat Soup with a Knife: Counter Insurgency Lessons from Malaya and Vietnam*, Chicago: The University of Chicago Press, 2002.

O'Connell, Robert L., *Of Arms and Men: A History of War, Weapons, and Aggression*, London: Oxford University Press, 1989.

O'Hanlon, Michael, *Defense Planning for the Late 1990s: Beyond the Desert Storm Framework*, Washington, D. C.: The Brookings Institution, 1995.

Ortiz, Carlos, *Private Armed Forces and Global Security: A Guide to the Issues*, Oxford: Praeger, 2010.

Pelton, Robert Young, *Licensed to Kill: Hired Guns in the War on Terror*, New

York: Crown Publishers, 2006.

———, *Three Worlds Gone Mad: Dangerous Journeys through the War Zones of Africa, Asia, and the South Pacific*, Guilford: The Lyons Press, 2003.

Priest, Dana, *The Mission: Waging War and Keeping Peace with America's Military*, New York: W. W. Norton & Company, 2003.

Rosen, Fred, *Contract Warriors*, New York: Penguin Group, 2005.

Scahill, Jeremy, *Blackwater: The Rise of The World's Most Powerful Mercenary Army*, New York: Nation Books, 2007.

Schumacher, Gerald, *A Bloody Business: America's War Zone Contractors And the Occupation of Iraq*, Osceola: Zenith Press, 2006.

Scott Jr., Robert Lee, *Flying Tiger: Chennault of China*, New York: Greenwood Press, 1973.

Silverstein, Ken and Daniel Burton–Rose, *Private Warriors*, New York: Verso, 2000.

Simons, Suzanne, *Master of War: Blackwater USA's Erik Prince and Business of War*, New York: Harper Collins Publishers, 2009.

Singer, Peter, *Children at War*, Berkeley: University of California Press, 2006.

———, *Corporate Warriors*, New York: Cornell University Press, 2003.

Snyder, Don M. and Gayle L. Watkins. (eds.), *The Future of the Army Professionalism*, Boston: McGraw–Hill, 2002.

Spicer, Tim, *An Unorthodox Soldier*, London: Mainstream Publishing, 1999.

Thompson, Janice E., *Mercenaries, Pirates, and Sovereigns*, Princeton: Princeton University Press, 1996.

Tillson, John C. F., et al., *Review of the Army Process for Determining Structure Requirements*, Alexandria, Va: Institute for Defense Analyses, 1996.

Tilly, Charles, *The Formation of National States in Western Europe*, Princeton: Princeton University Press, 1975.

Venter, Al J., *War Dog: Fighting Other People's Wars–The Modern Mercenary in Combat*, Philadelphia: Casemate, 2006.

Waltz, Kenneth, *Man, The State and War: A Theoretical Analysis*, New York:

Columbia University Press, 2001.

Woodward, Bod, *The Commanders*, New York: Simon & Schuster, 1991.

Woodward, Susan, *Balkan Tragedy: Chaos and Dissolution after the Cold War*, Washington, D. C.: Brookings Institute, 1995.

논문

김일곤 · 안황권, 「해적행위에 대한 민간경비의 활용방안」, 『한국콘텐츠학회논문지』 제9권 제12호(2009).

박지현, 「국제법위반에 대한 민간군사기업의(PMCs)의 책임」, 『국제법학회논총』 제53권 제1호(2008).

최은범 · 박지현, 「민간군사기업(PMCs)의 국제인도법상 지위」, 『인도법논총』 제28호(2008).

Adams, Thomas K., "Private Military Companies: Mercenaries for the 21st Century," *Small Wars and Insurgencies*, Vol. 13. No. 2 (2002).

———, "The New Mercenaries and the Privatization of Conflict," *Parameters*, Vol. 24. No. 2 (1999).

Albright, Madeleine K., "Think Again: United Nations," *Foreign Policy* (September–October 2003).

Aning, Emmanuel Kwesi, "Africa's Security in the New Millenium: State or Mercenary Include Stability?," *Conflict Trends*, No. 6 (2000). www.accord.org.za/publication/ct6/issue6/html(2006-08-16).

Avant, Deborah, "From Mercenary to Citizen Armies: Explaining Change in the Practice of War," *International Organization*, Vol. 54, No. 1 (2000).

———, "The Privatisation of Security and Change in the Control of Force," *International Studies Perspectives*, Vol 5, No. 2 (2004).

———, "In Focus: Privatizing Military Training," *Foreign Policy in Focus*, Vol. 5, No.

17 (2000).

———, “The Market for Force: Exploring the Privatization of Military Services,” paper prepared for discussion at the Council on Foreign Relations Study Group, 1999.

Baldwin, David, “Force, Fungibility, and Influence,” *Security Studies*, Vol. 8, No. 4 (1999).

Bischak, Greg, “US Conversion after the Cold War, 1990~1997: Lessons for Forging a New Conversion Policy,” *Bonn International Center for Conversion Brief*, No. 9 (1997).

Bota, Christian, “From Mercenaries to PMCs,” *South African Yearbook of International Law*, 1999.

Brauer, Jurgen, “An Economic Perspective on Mercenaries, Military Companies and the Privatisation of Force,” *Cambridge Review of International Affairs*, Vol. 13, No. 1 (1999).

Brayton, Steven, “Outsourcing War: Mercenaries and the Privatisation of Peacekeeping,” *Journal of International Affairs*. Vol. 55, No. 2 (2002).

Brooks, Doug, “Don't Kill the Cavalry: Rational Regulation for PMCs,” 44th Annual ISA Convention, Portland, February–March, 2003.

Campbell, Gordon L., “Contractors on the Battlefield: The Ethic of Paying Civilians to Enter Harm's Way and Requiring Soldiers to Depend upon Them,” Joint Services Conference on Professional Ethics, Springfield, 2000.

Center for Conflict Resolution, “Trust Me I'm a Mercenary: The Lethal Danger of Mercenaries in Africa,” Seminar on the Privatisation of Peacekeeping Institute for Security Studies, February 20, 1997, University of Cape Town, South Africa. http://ccrweb.ccr.uct.ac.za/archive/staff_papers/laurie_merc.html(2007–01–08).

Cillers, Jakkie and Christian Dietrich, “Privatising Peace Enforcement,” *African Security Review*, Vol 5, No. 6 (1998). http://www.iss.co.za/Pubs/ASR/5No6/Editorial.html(2007–02–16).

Coker, Christopher, “Outsourcing War,” *Cambridge Review of International Affairs*,

Vol. 13, No. 1 (1999).

Cook, Tanya, "Dogs of War or Tomorrow's Peacekeepers? The Role of Mercenaries in the Future Management of Conflict," *The Culture Mandala*, Vol. 5, No. 1 (2002). http://www.international-relations.com/wbcm5-1/wbmercenaries.htm.

David, Stephen R., "Explaining Third World Alignment," *World Politics*, Vol. 43, No. 2 (1991).

Dietrich, Chris, "The Commericalisation of Military Deployment in Africa," *African Security Review*, Vol. 9, No. 1 (2000).

———, "The Comercialisation of military deployment in Africa," *African Security Review*, Vol. 9, No. 1 (2000). http://www.iss.co.za/Pubs/ASR/9No1/Commerciallisation.html.

Edmond, Martin, "Defence Privatisation: From State Enterprise to Commercialism," *Cambridge Review of International Affairs*, Vol. 13, No. 1 (1999).

Fearon, James D. and David D. Latin, "Neotrusteeship and Problem of Weak States," *International Security*, Vol. 28, No. 4 (2004).

Feldstein, Martin, "The Case of Privatisation," *Foreign Affairs*, Vol. 76, No. 4 (1997).

Francis, David, "Mercenary Intervention in Sierra Leone: Providing National Security or International Exploitation," *Third World Quarterly*, Vol. 20, No. 2 (1999).

Fredland Eric, "Outsourcing Military Force: A Transaction Cost Perspective on the Role of Priviate Military Companies," *Defence and Peace Economics*, Vol. 15, No. 3 (2004).

Fredland, Eric and Adrian Kendry, "The Privatisation of Military Force: Economic Virtues, Vice and Government Responsibility," *International Affairs*, Vol. 13, No. 1 (1998).

Grant, Bruce D., "U. S. Military Expertise for Sale: Private Military Consultants as a Tool of Foreign Policy," National Defense University (US). Strategy Essay Competition entry, 2002.
http://web.archive.org/web/20020819173425/http://www.ndu.edu/inss/book

s/essaysch4.html.

Haltung, William D., "Bombing Bring U. S. 'Executive Mercenaries' into the Light," *Foreign Policy Focus*, May 16, 2003.

Harding, Jeremy, "The Mercenary Business: Executive Outcomes," *The Review of African Political Economy*, Vol. 71 (1997).

Henderson, Charles, "Arms Race Modeling: Problems and Prospects," *Journal of Conflict Resolution*, Vol. 33, No. 2 (1989).

Howe, Herbert M., "Global Order and Security Privatisation," *Strategic Forum*, No. 140 (1998). http://www.ndu/edu/inss/strforum/SF140/forum140.html.

———, "Private Security Forces and African Stability: The Case of Executive Outcomes," *The Journal of Modern African Studies*, Vol. 36, No. 2 (1998).

Isenberg, David, "Have Lawyer, Accountant, and Guns, Will Fight: The New Post–Cold War Mercenaries," Paper presented at the International Studies Association Convention, Washington, D. C., February 1999. http://www.nyu.edu/globalbeat/pubs/Isenberg021999.html(2007–04–13).

———, "Private Military Contractors and U. S. Grand Strategy," *PRIO Report*, January 2009.

———, "A Government in Search of Cover: PMCs in Iraq," Paper prepared for "Market Forces: Regulating Private Military Companies," March 23~24, 2006 conference, Institute for International Law and Justice, New York University School Of Law. http://basicint.org/pubs/Papers/pmcs0603.pdf(2007–08–12).

Keohane, Robert O. ed., *Neorealism and its Critics*, New York: Columbia University Press, 1986.

Krahmann, Elke, "Controlling Private Military Services in the UK and Germany: Between Partnership and Regulation," *European Security*, Vol. 13, No. 2 (2005).

———, "Private Firms and the New Security Governance," Paper presented for the 43th Annual Convention of the ISA, New Orleans, March 2002.

Kritsiotis, Dino, "Mercenaries and the Privatisation of warfare," *Fletcher Forum of*

World Affairs, Vol. 22, No. 2 (1998).

Laurance, Edward J. and Herbert Wulf (eds.), "Coping with Surplus Weapons: A Priority for Conversion Research and Policy," *Bonn International Center for Conversion Brief*, No. 3 (1995). http://www.bicc.de/publications/briefs/brief03/brief3.pdf.

Leander, Anna, "Private agency and the definition of Public Security Concerns: The Role of Private Military Companies," Huysmans, Jef, A. Dobson, and R. Prokhovnik (eds.), *The Politics of Protection, Sites of Insecurity and Political Agency*, London: Routledge, 2006.

———, "African States and the Market for Force: The Destabilizing Consequences of Private Military Companies," *University of Southern University Political Science Publication*, No. 6 (2004).

———, "The Power to Construct International Security: On the significance of Private Military Companies," *Millenium Journal of International Studies*, Vol. 33, No. 3 (2005).

Leavenworth, K. S., "The Private Military Company: A Legitimate International Entity Within Modern Conflict," *Storming Media Report*, June 2001. http://www.stormingmedia.us/08/0846/A084693.html(2007-03-13).

Lilly, Damian, "The Privatization of Peacekeeping: Prospects and Realities," *UN Disarmament Forum*, No. 3 (2000). http://www.unidir.ch/pdf/articles/pdf-art135.pdf(2007-05-07).

Lock, Peter, "Military Downsizing and Growth in the Security Industry in Sub-Saharan Africa," *Strategic Analysis*, Vol. 22, No. 9 (1998).

Major S. Goddard, Maj, RA INF, Australia, "The Private Military Company: A Legitimate International Entity Within Modern Conflict. Master of Military Art and Science," Fort Leavenworth, Kansas, 2001.

Malan Mark and Jakkie Cillers, "Mercenaries and Mischief: the Regulation of Foreign Military Assistance Bill," Occasional Paper No. 25, Institute of Security Studies, South Africa, 1997. http://www.iss.co.za/Pubs/PAPERS/25/Paper25.

html(2007-08-07).

Mandel, Robert, "The Privatisation of Security," *Armed Forces and Society*, Vol. 28, No. 1 (2002).

———, "The Privatization Of Security," Paper Prepared for the International Studies Association 41th Annual Convention, Los Angeles, March 14~18, 2000. http://www.ciaonet.org/isa/mar01.

Mehay, Stephen L. and Paul F. Hogan, "The Effect of Separation Bonuses on Voluntary Quits: Evidence From the Military's Downsizing," *Southern Economic Journal*, Vol. 65, No. 1 (1998).

M?ller, Bj?rn, "Private Military Companies and Peace Operations in Africa," paper presented at the seminar on Private Military Companies in Africa at the University of Pretoria, February 8, 2002.

Nossal, Kim Richard, "Roland Goes Corporate: Mercenaries and Transnational Security Corporations in the Post-Cold War Era," *Civil Wars*, Vol. 1, No. 1 (Summer 1998).

O'Brien, Kevin A., "PMCs, Myths and Mercenaries: the debate on private militaries companies," *Royal United Service Institute Journal*, February 2000. http://www.kcl.ac.uk/orgs/icsa/Old/pmcs.html(2007-01-06).

———, "Military-Advisory Groups and African Security: Privatised Peace-keeping," *International Peacekeeping*, Vol. 5, No. 3 (1998).

O'Hanlon, Michael, "Clinton's Strong Defense Legacy," *Foreign Affairs*, Vol. 82, No. 6 (2003).

Pech, Khareen, "Executive Outcomes: Corporate Conquest," Cilliers, Jackie and Peggie Mason (ed.), *Peace, Profit, or Plunder: The Privatisation of Security in War-Torn African Societies*, Pretoria: Institute for Security Studies, 1999.

Pollak, Josh, "Saudi Arabia and United States," *Middle East Review of International Affairs*, Vol. 6, No. 3 (2003).

Reason Public Policy Institute, "Privatization Watch-The War and Reconstruction Issue," *Monthly Analyzing of Privatization Developments*, No. 318 (June/July

2003). http://www.rppi.org/junejuly03pw.pdf.

Reno, William, "Privatising War in Sierra Leone," *Current History*, Vol. 96, No. 610 (1997).

Serewicz, Lawrence W., "Globalization, Sovereignty and the Military Revolution: From Mercenaries to Private International Security Companies," *International Politics*, Vol. 39, No. 1 (2002).

Shearer, David, "Private Armies and Military Intervention," *Adelphi Paper*, No. 316 (1998).

———, "Outsourcing War," *Foreign Policy*, No. 112 (Autumn 1998).

———, "Private Military Force and Challenge for the Future," *Cambridge Review of International Affairs*, Vol. 13, No. 1 (1999).

Sheppard, Simon, "Foot Soldiers and the New World Order: The Rise of the Corporate Military," *New Left Review*, No. 228 (March./April. 1998), pp. 128~138. http://www.globalpolicy.org/security/issues/sheppard.htm.

Singer, Peter, "War, Profits and the Vacuum of Law: Privatsed Military Firms and International Law," *Columbia Journal of International Law*, Vol. 42 (2003).

———, "Corporate Warriors: The Rise of the Privatized Military Industry and Its Ramifications for International Security," *International Security*, Vol. 26, No. 3 (Winter 2001/2002).

———, "Peacekeepers Inc," *Policy Review*, June 2003.

———, "Should Humanitarians Use Private Military Services?," *Humanitarian Affairs Review*, Summer 2004. http://www.humanitarian-review.org/upload/pdf/SingerEnglishFinal.pdf(2007-03-01).

Smith, Eugene B., "The New Condottieri and US Policy: The Privatization of Conflict and its implications," *Parameters*, Vol. 32, No. 4 (Winter 2002~2003). http://carlisle-www.army.mil/usawc/Parameters/02winter/smith.pdf(2007-03-01).

Spearin, Christopher, "Private Security Companies and Humanitarians: A Corporate Solution to Securing Humanitarian Spaces," *International Peacekeeping*, Vol.

8, No. 1 (2001).

Kim, Tae-Hyung, "Military Privatization in South Korea," *The Korea Journal of Defense Analysis*, Vol. XIX, No. 4 (2007).

Taubee, James Larry, "Mercenaries, Private Armies and Security Companies in Contemporary Policy," *International Politics*, Vol. 37, No. 4 (2000).

Thompson, Janice E., "State Practices, International Norms, and the Decline of Mercenarism," *International Studies Quarterly*, Vol. 34, No. 1 (1990).

Trauner, Donald L., "A Personal Account and Perspective of the U. S. Army Logistics Civil Augmentation Program (LOGCAP)," Paper for 2004 Conference of Army Historians, July 15, 2004.

Van Bergen Thirion, C. J., "The Privatisation of Security: A Blessing or a Menace," South African Defence College, Research Papers, 1998. http://www.mil.za/CSANDF/CJSupp/TrainingFormation/DefenceCollege/Researchpapers1998/privatisation_of_security.htm(2007-05-04).

Wendt, Alexander and Michael Barnett, "Dependent State Formation and Third World Militarization," *Review of International Studies*, Vol. 19, No 4 (1993).

Zarate, Juan Carlos, "The Emergence of a New Dog of War: Private International Security Companies, International Law, and the New World Disorder," *Stanford Journal of International Law*, Vol. 34 (1998).

보고서

Batchelor, Peter, Jacklyn Cock, and Penny Mckenzie, *Conversation in South Africa in the 1990s: Defense Downsizing and Human Development Challenges*, Bonn International Center for Conversion Brief No. 18, Bonn: Bonn International Center for Conversion, 2000.

Beyani, Chaloka and Lilly Damian, *Regulating Private Military Companies-Options for the UK governments*, London: International Alert, 2001.

http://www.international-alert.org/publications/102.php(2007-04-31).

Department of State, *Patterns of Global Terrorism 2000*, Washington D. C.: Department of State, 2001.

Congressional Budget Office, *The Drawdown of the Military Officer Corps*, Washington D. C.: Congressional Budget Office, 1999.

Defense Science Board Task Force, *Outsourcing and Privatization*, Washington, D. C.: Office of the Undersecretary of Defense for Acquisition and Technology, 1996.

Department of Defense, *1996 Annual Defense Report*, Washington D. C.: Department of Defense, 1996.

Gaultier, Leonard, Garine Hovespian, Ayesha Ramachandran, Ian Wadley, and Badr Zerhoud, *The Mercenary Issue at the UN Commission on Human Rights: the Need for a New Approach*, London: International Alert, January 2001. http://www.international-alert.org/publications/103.php(2006-12-02).

Hampson, F. J., "Mercenaries: Diagnosis before Proscription," *Netherlands Yearbook of International Law*, No. 22, 1991.

Holmqvist, Caroline, "Private Security Companies: The Case for Regulation," *SIPRI Policy Paper*, No. 9, January 2005. http://editors.sipri.se/pubs/SIPRI_PolicyPaper9.pdf(2007-01-22).

House of Armed Service Committee, "Military Readiness: The Strain is Showing," *Defense Quotables*, Vol. 1, Issue 1 (May, 1999).

International Alert, *The Politicisation of Humanitarian Action and Staff Security: The Use of Private Security Companies by Humanitarian Agencies*, London: International Alert, December 2001. http://www.international-alert.org/publications/104.php(2007-03-05).

International Crisis Group (ICG), "Sierra Leon: Time for a New Military and Political Strategy," *ICG Africa Report*, No. 28 (2001).

Joint Chief of Staff, *Joint Vision 2020*. http://www.dtic.mil/jointvision/jv2020a.pdf(2007-05-04).

Larson, Eric V., David T. Orletsky, and Kristin J. Leuschner, *Defense Planning in a Decade of Change: Lessons from the Base Force, Bottom-Up Review*, and Quadrennial Defense Review, Santa Monica CA: RAND, 2001.

Lilly, Damian and Michael Von Tangen (ed.), *Security Sector Reform: The Challenges and Opportunities of the Privatisation of Security*, London: International Alert, 2002.

Madison, Rodger, Laurie L. McDonald, Charles A. Goldman, Bruce R. Orvis, Michael Mattock, and Dorothy Smith, *Staffing Army ROTC at Colleges and Universities: Alternatives for Reducing the Use of Active-Duty Soldiers*, Santa Monica: RAND, 1998.

McBride, Michael T., *The Proliferation of Contractors on the Battlefield: A Changing Dynamic that Necessitates a Strategic Review*, Carlisle Barracks, PA: US Army War College, October 2003.

Orvis, Bruce R., Narayan Sastry, and Laurie L. Mcdonald, *Military Recruiting Outlook: Recent Trends in Enlistment Propensity and Conversion of Potential Enlisted Supply*, Santa Monica, CA: RAND, 1996.

Prados, Alfred, "Saudi Arabia: Post War Issues and U. S. Relations," *CRS Issue Brief for Congress (IB93113)*, December 14, 2001, p. 2.

Reason Public Policy Institute, "The War and Reconstruction," *Privatisation Watch*, No. 318 (June/July 2003). http://www.rppi.org/junejuly03pw.pdf(2006-12-22).

Schönteich, Martin, "Policing for Profit: The Future of South Africa's Private Security Industry," *Institute for Security Studies Monograph*, No. 39 (1999). http://www.iss.co.za/Pubs/Monographs/No39(2006-11-19).

Sierra Leone Government, *Defense White Paper*, http://www.statehouse-sl.org/policies/defence-white-paper.html(2006-12-28).

Shanley, Michael G., Henry A. Leonard, and John D. Winkler, *Army Distance Learning: Potential for Reducing Shortages in Army Enlisted Occupations*, Santa Barbara, CA: RAND, 2001.

Shelton, Garth, David Monyue, Ann Pullinger, Mathew Simmonds and Rocky Williams, *Demobilisation and Its Aftermath I: A Profile of South Africa's Demobilised Military Personnel*. http://www.iss.co.za/Pubs/Monographs/No59/Chap11.html(2007-01-06).

South African Department of Defense, *Defense White Paper 1998*, Pretoria: Department of Defense, 1998.

Shreirer, Fred and Marina Caparini, *Privatising Security: Law, Practice and Governance of Private Military and Security Companies*, Genève: DCAF, March 2005. http://www.dcaf.ch/publications/Occasional_Papers/6.pdf(2007-04-06).

Shwartz, Moshe, "Department Defense Contractors in Iraq and Afghanistan," *CRS Report for Congress*, December 14, 2009.

Schönteich, Martin, "Policing for Profit: The Future of South Africa's Private Security Industry," *Institute for Security Studies Monograph*, No. 39 (1999). http://www.iss.co.za/Pubs/Monographs/No39(2007-02-01).

Testimony of John Koskinen, Deputy Director For Management and Budget Before the Senate Governmental Affairs Subcommittee on Oversight of Government Management, Restructuring and the District of Columbia Regarding "The Freedom From Government Competition Act" (S314) (June 18, 1997).

The General Accounting Office (GAO), *Air Force Privatization-In-Place: Analysis of Aircraft and Missile Guidance System Depot Repair Cost*, Washington D. C.: The General Accounting Office, 1997.

———, *Contingency Operations: Opportunities to Improve Civil Logistics Augmentation Program*. Washington D. C.: The General Accounting Office, 1997.

———, *Defense Outsourcing: Better Data Is Needed to Support Overhead Rates for A-76 Studies* Washington D. C.: The General Accounting Office, 1998.

———, *Military Downsizing: Balancing Accessions and Loses is Key to Shaping the Future Force*, Washington D. C.: The General Accounting Office, 1993.

———, *Military Personnel: High Aggregate Personnel Levels Maintained Throughout Drawdown*, Washington D. C.: The General Accounting Office, 1995.

———, *Outsourcing DOD Logistics: Savings Achievable But Defense Science Board's Projections Are Overstated*, Washington D. C.: The General Accounting Office, 1997.

The White House, *National Security Strategy*, May 2010. http://www.whitehouse.gov/sites/default/files/rss_viewer/national_security_strategy.pdf(2010-06-22).

United Nations Development Program, *UN Human Development Index 2000*. http://www.undp.org/hdr2000/english/HDR2000.html(2007-07-07).

United Nations Assistance Mission for Iraq, "Human Rights Report 1 April-30 June 2007," July 11, 2007.

Van Bravant, Koenraad, *Operational Security Management in Violent Environments*, London: Odi Press, 2000.

Vaux, Tony, Chris Seiple, Greg, Nakano, and Koenraad Van Bravant, *Humanitarian Action and Private Security Companies: Opening the Debate*, London: International Alert, March 2002. http://www.international-alert.org/publications/88.php(2007-05-04).

Wrigley, Christopher, "The Privatisation of Violence. New Mercenaries and the State," London: CAAT, March 1999. http://www.caat.org.uk/information/issues/mercenaries-1999.php(2007-06-02).

저널

「美 전투지역 성매매 금지 유명무실〈WP〉」, 「연합뉴스」, 2007년 7월 18일.

「이라크 미군 철수, 너무 이른가?」, 「뉴시스」, 2010년 8월 31일.

김희원, 「미 아프간정책 비난 사령관 경질」, 「서울경제」, 2010년 6월 24일.

박상현, 「백악관 '이라크 전투병력 철수는 영구적 조치'」, 「연합뉴스」, 2010년 9월 1일.

박상현, 「백악관 '이라크 전투병력 철수는 영구적 조치'」, 「연합뉴스」, 2010년 9월 1일.

유강문, 「오스트레일리아, 세계적 차원으로 군사활동 확대」, 「한겨레」, 2007년 7월 8일.
최병운, 「미군 탈영, 한국군 입대, 또 탈영한 김 이병」, 「조선일보」, 2007년 3월 31일.
황유석, 「[글로벌이슈] '국방 아웃소싱' 전문성 · 공공투자에 악영향 우려」, 「한국일보」, 2004년 4월 6일.

"Africa, Angola: Between War and Peace," *Jane's Intelligence Review*, May 1, 2000.
"After Fallujah: The Truth About the Blackwater Mercenaries," *Revolutionary Worker*. April 11, 2004.
"BP Accused of Backing 'Arms for Oil' Coup," The New York Times, May 13, 1998, 2000.
"Britain Uses Agency to Recruit for Military," *Reuters*, March 12, 2001.
"British Firms Arming Sierra Leone Rebels," *The New York Times*, January 10, 1999.
"Bush Weighs More Troops for Iraq," *Washington Post*, December 20, 2006.
"Department of Defense Appropriations: Fiscal Year 1994," *Senate Hearings Before the Committee on Appropriations*, April 21, 1993.
"High Pay — and High Risks — for Contractors in Iraq," *CNN News*, April 2, 2004.
"Improving the Combat Edge Through Outsourcing," *Defense Viewpoint*, Vol. 11, No. 36 (1996).
"Interview with Lt Col. Tim Spicer," *Cambridge Review of International Affairs*, Vol. 13, No. 1 (1999).
"Mercenaries Aid Chechen Rebels," *CNN*, February 14, 2001, edition.cnn.com/video/world/2001/02/14/sh.chechnya.affl.html.
"Modernisation Drive for Saudi National Guard," *Jane's Defense Weekly*, December 3, 2003.
"Private Contractors in Iraq," *The Economist*, April 7, 2004.
"Promotion Statics," *Army Times*, March 8, 1993.
"RUSSIA: Turkish Organizations Support Chechnya Mercenaries?," *Corp Watch*, November 5, 2004. http://www.corpwatch.org/article.php?id=11654
"Saudi Shura Member: Saudi Arabia Should Seek a Strategic Alternative to U. S.,"

Ai–Asharq Al–Awasat, January 25, 2002, translated by MEMRI(The Middle East Media Research Institute).

"Scale of Falluja Violence Emerges," *BBC News*, April 12, 2004.

"Secret Deal in South Africa," *Jane's Foreign Report*, December 20, 1990.

"U. S. Army: 'We Will Respond' to Contractor Killings," *CNN News*, April 1, 2004.

Arbuki, Tammy, "Building a Bosnian Army," *Jane's International Defense Review*, August 1997.

Ashworth, Michael, "Privatising War, by 'The Executives'," *Independent*. September 16, 1996.

Broder, John M. "Ex–Paratrooper Is Suspect in a Blackwater Killing." *The New York Times*. October 4, 2007.

Burgess, Lisa, "The Last QDR Was Written in 1997. The Next QDR Is Due to Congress on Sept 30," *Stars and Stripes*, June 2, 2002.

Cohen, Eliot A., "Beyond 'Bottom Up,' Failure Secretary of Defense Les Aspin's 'Bottom Up Review' on US Military," *National Review*, November 15, 1993.

Cohen, Roger, "US Cooling Ties With Croatia after Winking at Its Build Up," *New York Times*, October 28, 1995.

Colarusso, Laura M., "Top 20 NCO Ideas: Airmen Sound off on How They Would Make the Air Force Better," *Air Force Times*, September 12, 2005.

Cole, August, "Afghanistan Contractors Outnumber Troops," *The Wall Street Journal*, August 22, 2009.

Eagar, Charlotte, "Invisible US Army Defeats Serbs," *The Observer*, November 5, 1995.

Fabricus, Peter, "Private Security Firms Can End Africa's Wars Cheaply," *Saturday Star*, September 23, 2000.

Fainaru, Steve, "Cutting Costs, Bending Rules, And a Trail of Broken Lives: Ambush in Iraq Last November Left Four Americans Missing And a String of Questions About the Firm They Worked For," *The Washington Post*, July 29, 2007.

Fainaru, Steve and Saad al-Izzi, "U. S. Security Contractors Open Fire in Baghdad," *The Washington Post*, May 27, 2007.

Gellman, Barton, "The U. S. Was Foiled Mutipple Times in Efforts to Capture Bin Laden or Have Him Killed: Sudan's Offer to Arrest Militant Fell Through After Saudis Said, No," *Washington Post*, October 3, 2001.

Glanz, James and Sabrina Tavernise, "Security Firm Faces Criminal Charges in Iraq," *The New York Times*, September 23, 2007.

Goldstein, Lyle J., "General John Shalikashvili and the Civil-Military Relations of Peacekeeping," *Armed forces and Society*, Spring 2000. http://www3.gettysburg.edu/~dborock/courses/Spring/p344/ps344read/GOLDSTEIN-SHALIKASHVILI,PEACEKEEPING.HTM(2006-11-20).

Goulet, Yves, "Executive Outcomes: Mixing Business with Bullets," *Jane's International Defense Review*, September 1997.

Grimmett, Richard, "Instance of Use of United States Armed Forces Abroad, 1798~2006," *CRS Report for Congress*, January 8, 2007. http://www.fas.org/sgp/crs/natsec/RL32170.pdf(2007-1-28).

Habley, Charles J., "Saudi Arabia: Royal Family Gets Quiet Help From U. S. Firm With Connections," *Associated Press*, March 22, 1997.

Hammer, Joshua and Michael Isikoff, "The Narco-Guerrilla War," *Newsweek*, August 9, 1999.

Hansen, Louis, "IRAQ: Families Sue Blackwater Over Deaths in Fallujah," *The Virginian-Pilot*, January 6, 2005.

Heitman, Helmoed-Römer, "Middle East/Africa, More Controversy over SANDF Integration," *Jane's Defense Weekly*, March 18, 1998.

Hooper, Jim, "Sierra Leone: The War Continues," *Jane's Intelligence Review*, January 1996.

Hughes, Kent and Steven Metz, "Armies and Democracy in the New Africa: Lessons from Nigeria and South Africa," *RESDAL*, January 1, 1996. http://www.resdal.org/archivo/d0000105.htm(2007-01-04).

Isenberg, David, "Soldier of Fortune Ltd.: A Profile of Today's Private Sector Corporate Mercenary Firms," *Center for Defense Information Monograph*, November 1997. http://www.aloha.net/~stroble/mercs.html(2006-11-20).

Jaffe, Lorna S., "The Base Force," *Air Force Magazine*, December 2000.

Jane's Information Group, "Former MK Members Face SANDF Dismissal," *Jane's Defense Weekly*, November 19, 1994.

———, "Middle East/Africa, SANDF Cut Strength," *Jane's Defense Weekly*, February 16, 1999, p. 63.

———, "Middle East/Africa, SANDF Loses Instructors," *Jane's Defense Weekly*, September 2, 1995.

———, "Middle East/Africa, South Africa Plans to cut Force by 50 Percent," *Jane's Defense Weekly*, February 2, 1995.

———, "The Armed Forces in the New South Africa," *Jane's Intelligence Review*, July 1994.

———, "UK Team to Assist Army Integration," *Jane's Defense Weekly*, May 28, 1994.

Kagan, Fred, "The Cost of Military Downsizing," *Wall Street Journal*, November 21, 1997.

Karl, Jonathan and Luis Martinez, "EXCLUSIVE: Army Missed Recruiting Goal Again," *ABC News*, July 9, 2007.

Kelley, Matt, "Lies in Iraq shooting Unpunished," *USA Today*, April 2, 2009.

Kranish, Michael, "US Company Has Long History with Saudis," *Information Clearing House*, May 15, 2003.

Leoning, Carol D., "Former Blackwater Employees Accuse Security Contractor of Defrauding Government," *The Washington Post*, February 12, 2010.

Lowe, Christian, "Services Look to Contractors to Fly 'Adversary Aircraft'," *Defense Week*, September 25, 2000.

MacAskill, Ewen, "US Court Dismisses Charges Against Blackwater Security Guards," *Guardian*, December 31, 2009.

Malan, Mark and Jakkie Cillers, "Mercenaries and Mischief: Regulation of Foreign

Military Assistant Bill," *Institute for Security Studies Occasional Paper*, No. 25 (1997).

Matthews, Mark, "Saudi's Shown to Aid Terror, Israel Alleges," *Baltimore Sun*, May 7, 2002.

Maughan, Karyn, "Thatcher Not Mentioned in Du Toit's 'Plot'," *Independent*. October, 19, 2004.

Maze, Rick, "Service Members to Get Pay Hike for Back-to-back Trips," *Air Force Times*, September 5, 1994.

McDermont, Jeremy, "US Crews Involved in Colombian Battle," *Scotsman*, February 23, 2001.

McDougall, Ian, "The New Supply Motto for the Canadian Forces Could be 'Welcomed to Wal-Mart'," *Toronto Sun*, March 13, 2002.

Mckenzie, Glen, "Unruly Militia Defends Sierra Leone," *Associated Press*, July 5, 2000.

Murphy, David, *Condottiere 1300~1500*, Westminster: Osprey Publising Company, 2007.

Palmer, Lucy, "Canberra Under Fire Over Lawyers," *Sidney Morning Herald*, April 30, 1997.

Pech, Khareen and Yuxsef Hassan, "Sierra Leone's Faustian Bargain," *Weekly Mail & Guardian*, May 20, 1997.

Priest, Dana, "Private Guards Repel Attack on U. S. Headquarters," *Washington Post*, April 6, 2004.

Reno, William, "Privatising War in Sierra Leone," *Current History*, May 1997.

Roychoudhuri, Onnesha, "Who's Fighting Our Wars," *Alter Net*. January 9, 2006. http://www.alternet.org/waroniraq/30462(2006-12-28).

Rubin, Elizabeth, "An Army of One's Own," *Harper's Magazine*, February 1997.

Saint, Steven, "NORAD Outsources," *Colorado Springs Gazette*, September 1, 2000.

Seery, Brendan, "Bullets, Bombs and Business: Former Executive Outcomes Boss Eeben Barlow Feels Bitter and Jaded about the Way the Media Portrayed His

Legitimate Private Military Company, and with Good Reason," *The Star*, November 5, 2007.

Scahill, Jeremy, "Blackwater Down," *The Nation*, October 10, 2005.

Schmitt, Eric, "Pentagon Contradicts General on Iraq Occupation Force Size," *New York Times*, February 28, 2003.

Sciolino, Elaine, "Out Front: A Desert Kingdom Takes the Spotlight," *New York Times*, March, 2002.

Shapley, Dan, "Iraq War Leaving Home Front Vulnerable—Schwarzenegger: States Need National Guard for Natural Disaster Response," *The Daily Green*. February 26, 2008. http://www.thedailygreen.com/environmental-news/latest/national-guard-47022602(2009-11-04).

Silverstein, Ken, "Mercenary Inc.?," *Washington Business Forward*, April 26, 2001.

Silverstein, Ken, "US Oil Politics in the 'Kuwait of Africa'," *Nation*, April 22, 2002.

Smith, Charles, "Wars and Rumors of Wars: Russian Mercenaries Flying for Ethiopia," *World Net Daily*, July 18, 2000. http://www.worlddaily.com/bluesky_smith_news/20000718_xnof_russian_me.shtm(2006-12-14).

Spencer, Jack, "The Facts About Military Readiness," *The Heritage Foundation Backgrounder*, No. 1394 (2000). http://www.heritage.org/Research/MissileDefense/BG1394.cfm(2006-10-22).

Talbot, Chris, "Train Bombing Signals New UNITA Offensive in Angola," *World Socialist Web Site News*, August 21, 2001. http://www.wsws.org/articles/2001/aug2001/ang-a23.shtml(2007-02-13).

The Center for Public Integrity, "Making a Killing: The Bussiness of War," *The Center for Public Integrity Special Report*, October 28, 2002. http://www.publicintegrity.org/report.aspx?aid=177(2006-07-29).

The Center for Public Integrity, "Post-war Contractors Ranked by Total Government Earnings: All Federal Contracts From 1990 Through Fiscal Year 2002." http://www.publicintegrity.org/wow/resources.aspx?act=history#124(2006-08-04).

Tice, Jim, "Voluntary Early-outs Fall Short," *Army Times*, July 8, 1991.

Traynor, Ian, "The Privatisation of War," *Guardian*, December 10, 2003.

Tyson, Ann Scott, "Private Firms Take on More Military Tasks," *The Christian Science Monitor*, April 2, 2004.

Urbina, Ian, "Saudi Arabia: Vinnell and the House of Saud," *Asia Times*, May 17, 2003.

Vardi, Nathan, "DynCorp Takes Afghanistan," *Forbes*, July 30, 2009.

Venter, Al J., "Sierra Leon's Mercenary War," *Jane's International Defense Review*, November, 1995.

———, "Sierra Leone's Mercenary War: Battle for the Diamond Fields," *Jane's International Defense Review*, November 1995.

Wihbey, Paul Michael, "The End of the Affair (US and Saudi Arabia)," *Spectator UK*, September 4, 2003.

Willenson, Kim, Nicholas C. Profitt, and Lloyd Norman, "Saudi Arabia: This Gun for Hire," *Newsweek*, February 24, 1975.

Wood, David, "The National Security Beat: Military Faces Complex Personnel Issues," *New House News*, April 27, 1999. http://www.newhousenews.com/archive/story1a042700.html(2006-10-22).

Zagorin, Adam and Brian Bennett, "Iraq Limits Blackwater's Operations," *Time*, September 17, 2007.

Zakaria, Tabassum, "Bush Weighs More Troops for Iraq," *The Washington Post*, December 20, 2006.

Zamparrelli, Stephen, "Contractors on the Battlefield: What Have We Signed Up For?," *Air War College Research Report*, March 1999.

인터넷에서의 PMC 정보 포탈

International Peace Operation Association (IPOA, http://www.ipoaonline.com).

PMCs Monitor (http://www.pmcs-monitor.com).

Private Force (http://www.privateforces.com).

Private Military (http://www.privatemilitary.com).

Source Watch (http://www.sourcewatch.com).

PMC Discussion Group (http://www.yahoogroups.com/group/pmcs).

Corp Watch (www.corpwatch.com).

Civilian Contractor Jobs (http://www.civiliancontractorjobs.com).

부록

[부록 1] 사례 국가의 자체 군사력 평가

이 책에 소개된 사례 국가의 자체 군사력 평가는 다음과 같은 방법을 통해 평가했다.

1. 비교 대상

이 책에서 한 국가의 자체 군사력은 군사적 경쟁관계 및 적성관계로 인식되고 있는 국가(혹은 무력 집단), 냉전 종식 이후의 기간 동안 실제 전쟁을 수행했던 상대국 및 국경을 인접한 국가들을 선정해 비교 대상 간의 상대적 우열을 판단하기로 한다.

2. 비교 영역

1) 자체 군사력의 정의와 영역

자국의 방위를 위해 국가가 자체적으로 조성한 병력 및 무기체계 그리고 이들을 운용하기 위한 국방 예산을 의미한다. 국가마다 상이한 자체 군사력 수준은 병력 인원, 무기체계의 양과 질 및 국방 예산의 영역으로 구분해 비교한다.

2) 병력

각국이 보유한 정규군 중에서 현역 병력(active force)만을 비교 대상으로 하며, 이에 대한 자료는 IISS의 *The Military Balance* 각 연판에 나타난 각국의 군사력 지수 자료를 활용한다.

3) 무기체계의 양과 질

무기체계는 대표적 무기체계로서 지상군의 전차와 해군의 전투함, 공군의 전술기를 비교하며, IISS의 *The Military Balance* 각 연판에 수록된 각국의 해당 무기체계 보유량을 참조한다. 이 책에서는 무기체계의 질적인 측면을 동시에 고려하기 위해 더니간(James F. Dunnigan)의 무기체계 성능지수를 활용한다. 무기체계의 양과 질을 동시에 고려한 비교는 다음과 같은 방법으로 한다.

국가의 무기체계 수준= 각 무기체계 보유량 × 무기체계 성능지수

각국의 무기체계 수준은 지상 · 해상 · 항공 전력을 별도로 산정해 비교한다. 여기서 유의할 점은 지상 · 해상 · 항공 전력의 비교는 독립적이라는 점이다. 이는 더니간이 지상 · 해상 · 항공 무기체계의 성능지수를 독립적으로 산정하여 작성한 것에 기인한다. 더니간은 미국 핵추진 항공모함의 성능지수를 224로 놓고 주력 전투기인 F-15의 성능지수를 94로 보고 있는데 이것은 미국의 항공모함이 F-15에 비해 약 2.3배의 전투력을 가지고 있다는 것을 의미하지는 않으며, 항공모함의 성능지수는 해상 무기체계와 비교할 때만 의미를 가진다.

4) 국방 예산

국방 예산은 미국 달러화로 환산된 국방 예산을 통해 비교하며, 이의 자료는 SIPRI와 IISS의 각국 국방 예산 및 군비 지출 자료 등을 활용한다.

구분	상대 국가 혹은 집단	병력 (자국 : 상대국)	주요 무기체계 (자국 : 상대국)		군사비 (자국: 상대국, billion $)	평가
미국	러시아	1,410,000 : 1,000,000	지상	171,990 : 55,579	335.7 : 11.4	상대적으로 강함.
			해상	11,684 : 1,528		
			항공	381,403 : 94,019		
	중국	1,410,000 : 2,480,000	지상	171,990 : 98,700	335.7 : 31.1	
			해상	11,684 : 2,716		
			항공	381,403 : 97,567		
	이라크	1,410,000 : 430,000	지상	171,990 : 37,600	335.7 : 1.3	
			해상	11,684 : 17		
			항공	381,403 : 12,326		
	아프가니스탄	1,410,000 : 25,000	지상	171,990 : ?	335.7 : 0.2	
			해상	11,684 : 0		
			항공	381,403 : 5,460		
크로아티아	세르비아 (신유고슬라비아 연방)	61,000 : 108,700	지상	3,300 : 14,297	1.2 : 1.6	주변 국가: 주변 일부 국가보다 상대적으로 강함. 적성 국가: 상대적으로 약함.
			해상	24 : 85		
			항공	648 : 2,688		
	슬로베니아	61,000 : 9,550	지상	3,300 : 1,194	1.2 : 0.36	
			해상	24 : 0		
			항공	648 : 0		
	헝가리	61,000 : 43,440	지상	3,300 : 9,498	1.2 : 0.6	
			해상	24 : 0		
			항공	648 : 4,797		
	보스니아	61,000 : 40,000	지상	3,300 : 1,800	1.2 : 0.4	
			해상	24 : 0		
			항공	648 : 0		
사우디 아라비아	이란	105,500 : 513,000	지상	15,630 : 15,310	21.6 : 17.5	상대적으로 약함.
			해상	246 : 227		
			항공	29,198 : 14,468		

구분	상대 국가 혹은 집단	병력 (자국 : 상대국)	주요 무기체계 (자국 : 상대국)		군사비 (자국: 상대국, billion $)	평가
사우디 아라비아	이라크	105,500 : 424,400	지상	15,630 : 37,600	21.6 : 1.3	상대적으로 약함.
			해상	246 : 17		
			항공	29,198 : 12,326		
	이스라엘	105,500 : 173,500	지상	15,630 : 66,200	21.6 : 9.8	
			해상	246 : 153		
			항공	29,198 : 38,467		
보스니아	세르비아 (신유고슬라비아 연방)	40,000 : 108,700	지상	1,800 : 14,297	0.4 : 1.6	상대적으로 약함.
			해상	0 : 85		
			항공	0 : 648		
	크로아티아	40,000 : 61,000	지상	1,800 : 3,300	0.4 : 1.2	
			해상	0 : 24		
			항공	0 : 2,688		
앙골라	남아프리카공화국	45,000 : 70,000	지상	1,000 : 2,148	2.69 : 2.1	주변 국가: 상대적으로 강함.
			해상	0 : 32		
			항공	822 : 2,676		
	콩고민주공화국	45,000 : 55,900	지상	1,000 : 760	2.69 : 0.36	적성 집단: 상대적으로 약함.
			해상	0 : 0		
			항공	822 : 0		
	나미비아	45,000 : 9,000	지상	1,000 : 0	2.69 : 0.09	
			해상	0 : 4		
			항공	822 : 0		
	보츠와나	45,000 : 9,000	지상	1,000 : 582	2.69 : 0.25	
			해상	0 : 0		
			항공	822 : 650		
	잠비아	45,000 : 20,000	지상	1,000 : 450	2.69 : 0.06	
			해상	0 : 0		
			항공	822 : 624		
	UNITA	45,000 : 65,000	지상	1,000 : 700	n/a	
			해상	0 : 0		
			항공	822 : 0		
시에라리온	RUF	3,000 : 15,000	지상	0 : 0	n/a	상대적으로 약함.
			해상	0 : 0		
			항공	0 : 0		

구분	상대 국가 혹은 집단	병력 (자국 : 상대국)	주요 무기체계 (자국 : 상대국)		군사비 (자국: 상대국, billion $)	평가
시에라리온	기니	3,000 : 9,700	지상	0 : 180	0.026 : 0.61	상대적으로 약함.
			해상	0 : 0		
			항공	0 : 108		
	라이베리아	3,000 : 5,300	지상	0 : 0	0.026 : 0.045	
			해상	0 : 0		
			항공	0 : 0		
파푸아뉴기니	인도네시아	4,300 : 298,000	지상	0 : 3,320	0.05 : 5	상대적으로 약함.
			해상	14 : 206		
			항공	0 : 2,701		
	호주	4,300 : 55,200	지상	0 : 1,136	0.05 : 8.1	
			해상	14 : 254		
			항공	0 : 8,236		
남아프리카 공화국	앙골라	70,000 : 45,000	지상	2,148 : 1,000	2.1: 0.95	상대적으로 강함.
			해상	32 : 0		
			항공	2,676 : 822		
	나미비아	70,000 : 9,000	지상	2,148 : 0	2.1 : 0.09	
			해상	32 : 4		
			항공	2,676 : 0		
	짐바브웨	70,000 : 39,000	지상	2,148 : 440	2.1 : 0.32	
			해상	32 : 0		
			항공	2,676 : 324		
	보츠와나	70,000 : 9,000	지상	2,148 : 582	2.1 : 0.25	
			해상	32 : 0		
			항공	2,676 : 650		
	모잠비크	70,000 : 5,100	지상	2,148 : 800	2.1 : 0.08	
			해상	32 : 0		
			항공	2,676 : 0		
	레소토	70,000 : 2,000	지상	2,148 : 0	2.1 : 0.042	
			해상	32 : 0		
			항공	2,676 : 0		

* Source: IISS, *The Military Balance*(London: Oxford University Press, 각 연판); James F. Dunnigan, 김병관 역, 『현대전의 실제』, 현실적지성, 2000; SIPRI, "The Fifteen Major Spender Countries." http://projects.sipri.org/milex/mex_spenders.pdf.

[부록 2] 세계 주요 군사대행기업

[표 7]은 현재 공식적으로 활동하고 있거나 과거에 활동하다가 현재는 폐쇄한 군사대행기업의 명단이다. 이들 대부분은 홈페이지를 개설하는 등 공개적 활동을 하고 있어서 검색을 통해 쉽게 확인할 수 있다. 이들의 주요 활동 분야는 동질화되고 있으며 중복된 서비스가 많아 이를 통한 기업의 구분은 큰 의의가 없지만 이들에 관한 일반적인 정보를 소개하기 위해 주요 활동 분야도 함께 소개하기로 한다. 주요 활동 분야에서 '요인 및 시설 경호'는 위험 지역에서는 실질적인 전투 수행를 의미하기도 한다. 이라크에서 활동하는 대부분의 군사대행기업들은 현지 무장세력과 빈번한 교전 행위를 하고 있으며, 사실상 전투요원으로 보아도 무방할 정도이다.

저자가 군사대행기업에 관한 연구를 시작했던 2007년에는 공개적으로 활동하는 군사대행기업의 수가 약 70개 정도였다. 하지만 2010년에 재조사한 결과, 그 수는 약 140개([표 7]에서는 총 147개 업체)로 3년 사이에 두 배가 되었다. 여기에 비공개적으로 활동하는 군사대행기업의 수까지 합치면 수백 개가 될 것으로 추정된다. 그만큼 국가의 군사대행기업에 대한 수요가 지속적으로 증가했다는 이야기이다.

[표 7] 세계 주요 군사대행기업

회사명	주요 활동 분야	사무소 소재지	홈페이지
Aegis Defense Service	훈련, 요인 경호 및 병참	영국	www.aegisworld.com
AECOM Government Services, Inc	훈련, 요인 경호, 병참 및 정보통신 지원	미국	www.ags.aecom.com
Agility Logistics (former PWC Logistics)	병참 지원 및 관리	미국	www.agilitylogistics.com
Air Scan, Inc.	항공정찰 훈련, 병참	미국	www.airscan.com
AKE Group	훈련, 요인 및 시설 경호, 위기 관리 자문, 의료 지원	영국	www.akegroup.com
ALGIZ Services Ltd	훈련, 요인 및 시설 경호, 군사 임무 기획, 자문 및 대행	독일	algiz.eu
AMA Associates Limited	해상, 항공 보안, 훈련, 요인 및 시설 경호, 감시(정찰) 임무	영국	www.ama-assoc.co.uk
AMTI	훈련, 화생방전 지원, 폭발물 및 지뢰 제거	미국	www.amti.net
Anteon International Corporation	시뮬레이션 개발, 훈련 지원, 정보시스템 구축, 전략기획 지원	미국	www.anteon.com
Archangel Group	대테러 훈련	미국	www.antiterrorconsultants.org
ARINC Engineering Services LLC.	항공 정비, 해상 무기체계 정비, 해외 군사 원정 지원, 고급 장교 교육 · 훈련	미국	www.arinc.com
Armor Group	요인 경호, 훈련, 지뢰 제거	미국	www.armorgroup.com
ATAC	항공 관제, 특수항공 훈련(Top Gun)	미국	www.atac.com
Atlantic Intelligence	정보전, 통신보안	프랑스	www.atlantic-intelligence.fr
Ayr Goup	항공 지원, 병참, 인도주의적 지원 임무 및 평화 유지 임무 지원	영국	www.ayraviation.co.uk
Beni Tal	요인 경호 훈련, 병참 및 특수전 대행	이스라엘	www.beni-tal.co.il
BH Defense	요인 경호, 병참	미국	www.bhdefense.com
Blackwater USA (현 Xe Services, LLC)	요인 경호, 훈련 및 전략 자문, 군용견 훈련, 해상 보안, 항공 지원	미국	www.blackwaterusa.com
Blue Hackle Ltd.	요인 및 시설 경호, 훈련	영국	www.bluehackle.com
Blue Sky Group	훈련, 전략 자문, 해상 보안	영국	www.blueskysc.org
Booz Allen Hamilton, Inc.	전략 자문, 정보 컨설팅	미국	www.boozallen.com

회사명	주요 활동 분야	사무소 소재지	홈페이지
Britam Defence, Ltd.	지뢰 제거, 요인 및 시설 경호, 훈련, 정보 수집	영국	www.britamdefence.com
Burton Rands Associates	군축, 국방 개혁 관련 자문, 훈련, 병참, 의료지원 등 작전 지원	미국	burtonrands.com
CACI Systems	병참 및 전략 자문, 정보전 대행	미국	www.caci.com
Carnelian International Risks	요인 및 시설 경호, 정보 보안 및 수집	영국	n/a
Centurion Risk Assessment Services, Ltd.	훈련, 요인 및 시설 경호, 위기 관리 자문	영국	www.centurionsafety.net
Cochise Consultancy Inc.	훈련, 군 및 경찰 현대화 자문, 부대 능력 평가, 자문 및 해정 지원, 용인 및 시설 경호	미국	www.cochiseconsult.com
Civilian Police International	United Nations' International Police Task Force의 훈련 대행	미국	www.civilianpolice.com
Custer Battles	요인 및 시설 경호, 정보 수집, 전략자문 및 병참, 훈련	미국	www.custerbattles.com
Combat Support Associates	정비, 보급, 훈련 및 기지 방어	미국 (쿠웨이트)	www.csakuwait.com
Control Risks Group, Ltd.	전략자문, 훈련, 정보 보안	영국	www.crg.com
Combat Support Associates	정비, 보급, 훈련 및 기지 방어	미국 (쿠웨이트)	www.csakuwait.com
Communications Technology (ComTek)	항공 시뮬레이션, 훈련 및 병참 지원	미국	www.comtechnologies.com
Coporate Training Unlimited (CTU)	요인 및 시설 경호, 대간첩전, 훈련, 전략기획 및 자문	미국 (홍콩)	www.ctuconsulting.com
Crescent Security Group	요인 및 시설 경호, 훈련	미국	www.crescentsecurity.com
Cubic Corporation	훈련, 항공 정비 지원, 정보전 대행, 통신 및 병참	미국	www.cai.cubic.com
Defence Systems Ltd.	요인 및 시설 경호, 정보전, 심리전 대행,	영국	n/a
Diligence	요인 경호, 훈련, 정보 지원, 평가	미국	www.diligencellc.com
Diplomatic Tactical Services	요인 및 시설 경호, 정보 수집	미국	diplomatictacticalservices.com
Double Eagle Management Company	요인 및 시설 경호, 무장 호송, 훈련, 정보 수집, 병참	미국	www.double-eagle-mc.com
Dynsec Group AB	훈련, 요인 및 시설 경호, 보안 관련 자문	스웨덴	www.dynsecgroup.com
DynCorp, Inc.	병참, 훈련, 요인 경호, 기지 건설, 정보	미국	www.dyn-intl.com

회사명	주요 활동 분야	사무소 소재지	홈페이지
	통신 지원 및 지뢰 제거		
Edinburgh International	요인 및 시설 경호, 훈련, 병참, 전략 자문	다국적	www.edinburghint.com
EOD Technology Inc	훈련, 장비 정비, 요인 및 시설 경호, 폭발물 및 지뢰 제거	미국	www.eodt.com
Erinys International, Ltd.	훈련, 요인 경호 및 특수 임무 대행	다국적	www.erinysinternational.com
Evergreen Unmanned Systems	무인 정찰기 운용 대행	미국	www.evergreenaviation.com/EUS/index.html
Executive Outcomes (EO) (폐쇄)	훈련, 전략자문, 병참, 전투 대행	남아프리카공화국	http://web.archive.org/web/19981212024722/http://www.eo.com/
Executive Soluition	훈련, 시설 및 요인 경호, 해상 보안	미국	www.executivesolutionsint.com
Falcon Security Group	훈련, 시설 및 요인 경호, 정보 수집, 대간첩전, 전략자문	미국	falconsecurity.us
FSI Worldwide	구르카인을 활용한 경호, 훈련, 해상, 정보 작전 지원	영국 (UAE)	www.fsi-worldwide.com
Gardaworld	전략기획, 요인 및 시설 경호, 정보 통신 보안, 정보 업무 대행	미국	www.garda-world.com
Ge2b Seguridad Internacional	국제평화유지 임무 지원, 해외 군사 원정 지원	스페인	ge2b.com
Generic	요인 및 시설 경호	영국	www.genric.co.uk
Global Enforce, Inc.	국제적 위기관리, 작전 및 병참 지원 등 종합 서비스	미국	www.globalenforce.com
Global Marine Security Systems	항만 보안, 수송선단 호위	영국	www.gmssco.com
Global Risk Management (UK) Ltd.	시설 및 요인 경호, NGO 활동 지원, 훈련	영국	www.globalriskmanagement.co.uk
Global Strategies Group	대테러전 및 해외 군사 임무 지원, 시설 경호, 병참, 공항 경비, 정보 분석	영국	www.globalgroup.com
Global Studies Group, Inc.(GSGI)	훈련, 요인 및 시설 경호	미국	www.gsgi.org
Global Operations Resources Group, Inc.	훈련, 항공 의료 지원	미국	www.gorgrp.com
Global Options, Inc.	전략기획, 요인 및 시설 경호	미국	www.globaloptionsgroup.com

회사명	주요 활동 분야	사무소 소재지	홈페이지
Globe Risk Holdings, Inc.	훈련, 요인 및 시설 경호, 핵 및 화생방 테러 대응 지원, 정보 지원	캐나다	www.globerisk.com
Golan Group	요인 및 시설 경호, 정보 보안, 훈련, 중남미 지역에서의 특수 임무 대행	이스라엘	www.golangroup.com
Gormly International	요인 및 시설 경호, 훈련, 해상 보안	미국	www.gormlyintl.com
Group4 Securicor	요인 및 시설, 해외 주재 대사관 경호	영국	www.g4s.com
Hart Group, Ltd.	보안 기획 분석, 훈련, 항공 · 해상 보안, 정찰, 대테러전	영국	www.hartsecurity.com
Henderson Risk, Ltd.	훈련, 정보 수집	영국	www.hendersonrisk.com
Homeland Security Corporation	요인 및 시설 경호, 훈련	미국	www.about-hsc.com
ICP Group, Ltd.	요인 및 시설 경호, 훈련	영국	www.icpgroup.ltd.uk
International Charter Incorporated of Oregon (ICI Oregon)	대테러 훈련, 항공 수송	미국	www.icioregon.com
ISEC Security Ltd.	방위 시스템 구축 관련 종합 서비스, 지상 · 항공 및 해상 작전 지원	영국	www.isecgroup.net
J-3 Global Services, LLC	항공 지원	미국	www.j-3globalservices.com/
Janusian Security Risk Management, Ltd.	보안 기획 분석, 주요 시설 및 요인 경호	영국	www.janusian.net
Keenie Meenie Services (폐업)	특수전 대행	영국	n/a
Kellogg Brown & Root, Inc.병	참, 기지 건설 및 지원	미국	www.kbr.com
Kroll, Inc	보안 기획, 훈련, 대테러전	미국	www.kroll.com
Landmine Sourcing, LLC.	훈련, 대테러전	미국	n/a
Levdan, Ltd.	훈련, 병참 등 종합 서비스	이스라엘	n/a
Man Tech International Corporation	정보 보안, 사이버전 훈련, 정보작전 지원	미국	www.mantech.com
Meteoric Tactical Solutions	훈련, 요인 및 시설 경호	남아프리카공화국	n/a
Meyer Global Security, Inc	훈련, 요인 및 시설 경호, 해상 보안, 인질 구호, 특수전 대행	미국	www.meyerglobalforce.com
Military Professional Resources Incorporated (MPRI)	전략기획, 자문, 훈련, 신병 모집, 병참	미국	www.mpri.com
Minimal Risk	요인 경호, 훈련, 보안 기획	영국	www.minimalrisk.co.uk
Mission Essential Personnel	훈련, HUMINT를 비롯한 정보작전 지원, 통역요원 지원	미국	www.missionep.com

회사명	주요 활동 분야	사무소 소재지	홈페이지
MVM, Inc	요인 및 시설 경호, 훈련, 폭발물 처리, 보안 자문	미국	www.mvminc.com
Neareast Security Services	시설 및 요인, 부대 경호, 정보전·대간첩전 지원, IT보안	이라크	www.neareastresources.com/security_about.htm
New Century	훈련, 대게릴라전 지원, 정보작전 지원, 요인 및 시설 경호	영국 (미국)	www.newcentcorp.com
Northbridge Services Group, Ltd.	전략자문, 훈련, 특수전, 정보전 및 인도주의적 지원 임무 대행	영국	www.northbridgeservices.com
OAO Corporation (Lockheed Martin)	북미방공사령부 (NORAD) 정보통신업무대행	미국	www.oao.com
Olympus Security, Ltd.	요인 경호 및 훈련	영국	www.olympus-security.co.uk
Olive Security, Ltd.	요인 및 시설 경호, 정찰, 특수 임무 대행, 훈련, 전략자문	영국	www.olivegroup.com
Omega Risk Solutions	요인 및 시설 경호, 지뢰 제거 등	남아프리카공화국	www.omegasol.com
Operational Risk Management Consulting	위기 대응 및 관리	일본	www.opriskman.com
OSPREA Logistics	병참 지원	남아프리카공화국	www.osprea.com
O'Shea Emergency Response Services & Inventories	병참, 수송 지원	미국	www.osheaemergency.com
OSSI-Safenet	요인 및 시설 경호, 무장 호송, 정보작전 지원	미국	ossisafenet.com
Oryol	요인 및 시설 경호, 정찰, 특수 임무 대행, 훈련, 전략자문	러시아	n/a
Pacific Architects and Engineers, Inc.(Lockheed Martin)	아이티, 라이베리아에 Civilian Police 제공, 병참, 훈련	미국	www.paegroup.com www.paecivpol.com
Pax Mondial, Ltd.	병참, 보안작전 지원, 의료 지원, 훈련, 해상 보안	다국적	www.paxmondial.com
Pistris, Inc.	훈련, 해상 보안, 특수전 대행	미국	www.pistris.com
PSD Training	훈련, 요인 및 시설 경호	미국	www.psd-training.com
Reed, Inc.	요인 및 시설 경호, 무장 호송, K-9, 병참, 훈련	미국	www.reedinc.com
Ronco Consulting Corporation	요인 및 시설 경호, 폭발물 및 지뢰 제거, 병참, 훈련	미국	www.roncoconsulting.com
Rubicon International Services, Ltd.	Rubicon	영국	n/a

회사명	주요 활동 분야	사무소 소재지	홈페이지
Science Applications International Corporation (SAIC)	훈련, 위성 영상, 정보 처리, UAV 시스템 운용	미국	www.saic.com
Saladin Security, Ltd.	훈련, 요인 및 시설 경호, 정찰, 통신 보안, 및 인질 협상	영국	www.saladin-security.com
Sandline International (폐업)	훈련, 전투 지원, 병참 등 종합 서비스	영국	n/a
Securiforce International America, LLC	요인 및 시설 경호, 병참, 위기관리 자문, 민사작전 지원	미국	www.securiforce-ia.com
SCG International Risk	요인 및 시설 경호, 정찰, 군사작전 지원, 병참, 훈련	미국	www.scginternational.com
SEC Associates	대테러전, 정보전, 요인 및 시설 경호	미국	sec-global.com
SECOPEX	요인 경호 시설 보안, 훈련	프랑스	www.secopex.com
Select Armor, Inc.	요인 및 시설 경호, 특수전 지원	미국	n/a
Sharp End International	기지 방어 임무, 요인 및 시설 경호, 훈련, 대간첩전	오스트레일리아·뉴질랜드	www.sharpendinternational.com
Silver Shadow Advanced Security Systems	중남미 아프리카 지역 전문, 요인 및 시설 경호	이스라엘	www.silver-shadow.com
Southern Cross Security	요인 및 시설 경호, 병참, 국제기구 활동 지원	시에라리온	www.southerncross-security.com
Specialist Gurkha Services, UK Ltd. (SGS)	지뢰 및 폭발물 제거, 특수임무 수행 인력 지원	영국	www.sgsukltd.com
Special Ops Associates	해상보안, 시설 및 요인 경호, 훈련	미국	specialopsassociates.com
Special Operation Consulting-Security Management Group	시설 및 요인 경호, 보안 자문	미국	soc-smg.com
SOS International, Ltd	정보 분석, 정보작전 지원	미국	www.sosiltd.com
Steel Foundation	훈련, 정보보안 지원, 요인 및 시설 경호	미국	www.wwsteele.com
Strategic Security Consultants International	요인 및 시설 경호, 훈련, 작전 지원, 특수 임무 대행	필리핀	www.strategicsecurityconsultantsinternational.com
TASK International, Ltd.	훈련, 요인 및 시설 경호, 해상 보안, 외교관 경호, 정보 지원	영국	www.task-int.com
The Sandi Group	요인 및 시설 경호, 훈련, 병참, 항공 지원	미국	www.thesandigroup.com
The Surveillance Group	각종 수사, 정보전 지원, HUMINT 지원	영국	www.thesurveillancegroup.co.uk
Threat Management Group	종합 전술, 정보 분석, 폭발물 제거 훈련	미국	www.threatgroup.com

회사명	주요 활동 분야	사무소 소재지	홈페이지
THULE Global Security International	훈련, 요인 및 시설 경호, 병참, 항공 작전, 군 조직 개편 자문	영국	www.thulecentral.com
Triple Canopy	요인 및 시설 경호, 훈련, 보안 기획	미국	www.triplecanopy.com
Titan Group	대화생방전 기획, War Game 기획, 정보통신 지원, 정보전 지원, 통역 지원	미국	www.titan.com
Toifor	공병, 기지 관리, 병참 및 사병 복지 시설	미국	www.toifor.com
Total Defense Logistics (HKG) Ltd.	항공 지원, 기지 건설, 병참, 훈련, 요인 및 시설 경호, 무장 호송	홍콩	www.tdlogistics.com
Total Intelligence Solutions, LLC	정보작전 지원, 훈련, 작전 기획 지원	미국	www.totalintel.com
Trojan Securities International	요인 및 시설 경호, 각종 수사, 내사 정보 지원	미국	www.trojansecurities.com
Unity Resources Group	요인 및 시설 경호, 병참, 훈련	오스트레일리아 (UAE)	www.unityresourcesgroup.com
URS Federal Services	WMD 확산 방지 관련 임무 지원, Cooperative Threat Reduction Integrating Contract, 시설 보안 및 훈련	미국	www.ursfsi.com
U.S. Investigations Services (USIS)	훈련, 요인 및 시설 경호, 정보보안 지원, 각종 수사 및 내사 지원	미국	www.usis.com
US Protection and Investigations, LLC (USPI)	훈련, 요인 및 시설 경호, 정보보안 지원, 각종 수사 및 내사 지원	미국	n/a
Vance International	요인 경호, 훈련, 정보 지원, 정보보안 지원	미국	www.vanceglobal.com
Vertical de Aviacion, Ltda.	항공 수송, 정비 및 항공 훈련	콜롬비아	www.verticaldeaviacion.com
Vinnell Corporation (Northrop Grumann)	훈련, 병참, 공병, 지원 및 전략기획	미국	www.vinnell.com
Wackenhut Corporation	훈련, 요인 및 시설 경호	미국	www.wackenhut.com
WADE-BOYD & Associates	훈련, 요인 및 시설 경호, 폭발물 처리	미국	www.wade-boyd.com
Watan and Caps	요인 및 시설 경호	아프가니스탄	n/a
Westminster International, Ltd.	지상, 해상, 항공 방어 지원, 지뢰 제거, 정보 수집	영국	www.wi-ltd.com
Whitney, Bradley & Brown, Inc.	획득, 네트워크 중심 운용 능력 등 각종 국방 정책 기획 자문	미국	www.wbbinc.com
The Whitestone Group	남미 지역 마약소탕작전 대행, 대테러전 지원, 항공 정찰, 요인 및 시설 경호	미국	www.whitestonegroup.us

회사명	주요 활동 분야	사무소 소재지	홈페이지
WVC3 Group, Inc	대테러전, 특수전, 정보전 지원	미국	www.wvc3.com
Xe Services, LLC (구 Blackwater)	요인 경호, 훈련 및 전략 자문, 군용견 훈련, 해상 보안, 항공 지원	미국	www.xeservices.com
3D Global Solution	훈련, 요인 경호, 정보통신 지원	미국	www.3dglobalsolutions.net

*Source: The Center for Public Integrity, "Private Military Company Database," http://www.publicintegrity.org/docs/bow/bow_companies.xls; Peter Singer, *Corporate Warriors*(Ithaca: Cornell University Press, 2003), pp. 243~244; Private Forces, "List of Private Military Companies, Private Security and Military Service Providers," http://www.privateforces.com/pmclist.html (2007-03-03); Source Watch, "Private Military Corporations/list of PMCs," http://www.sourcewatch.org/index.php?title=Private_Military_Corporations/list_of_PMCs(2010-08-02).

[부록 3] 군사대행기업 관련 주요 인물

이븐 발로(Eeben Barlow): EO 창업자

로디지아(Rhodesia) 출생으로 보츠와나에서 학창 시절을 보낸 후, 1960년대 중반에 남아프리카공화국으로 이주했다.

1972년에 남아프리카공화국 군에 입대했으며 6년 뒤인 1978년에는 제32대대를 이끌고 앙골라에 침투해 UNITA반군의 저항을 지원하는 임무를 수행하기도 했다.

1980년대 중반에는 보츠와나를 비롯한 아프리카 각국 군벌 출신 무장세력(구소련 군사고문단으로부터 훈련받은 자들)이 반(反)아파르트헤이트 무장운동 지원을 위해 남아프리카공화국에 모여들었고 이븐 발로는 이들에 대한 정보 수집 업무를 담당하면서 제32대대의 부대장을 역임하기도 했다.

퇴임 후인 1989년, 그는 아파르트헤이트 정권 당시 남아프리카공화국 국방군 소속이었던 퇴역군인들과 함께 EO를 창설해 앙골라 및 시에라리온 내전 등에서 위기에 처한 정부를 구했다. 하지만 EO가 타국의 내전에 개입하는 것을 우려한 남아프리카공화국 정부가 EO에 대한 규제를 강화하자 EO를 해체했다.

사이먼 먼(Simon Mann): EO 핵심 관계자

1952년 6월 26일생으로 EO 관련 사례에서 핵심 인물로 자주 거론된다.

사이먼 만은 전 영국 크리켓 국가대표 조지 만(George Mann)의 아들로 태어났는데, 영국 명문 사립고교인 이튼 칼리지(Eton College)를 나온 것을 보면, 유년 시절 상당히 유복한 환경에서 지낸 것으로 보인다.

고교를 졸업한 후 영국 왕립사관학교(Royal Military Academy Sandhurst)를 졸업하고 1976년에 장교로 임관했다. 임관 이후 영국군 특수부대 SAS에서 근무하면서 사이프러스 · 독일 · 노르웨이 · 북아일랜드에서 주요한 임무를 수행한 후, 1985년에 예편했으나 1991년 제1차 걸프전에 잠시 복귀하여 참전하기도 했다.

군에서 완전히 예편한 후 그는 컴퓨터 보안회사에서 잠시 근무했는데, 이후 유전 및 광산 사업에 관심을 두기 시작해 광산업자인 앤서니 버킹엄과 교류를 하기 시작했다. 버킹엄이 EO와 밀접한 관련을 맺고 있었기 때문에 그도 자연히 EO에 깊숙이 관여하게 되었고 1990년대 초부터 EO에서 활동을 시작해 이후 앙골라 내전에서 이름을 알리기 시작했다.

1996년에는 팀 스파이서(Tim Spicer)와도 동업 관계를 형성해 샌드라인 인터내셔널을 창립하는 데 중요한 역할을 했다. 그가 세계 언론의 주목을 받게 된 것은 적도기니 쿠데타 기도 사건인데, 당시 쿠데타 실패로 짐바브웨에서 복역 중이었다. 2007년 5월 2일, 짐바브웨 법원은 그를 적도기니에 인도할 것이라고 발표했는데, 짐바브웨 정부는 그가 적도기니에 인도되더라도 사형을 받지 않을 것을 약속했다고 한다.

적도기니 쿠데타 사건을 통해 그가 대처 전 영국 총리의 아들인 마크 대처 경, 베스트셀러 작가 제프리 아처 경 및 석유 재벌 엘리 카릴 등 영국 상류층과 밀접한 관련을 맺고 있는 것으로 나타났는데 이러한 배경에는 그가 명문 사립고교 이튼 칼리지 출신이라는 것이 작용한 것으로 보인다.

팀 스파이서(Timothy Spicer): 샌드라인 인터내셔널 창업자

1952년 생으로 전직 영국 해병 코만도 장교 출신이다. 포클랜드전쟁 참전 용사이기도 한 그는 1990년대 중반 샌드라인 인터내셔널을 설립하여 아프리카와 아시아, 태평양 지역을 주무대로 활동했다.

그가 설립한 샌드라인 인터내셔널은 시에라리온 및 파푸아뉴기니 내전 당시 양국 정부와 계약을 맺고 내전에 개입하게 되는데, 1994년 파푸아뉴기니 내전 당시 그는 군부 간 권력 투쟁으로 체포되어 파푸아뉴기니와의 계약금을 받지 않는 것을 조건으로 풀려났다. 1998년에는 시에라리온 개입 당시 무기 밀거래 혐의로 체포되기도 했다.

2004년 4월에 샌드라인 인터내셔널이 영국 정부에 의해 제재를 받게 되자 그는 회사를 폐쇄하고 군사대행기업의 합법화를 위한 여론 조성에 주력하게 된다. 스파이서는 군사대행기업을 대체적인 대외 정책 수단으로 인정받고 싶어 했으나, 영국 정부는 이에 대한 규제 법안을 제정했다. 그는 군사대행기업에 대해 비교적 우호적인 정부와 사업을 하기 위해 이지스 그룹(Aegis Group)을 결성해 미국 정부와 계약을 맺고 이라크 및 아프가니스탄에서 군사 업무를 대행하고 있는 것으로 확인되었다.

팀 스파이서는 자서전 *An Orthodox Soldier*를 통해 시에라리온과 파푸아뉴기니 내전 및 샌드라인 인터내셔널에 대한 상세한 정보를 소개했다.

에릭 프린스(Erik Prince): 블랙워터 창업자

1969년 생으로 프린스 코퍼레이션(Prince Corporation)의 회장인 에드가 프린스(Edgar D. Prince)의 아들이다. 그의 누이 베스티(Besty)가 알티코(Alticor, 구Amway) 전 회장 딕 드보(Dick DeVos)와 결혼하는 등 미국 내에서는 재벌가 출신의 군사대행기업가로 알려져 있다.

미국 해군사관학교를 중퇴하고 힐스데일 칼리지(Hillsdale College)에 입학한 그는 대학 재학 중 부시(George H. W. Bush) 행정부의 백악관 인턴으로 활동하기도 했으며, 대학 졸업 후인 1992년에는 미국 해군 특수부대 네이비 실(Navy SEALs)에 입대해 아이티 · 중동 · 지중해 및 보스니아에 파견되어 임무를 수행했다.

1995년에 에드가 프린스가 사망하자 그는 바로 예편하고 버지니아 비치에 24평방킬로미터의 부지를 매입해 1997년에 블랙워터를 설립한다. 블랙워터 설립 자금은 부친 사후 프린스 코퍼레이션 매각 대금(13억 달러) 및 유산 상속 등 전적으로 사비로 충당했다.

그가 설립한 블랙워터는 네이비 실 출신 위주로 직원을 모집해 막강한 전투력으로 이라크 등지에서 이름을 떨쳤고 각종 홍보 활동을 통해 세계에서 가장 유명한 군사대행기업으로 성장했다.

하지만 이라크 현지에서 블랙워터 직원이 잔인하게 살해되고, 대금 이중 청구, 총기 난사 등 블랙워터와 관련된 불미스러운 사태가 지속되자 언론의 비판 대상이 되었다. 특히 2007년에 이라크 내 블랙워터 총기난사 사건으로 미국 하원 청문회의 증인으로 출석하여 증언을 해야만 했다.

블랙워터에 대한 여론 악화가 심화되자 2009년 3월에 그는 블랙워터를 'Xe'로 개칭했는데 2010년 현재 그는 Xe의 CEO로 재직 중이다.

칼 부오노(Carl E. Vuono): MPRI CEO

1934년 생으로 미국 육군사관학교를 졸업했다. 1957년 임관 후 베트남전쟁 등에 참전했으며, 미국 육군 교육사령부(Training and Doctrine Command, TRADOC)에서 근무하기도 했다. 1986년에 교육사령관을 역임한 후 1987~1991년까지 미국 육군 참모총장으로 재직했다.

예편 후인 1993년에 칼 부오노는 군사대행기업 MPRI에 합류하게 되는데, MPRI가 미군에 대한 교육 및 훈련 대행 사업에 주력하고 있던 상황에서 그의 교육사령관 재직 경험이 크게 인정받았던 것으로 보인다. 그는 1999년 이래로 MPRI의 CEO로 재직하고 있으며, 2000년 6월 이후 MPRI의 모기업인 L-3 Communications의 고위 경영자 직을 겸하고 있다.

더그 브룩스(DOUG BROOKS): IPOA의 창설자

미국 내 군사대행기업의 권익 단체인 IPOA의 창설자로 아프리카 지역 안보 전문가이기도 하다. 군사대행기업의 합법화와 이들의 국제평화유지 및 인도주의적 지원 임무에의 투입을 지속적으로 주장하고 있다.

그가 창설한 IPOA는 2010년 현재 약 60개의

기업이 가입하고 있는데, 이 중 군사대행기업은 27개 업체 정도이다. 나머지는 제조업체 및 법무법인 등이다. 블랙워터 및 캐키도 IPOA의 회원이었는데, 이라크에서의 불미스러운 사태가 벌어진 이후, 제명 조치된 바 있다. 매년 정기적인 세미나 개최를 통해 군사 대행 산업에 대한 조망과 합법적 활동에 관한 논의를 진행하고 있으며, 군사대행기업의 활동에 관한 저널과 연례 보고서 등을 발간하고 있다.

IPOA 회원(밑줄 친 기업은 군사대행기업)

1. AECOM Technology Corporation
2. Aggreko International
3. Agility
4. Air Charter Service PLC
5. AMECO
6. American Glass Products
7. ARINC Engineering Services LLC
8. ArmorGroup
9. Baker Tilly
10. Burton Rands Associates
11. Crowell & Moring LLP
12. Cyrus Strategies LLP
13. DLA Piper LLP
14. DynCorp International
15. Ecolog International

16. EOD Technology, Inc.

17. Exploration Logistics

18. Frank Crystal & Company

19. FSI Worldwide

20. GardaWorld

21. Gibson, Dunn & Crutcher LLP

22. Global Fleet Sales

23. Global Operations Resources Group, Inc.

24. Gold Coast Helicopters

25. Harbor Homes (Associate Member)

26. Hart

27. Holland & Hart LLP

28. Interconex, Inc

29. International Armored Group

30. J-3 Global Services

31. Medical Support Solutions

32. MineWolf Systems (Associate Member)

33. Mission Essential Personnel

34. MPRI

35. New Century

36. Olive Group

37. OSPREA Logistics

38. OSSI, Inc.

39. Overseas Lease Group, Inc.

40. Paramount Logistics

41. Pax Mondial Limited

42. RA International

43. Reed, Inc.

44. Relyant

45. Rutherfoord

46. Securiforce International America, LLC

47. Securiguard, Inc.

48. Security Support Solutions (3S)

49. Shield International Security

50. Shook, Hardy & Bacon LLP

51. SOC Inc.

52. SOS International, Ltd.

53. Tangiers International

54. Threat Management Group

55. Triple Canopy

56. Unity Resources Group

57. URS Federal Services

58. Vertical de Aviación Ltda

59. Whitney, Bradley & Brown, Inc.

60. Worldwide Shelters LLC

[부록 4] 미국 의회 내 군사대행기업 활용 감시 관련 위원회 및 청문회

구분	The Senate Commitee	The House Committee
민간 군사기업/ 보안업체 관련	- 상원 군사위원회(Committee on Armed Services) - 상원 국토안보위원회(Committee on Homeland Security) - 상원 정무위원회(Committee on Governmental Affairs)	- 하원 행정개혁위원회(Committee on Oversight and Government Reform) - 하원 군사위원회(Committee on Armed Services) - 전시 계약 청문회(Hearings on the Commission on Wartime Contracting: Interim Findings and Path Forward) - 이라크 현지 미국인 근로자 보호 위한 형사 청문회(Hearings on Enforcement of Federal Criminal Law to Protect Americans Working for U.S. Contractors in Iraq)
민간 군사기업과의 계약, 감독 및 업무 조율 관련	- 상원 군사위원회 - 상원 국토안보위원회 - 상원 정무위원회	- 하원 행정개혁위원회 - 하원 군사위원회 - 전시 계약 조정 청문회(Hearings on Coordinating Contract Support on the Battlefield) - 전시 계약 청문회(Hearings on Commission on Wartime Contracting)

[부록 5] 군사대행기업 고용 계약서

국가의 군사대행기업 활용은 계약을 통해서 나타난다. 일부 국가들과 군사대행기업의 계약서는 공개되어 있는 경우가 있다. 대표적인 세 가지의 계약서를 소개하도록 하겠다. 첫째는 파푸아뉴기니와 샌드라인 인터내셔널 간의 계약서이고, 둘째는 미국 정부와 KBR의 LOGCAP 계약서이며, 셋째는 미국 정부와 MPRI의 이라크 군 훈련 의뢰 계약서이다.

[부록 5-1] 파푸아뉴기니-샌드라인 인터내셔널의 계약서

AGREEMENT FOR THE PROVISION OF MILITARY ASSISTANCE DATED THIS 31 DAY OF JANUARY 1997 BETWEEN THE INDEPENDENT STATE OF PAPUA NEW GUINEA AND SANDLINE INTERNATIONAL

THIS Agreement is made this day of January 1997 between the Independent State of Papua New Guinea (the State) of the one part and Sandline International (Sandline), whose UK representative office is 535 Kings Road, London SW10 OS2, of the other part.

WHEREAS

Sandline is a company specialising in rendering military and security services of an operational, training and support nature, particularly in situations of internal conflict and only for and on behalf of recognised Governments, in accord with international doctrines and in conformance with the Geneva Convention.

The State, engulfed in a state of conflict with the illegal and unrecognised Bougainville Revolutionary Army (BRA), requires such external military expertise to support its Armed Forces in the protection of its Sovereign territory and regain control over important national assets, specifically the Panguna mine. In particular, Sandline is contracted to provide personnel and related services and equipment to:

Train the State's Special Forces Unit (SFU) in tactical skills specific to the objective;

gather intelligence to support effective deployment and operations;

conduct offensive operations in Bougainville in conjunction with PNG defence forces to render the BRA military ineffective and repossess the Panguna mine; and provide follow–up operational support, to be further specified and agreed between the parties and is subject to separate service provision levels and fee negotiations.

IT IS THEREFORE AGREED AS FOLLOWS:

The State hereby agrees to contract and utilise and employ the services of Sandline to provide all required and necessary services as are more particularly described hereafter.

Duration and Continuation

The duration of this contract shall be effective from the date of receipt of the initial payment, as defined in paragraph 5.2 below, for a maximum initial period of three calendar months (the initial contract period) or achievement of the primary objective, being the rendering of the BRA militarily ineffective, whichever is the earlier. The State shall have the option of renewing this agreement either in part or in whole for further periods as may be required.

Notice of renewal, termination or proposed variation of this agreement is to be served on Sandline in writing by the State at least 45 days before the expiry of the current period. Non–communication by the State shall be regarded by Sandline as automatic renewal of the relevant parts of this agreement for a further three months period on the same terms and this precedent shall continue to apply thereafter.

Service Provision

Sandline shall provide the following manpower, equipment and services:

(a)A 16 man Command, Admin and Training Team (CATT), to deploy in PNG and establish home bases at Jackson Airport and the Jungle Training Centre at Wewac within one week of commencement of this agreement, which is deemed to be the date on which the initial payment relating there to in accorance with paragraph 5.2 below is deposited free and clear in Sandline's nominated bank account. The role of the CATT is to (i) establish links with PNG defence forces, (ii) develop the requisite logistics and communications infrastructure, (iii) secure and prepare facilities for the arrival of the contracted equipment, including air assets, (iv) initiate intelligence gathering operations, and (v) commence SFU training.

(b) Further Special Forces personnel which will deploy to PNG within 10 days of the arrival of the CATT, together with helicopter and fixed wing aircrew and engineers, intelligence and equipment operatives, mission operators, ground tech and medical support personnel. This force will absorb the CATT as part of its number, therefore bringing the total Strike Force headcount to 70. This Strike Force shall be responsible for achieving the primary objective as specified in paragraph 1.1 of this agreement and the full complement will remain in country for the initial contract period as defined in the said paragraph.

Note: at no time will Sandline personnel cater the sovereign territory of another nation nor will they breach the laws and rules of engagement relating to armed conflict. Once the operation has been successfully concluded, Sandline personnel will be available to assist with the ongoing training, skills enhancement and equipping of the PNG defence forces.

(c) Weapons, ammunition and equipment, including helicopters and aircraft (servicable for up to 50 hours flying time per machine per month), and electronic warfare equipment and communications systems, all as specified or equivalent to the items listed in Schedule 1. Upon termination of a contractual relationship between the State and Sandline and once all payments have been received and Sandline has withdrawn from theatre any remaining stock of equipment shall be handed over and become the property of the State. Selected Sandline personnel will remain in country to maintain and supplement such equipment subject to a separate agreement relating there to.

Note: delivery into theatre of the contracted equipment shall be via air into Jackson Airport or such other facility as may be considered appropriate. The equipment will be delivered in full working order in accordance with manufacturers' specifications. After its delivery, any equipment lost, damaged or destroyed during Sandline's deployment shall be immediately replaced at the cost of the State.

(d) personal kit, including US pattern jungle fatigues, boots and webbing, for Sandline personnel.

(e) All international Transport arrangements for the shipment in/out of equipment and deployment in country of Sandline personnel but not for the movement of such equipment and personnel within the country if this needs to be achieved by way of commercial service providers.

(f) The provision of medial personnel to treat any Sandline casualties and their evacuation if necessary.

(g) A Project Co-ordinator who, together with the Strike Force Commander and his Senior Intelligence offer, shall maintain liaison with and provide strategie and operational briefings and advice to the Prime Minister, Defence Minister, NEC, NSC, the commander of the PNG defence forces and his delegated officers as may from time-to-time be required or requested.

Sandline shall ensure the enrolment of all personnel involved in this contract as Special Constables and that they carry appropriate ID cards in order to legally undertake their assigned roles.

Responsibilities of Sandline

Sandline will train the SFU in tactical skills specific to the objective, such as live fire contact, ambush techniques and raiding drills, gather intelligence to support effective deployment and plan, direct, participate in and conduct such ground, air and sea operations which are required to achieve the primary objective.

Both parties here to recognise and agree that the force capability to respond to all emergency and hostile situations will be constrained by the manpower and equipment level provided within the terms of this agreement. The achievement of the primary objective cannot be deemed to be a performance measure for the sake of this agreement if it can be demonstrated that for valid reasons it cannot be achieved within the given timescale and with the level of contracted resources provided.

Sandline shall supply all the personnel and maintain all services and equipment as specified in paragraph 2.1 above to the appropriate standards of proficiency and operational levels as is generally expected from a high calibre, professional armed force.

Sandline shall further provide a project co–ordinator to act as the liaison officer between the company's management and the nominated representatives of the State. This individual will convene and attend regular meetings at such venues as he may be so directed.

Sandline shall be responsible for any expense resulting from the loss or injury of any of its personnel for the duration of the agreement unless same is caused by the negligence of the State, its personnel or agents in which case all such costs will be fairly claimed against the State by Sandline and promptly paid for the benefit of the persons involved.

Sandline will ensure that the contents of this agreement shall remain strictly confidential and will not be disclosed to any third party. Sandline will not acknowledge the existence of this contract prior to the State issuing notifications in accordance with paragraph 4.11 below and will not take credit for any successful action unless this is mutually agreed by the parties. Furthermore, Sandline and its personnel are well versed in the requirement to maintain absolute secrecy with regard to all aspects of its activities in order to guard against compromising operations and will apply the necessary safeguards.

Responsibilities of the State

Immediately on signing this agreement the State automatically grants to Sandline and its personnel all approvals, permissions, authorisations, licences and permits to carry arms, conduct its operations and meet its contractual obligations without hindrance, including issuing instructions to PNG defence forces personnel to co-operate fully with Sandline commanders and their nominated representatives. All officers and personnel of Sandline assigned to this contract shall be enrolled as Special Constables, but hold military ranks commensurate with those they hold within the Sandline command structure and shall be entitled to given orders to junior ranks as may be necessary for the execution of their duties and responsibilities.

The State will ensure that full co-operation is provided from within its organisation and that of the PNG defence forces. The Commanders of the PNG defence forces and Sandline shall form a joint liaison and planning team for the duration of this agreement. The operational deployment of Sandline personnel and equipment is to be jointly determined by the Commander, PNG defence forces and Sandline's commander, taking account of their assessment of the risk and value thereof.

The State recognises that Sandline's commanders will have such powers as are required to efficiently and effectively undertaken their given roles, including but not limited to the powers to engage and fight hostile forces, repel attacks therefrom, arrest any persons suspected of undertaking or conspiring to undertake a harmful act, secure Sovereign assets and territory, defend the general population from any threat, and proactively protect their own and State Forces from any form of aggression or threat. The State agrees to indemnity Sandline for the legitimate actions of the company's and its associates' personnel as specified herein and to assume any claims brought against the company arising out of this agreement.

The State shall pay or shall cause to be paid the fees and expenses relating to this agreement as set out in paragraph 5.1 below. Such fees and expenses to be paid as further specified in paragraph 5.2, without deduction of any taxes, charges or fees, and eligible to be freely exported from PNG. All payments to be made in US Dollars.

The State shall cause all importation of equipment and the provision of services to be free to Sandline (and any of its sister or associated companies as notified to the authorities) of any local, regional or national taxes, withholding taxes, duties, fees, surcharges, storage charges and clearance expenses howsoever levied and shall allow such equipment to be processed through Customs without delay. Further, all Sandline personnel will be furnished with the necessary multiple entry visas without passport stamps and authorisation to enter and leave the country free from hindrance at any time and shall be exempt from tax of any form on their remuneration from Sandline.

The State will promptly supply at no cost to Sandline and its sister and associated companies all End User Certificates and related documentation to facilitate the legitimate procurement and export of the specified equipment from countries of origin.

4.7 The State will provide suitable accommodation for all Sandline personnel together with all related amenities, support staff to undertake role such as messengers and household duties, secure hangerage and storage facilities for equipment, qualified tradesmen and workmen to clear and prepare operating sites, all aviation and ground equipment fuel and lubricant needs, such vehicles and personnel carriers as reasonably specified for the field and for staff use, foot stuffs and combat rations, fresh drinking water, and sanitary and other relevant services and ancillary equipment as Sandline may specify from time–to–time to undertake its activities without hindrance.

If any service, resource or equipment to be supplied by the State in accordance with paragraph 4.7 above is not forthcoming then Sandline will have the right to submit an additional invoice for the procurement and supply thereof and may curtail or reduce operations affected by its non–availability until payment has been made and the said equipment is in position.

The State agrees and undertakes that, during the period of this agreement and for a period of 12 months following the date of its expiration, it will not directly or indirectly offer employment to or employ any of the personnel provided hereunder or otherwise in the employ of Sandline and its associates. Any such employment will be constructed as a continuation of the contract for the employees concerned and Sandline shall be entitled to be paid accordingly on a pro-rata basis.

The State and the PNG defence forces will ensure that information relating to planned operations, deployments and associated activities is restricted to only those personnel who have an essential need to be briefed in. Appropriate steps will be taken to prevent press reporting, both nationally and internationally, or any form of security breach or passage of information which may potentially threaten operational effectiveness and/or risk the lives of the persons involved. Sandline's commanders have the right to curtail any or all planned operations which they determine are compromised as a result of failure in security.

If deemed necessary due to external interest, the State shall be responsible for notifying and updating the International Community, including the United Nations and representatives of other Governments, at the appropriate time of the nature of this contract and the underlying intent to protect and keep safe from harm Papua New Guinea's Sovereign territory, its population, mineral assets and investing community. The content and timing of all such formal communications will be discussed and agreed with Sandline before release.

Fees and Payments

Sandline's inclusive free for the provision of the personnel and services as specified in paragraph 2.1 above and also in Schedule 1 attached for the initial contract period is USD 36,000,000 (thirty six million US Dollars).

Payment terms are as follows. All payments to be by way of cash funds, either in the form of electronic bank transfers or certified banker's cheques.

On contract signing 50 per cent of the overall fee, totalling USD 18,000,000 is immediately due and is deemed the "initial payment".

Within 30 days of deploying the CATT, the balance of USD 18,000,000.

This contract is deemed to be enacted once the initial payment is received in full with value into such bank account as Sandline may nominate therefor. Payments are recognised as being received when they are credited as cleared funds in our account and payment receipt relies on this definition.

All fees for services rendered shall be paid in advance of the period to which they relate. Sandline reserves the right to withdraw from theatre in the event of non-payment of fees for any renewal to the original contract period.

The financial impact of variations, additions or charges to the personnel provision and equipment supply specified herein will be agreed between the parties and any incremental payment will be made to Sandline before such change is deemed to take effect. There is no facility for rebate or refund in the event of a required reduction or early termination of service delivery within a given contract period.

Applicable Law

In the event of any dispute or difference arising out of or in relation to this agreement the parties shall in the first instance make an effort to resolve it amicably, taking account of the sensitive nature of this arrangement.

The aggrieved party shall notify the other by sending a notice of dispute in writing and, where amicable settlement is not possible within 30 days thereafter, refer the matter to arbitration in conformity with the UNCITRAL rules applying there to.

This agreement shall be construed and governed in accordance with the Laws of England and the language of communication between the parties shall be English.

Amendments and Supplements

This agreement may only be altered, modified or amended by the parties here to provided that such alteration, modification or amendment is in writing and signed by both parties.

Schedule 1 ("Oyster" Costings) forms part of this agreement.

IN WITNESS WHEREOF the parties here to have set their hands on the day and year first written above.

For the Independent State of Papua New Guinea:

Name: Chris S Haiveta

Witness: (indecipherable)

Name: Vele Iamo

Occupation: A/Deputy Secretary

For Sandline International:

Name: Tim Spicer OBE.

Witness: (indecipherable)

Name: J. N. Van Den Bergh

Occupation: Consultant

PNG-Sandline 1997 Contract: Operation Contravene]s Equipment

Item	Quantity	Cost(U.S. $)
Special Force Team:		(Subtotal: 7,100,000)
Manpower	40, Plus 2 Doctors	4,500,000
Positioning		100,000
Equipment:		2,500,000
AK-47 Assault Rifle	100	
PKM Light Machine Gun	10	
RPG-7 Grenade Launcher	10	
60mm Mortar	10	
82mm Mortar	6	
AGS-17 30mm Automatic Grenade Launcher	4	
Makarov Pistol	20	
7.62×39 (for AK-47)	500,000	
AK-47 Magazines	1,000	
7.62×54 (for PKM)	250,000	
12.7mm Ball	100,000	
12.7mm Tracer	25,000	
Ammo Links	250,000	
PG-7 Rocket Grenades	1,000	
30mm Grenades	2,000	
60mm HE Mortar Rounds	2,500	
82mm HE Mortar Rounds	2,500	
Illumination Grenades	200	
Smoke/Frag Grenades	800	

Item	Quantity	Cost(U.S. $)
Personal Kit and Uniforms	100	
Mission Support:		(Subtotal: 29,170,000)
Mi-24 Hind Attack Helicopter	2	8,200,000
Ordnance:		2,500,000
57mm Rocket Launcher Pods	6	
57mm High Explosive Rocket	1,000	
23mm Ball	20,000	
23mm Tracer	5,000	
23mm Links	125,000	
Mi-24 Aircrew	6	680,000
Mi-17 Assault Helicopter	2	3,000,000
Mi-17 Aircrew	6	860,000
Spares-Helicopters		1,500,000
Surveillance Platform-CASA-12	1	2,400,000
"On Board Systems"	1	4,850,000
SP Aircrew	4	280,000
SP Trainers	included	120,000
SP Spares		600,000
Ground System	1	600,000
Mission Operators	5	480,000
Ground Staff	5	270,000
Electronic Warfare Trainers	included	120,000
Project Coordinator	1	Included
Personnel Equipment	30	250,000
Personnel Movement		250,000
Insurances		Included
Logistic Support		Client Responsibility
Communications Equipment:		(Subtotal 1,100,000)
HF Radio System	1+15	400,000
Hardened Tactical Radio System	1+16	500,000
Satellite Comms Units	15	200,000
Contract Total		37,370,000
Minus Package Price Reduction		-1,370,000
FEE TO CLIENT:		36,000,000

[부록 5-2] 미국 정부-Brown and Root Service (현 KBR)의 LOGCAP 계약서

Dec-14-01 05:18pm From-KELLOGG BROWN & ROOT T-435 P.002/002 F-219
12/14/2001 12:31 3097822673

AWARD/CONTRACT	1. This Contract Is A Rated Order Under DPAS (15 CFR 700) ▶	Rating DOCR	Page 1 Of [illegible]
2. Contract (Proc. Inst. Ident) No. DAAA09-02-D-0007	3. Effective Date	4. Requisition/Purchase Request/Project No. SEE SCHEDULE	

5. Issued By Code W52P1J
HQ OSC
AMSOS-CCA
DICK [illegible] (309) 782-[illegible]
ROCK ISLAND, IL 61299-6500

BLDG 350
e-mail address: [illegible]@OSC.ARMY.MIL

6. Administered By (If Other Than Item 5) Code W52P1J
COMMANDER USA
OPERATIONS SUPPORT COMMAND
ATTN: CONTRACTING & [illegible] CENTER
ROCK ISLAND, IL 61299-6500

SCD A PAS NONE ADP PT W52P1J

7. Name And Address Of Contractor (No. Street, City, County, State, And Zip Code)
BROWN & ROOT SERVICES
DIV OF KELLOGG BROWN & ROOT, INC
1421 KENT STREET, SUITE 100
ARLINGTON, VA 22209-[illegible]

TYPE BUSINESS: Large Business Performing in U.S.

Code [illegible] Facility Code

8. Delivery
☐ FOB Origin ☒ Other (See Below) SEE SCHEDULE

9. Discount For Prompt Payment

10. Submit Invoices (4 Copies Unless Otherwise Specified) To The Address Shown In ▶ Item 12

11. Ship To/Mark For Code
SEE SCHEDULE

12. Payment Will Be Made By Code [illegible]
DEFENSE FINANCE & ACCOUNTING SERVIC
ROCK ISLAND OPERATING LOCATION
ATTN [illegible]
BUILDING 68
ROCK ISLAND IL 61299-[illegible]

13. Authority For Using Other Than Full And Open Competition:
☐ 10 U.S.C. 2304(c)( ) ☐ 41 U.S.C. 253(c)( )

14. Accounting And Appropriation Data

15A. Item No.	15B. Schedule Of Supplies/Services	15C. Quantity	15D. Unit	15E. Unit Price	15F. Amount
SEE SCHEDULE	CONTRACT TYPE: Firm-Fixed-Price Cost-Plus-Award-Fee	KIND OF CONTRACT: Service Contracts Other			
CONTRACT Expiration Date: [illegible]		15G. Total Amount Of Contract ▶			$0.00

16. Table Of Contents

(X)	Section	Description	Page(s)	(X)	Section	Description	Page(s)
Part I - The Schedule				Part II - Contract Clauses			
X	A	Solicitation/Contract Form	1	X	I	Contract Clauses	34
X	B	Supplies or Services and Prices/Costs	2	Part III - List Of Documents, Exhibits, And Other Attachments			
X	C	Description/Specs./Work Statement	27	X	J	List of Attachments	41
X	D	Packaging and Marking	28	Part IV - Representations And Instructions			
X	E	Inspection and Acceptance	29		K	Representations, Certifications, and Other Statements of Offerors	
X	F	Deliveries or Performance	30		L	Instrs., Conds., and Notices to Offerors	
X	G	Contract Administration Data	31		M	Evaluation Factors for Award	
X	H	Special Contract Requirements	32				

Contracting Officer Will Complete Item 17 Or 18 As Applicable

17. ☒ Contractor's Negotiated Agreement (Contractor is required to sign this document and return 2 signed copies to issuing office.) Contractor agrees to furnish and deliver all items or perform all the services set forth or otherwise identified above and on any continuation sheets for the consideration stated herein. The rights and obligations of the parties to this contract shall be subject to and governed by the following documents: (a) this award/contract, (b) the solicitation, if any, and (c) such provisions, representations, certifications, and specifications, as are attached or incorporated by reference herein. (Attachments are listed herein.)

18. ☐ Award (Contractor is not required to sign this document.) Your offer on Solicitation Number ____________ including the additions or changes made by you which additions or changes are set forth in full above, is hereby accepted as to the items listed above and on any continuation sheets. This award consummates the contract which consists of the following documents: (a) the Government's solicitation and your offer, and (b) this award/contract. No further contractual document is necessary.

19A. Name And Title Of Signer (Type Or Print)
T.J. LOPEZ

20A. Name Of Contracting Officer
MARY BETH WATKINS
WATKINSM@OSC.ARMY.MIL (309) 782-[illegible]

19B. Name of Contractor	19C. Date Signed	20B. United States Of America	20C. Date Signed
BROWN & ROOT SVC By ____ (Signature of person authorized to sign)	12/14/01	By Mary Beth Watkins (Signature of Contracting Officer)	14 Dec 2001

NSN 7540-01-152-8069
PREVIOUS EDITIONS UNUSABLE
26-106
GPO : 1985 0 - 478-632
Standard Form 26 (Rev. 4-85)
Prescribed By GSA-FAR (48 CFR) 53.214(a)

me of Offeror or Contractor: BROWN & ROOT SERVICES

ION A - SUPPLEMENTAL INFORMATION

he Government accepts and incorporates Brown and Root Services (BRS) offer dated 24 September 2001. While the specific provisions of final BRS proposal dated 26 September 2001 are not fully incorporated herein, this award is based upon the representations, urces and quality of performance proposed. Significant anticipated deviations should be brought to the attention of the contracting cer (PCO). If in the opinion of the PCO, such changes in method of performance would substantially impact the quality of performance that represented in BRS's proposal, such changes shall not be undertaken without the prior approval of the PCO.

ific provisions to be incorporated are set forth in this award document.

e Government anticipates a formal Partnering arrangement IAW paragraph below.

Partnering

n effort to most effectively accomplish the objectives of this contract, it is proposed that the government and the contractor (BRS) ge in the Partnering process. Participation in the Partnering process is entirely voluntary and is based upon a mutual commitment een government and industry to work cooperatively as a Team to identify and resolve problems and facilitate contract performance. primary objective of the process is providing the American soldier with the highest quality supplies/services on time and at a onable price. Partnering requires the parties to look beyond the strict bounds of the contract in order to formulate actions that ote their common goals and objectives. It is a relationship that is based upon open and continuous communications, mutual trust and ect, and the replacement of the "us vs. them" mentally of the past with a "win-win" philosophy for the future. Partnering also otes synergy, creative thinking, pride in performance, and the creation of a shared vision for success.

r contract award, the government and BRS will decide whether or not to engage in the Partnering process. If the parties elect to ser, any costs associated with that process shall be identified and agreed to after contract award.

establishment of this Partnering arrangement does not affect the legal responsibilities or relationship of the parties and cannot be to alter, supplement or deviate from the terms of the contract. Any changes to the contract must be executed in writing by the racting Officer.

ementation of this Partnering relationship will be based upon the AMC Model Partnering Process, as well as the principles and edures set forth in the AMC Partnering Guide. The principal government representatives for this effort will be Mary Beth Watkins , Dick Terhune (Contract Specialist), Dave DePrieze (Legal) and Mike Noll (Acting PM LOGCAP).

US Small Business, Small Disadvantaged Business, Women-Owned Small Business, Hubzone Small Business, Veteran-Owned Small Business, ice-Disabled Veteran-Owned Small Business Concern Participation Program is incorporated into this contract for Logistics Civil entation Program (LOGCAP).

. following minor changes are hereby incorporated into the Logistics Civil Augmentation Program (LOGCAP) Support Contract STATEMENT RK (SOW) and the entire SOW is included as attachment 01:

ge 5, paragraph 1.3.1, Period of Performance: to clarify the time frame for delivery of the Worldwide Management and Staffing Plan P) to include the supplementary Army Transformation Annex is as follows:

. Plan: 270 days after award of task order.
ment Review: 45 days after receipt of draft.
. Plan: 360 days after award of task order.

ge 4, "LOGCAP augmentation functional capabilities may include, but are not limited to:" should be bold.

ge 16, paragraph 2.1, General: added as last sentence. All plans are the property of the U.S. Government and may be used by the P contractor, other contractors, military units or other elements as determined by PM, LOGCAP. All plans received by BRS or oped by BRS, must be marked classified as identified in the individual task order or marked at least "For Official Use Only", this des all updates to the plans. At least one copy of all plans must be delivered to the Government in a read/write format compatible Government systems. Data specifically required to be delivered under this contract shall not contain restrictions, formats, or ations that would hinder, delay, or otherwise prevent functional use of such data. It is the single intent of this provision to bit the delivery of data in a format that would restrict the functional present or future use of such data to meet the Government's on.

ge 18, paragraph 2.2.6.6.1, Troop Housing: Replace "Joint Pub 4-04, Joint Doctrine for Civil Engineering Support" with "Army dards".

ge 22, paragraph 2.5.13, Safety Program: replace first sentence, "The contractor will ensure the safety and health of all ary, government, and contractor personnel, equipment, and supplies", with the following sentence: "The contractor will ensure the y and health of personnel, equipment and supplies that the contractor has direct control over, within the AO."

Name of Offeror or Contractor: BROWN & ROOT SERVICES

4. Page 24, paragraph 4.3.1, Rough Order of Magnitude Preparation: The "detailed plan of execution" as mentioned in the first sen refers to "Technical Execution Plan" (T.E.P.).

E. The attached Kellogg Brown and Root, Inc. Corporate Guaranty (Exhibit A) is hereby incorporate and remains in effect for the li this contract and is applicable to any and all task orders issued as result of this contract

F. BRS is to submit an Operational Security (OPSEC) Plan no later than 11 January 2002.

G. All travel costs associated with the firm fixed price CLINS have been included as proposed by BRS for CLIN X001AA, each year f HMSP and Annex. Any travel required for CLIN X0006AA will be at BRS expense.

H. A 3% profit rate will apply for any firm fixed price effort negotiated under this contract. A 3% fixed fee will apply to any Co Plus Fixed Fee task orders awarded under this contract. A maximum 3% award fee will apply for any Cost Plus Award Fee task orders awarded under this contract.

I. A full-time Program General Manager (PGM), a full- time Logistics Planner, a half-time Contracts Manager and parts of members o their Shared Services organization will staff the Project Management Office (PMO) for the life of this contract.

J. BRS will use the Work Breakdown Structure (WBS) in cost coding.

K. For development of the plans, BRS will use the Critical Path Method (CPM).

L. Cost Schedule Status Reports (CSSR) shall be utilized and equal to or superior as proposed by BRS .

M. For Block 15B on page 1 of this award document should reference the contract types as follows: Firm-Fixed Price (FFP), Cost Plu Award Fee (CPAF) or Cost Plus Fixed Fee (CPFF). For Block 17 on page 1 also, Solicitation DAAA09-01-R-0068 should be listed.

N. All terms and conditions of Solicitation DAAA09-01-R-0068 to include Amendments 0001 - 0012 is incorporated into this contract.

O. Clause I-210, DFARS 252-217-7027, "Contract Definitization" has been changed.

*** END OF NARRATIVE A 001 ***

For Local Clauses See: http://www.osc.army.mil/ac/aais/ioc/clauses/index.htm

	Regulatory Cite	Title	Date
A-1	AMC	AMC-LEVEL PROTEST PROGRAM	OCT/1996

***

(End of clause)

(AM7010)

	Regulatory Cite	Title	Date
A-2	52.246-4501 OSC	CONTRACTOR PERFORMANCE CERTIFICATION PROGRAM	APR/1997

***

(End of clause)

(AS7000)

	Regulatory Cite	Title	Date
A-3	52.252-4500 OSC	FULL TEXT CLAUSES	SEP/1997

1. The entire body of full text regulatory and command unique clauses and provisions will no longer be included in solicitations contracts. These clauses and provisions have the same force and effect as if the entire full text was included in the solicitation/contract. Where text has been removed three astericks are put in its place (***).

2. You can view or obtain a copy of the clauses and provisions on the internet at: www.osc.army.mil/ac/aais/ioc/clauses/index.ht Click on command unique first to locate the clause. If it is not located under command unique click on regulatory to find.

3. All full text clauses have a 6 or 7 as the third digit of the clause number (i.e. AS7000).

(End of clause)

001)

	Firm Fixed Price-as appropriate) SOW paragraph 4.0		
0006	AMC Directed Missions SOW paragraph 5.0		
0006AA	Force Provider Training Module Total Labor for Operations and Maintenance (Normal and Abnormal) at Ft. Polk, LA (Firm Fixed Price) SOW paragraph 5.1		$445,475.00/12 MO
0006AB	Force Provider Training Module at Ft. Polk, LA. Repair/Maintenance Parts as Needed (Cost Reimbursable for Materials that cannot be ordered through Ft. Polk, Director of Logistics) SOW paragraph 5.1.2.3		To Be Determined
0006AC	Force Provider-Deployment (Cost Plus Fixed Fee/Cost Plus Award Fee/Firm Fixed Price-as appropriate) SOW paragraph 5.1.2.4		To Be Determined
0006AD	Army Oil Analysis Program (AOAP) (Cost Plus Fixed Fee/Cost Plus Award Fee/Firm Fixed Price-as appropriate) SOW paragraph 5.2		To Be Determined
0006AE	Test Measurement Diagnostic Equipment (TMDE) (Cost Plus Fixed Fee/Cost Plus Award Fee/Firm Fixed Price-as appropriate) SOW paragraph 5.3		To Be Determined
0006AF	Fly Away Communications Package (Cost Plus Fixed Fee/Cost Plus Award Fee/Firm Fixed Price-as appropriate) SOW paragraph 5.4		To Be Determined
0006AG	Other Missions (Cost Plus Fixed Fee/Cost Plus Award Fee/Firm Fixed Price-as appropriate) SOW paragraph 5.5		To Be Determined
0007	Reports (NSP-Not Separately Priced)	$ NSP	$ NSP
0007AA	Operations Security Plan SOW paragraph 1.6	$ NSP	$ NSP
0007AB	Project Schedules SOW paragraphs 1.15	$ NSP	$ NSP
0007AC	Force Provider Management Plan SOW paragraph 5.1.2.1	$ NSP	$ NSP
0007AD	Trip/Minutes Reports SOW paragraphs 10.2.3	$ NSP	$ NSP
0007AE	Program Management Cost Report SOW paragraph 9.1.2	$ NSP	$ NSP

CONTINUATION SHEET	Reference No. of Document Being Continued PIIN/SIIN DAAA09-02-D-0007 MOD/AMD	

Name of Offeror or Contractor: BROWN & ROOT SERVICES

ECTION B - SUPPLIES OR SERVICES AND PRICES/COSTS

.1. For Cost-Reimbursable Contract Line Item Numbers (CLINs) only supplies and materials necessary for performance under this contract ill be reimbursed as stated in each individual Task Order's Scope of Work (SOW) and Federal Acquisition Regulation (FAR) 31.205-26.

.2. The Government's minimum requirement is the Worldwide Management and Staffing Plan (WMSP) including the Army Transformation Annex, hich includes CLINs 0001AA, 0001AB, and 0001AC. While the locations and types of support required in a given year may be varied and ay include a mix of Major Regional Contingencies (MRCs), small scale contingencies, or other efforts identified in the SOW, the overnment's maximum level of support shall not exceed the equivalent of two (2) MRCs plus one (1) small-scale contingency per year for he life of the contract. All contract requirements will be awarded by Individual Task Order.

.3. Please note the CLIN numbering system is as follows: Base year begins with zeros, i.e., 0001 through 0010. Option years begin ith 1 and are consecutive for each option year i.e., 1001, 2001, and 3001 and 4001.

.4. The following CLINs for all years will be a Level of Effort: 0001AB, 0001AC, 0004, 0005, 0006AA, 0006AB, 0006AC, 0006AD, 0006AE, 006AF, 0006AG and 0008. The following CLINs for all years will be a Completion Effort: 0001AA, 0002, 0003 and 0007.

.5. In task orders where initially fluctuating requirements stabilize, the Government reserves the right to convert from a Cost eimbursable to Fixed Price task order.

.6. CLIN 0008, Travel, will be used for travel not related to any task order; such as conferences and meeting as directed by PM, LOGCAP r the Contracting Officer.

ase Year Requirement

TEM	DESCRIPTION	UNIT PRICE	TOTAL AMOUNT
001	Worldwide Management and Staffing Plan (WMSP) SOW paragraph 3.2		
01AA	WMSP to include the Army Transformation Annex (Firm Fixed Price) SOW paragraph 3.2.2	--	
01AB	Program Management Staffing (Firm Fixed Price) SOW paragraphs 3.2.3		
01AC	LOGCAP Database (Firm Fixed Price) SOW paragraphs 3.2.4		
	TOTAL 0001		$853,444.00
02	Regional Management Plans (Firm Fixed Price) SOW paragraph 3.3		To Be Determined
03	CINC/ASCC Support Plans (Firm Fixed Price) SOW paragraph 3.4		To Be Determined
04	Exercise Participation (Cost Plus Fixed Fee/Cost Plus Award Fee/Firm Fixed Price-as appropriate) SOW paragraph 3.6		To Be Determined
06	Event Execution/Support (Cost Plus Award Fee/ Cost Plus Fixed Fee/		To Be Determined

CONTINUATION SHEET	Reference No. of Document Being Continued PIIN/SIIN DAAA09-02-D-0007 MOD/AMD	Page 7 of 48

Name of Offeror or Contractor: BROWN & ROOT SERVICES

0007AF	Daily EVENT SITREP SOW paragraph 10.2.1	$ NSP	$ NSP
0007AG	Monthly Progress Status Reports SOW paragraph 10.2.2	$ NSP	$ NSP
0007AH	Exercise Reports SOW paragraph 10.2.4	$ NSP	$ NSP
0007AJ	Event Lessons Learned Reports SOW paragraph 10.2.5	$ NSP	$ NSP
0007AK	Event After Action Reports SOW paragraph 10.2.6	$ NSP	$ NSP
0007AL	Cost/Schedule/Performance Status Report SOW paragraph 9.1.1, 10.2.7	$ NSP	$ NSP
0007AM	Advance Travel Reports SOW paragraph 10.2.8	$ NSP	$ NSP
0008	Travel As Needed (Cost Reimbureable) (Not to Exceed)		To Be Determined
0009	Award Fee		
0009AA	Base Fee (See Clause H.36)	1%	
0009AB	Earned Fee (See Clause H.36)	2%	
	Total Award Fee	3%	
0010	Fixed Fee	3%	

NOTE: The percentages for base fee, earned fee and fixed fee that BRS proposed in CLINS 0009AA, 0009AB and 0010 will apply for the entire life of the contract.

OPTION YEAR 1 REQUIREMENTS

ITEM	DESCRIPTION	UNIT PRICE	TOTAL AMOUNT
1001	Worldwide Management and Staffing Plan (WMSP) SOW paragraph 2.2		
1001AA	WMSP to include the Army Transformation Annex (Firm Fixed Price) SOW paragraph 2.2.2		
1001AB	Program Management Staffing (Firm Fixed Price) SOW paragraphs 2.2.3		
1001AC	LOGCAP Database (Firm Fixed Price) SOW paragraphs 2.2.4		

Name of Offeror or Contractor: BROWN & ROOT SERVICES

	TOTAL 1001	$608,413.00
02	Regional Management Plans (Firm Fixed Price) SOW paragraph 2.3	To Be Determined
03	CINC/ASCC Support Plans (Firm Fixed Price) SOW paragraph 2.4	To Be Determined
04	Exercise Participation (Cost Plus Fixed Fee/ Cost Plus Award Fee/Firm Fixed Price-as appropriate) SOW paragraph 3.0	To Be Determined
05	Event Execution/Support (Cost Plus Award Fee/ Cost Plus Fixed Fee/ Firm Fixed Price-as appropriate) SOW paragraph 4.0	To Be Determined
06	AMC Directed Missions SOW paragraph 5.0	
6AA	Force Provider Training Module Total Labor for Operations and Maintenance (Normal and Abnormal) at Ft. Polk, LA (Firm Fixed Price) SOW paragraph 5.1	$446,361.00/12 MO
6AB	Force Provider Training Module at Ft. Polk, LA. Repair/Maintenance Parts As Needed (Cost Reimbursable for Materials that can not be ordered through Ft. Polk, Director of Logistics) SOW paragraph 5.1.2.3	To Be Determined
6AC	Force Provider-Deployment (Cost Plus Fixed Fee/Cost Plus Award Fee/Firm Fixed Price-as appropriate) SOW paragraph 5.1.2.4	To Be Determined
6AD	Army Oil Analysis Program (AOAP) (Cost Plus Fixed Fee/Cost Plus Award Fee/Firm Fixed Price-as appropriate) SOW paragraph 5.2	To Be Determined
6AE	Test Measurement Diagnostic Equipment (TMDE) (Cost Plus Fixed Fee/Cost Plus Award Fee/Firm Fixed Price-as appropriate) SOW paragraph 5.3	To Be Determined
AF	Fly Away Communications Package (Cost Plus Fixed Fee/Cost Plus Award Fee/Firm Fixed Price-as appropriate) SOW paragraph 5.4	To Be Determined
AG	Other Missions (Cost Plus Fixed Fee/Cost Plus Award Fee/Firm Fixed Price-as appropriate) SOW paragraph 5.5	To Be Determined

Name of Offeror or Contractor: BROWN & ROOT SERVICES

1007	Reports (NSP-Not Separately Priced)	$ NSP	$ NSP
1007AA	Operations Security Plan SOW paragraph 1.6	$ NSP	$ NSP
1007AB	Project Schedules SOW paragraphs 1.15	$ NSP	$ NSP
1007AC	Force Provider Management Plan SOW paragraph 5.1.2.1	$ NSP	$ NSP
1007AD	Trip/Minutes Reports SOW paragraphs 10.2.3	$ NSP	$ NSP
1007AE	Program Management Cost Report SOW paragraph 9.1..2	$ NSP	$ NSP
1007AF	Daily EVENT SITREP SOW paragraph 10.2.1	$ NSP	$ NSP
1007AG	Monthly Progress Status Reports SOW paragraph 10.2.2	$ NSP	$ NSP
1007AH	Exercise Reports SOW paragraph 10.2.4	$ NSP	$ NSP
1007AJ	Event Lessons Learned Reports SOW paragraph 10.2.5	$ NSP	$ NSP
1007AK	Event After Action Reports SOW paragraph 10.2.6	$ NSP	$ NSP
1007AL	Cost/Schedule/Performance Status Report SOW paragraph 9.1.1, 10.2.7	$ NSP	$ NSP
1007AM	Advance Travel Reports SOW paragraph 10.2.8	$ NSP	$ NSP
1008	Travel As Needed (Cost Reimbursable) (Not to Exceed)		To Be Determined

OPTION YEAR 2 REQUIREMENTS

ITEM	DESCRIPTION	UNIT PRICE	TOTAL AMOUNT
2001	Worldwide Management and Staffing Plan (WMSP) SOW paragraph 2.2		
2001AA	WMSP to include the Army Transformation Annex (Firm Fixed Price) SOW paragraph 2.2.2		
2001AB	Program Management Staffing (Firm Fixed Price) SOW paragraphs 2.2.3		
2001AC	LOGCAP Database		

Name of Offeror or Contractor: BROWN & ROOT SERVICES

(Firm Fixed Price)
SOW paragraphs 2.2.4

	TOTAL 2001	$638,382.00
02	Regional Management Plans (Firm Fixed Price) SOW paragraph 2.3	To Be Determined
03	CINC/ASCC Support Plans (Firm Fixed Price) SOW paragraph 2.4	To Be Determined
04	Exercise Participation (Cost Plus Fixed Fee/ Cost Plus Award Fee/Firm Fixed Price-as appropriate) SOW paragraph 3.0	To Be Determined
05	Event Execution/Support (Cost Plus Award Fee/ Cost Plus Fixed Fee/ Firm Fixed Price-as appropriate) SOW paragraph 4.0	To Be Determined
06	AMC Directed Missions SOW paragraph 5.0	
06AA	Force Provider Training Module Total Labor for Operations and Maintenance(Normal and Abnormal) at Ft. Polk, LA (Firm Fixed Price) SOW paragraph 5.1	$454,294.00/12 MO
06AB	Force Provider Training Module at Ft. Polk, LA. Repair/Maintenance Parts As Needed (Cost Reimbursable for Materials that can not be ordered through Ft. Polk, Director of Logistics) SOW paragraph 5.1.2.3	To Be Determined
06AC	Force Provider-Deployment (Cost Plus Fixed Fee/Cost Plus Award Fee/Firm Fixed Price-as appropriate) SOW paragraph 5.1.2.4	To Be Determined
06AD	Army Oil Analysis Program (AOAP) (Cost Plus Fixed Fee/Cost Plus Award Fee/Firm Fixed Price-as appropriate) SOW paragraph 5.2	To Be Determined
06AE	Test Measurement Diagnostic Equipment (TMDE) (Cost Plus Fixed Fee/Cost Plus Award Fee/Firm Fixed Price-as appropriate) SOW paragraph 5.3	To Be Determined
06AF	Fly Away Communications Package (Cost Plus Fixed Fee/Cost Plus Award Fee/Firm Fixed Price-as appropriate) SOW paragraph 5.4	To Be Determined
06AG	Other Missions (Cost Plus Fixed Fee/Cost Plus	To Be Determined

Name of Offeror or Contractor: BROWN & ROOT SERVICES

	Award Fee/Firm Fixed Price-as appropriate) SOW paragraph 5.5		
2007	Reports (NSP-Not Seperately Priced)	$ NSP	$ NSP
2007AA	Operations Security Plan SOW paragraph 1.6	$ NSP	$ NSP
2007AB	Project Schedules SOW paragraphs 1.15	$ NSP	$ NSP
2007AC	Force Provider Management Plan SOW paragraph 5.1.2.1	$ NSP	$ NSP
2007AD	Trip/Minutes Reports SOW paragraphs 10.2.3	$ NSP	$ NSP
2007AE	Program Management Cost Report SOW paragraph 9.1.2	$ NSP	$ NSP
2007AF	Daily EVENT SITREP SOW paragraph 10.2.1	$ NSP	$ NSP
2007AG	Monthly Progress Status Reports SOW paragraph 10.2.2	$ NSP	$ NSP
2007AH	Exercise Reports SOW paragraph 10.2.4	$ NSP	$ NSP
2007AJ	Event Lessons Learned Reports SOW paragraph 10.2.5	$ NSP	$ NSP
2007AK	Event After Action Reports SOW paragraph 10.2.6	$ NSP	$ NSP
2007AL	Cost/Schedule/Performance Status Report SOW paragraph 9.1.1, 10.2.7	$ NSP	$ NSP
2007AM	Advance Travel Reports SOW paragraph 10.2.8	$ NSP	$ NSP
2008	Travel As Needed (Cost Reimbursable) (Not to Exceed)		To Be Determined

OPTION YEAR 3 REQUIREMENTS

ITEM	DESCRIPTION	UNIT PRICE	TOTAL AMOUNT
3001	Worldwide Management and Staffing Plan (WMSP) SOW paragraph 2.2		
3001AA	WMSP to include the Army Transformation Annex (Firm Fixed Price) SOW paragraph 2.2.2		
3001AB	Program Management Staffing (Firm Fixed Price)		

Name of Offeror or Contractor: BROWN & ROOT SERVICES

SOW paragraphs 2.2.3

AC LOGCAP Database
(Firm Fixed Price)
SOW paragraphs 2.2.4

TOTAL 3001 $670,950.00

Regional Management Plans (Firm Fixed Price) SOW paragraph 2.3 — To Be Determined

CINC/ASCC Support Plans (Firm Fixed Price) SOW paragraph 2.4 — To Be Determined

Exercise Participation (Cost Plus Fixed Fee/Cost Plus Award Fee/Firm Fixed Price-as appropriate) SOW paragraph 3.0 — To Be Determined

Event Execution/Support (Cost Plus Award Fee/ Cost Plus Fixed Fee/ Firm Fixed Price-as appropriate) SOW paragraph 4.0 — To Be Determined

AMC Directed Missions
SOW paragraph 5.0

AA Force Provider Training Module Total Labor for Operations and Maintenance (Normal and Abnormal) at Ft. Polk, LA (Firm Fixed Price) SOW paragraph 5.1 — $462,583.00/12 MO

AB Force Provider Training Module at Ft. Polk, LA. Repair/Maintenance Parts As Needed (Cost Reimbursable for Materials that can not be ordered through Ft. Polk, Director of Logistics) SOW paragraph 5.1.2.3 — To Be Determined

AC Force Provider-Deployment (Cost Plus Fixed Fee/Cost Plus Award Fee/Firm Fixed Price-as appropriate) SOW paragraph 5.1.2.4 — To Be Determined

AD Army Oil Analysis Program (AOAP) (Cost Plus Fixed Fee/Cost Plus Award Fee/Firm Fixed Price-as appropriate) SOW paragraph 5.2 — To Be Determined

AE Test Measurement Diagnostic Equipment (TMDE) (Cost Plus Fixed Fee/Cost Plus Award Fee/Firm Fixed Price-as appropriate) SOW paragraph 5.3 — To Be Determined

F Fly Away Communications Package (Cost Plus Fixed Fee/Cost Plus Award Fee/Firm Fixed Price-as appropriate) — To Be Determined

	SOW paragraph 5.4		
3006AG	Other Missions (Cost Plus Fixed Fee/Cost Plus Award Fee/Firm Fixed Price-as appropriate) SOW paragraph 5.5		To Be Determined
3007	Reports (NSP-Not Separately Priced)	$ NSP	$ NSP
3007AA	Operations Security Plan SOW paragraph 1.6	$ NSP	$ NSP
3007AB	Project Schedules SOW paragraphs 1.15	$ NSP	$ NSP
3007AC	Force Provider Management Plan SOW paragraph 5.1.2.1	$ NSP	$ NSP
3007AD	Trip/Minutes Reports SOW paragraphs 10.2.3	$ NSP	$ NSP
3007AE	Program Management Cost Report SOW paragraph 9.1.2	$ NSP	$ NSP
3007AF	Daily EVENT SITREP SOW paragraph 10.2.1	$ NSP	$ NSP
3007AG	Monthly Progress Status Reports SOW paragraph 10.2.2	$ NSP	$ NSP
3007AH	Exercise Reports SOW paragraph 10.2.4	$ NSP	$ NSP
3007AJ	Event Lessons Learned Reports SOW paragraph 10.2.5	$ NSP	$ NSP
3007AK	Event After Action Reports SOW paragraph 10.2.6	$ NSP	$ NSP
3007AL	Cost/Schedule/Performance Status Report SOW paragraph 9.1.1, 10.2.7	$ NSP	$ NSP
3007AM	Advance Travel Reports SOW paragraph 10.2.8	$ NSP	$ NSP
3008	Travel As Needed (Cost Reimbursable) (Not to Exceed)		To Be Determined

OPTION YEAR 4 REQUIREMENTS

ITEM	DESCRIPTION	UNIT PRICE	TOTAL AMOUNT
4001	Worldwide Management and Staffing Plan (WMSP) SOW paragraph 2.2		
4001AA	WMSP to include the Army Transformation Annex (Firm Fixed Price) SOW paragraph 2.2.2		

Name of Offeror or Contractor: BROWN & ROOT SERVICES

AB Program Management Staffing
(Firm Fixed Price)
SOW paragraphs 2.2.3

AC LOGCAP Database
(Firm Fixed Price)
SOW paragraphs 2.2.4

TOTAL 4001 $721,978.00

Regional Management Plans — To Be Determined
(Firm Fixed Price)
SOW paragraph 2.3

CINC/ASCC Support Plans — To Be Determined
(Firm Fixed Price)
SOW paragraph 2.4

Exercise Participation — To Be Determined
(Cost Plus Fixed Fee/Cost Plus Award Fee/Firm Fixed Price-as appropriate)
SOW paragraph 3.0

Event Execution/Support — To Be Determined
(Cost Plus Award Fee/
Cost Plus Fixed Fee/
Firm Fixed Price-as appropriate)
SOW paragraph 4.0

AMC Directed Missions
SOW paragraph 5.0

AA Force Provider Training Module — $477,975.00/12 MO
Total Labor for Operations and Maintenance (Normal and Abnormal)
at Ft. Polk, LA
(Firm Fixed Price)
SOW paragraph 5.1

AB Force Provider Training Module at Ft. Polk, LA. Repair/Maintenance Parts As Needed — To Be Determined
(Cost Reimbursable for Materials that can not be ordered through Ft. Polk, Director of Logistics)
SOW paragraph 5.1.2.3

AC Force Provider-Deployment — To Be Determined
(Cost Plus Fixed Fee/Cost Plus Award Fee/Firm Fixed Price-as appropriate)
SOW paragraph 5.1.2.4

AD Army Oil Analysis Program (AOAP) — To Be Determined
(Cost Plus Fixed Fee/Cost Plus Award Fee/Firm Fixed Price-as appropriate)
SOW paragraph 5.2

AE Test Measurement Diagnostic Equipment (TMDE) — To Be Determined
(Cost Plus Fixed Fee/Cost Plus Award Fee/Firm Fixed Price-as appropriate)
SOW paragraph 5.3

AF Fly Away Communications Package — To Be Determined

Name of Offeror or Contractor: BROWN & ROOT SERVICES

ITEM	DESCRIPTION	UNIT PRICE	TOTAL AMOUNT
	(Cost Plus Fixed Fee/Cost Plus Award Fee/Firm Fixed Price-as appropriate) SOW paragraph 5.4		
4006AG	Other Missions (Cost Plus Fixed Fee/Cost Plus Award Fee/Firm Fixed Price-as appropriate) SOW paragraph 5.5		To Be Determined
4007	Reports (NSP-Not Separately Priced)	$ NSP	$ NSP
4007AA	Operations Security Plan SOW paragraph 1.6	$ NSP	$ NSP
4007AB	Project Schedules SOW paragraphs 1.15	$ NSP	$ NSP
4007AC	Force Provider Management Plan SOW paragraph 5.1.2.1	$ NSP	$ NSP
4007AD	Trip/Minutes Reports SOW paragraphs 10.2.3	$ NSP	$ NSP
4007AE	Program Management Cost Report SOW paragraph 9.1.1	$ NSP	$ NSP
4007AF	Daily EVENT SITREP SOW paragraph 10.2.1	$ NSP	$ NSP
4007AG	Monthly Progress Status Reports SOW paragraph 10.2.2	$ NSP	$ NSP
4007AH	Exercise Reports SOW paragraph 10.2.4	$ NSP	$ NSP
4007AJ	Event Lessons Learned Reports SOW paragraph 10.2.5	$ NSP	$ NSP
4007AK	Event After Action Reports SOW paragraph 10.2.6	$ NSP	$ NSP
4007AL	Cost/Schedule/Performance Status Report SOW paragraph 9.1.2, 10.2.7	$ NSP	$ NSP
4007AM	Advance Travel Reports SOW paragraph 10.2.8	$ NSP	$ NSP
4008	Travel As Needed (Cost Reimbursable) (Not to Exceed)		To Be Determined

OPTION YEAR 5 REQUIREMENTS

ITEM	DESCRIPTION	UNIT PRICE	TOTAL AMOUNT
5001	Worldwide Management and Staffing Plan (WMSP) SOW paragraph 2.2		
5001AA	WMSP to include the Army Transformation Annex		

Name of Offeror or Contractor: BROWN & ROOT SERVICES

(Firm Fixed Price)
SOW paragraph 2.2.2

01AB Program Management Staffing
(Firm Fixed Price)
SOW paragraphs 2.2.3

01AC LOGCAP Database
(Firm Fixed Price)
SOW paragraphs 2.2.4

TOTAL 0001 $727,105.00

02 Regional Management Plans — To Be Determined
(Firm Fixed Price)
SOW paragraph 2.3

03 CINC/ASCC Support Plans — To Be Determined
(Firm Fixed Price)
SOW paragraph 2.4

04 Exercise Participation — To Be Determined
(Cost Plus Fixed Fee/Cost Plus Award Fee/Firm Fixed Price-as appropriate)
SOW paragraph 3.0

05 Event Execution/Support — To Be Determined
(Cost Plus Award Fee/
Cost Plus Fixed Fee/
Firm Fixed Price-as appropriate)
SOW paragraph 4.0

06 AMC Directed Missions
SOW paragraph 5.0

06AA Force Provider Training Module — $490,307.00/12 MO
Total Labor for Operations and Maintenance (Normal and Abnormal) at Ft. Polk, LA
(Firm Fixed Price)
SOW paragraph 5.1

06AB Force Provider Training Module at Ft. Polk, LA. Repair/Maintenance Parts As Needed — To Be Determined
(Cost Reimburseable for Materials that can not be ordered through Ft. Polk, Director of Logistics)
SOW paragraph 5.1.2.3

06AC Force Provider-Deployment — To Be Determined
(Cost Plus Fixed Fee/Cost Plus Award Fee/Firm Fixed Price-as appropriate)
SOW paragraph 5.1.2.4

06AD Army Oil Analysis Program (AOAP) — To Be Determined
(Cost Plus Fixed Fee/Cost Plus Award Fee/Firm Fixed Price-as appropriate)
SOW paragraph 5.2

06AE Test Measurement Diagnostic Equipment (TMDE) — To Be Determined
(Cost Plus Fixed Fee/Cost Plus Award Fee/Firm Fixed Price-as appropriate)
SOW paragraph 5.3

Name of Offeror or Contractor: BROWN & ROOT SERVICES

5006AF	Fly Away Communications Package (Cost Plus Fixed Fee/Cost Plus Award Fee/Firm Fixed Price-as appropriate) SOW paragraph 5.4		To Be Determined
5006AG	Other Missions (Cost Plus Fixed Fee/Cost Plus Award Fee/Firm Fixed Price-as appropriate) SOW paragraph 5.5		To Be Determined
5007	Reports (NSP-Not Separately Priced)	$ NSP	$ NSP
5007AA	Operations Security Plan SOW paragraph 1.6	$ NSP	$ NSP
5007AB	Project Schedules SOW paragraphs 1.15	$ NSP	$ NSP
5007AC	Force Provider Management Plan SOW paragraph 5.1.2.1	$ NSP	$ NSP
5007AD	Trip/Minutes Reports SOW paragraphs 10.2.3	$ NSP	$ NSP
5007AE	Program Management Cost Report SOW paragraph 9.1.2	$ NSP	$ NSP
5007AF	Daily EVENT SITREP SOW paragraph 10.2.1	$ NSP	$ NSP
5007AG	Monthly Progress Status Reports SOW paragraph 10.2.2	$ NSP	$ NSP
5007AH	Exercise Reports SOW paragraph 10.2.4	$ NSP	$ NSP
5007AJ	Event Lessons Learned Reports SOW paragraph 10.2.5	$ NSP	$ NSP
5007AK	Event After Action Reports SOW paragraph 10.2.6	$ NSP	$ NSP
5007AL	Cost/Schedule/Performance Status Report SOW paragraph 9.1.1, 10.2.7	$ NSP	$ NSP
5007AM	Advance Travel Reports SOW paragraph 10.2.8	$ NSP	$ NSP
5008	Travel As Needed (Cost Reimbursable) (Not to Exceed)		To Be Determined

OPTION YEAR 4 REQUIREMENTS

ITEM	DESCRIPTION	UNIT PRICE	TOTAL AMOUNT
6001	Worldwide Management and Staffing Plan (WMSP) SOW paragraph 2.2		

Name of Offeror or Contractor: BROWN & ROOT SERVICES

AA WMSP to include the Army Transformation Annex (Firm Fixed Price) SOW paragraph 2.2.2

AB Program Management Staffing (Firm Fixed Price) SOW paragraphs 2.2.3

AC LOGCAP Database (Firm Fixed Price) SOW paragraphs 2.2.4

TOTAL 0001 — $753,952.00

Regional Management Plans (Firm Fixed Price) SOW paragraph 2.3 — To Be Determined

CINC/ASCC Support Plans (Firm Fixed Price) SOW paragraph 2.4 — To Be Determined

Exercise Participation (Cost Plus Fixed Fee/Cost Plus Award Fee/Firm Fixed Price-as appropriate) SOW paragraph 3.0 — To Be Determined

Event Execution/Support (Cost Plus Award Fee/ Cost Plus Fixed Fee/ Firm Fixed Price-as appropriate) SOW paragraph 4.0 — To Be Determined

AMC Directed Missions SOW paragraph 5.0

AA Force Provider Training Module Total Labor for Operations and Maintenance (Normal and Abnormal) at Ft. Polk, LA (Firm Fixed Price) SOW paragraph 5.1 — $489,745.00/12 MO

AB Force Provider Training Module at Ft. Polk, LA. Repair/Maintenance Parts As Needed (Cost Reimbursable for Materials that can not be ordered through Ft. Polk, Director of Logistics) SOW paragraph 5.1.2.3 — To Be Determined

AC Force Provider-Deployment (Cost Plus Fixed Fee/Cost Plus Award Fee/Firm Fixed Price-as appropriate) SOW paragraph 5.1.2.4 — To Be Determined

AD Army Oil Analysis Program (AOAP) (Cost Plus Fixed Fee/Cost Plus Award Fee/Firm Fixed Price-as appropriate) SOW paragraph 5.2 — To Be Determined

AE Test Measurement Diagnostic Equipment (TMDE) (Cost Plus Fixed Fee/Cost Plus Award — To Be Determined

Name of Offeror or Contractor: BROWN & ROOT SERVICES

	Fee/Firm Fixed Price-as appropriate) SOW paragraph 5.3		
6006AF	Fly Away Communications Package (Cost Plus Fixed Fee/Cost Plus Award Fee/Firm Fixed Price-as appropriate) SOW paragraph 5.4		To Be Determined
6006AG	Other Missions (Cost Plus Fixed Fee/Cost Plus Award Fee/Firm Fixed Price-as appropriate) SOW paragraph 5.5		To Be Determined
6007	Reports (NSP-Not Separately Priced)	$ NSP	$ NSP
6007AA	Operations Security Plan SOW paragraph 1.6	$ NSP	$ NSP
6007AB	Project Schedules SOW paragraphs 1.15	$ NSP	$ NSP
6007AC	Force Provider Management Plan SOW paragraph 5.1.2.1	$ NSP	$ NSP
6007AD	Trip/Minutes Reports SOW paragraphs 10.2.3	$ NSP	$ NSP
6007AE	Program Management Cost Report SOW paragraph 9.1.2	$ NSP	$ NSP
6007AF	Daily EVENT SITREP SOW paragraph 10.2.1	$ NSP	$ NSP
6007AG	Monthly Progress Status Reports SOW paragraph 10.2.2	$ NSP	$ NSP
6007AH	Exercise Reports SOW paragraph 10.2.4	$ NSP	$ NSP
6007AJ	Event Lessons Learned Reports SOW paragraph 10.2.5	$ NSP	$ NSP
6007AK	Event After Action Reports SOW paragraph 10.2.6	$ NSP	$ NSP
6007AL	Cost/Schedule/Performance Status Report SOW paragraph 9.1.1, 10.2.7	$ NSP	$ NSP
6007AM	Advance Travel Reports SOW paragraph 10.2.8	$ NSP	$ NSP
6008	Travel As Needed (Cost Reimbursable) (Not to Exceed)		To Be Determined

OPTION YEAR 7 REQUIREMENTS

ITEM	DESCRIPTION	UNIT PRICE	TOTAL AMOUNT
7001	Worldwide Management and Staffing Plan (WMSP)		

Name of Offeror or Contractor: BROWN & ROOT SERVICES

SOW paragraph 2.2

01AA	WMSP to include the Army Transformation Annex (Firm Fixed Price) SOW paragraph 2.2.2	
01AB	Program Management Staffing (Firm Fixed Price) SOW paragraphs 2.2.3	
01AC	LOGCAP Database (Firm Fixed Price) SOW paragraphs 2.2.4	
	TOTAL 7001	$795,444.00
2	Regional Management Plans (Firm Fixed Price) SOW paragraph 2.3	To Be Determined
3	CINC/ASCC Support Plans (Firm Fixed Price) SOW paragraph 2.4	To Be Determined
4	Exercise Participation (Cost Plus Fixed Fee/Cost Plus Award Fee/Firm Fixed Price-as appropriate) SOW paragraph 3.0	To Be Determined
5	Event Execution/Support (Cost Plus Award Fee/ Cost Plus Fixed Fee/ Firm Fixed Price-as appropriate) SOW paragraph 4.0	To Be Determined
6	AMC Directed Missions SOW paragraph 5.0	
6AA	Force Provider Training Module Total Labor for Operations and Maintenance(Normal and Abnormal) at Ft. Polk, LA (Firm Fixed Price) SOW paragraph 5.1	$499,602.00/12 MO
6AB	Force Provider Training Module at Ft. Polk, LA. Repair/Maintenance Parts As Needed (Cost Reimbursable for Materials that can not be ordered through Ft. Polk, Director of Logistics) SOW paragraph 5.1.2.3	To Be Determined
6AC	Force Provider-Deployment (Cost Plus Fixed Fee/Cost Plus Award Fee/Firm Fixed Price-as appropriate) SOW paragraph 5.1.2.4	To Be Determined
6AD	Army Oil Analysis Program (AOAP) (Cost Plus Fixed Fee/Cost Plus Award Fee/Firm Fixed Price-as appropriate) SOW paragraph 5.2	To Be Determined
6AE	Test Measurement Diagnostic	To Be Determined

	Equipment (TMDE) (Cost Plus Fixed Fee/Cost Plus Award Fee/Firm Fixed Price-as appropriate) SOW paragraph 5.3		
7006AF	Fly Away Communications Package (Cost Plus Fixed Fee/Cost Plus Award Fee/Firm Fixed Price-as appropriate) SOW paragraph 5.4		To Be Determined
7006AG	Other Missions (Cost Plus Fixed Fee/Cost Plus Award Fee/Firm Fixed Price-as appropriate) SOW paragraph 5.5		To Be Determined
7007	Reports (NSP-Not Separately Priced)	$ NSP	$ NSP
7007AA	Operations Security Plan SOW paragraph 1.6	$ NSP	$ NSP
7007AB	Project Schedules SOW paragraphs 1.15	$ NSP	$ NSP
7007AC	Force Provider Management Plan SOW paragraph 5.1.2.1	$ NSP	$ NSP
7007AD	Trip/Minutes Reports SOW paragraphs 10.2.3	$ NSP	$ NSP
7007AE	Program Management Cost Report SOW paragraph 9.1.2	$ NSP	$ NSP
7007AF	Daily EVENT SITREP SOW paragraph 10.2.1	$ NSP	$ NSP
7007AG	Monthly Progress Status Reports SOW paragraph 10.2.2	$ NSP	$ NSP
7007AH	Exercise Reports SOW paragraph 10.2.4	$ NSP	$ NSP
7007AJ	Event Lessons Learned Reports SOW paragraph 10.2.5	$ NSP	$ NSP
7007AK	Event After Action Reports SOW paragraph 10.2.6	$ NSP	$ NSP
7007AL	Cost/Schedule/Performance Status Report SOW paragraph 9.1.1, 10.2.7	$ NSP	$ NSP
7007AM	Advance Travel Reports SOW paragraph 10.2.8	$ NSP	$ NSP
7008	Travel As Needed (Cost Reimbursable) (Not to Exceed)		To Be Determined

OPTION YEAR 8 REQUIREMENTS

ITEM	DESCRIPTION	UNIT PRICE	TOTAL AMOUNT

Name of Offeror or Contractor: BROWN & ROOT SERVICES

Item	Description	Amount
001	Worldwide Management and Staffing Plan (WMSP) SOW paragraph 2.2	
001AA	WMSP to include the Army Transformation Annex (Firm Fixed Price) SOW paragraph 2.2.2	
001AB	Program Management Staffing (Firm Fixed Price) SOW paragraphs 2.2.3	
001AC	LOGCAP Database (Firm Fixed Price) SOW paragraphs 2.2.4	
	TOTAL 0001	$832,428.00
002	Regional Management Plans (Firm Fixed Price) SOW paragraph 2.3	To Be Determined
003	CINC/ASCC Support Plans (Firm Fixed Price) SOW paragraph 2.4	To Be Determined
04	Exercise Participation . (Cost Plus Fixed Fee/Cost Plus Award Fee/Firm Fixed Price-as appropriate) SOW paragraph 3.0	To Be Determined
05	Event Execution/Support (Cost Plus Award Fee/ Cost Plus Fixed Fee/ Firm Fixed Price-as appropriate) SOW paragraph 4.0	To Be Determined
06	AMC Directed Missions SOW paragraph 5.0	
06AA	Force Provider Training Module Total Labor for Operations and Maintenance (Normal and Abnormal) at Ft. Polk, LA (Firm Fixed Price) SOW paragraph 5.1	$509,870.00/12 MO
06AB	Force Provider Training Module at Ft. Polk, LA. Repair/Maintenance Parts As Needed (Cost Reimbursable for Materials that can not be ordered through Ft. Polk, Director of Logistics) SOW paragraph 5.1.2.3	To Be Determined
06AC	Force Provider-Deployment (Cost Plus Fixed Fee/Cost Plus Award Fee/Firm Fixed Price-as appropriate) SOW paragraph 5.1.2.4	To Be Determined
06AD	Army Oil Analysis Program (AOAP) (Cost Plus Fixed Fee/Cost Plus Award Fee/Firm Fixed Price-as appropriate) SOW paragraph 5.2	To Be Determined

8006AE	Test Measurement Diagnostic Equipment (TMDE) (Cost Plus Fixed Fee/Cost Plus Award Fee/Firm Fixed Price-as appropriate) SOW paragraph 5.3		To Be Determined
8006AF	Fly Away Communications Package (Cost Plus Fixed Fee/Cost Plus Award Fee/Firm Fixed Price-as appropriate) SOW paragraph 5.4		To Be Determined
8006AG	Other Missions (Cost Plus Fixed Fee/Cost Plus Award Fee/Firm Fixed Price-as appropriate) SOW paragraph 5.5		To Be Determined
8007	Reports (NSP-Not Separately Priced)	$ NSP	$ NSP
8007AA	Operations Security Plan SOW paragraph 1.6	$ NSP	$ NSP
8007AB	Project Schedules SOW paragraphs 1.15	$ NSP	$ NSP
8007AC	Force Provider Management Plan SOW paragraph 5.1.2.1	$ NSP	$ NSP
8007AD	Trip/Minutes Reports SOW paragraphs 10.2.3	$ NSP	$ NSP
8007AE	Program Management Cost Report SOW paragraph 9.1.2	$ NSP	$ NSP
8007AF	Daily EVENT SITREP SOW paragraph 10.2.1	$ NSP	$ NSP
8007AG	Monthly Progress Status Reports SOW paragraph 10.2.2	$ NSP	$ NSP
8007AH	Exercise Reports SOW paragraph 10.2.4	$ NSP	$ NSP
8007AJ	Event Lessons Learned Reports SOW paragraph 10.2.5	$ NSP	$ NSP
8007AK	Event After Action Reports SOW paragraph 10.2.6	$ NSP	$ NSP
8007AL	Cost/Schedule/Performance Status Report SOW paragraph 9.1.1, 10.2.7	$ NSP	$ NSP
8007AM	Advance Travel Reports SOW paragraph 10.2.8	$ NSP	$ NSP
8008	Travel As Needed (Cost Reimbursable) (Not to Exceed)		To Be Determined

OPTION YEAR 9 REQUIREMENTS

Name of Offeror or Contractor: BROWN & ROOT SERVICES

ITEM	DESCRIPTION	UNIT PRICE	TOTAL AMOUNT
001	Worldwide Management and Staffing Plan (WMSP) SOW paragraph 2.2		
001AA	WMSP to include the Army Transformation Annex (Firm Fixed Price) SOW paragraph 2.2.2		
001AB	Program Management Staffing (Firm Fixed Price) SOW paragraphs 2.2.3		
001AC	LOGCAP Database (Firm Fixed Price) SOW paragraphs 2.2.4		
	TOTAL 9001		$853,686.00
02	Regional Management Plans (Firm Fixed Price) SOW paragraph 2.3		To Be Determined
03	CINC/ASCC Support Plans Firm Fixed Price) SOW paragraph 2.4		To Be Determined
04	Exercise Participation (Cost Plus Fixed Fee/Cost Plus Award Fee/Firm Fixed Price-as appropriate) SOW paragraph 3.0		To Be Determined
05	Event Execution/Support (Cost Plus Award Fee/ Cost Plus Fixed Fee/ Firm Fixed Price-as appropriate) SOW paragraph 4.0		To Be Determined
06	AMC Directed Missions SOW paragraph 5.0		
06AA	Force Provider Training Module Total Labor for Operations and Maintenance(Normal and Abnormal) at Ft. Polk, LA (Firm Fixed Price) SOW paragraph 5.1		$530,590.00/12 MO
06AB	Force Provider Training Module at Ft. Polk, LA. Repair/Maintenance Parts As Needed (Cost Reimbursable for Materials that can not be ordered through Ft. Polk, Director of Logistics) SOW paragraph 5.1.2.3		To Be Determined
06AC	Force Provider-Deployment (Cost Plus Fixed Fee/Cost Plus Award Fee/Firm Fixed Price-as appropriate) SOW paragraph 5.1.2.4		To Be Determined
06AD	Army Oil Analysis Program (AOAP) (Cost Plus Fixed Fee/Cost Plus Award		To Be Determined

	Fee/Firm Fixed Price-as appropriate) SOW paragraph 5.2		
9006AE	Test Measurement Diagnostic Equipment (TMDE) (Cost Plus Fixed Fee/Cost Plus Award Fee/Firm Fixed Price-as appropriate) SOW paragraph 5.3		To Be Determined
9006AF	Fly Away Communications Package (Cost Plus Fixed Fee/Cost Plus Award Fee/Firm Fixed Price-as appropriate) SOW paragraph 5.4		To Be Determined
9006AG	Other Missions (Cost Plus Fixed Fee/Cost Plus Award Fee/Firm Fixed Price-as appropriate) SOW paragraph 5.5		To Be Determined
9007	Reports (NSP-Not Separately Priced)	$ NSP	$ NSP
9007AA	Operations Security Plan SOW paragraph 1.6	$ NSP	$ NSP
9007AB	Project Schedules SOW paragraphs 1.15	$ NSP	$ NSP
9007AC	Force Provider Management Plan SOW paragraph 5.1.2.1	$ NSP	$ NSP
9007AD	Trip/Minutes Reports SOW paragraphs 10.2.3	$ NSP	$ NSP
9007AE	Program Management Cost Report SOW paragraph 9.1.2	$ NSP	$ NSP
9007AF	Daily EVENT SITREP SOW paragraph 10.2.1	$ NSP	$ NSP
9007AG	Monthly Progress Status Reports SOW paragraph 10.2.2	$ NSP	$ NSP
9007AH	Exercise Reports SOW paragraph 10.2.4	$ NSP	$ NSP
9007AJ	Event Lessons Learned Reports SOW paragraph 10.2.5	$ NSP	$ NSP
9007AK	Event After Action Reports SOW paragraph 10.2.6	$ NSP	$ NSP
9007AL	Cost/Schedule/Performance Status Report SOW paragraph 9.1.1, 10.2.7	$ NSP	$ NSP
9007AM	Advance Travel Reports SOW paragraph 10.2.8	$ NSP	$ NSP
9008	Travel As Needed (Cost Reimbursable) (Not to Exceed)		To Be Determined

*** END OF NARRATIVE B 001 ***

CONTINUATION SHEET	Reference No. of Document Being Continued PIIN/SIIN DAAA09-02-D-0007 MOD/AMD	Page 27 of 49

Name of Offeror or Contractor: BROWN & ROOT SERVICES

SECTION C - DESCRIPTION/SPECIFICATIONS/WORK STATEMENT

For Local Clauses See: http://www.osc.army.mil/ac/aais/ioc/clauses/index.htm

	Regulatory Cite	Title	Date
C-1	52.225-4502 OSC	STATEMENT OF WORK - ENGLISH LANGUAGE DOCUMENTATION	FEB/1992

All contractor prepared material to be furnished under this contract shall be written in the English language.

(CS7103)
SEE ATTACHMENT 0001 IN SECTION J FOR THE STATEMENT OF WORK (SOW).

*** END OF NARRATIVE C 002 ***

ame of Offeror or Contractor: BROWN & ROOT SERVICES

TION D - PACKAGING AND MARKING .

Local Clauses See: http://www.osc.army.mil/ac/aais/ioc/clauses/index.htm

	Regulatory Cite	Title	Date
D-1	52.247-4521 OSC	UNITIZATION/PALLETIZATION	MAR/1988

(End of clause)

203)
. Specific instructions will be provided in each task order.

*** END OF NARRATIVE D 001 ***

CONTINUATION SHEET	Reference No. of Document Being Continued PIIN/SIIN DAAA09-02-D-0007 MOD/AMD	Page 19 of 48

Name of Offeror or Contractor: BROWN & ROOT SERVICES

SECTION E - INSPECTION AND ACCEPTANCE

For Local Clauses See: http://www.osc.army.mil/ac/aais/ioc/clauses/index.htm

The following Federal Acquisition Regulation (FAR), DoD FAR Supplement clauses and provisions, the full text of which will be made available upon request, are incorporated herein by reference with the same force and effect as if set forth in full text.

The text of the clauses incorporated by reference herein are available from the contract specialist indicated in block 7 of the Stan Form 33 or (as applicable) the contracting officer and will be furnished upon request. Other documents are available as indicated in schedule.

Any company/individual wishing to purchase a copy of the Federal Acquisition Regulation (FAR), the Army FAR Supplement or the DOD FA Supplement, may do so from the Superintendent of Documents, US Government Printing Office, Washington DC 20402

(EA7001)

	Regulatory Cite	Title	Date
E-1	52.246-2	INSPECTION OF SUPPLIES - FIXED-PRICE	AUG/1996
E-2	52.246-3	INSPECTION OF SUPPLIES - COST-REIMBURSEMENT	MAY/2001
E-3	52.246-4	INSPECTION OF SERVICES - FIXED PRICE	AUG/1996
E-4	52.246-5	INSPECTION OF SERVICES - COST-REIMBURSEMENT	APR/1984
E-5	52.246-16	RESPONSIBILITY FOR SUPPLIES	APR/1984

NOTE: Specific instructions will be provided in each task order.

*** END OF NARRATIVE E 001 ***

Name of Offeror or Contractor: BROWN & ROOT SERVICES

CTION F - DELIVERIES OR PERFORMANCE

r Local Clauses See: http://www.osc.army.mil/ac/aais/ioc/clauses/index.htm

e following Federal Acquisition Regulation (FAR), DoD FAR Supplement clauses and provisions, the full text of which will be made ailable upon request, are incorporated herein by reference with the same force and effect as if set forth in full text.

e text of the clauses incorporated by reference herein are available from the contract specialist indicated in block 7 of the Standard rm 33 or (as applicable) the contracting officer and will be furnished upon request. Other documents are available as indicated in the hedule.

y company/individual wishing to purchase a copy of the Federal Acquisition Regulation (FAR), the Army FAR Supplement or the DOD FAR pplement, may do so from the Superintendent of Documents, US Government Printing Office, Washington DC 20402.

A7001)

	Regulatory Cite	Title	Date
F-1	52.242-15	STOP-WORK ORDER (AUG 1989) - ALTERNATE I (APR 1984)	AUG/1989
F-2	52.247-29	F.O.B. ORIGIN	JUN/1988
F-3	52.247-34	F.O.B. DESTINATION	NOV/1991
F-4	52.247-4531 OSC	COGNIZANT TRANSPORTATION OFFICER	MAY/1993

(End of Clauses)

S7240)
TE: Specific instructions regarding F.O.B. Origin or Destination will be provided in each task order.

*** END OF NARRATIVE F 001 ***

SECTION G - CONTRACT ADMINISTRATION DATA

For Local Clauses See: http://www.osc.army.mil/ac/aais/ioc/clauses/index.htm

NOTE: If othe administration data is required, specific information will be provided in each individual task order.

*** END OF NARRATIVE G 001 ***

Name of Offeror or Contractor: BROWN & ROOT SERVICES

SECTION H - SPECIAL CONTRACT REQUIREMENTS

r Local Clauses See: http://www.osc.army.mil/ac/aais/ioc/clauses/index.htm

e following Federal Acquisition Regulation (FAR), DoD FAR Supplement clauses and provisions, the full text of which will be made ailable upon request, are incorporated herein by reference with the same force and effect as if set forth in full text.

e text of the clauses incorporated by reference herein are available from the contract specialist indicated in block 7 of the Standard rm 33 or (as applicable) the contracting officer and will be furnished upon request. Other documents are available as indicated in the hedule.

y company/individual wishing to purchase a copy of the Federal Acquisition Regulation (FAR), the Army FAR Supplement or the DOD FAR pplement, may do so from the Superintendent of Documents, US Government Printing Office, Washington DC 20402.

A7001)

	Regulatory Cite	Title	Date
H-1	252.223-7006 DFARS	PROHIBITION ON STORAGE AND DISPOSAL OF TOXIC AND HAZARDOUS MATERIALS	APR/1993
H-2	252.247-7023 DFARS	TRANSPORTATION OF SUPPLIES BY SEA (MAR 2000) - ALTERNATE I (MAR 2000)	MAR/2000
H-3	52.237-4501	ACCOUNTING FOR PERSONNEL	MAR/2001
H-4	246.671 DFARS	MATERIAL INSPECTION AND RECEIVING REPORTS (DD FORM 250)	JAN/1995

terial Inspection and Receiving Report (DD Form 250), required to be prepared and furnished to the Government under the clause of this ntract entitled 'Material Inspection and Receiving Report', will be distributed by the Contractor in accordance with DOD FAR pplement Appendix F, Part 4.

d copies to:

Purchasing Office

Commander
U.S. Army Operations Support Command
ATTN: AMSOS-CCP
1 Rock Island Arsenal
Rock Island, IL 61299-6000

Production Management

U.S. Army Materiel Command
PM LOGCAP Room 10E35
ATTN: SOSPS-COL
5001 Eisenhower Avenue
Alexandria, VA 22333-0001

Send additional copies to in accordance with Table 1 and Table 2. NONE

(End of clause)

6025)

H-5	52.245-4506 OSC	GOVERNMENT FURNISHED PROPERTY	OCT/1994

Schedule of Government Furnished Property

(a) Pursuant to the Government Property clause in Section I of this contract, the Government shall furnish F.O.B. contractor's ce of performance, the Government-owned property listed in attachment number AS LISTED IN EACH TASK ORDER of this document for use in the performance of this contract.

(b) The property shall be delivered in accordance with the schedule set forth in attachment number AS LISTED IN EACH TASK ORD this document.

(c) If the property is not received in accordance with the schedule set forth in attachment number AS LISTED IN EACH TASK ORD this document, the Contractor shall immediately notify the Contracting Officer in writing.

(d) The quantity of Government Furnished Material (GFM) which is offered herein is contingent upon award of the total quantit solicited herein. Should the actual quantity awarded be less than the total quantity solicited, the Government retains the right unilaterally reduce the quantity of GFM which will be provided under any resultant contract. Any said reduction shall be on a pro basis.

(End of Clause)

(HB6075)

H-6 28.306(B) REQUIRED INSURANCE AUG/1995
"to be identified in each task order"

***

(End of Clause)

(HF7020)

H-7 252.223-7001 DFARS HAZARD WARNING LABELS DEC/1991

***(c) The Offeror shall list which hazardous material listed in the Hazardous Material Identification and Material Safety Data o of this contract will be labeled in accordance with one of the Acts in paragraphs (b)(1) through (5) of this clause instead of the Hazard Communication Standard. Any hazardous material not listed will be interpreted to mean that a label is required in accordanc the Hazard Communication Standard.

MATERIAL (If none, insert "None") ACT

______________________ ______________________

______________________ ______________________***

(End of Clause)

(HA7704)

H-8 252.247-7023 DFARS TRANSPORTATION OF SUPPLIES BY SEA MAR/2000

***

(f)(4) Ocean transportation was used and some or all of the shipments were made on non-U.S.-flag vessels without the writte consent of the Contracting Officer. The Contractor shall describe these shipments in the following format:

ITEM DESCRIPTION	CONTRACT LINE ITEMS	QUANTITY

TOTAL

(End of Clause)

(HA7502)

ame of Offeror or Contractor: BROWN & ROOT SERVICES

H-9 252.247-7024 DFARS NOTIFICATION OF TRANSPORTATION OF SUPPLIES BY SEA NOV/1995

(End of clause)

(5503)

H-10 5101.602-3 AFARS AVAILABILITY OF FUNDS OCT/2001

ls are not presently available for this acquisition. No contract award will be made until appropriated funds are made available from ch payment for contract purposes can be made.

(End of Clause)

(7006)

H-11 52.223-4506 OSC PERMITS AND LICENSES FEB/1993

The contractor shall procure all necessary permits and licenses, obey and abide by all applicable laws, regulations, and ordinances other rules of the United States of America, host nation, state, territory, or political subdivision thereof or any other duly tituted public authority wherein work is done as determined necessary by the contractor to perform the SOW.

(b) If permits or licenses are required by law to be submitted directly by the U.S. military, the contractor agrees to furnish the essary information, supporting documents and certifications to enable the installation commander to make application for any permits licensing deemed required.

(c) The contractor agrees to furnish all information needed to assist the installation commander in submitting recurring reports ired by such permits/licenses.

(End of clause)

3340)

-12 52.247-4545 OSC PLACE OF CONTRACT SHIPPING POINT, RAIL INFORMATION MAY/1993

bidder/offeror is to fill in the 'Shipped From' address, if different from 'Place of Performance' indicated elsewhere in this tion.

Shipped From:

____

____

____

contracts involving F.O.B. Origin shipments furnish the following rail information:

Does Shipping Point have a private railroad siding//// _____ YES _____ NO

If YES, give name of rail carrier serving it: ____________________

If NO, give name and address of nearest rail freight station and carrier serving it:

Rail Freight Station Name and Address: ____________________

Serving Carrier: ____________________

(End of Clause)

(HH7400)
SEE SECTION J FOR SPECIAL CLAUSES.

*** END OF NARRATIVE H 001 ***

Name of Offeror or Contractor: BROWN & ROOT SERVICES

SECTION I - CONTRACT CLAUSES

Local Clauses See: http://www.osc.army.mil/ac/aais/ioc/clauses/index.htm

	Regulatory Cite	Title	Date
I-1	52.202-1	DEFINITIONS	MAY/2001
I-2	52.202-1	DEFINITIONS (MAY 01) - ALTERNATE I (MAY 01)	MAY/2001
I-3	52.203-3	GRATUITIES	APR/1984
I-4	52.203-5	COVENANT AGAINST CONTINGENT FEES	APR/1984
I-5	52.203-6	RESTRICTIONS ON SUBCONTRACTOR SALES TO THE GOVERNMENT	JUL/1995
I-6	52.203-7	ANTI-KICKBACK PROCEDURES	JUL/1995
I-7	52.203-8	CANCELLATION, RESCISSION, AND RECOVERY OF FUNDS FOR ILLEGAL OR IMPROPER ACTIVITY	JAN/1997
I-8	52.203-10	PRICE OR FEE ADJUSTMENT FOR ILLEGAL OR IMPROPER ACTIVITY	JAN/1997
I-9	52.203-12	LIMITATION ON PAYMENTS TO INFLUENCE CERTAIN FEDERAL TRANSACTIONS	JUN/1997
I-10	52.204-2	SECURITY REQUIREMENTS	AUG/1996
I-11	52.204-2	SECURITY REQUIREMENTS (AUG 96) - ALTERNATE II (APR 84)	AUG/1996
I-12	52.204-4	PRINTING OR COPYING DOUBLE-SIDED ON RECYCLED PAPER	AUG/2000
I-13	52.209-6	PROTECTING THE GOVERNMENT'S INTEREST WHEN SUBCONTRACTING WITH CONTRACTORS DEBARRED, SUSPENDED, OR PROPOSED FOR DEBARMENT	JUL/1995
I-14	52.211-5	MATERIAL REQUIREMENTS	AUG/2000
I-15	52.211-15	DEFENSE PRIORITY AND ALLOCATION REQUIREMENTS	SEP/1990
I-16	52.215-2	AUDIT AND RECORDS - NEGOTIATION	JUN/1999
I-17	52.215-8	ORDER OF PRECEDENCE-UNIFORM CONTRACT FORMAT	OCT/1997
I-18	52.215-10	PRICE REDUCTION FOR DEFECTIVE COST OR PRICING DATA	OCT/1997
I-19	52.215-11	PRICE REDUCTION FOR DEFECTIVE COST OR PRICING DATA-MODIFICATIONS	OCT/1997
I-20	52.215-12	SUBCONTRACTOR COST OR PRICING DATA	OCT/1997
I-21	52.215-13	SUBCONTRACTOR COST OR PRICING DATA-MODIFICATIONS	OCT/1997
I-22	52.215-14	INTEGRITY OF UNIT PRICES (OCT 97) ALTERNATE I (OCT 97)	OCT/1997
I-23	52.215-15	PENSION ADJUSTMENTS AND ASSET REVERSIONS	DEC/1998
I-24	52.215-17	WAIVER OF FACILITIES CAPITAL COST OF MONEY	OCT/1997
I-25	52.215-18	REVERSION OR ADJUSTMENT OF PLANS FOR POSTRETIREMENT BENEFITS (PRB) OTHER THAN PENSIONS	OCT/1997
I-26	52.215-19	NOTIFICATION OF OWNERSHIP CHANGES	OCT/1997
I-27	52.216-7	ALLOWABLE COST AND PAYMENT	MAR/2000
I-28	52.216-8	FIXED FEE	MAR/1997
I-29	52.216-9	FIXED FEE - CONSTRUCTION	MAR/1997
I-30	52.216-26	PAYMENTS OF ALLOWABLE COSTS BEFORE DEFINITIZATION	MAR/2000
I-31	52.219-8	UTILIZATION OF SMALL BUSINESS CONCERNS	OCT/2000
I-32	52.219-9	SMALL BUSINESS SUBCONTRACTING PLAN (OCT 2000) - ALTERNATE I (OCT 2000)	OCT/2000
I-33	52.219-16	LIQUIDATED DAMAGES - SUBCONTRACTING PLAN	JAN/1999
I-34	52.222-1	NOTICE TO THE GOVERNMENT OF LABOR DISPUTES	FEB/1997
I-35	52.222-3	CONVICT LABOR	AUG/1996
I-36	52.222-4	CONTRACT WORK HOURS AND SAFETY STANDARDS ACT - OVERTIME COMPENSATION	SEP/2000
I-37	52.222-6	DAVIS-BACON ACT	FEB/1995
I-38	52.222-7	WITHHOLDING OF FUNDS	FEB/1988
I-39	52.222-8	PAYROLLS AND BASIC RECORDS	FEB/1988
I-40	52.222-9	APPRENTICES AND TRAINEES	FEB/1988
I-41	52.222-10	COMPLIANCE WITH THE COPELAND ACT REQUIREMENTS	FEB/1988
I-42	52.222-11	SUBCONTRACTS (LABOR STANDARDS)	FEB/1988
I-43	52.222-12	CONTRACT TERMINATION-DEBARMENT	FEB/1988
I-44	52.222-13	COMPLIANCE WITH DAVIS-BACON AND RELATED ACT REGULATIONS	FEB/1988
I-45	52.222-14	DISPUTES CONCERNING LABOR STANDARDS	FEB/1988
I-46	52.222-15	CERTIFICATION OF ELIGIBILITY	FEB/1988
I-47	52.222-16	APPROVAL OF WAGE RATES	FEB/1988
I-48	52.222-20	WALSH-HEALEY PUBLIC CONTRACTS ACT	DEC/1996
I-49	52.222-21	PROHIBITION OF SEGREGATION FACILITIES	FEB/1999
I-50	52.222-26	EQUAL OPPORTUNITY	FEB/1999
I-51	52.222-27	AFFIRMATIVE ACTION COMPLIANCE REQUIREMENTS FOR CONSTRUCTION	FEB/1999
I-52	52.222-29	NOTIFICATION OF VISA DENIAL	FEB/1999
I-53	52.222-35	AFFIRMATIVE ACTION FOR DISABLED VETERANS AND VETERANS OF VIETNAM ERA	APR/1998
I-54	52.222-36	AFFIRMATIVE ACTION FOR WORKERS WITH DISABILITIES	JUN/1998
I-55	52.222-37	EMPLOYMENT REPORTS ON DISABLED VETERANS AND VETERANS OF THE VIETNAM	JAN/1999

Name of Offeror or Contractor: BROWN & ROOT SERVICES

	Regulatory Cite	Title	Date
		ERA	
I-56	52.222-41	SERVICE CONTRACT ACT OF 1965, AS AMENDED	MAY/1989
I-57	52.222-43	FAIR LABOR STANDARDS ACT AND SERVICE CONTRACT ACT - PRICE ADJUSTMENT (MULTIPLE YEAR AND OPTION CONTRACTS)	MAY/1989
I-58	52.223-5	POLLUTION PREVENTION AND RIGHT-TO-KNOW INFORMTION	APR/1998
I-59	52.223-6	DRUG-FREE WORKPLACE	MAY/2001
I-60	52.223-10	WASTE REDUCTION PROGRAM	AUG/2000
I-61	52.223-12	REFRIGERATION EQUIPMENT AND AIR CONDITIONERS	MAY/1995
I-62	52.223-14	TOXIC CHEMICAL RELEASE REPORTING	OCT/2000
I-63	52.224-1	PRIVACY ACT NOTIFICATION	APR/1984
I-64	52.224-2	PRIVACY ACT	APR/1984
I-65	52.225-3	BUY AMERICAN ACT-NORTH AMERICAN FREE TRADE AGREEMENT-ISRAELI TRADE ACT-BALANCE OF PAYMENTS PROGRAM	FEB/2000
I-66	52.225-5	TRADE AGREEMENTS	APR/2000
I-67	52.225-10	NOTICE OF BUY AMERICAN ACT/BALANCE OF PAYMENTS PROGRAM REQUIREMENT-CONSTRUCTION MATERIALS	FEB/2000
I-68	52.225-15	SANCTIONED EUROPEAN UNION COUNTRY END PRODUCTS	FEB/2000
I-69	52.227-1	AUTHORIZATION AND CONSENT	JUL/1995
I-70	52.227-2	NOTICE AND ASSISTANCE REGARDING PATENT AND COPYRIGHT INFRINGEMENT	AUG/1996
I-71	52.227-9	REFUND OF ROYALTIES	APR/1984
I-72	52.227-10	FILING OF PATENT APPLICATIONS - CLASSIFIED SUBJECT MATTER	APR/1984
I-73	52.227-11	PATENT RIGHTS - RETENTION BY THE CONTRACTOR (SHORT FORM) (JUN 1997) - (ALT IV) (JUN 1989)	JUN/1997
I-74	52.227-12	PATENT RIGHTS - RETENTION BY THE CONTRACTOR (LONG FORM)	JAN/1997
I-75	52.227-13	PATENT RIGHTS - ACQUISITION BY THE GOVERNMENT	JAN/1997
I-76	52.227-14	RIGHTS IN DATA-GENERAL	JUN/1987
I-77	52.227-17	RIGHTS IN DATA-SPECIAL WORKS	JUN/1987
I-78	52.228-1	BID GUARANTEE	SEP/1996
I-79	52.228-2	ADDITIONAL BOND SECURITY	OCT/1997
I-80	52.228-3	WORKER'S COMPENSATION INSURANCE (DEFENSE BASE ACT)	APR/1984
I-81	52.228-4	WORKER'S COMPENSATION AND WAR-HAZARD INSURANCE OVERSEAS	APR/1984
I-82	52.228-5	INSURANCE - WORK ON A GOVERNMENT INSTALLATION	JAN/1997
I-83	52.228-7	INSURANCE - LIABILITY TO THIRD PERSONS	MAR/1996
I-84	52.228-8	LIABILITY AND INSURANCE - LEASED MOTOR VEHICLES	MAY/1999
I-85	52.228-10	VEHICLE AND GENERAL PUBLIC LIABILITY INSURANCE	APR/1984
I-86	52.228-11	PLEDGES OF ASSETS	FEB/1992
I-87	52.228-14	IRREVOCABLE LETTER OF CREDIT	DEC/1989
I-88	52.228-15	PERFORMANCE AND PAYMENT BONDS--CONSTRUCTION	JUL/2000
I-89	52.229-3	FEDERAL, STATE, AND LOCAL TAXES	JAN/1991
I-90	52.229-5	TAXES - CONTRACTS PERFORMED IN U.S. POSSESSIONS OR PUERTO RICO	APR/1984
I-91	52.229-6	TAXES - FOREIGN FIXED-PRICE CONTRACTS	JAN/1991
I-92	52.229-10	STATE OF NEW MEXICO GROSS RECEIPTS AND COMPENSATING TAX	OCT/1988
I-93	52.230-2	COST ACCOUNTING STANDARDS	APR/1998
I-94	52.230-3	DISCLOSURE AND CONSISTENCY OF COST ACCOUNTING PRACTICES	APR/1998
I-95	52.230-4	CONSISTENCY IN COST ACCOUNTING PRACTICES	AUG/1992
I-96	52.230-6	ADMINISTRATION OF COST ACCOUNTING STANDARDS	APR/1996
I-97	52.232-1	PAYMENTS	APR/1984
I-98	52.232-3	PAYMENTS UNDER PERSONAL SERVICES CONTRACTS	APR/1984
I-99	52.232-8	DISCOUNTS FOR PROMPT PAYMENT	MAY/1997
I-100	52.232-9	LIMITATION ON WITHHOLDING OF PAYMENTS	APR/1984
I-101	52.232-11	EXTRAS	APR/1984
I-102	52.232-16	PROGRESS PAYMENTS	MAR/2000
I-103	52.232-17	INTEREST	JUN/1996
I-104	52.232-18	AVAILABILITY OF FUNDS	APR/1984
I-105	52.232-20	LIMITATION OF COST	APR/1984
I-106	52.232-22	LIMITATION OF FUNDS	APR/1984
I-107	52.232-23	ASSIGNMENT OF CLAIMS	JAN/1986
I-108	52.232-25	PROMPT PAYMENT	MAY/2001
I-109	52.232-27	PROMPT PAYMENT FOR CONSTRUCTION CONTRACTS	MAY/2001
I-110	52.232-30	INSTALLMENT PAYMENTS FOR COMMERCIAL ITEMS	OCT/1995
I-111	52.232-33	PAYMENT BY ELECTRONIC FUNDS TRANSFER PAYMENT--CENTRAL CONTRACTOR REGISTRATION	MAY/1999
I-112	52.232-34	PAYMENT BY ELECTRONIC FUNDS TRANSFER-OTHER THAN CENTRAL CONTRACTOR	MAY/1999

Name of Offeror or Contractor: BROWN & ROOT SERVICES

	Regulatory Cite	Title	Date
		REGISTRATION	
113	52.232-34	SUBMISSION OF ELECTRONIC FUNDS TRANSFER INFORMATION WITH OFFER	MAY/1999
114	52.233-1	DISPUTES (DEC 1998) - ALTERNATE I (DEC 1991)	DEC/1998
115	52.233-3	PROTEST AFTER AWARD	AUG/1996
116	52.233-3	PROTEST AFTER AWARD (AUG 1996) - ALTERNATE I (JUN 1985)	AUG/1996
117	52.236-5	MATERIAL AND WORKMANSHIP	APR/1984
118	52.236-7	PERMITS AND RESPONSIBILITIES	NOV/1991
119	52.236-18	WORK OVERSIGHT IN COST-REIMBURSEMENT CONSTRUCTION CONTRACTS	APR/1984
120	52.236-19	ORGANIZATION AND DIRECTION OF THE WORK	APR/1984
121	52.237-2	PROTECTION OF GOVERNMENT BUILDINGS, EQUIPMENT AND VEGETATION	APR/1984
122	52.237-3	CONTINUITY OF SERVICES	JAN/1991
123	52.239-1	PRIVACY OR SECURITY SAFEGUARDS	AUG/1996
124	52.242-1	NOTICE OF INTENT TO DISALLOW COSTS	APR/1984
125	52.242-2	PRODUCTION PROGRESS REPORTS	APR/1991
126	52.242-3	PENALTIES FOR UNALLOWABLE COSTS	MAY/2001
127	52.242-4	CERTIFICATION OF FINAL INDIRECT COSTS	JAN/1997
128	52.242-10	F.O.B. ORIGIN - GOVERNMENT BILLS OF LADING OR PREPAID POSTAGE	APR/1984
129	52.242-12	REPORT OF SHIPMENT (REPSHIP)	JUL/1995
130	52.242-13	BANKRUPTCY	JUL/1995
131	52.243-1	CHANGES - FIXED PRICE	AUG/1987
132	52.243-1	CHANGES - FIXED-PRICE (AUG 1987) - ALTERNATE I (APR 1984)	AUG/1987
133	52.243-1	CHANGES - FIXED-PRICE (AUG 1987) - ALTERNATE II (APR 1984)	AUG/1987
134	52.243-1	CHANGES - FIXED-PRICE (AUG 1987) - ALTERNATE III (APR 1984)	AUG/1987
135	52.243-2	CHANGES - COST REIMBURSEMENT	AUG/1987
136	52.243-2	CHANGES (COST-REIMBURSEMENT) (AUG 1987) - ALTERNATE III (APR 1984)	AUG/1987
137	52.243-2	CHANGES - COST-REIMBURSEMENT (AUG 1987) - ALTERNATE I (APR 1984)	AUG/1987
138	52.243-2	CHANGES - COST-REIMBURSEMENT (AUG 1987) - ALTERNATE II (APR 1984)	AUG/1987
139	52.243-7	NOTIFICATION OF CHANGES	APR/1984
140	52.244-4	SUBCONTRACTORS AND OUTSIDE ASSOCIATES AND CONSULTANTS (ARCHITECT-ENGINEER SERVICES)	AUG/1998
141	52.244-5	COMPETITION IN SUBCONTRACTING	DEC/1996
142	52.245-1	PROPERTY RECORDS	APR/1984
143	52.245-19	GOVERNMENT PROPERTY FURNISHED "AS IS"	APR/1984
144	52.246-12	INSPECTION OF CONSTRUCTION	AUG/1996
145	52.246-25	LIMITATION OF LIABILITY - SERVICES	FEB/1997
146	52.247-14	CONTRACTOR RESPONSIBILITY FOR RECEIPT OF SHIPMENT	APR/1984
147	52.247-15	CONTRACTOR RESPONSIBILITY FOR LOADING AND UNLOADING	APR/1984
148	52.247-21	CONTRACTOR LIABILITY FOR PERSONAL INJURY AND/OR PROPERTY DAMAGE	APR/1984
149	52.247-63	PREFERENCE FOR U.S. - FLAG AIR CARRIERS	JAN/1997
150	52.248-1	VALUE ENGINEERING	FEB/2000
151	52.248-3	VALUE ENGINEERING - CONSTRUCTION	MAR/1989
152	52.249-2	TERMINATION FOR CONVENIENCE OF THE GOVERNMENT (FIXED-PRICE)	SEP/1996
153	52.249-2	TERMINATION FOR CONVENIENCE OF THE GOVERNMENT (FIXED-PRICE) (SEP 1996) - ALTERNATE I (SEP 1996)	SEP/1996
154	52.249-4	TERMINATION FOR CONVENIENCE OF THE GOVERNMENT (SERVICES)(SHORT FORM)	APR/1984
155	52.249-6	TERMINATION (COST-REIMBURSEMENT)	SEP/1996
156	52.249-8	DEFAULT (FIXED-PRICE SUPPLY AND SERVICE)	APR/1984
157	52.249-8	DEFAULT (FIXED-PRICE SUPPLY AND SERVICE) (APR 1984) - ALTERNATE I (APR 1984)	APR/1984
158	52.249-12	TERMINATION (PERSONAL SERVICES)	APR/1984
159	52.249-14	EXCUSABLE DELAYS	APR/1984
160	52.251-1	GOVERNMENT SUPPLY SOURCES	APR/1984
161	52.251-2	INTERAGENCY FLEET MANAGEMENT SYSTEM VEHICLES AND RELATED SERVICES	JAN/1991
162	52.253-1	COMPUTER GENERATED FORMS	JAN/1991
163	252.201-7000 DFARS	CONTRACTING OFFICER'S REPRESENTATIVE	DEC/1991
164	252.203-7001	PROHIBITION ON PERSONS CONVICTED OF FRAUD OR OTHER DEFENSE-CONTRACT-RELATED FELONIES	MAR/1999
165	252.203-7002 DFARS	DISPLAY OF DOD HOTLINE POSTER	DEC/1991
166	252.204-7000 DFARS	DISCLOSURE OF INFORMATION	DEC/1991
167	252.204-7002	PAYMENT FOR SUBLINE ITEMS NOT SEPARATELY PRICED	DEC/1991

	Regulatory Cite	Title	Date
I-168	DFARS 252.204-7003	CONTROL OF GOVERNMENT PERSONNEL WORK PRODUCT	APR/1992
I-169	DFARS 252.205-7000	PROVISION OF INFORMATION TO COOPERATIVE AGREEMENT HOLDERS	DEC/1991
I-170	DFARS 252.209-7000	ACQUISITION FROM SUBCONTRACTORS SUBJECT TO ON-SITE INSPECTION UNDER THE INTERMEDIATE-RANGE NUCLEAR FORCES (INF) TREATY	NOV/1995
I-171	DFARS 252.209-7004	SUBCONTRACTING WITH FIRMS THAT ARE OWNED OR CONTROLLED BY THE GOVERNMENT OF A TERRORIST COUNTRY	MAR/1998
I-172	DFARS 252.219-7003	SMALL, SMALL DISADVANTAGED AND WOMEN-OWNED SMALL BUSINESS SUBCONTRACTING PLAN (DOD CONTRACTS)	APR/1996
I-173	DFARS 252.222-7002	COMPLIANCE WITH LOCAL LABOR LAWS (OVERSEAS)	JUN/1997
I-174	DFARS 252.222-7003	PERMIT FROM ITALIAN INSPECTORATE OF LABOR	JUN/1997
I-175	DFARS 252.222-7004	COMPLIANCE WITH SPANISH SOCIAL SECURITY LAWS AND REGULATIONS	JUN/1997
I-176	DFARS 252.223-7002	SAFETY PRECAUTIONS FOR AMMUNITION AND EXPLOSIVES	MAY/1994
I-177	DFARS 252.223-7003	CHANGE IN PLACE OF PERFORMANCE - AMMUNITION AND EXPLOSIVES	DEC/1991
I-178	DFARS 252.223-7004	DRUG-FREE WORK FORCE	SEP/1988
I-179	DFARS 252.225-7005	IDENTIFICATION OF EXPENDITURES IN THE UNITED STATES	DEC/1991
I-180	DFARS 252.225-7012	PREFERENCE FOR CERTAIN DOMESTIC COMMODITIES	AUG/2000
I-181	DFARS 252.225-7026	REPORTING OF CONTRACT PERFORMANCE OUTSIDE THE UNITED STATES	JUN/2000
I-182	DFARS 252.225-7030	RESTRICTION ON ACQUISITION OF CARBON, ALLOY, AND ARMOR STEEL PLATE	OCT/1992
I-183	DFARS 252.225-7032	WAIVER OF UNITED KINGDOM LEVIES	OCT/1992
I-184	DFARS 252.225-7041	CORRESPONDENCE IN ENGLISH	JUN/1997
I-185	DFARS 252.225-7042	AUTHORIZATION TO PERFORM	JUN/1997
I-186	DFARS 252.225-7043	ANTITERRORISM/FORCE PROTECTION POLICY FOR DEFENSE CONTRACTORS OUTSIDE UNITED STATES	JUN/1998
I-187	DFARS 252.227-7013	RIGHTS IN TECHNICAL DATA--NONCOMMERCIAL ITEMS	NOV/1995
I-188	DFARS 252.227-7014	RIGHTS IN NONCOMMERCIAL COMPUTER SOFTWARE AND NONCOMMERCIAL COMPUTER SOFTWARE DOCUMENTATION	JUN/1995
I-189	DFARS 252.227-7015	TECHNICAL DATA--COMMERCIAL ITEMS	NOV/1995
I-190	DFARS 252.227-7020	RIGHTS IN SPECIAL WORKS	JUN/1995
I-191	DFARS 252.228-7003	CAPTURE AND DETENTION	DEC/1991
I-192	DFARS 252.228-7006	COMPLIANCE WITH SPANISH LAWS AND INSURANCE	JUN/1997
I-193	DFARS 252.229-7002	CUSTOMS EXEMPTIONS (GERMANY)	JUN/1997
I-194	DFARS 252.229-7003	TAX EXEMPTIONS (ITALY)	JUN/1997
I-195	DFARS 252.229-7004	STATUS OF CONTRACTOR AS A DIRECT CONTRACTOR (SPAIN)	MAR/1998
I-196	DFARS 252.229-7005	TAX EXEMPTIONS (SPAIN)	JUN/1997
I-197	DFARS 252.229-7006	VALUE ADDED TAX EXCLUSION (UNITED KINGDOM)	JUN/1997
I-198	DFARS 252.229-7007	VERIFICATION OF UNITED STATES RECEIPT OF GOODS	JUN/1997
	DFARS		

Name of Offeror or Contractor: BROWN & ROOT SERVICES

	Regulatory Cite	Title	Date
I-199	252.229-7008 DFARS	RELIEF FROM IMPORT DUTY (UNITED KINGDOM)	JUN/1997
I-200	252.229-7009	RELIEF FROM CUSTOMS DUTY AND VALUE ADDED TAX ON FUEL (PASSENGER VEHICLES)(UNITED KINGDOM)	JUN/1997
I-201	252.229-7010	RELIEF FROM CUSTOMS DUTY ON FUEL (UNITED KINGDOM)	JUN/1997
I-202	252.231-7000 DFARS	SUPPLEMENTAL COST PRINCIPLES	DEC/1991
I-203	252.232-7008 DFARS	ASSIGNMENT OF CLAIMS (OVERSEAS)	JUN/1997
I-204	252.233-7001 DFARS	CHOICE OF LAW (OVERSEAS)	JUN/1997
I-205	252.234-7001 DFARS	EARNED VALUE MANAGEMENT SYSTEM	MAR/1998
I-206	252.235-7003 DFARS	FREQUENCY AUTHORIZATION	DEC/1991
I-207	252.242-7000 DFARS	POSTAWARD CONFERENCE	DEC/1991
I-208	252.242-7004 DFARS	MATERIAL MANAGEMENT AND ACCOUNTING SYSTEM	DEC/2000
I-209	252.242-7005 DFARS	COST/SCHEDULE STATUS REPORT	MAR/1998
I-210	252.243-7001 DFARS	PRICING OF CONTRACT MODIFICATIONS	DEC/1991
I-211	252.245-7001 DFARS	REPORTS OF GOVERNMENT PROPERTY	MAY/1994
I-212	252.246-7002 DFARS	WARRANTY OF CONSTRUCTION	JUN/1997
I-213	252.251-7000 DFARS	ORDERING FROM GOVERNMENT SUPPLY SOURCES	MAY/1995

I-214 52.211-12 LIQUIDATED DAMAGES--CONSTRUCTION SEP/2000

(a) If the Contractor fails to complete the work within the time specified in the contract, or any extension, the Contractor shal to the Government as liquidated damages, the sum of AS SPECIFIED BY EACH TASK ORDER for each day of delay.

(b) If the Government terminates the Contractor's right to proceed, the resulting damage will consist of liquidated damages until a reasonable time as may be required for final completion of the work together with any increased costs occasioned the Government in pleting the work.

(c) If the Government does not terminate the Contractor's right to proceed, the resulting damage will consist of liquidated ages until the work is completed or accepted.

(End of clause)

5014)

I-215 52.216-18 ORDERING OCT/1995

(a) Any supplies and services to be furnished under this contract shall be ordered by issuance of delivery orders or task orders ndividuals or activities designated in the Schedule. Such orders may be issued from DATE OF AWARD through 10 YEARS AFTER DATE OF D. ORDERS MAY BE ISSUED ORALLY, FACSIMILE OR BY ELECTRONIC COMMERCE METHODS BY THE PROCURING CONTRACTING OFFICER (PCO).

(End of Clause)

5088)

I-216 52.216-22 INDEFINITE QUANTITY OCT/1995

(d) Any order issued during the effective period of this contract and not completed within that period shall be completed by the ractor within the time specified in the order. The contract shall govern the Contractor's and Government's rights and obligations with respect to that order to the same extent as if the order were completed during the contract's effective period; provided, that the Contractor shall not be required to make any deliveries under this contract after AS SPECIFIED IN EACH TASK ORDER.

(End of clause)

(IF6097)

I-217 52.216-24 LIMITATION OF GOVERNMENT LIABILITY APR/1984

(a) In performing this contract, the Contractor is not authorized to make expenditures or incur obligations exceeding THE DOLLAR AMOUNT ON EACH TASK ORDER.

(b) The maximum amount for which the Government shall be liable if this contract is terminated is THE DOLLAR AMOUNT OBLIGATED ON EACH TASK ORDER.

(End of clause)

(IF6056)

I-218 52.217-8 OPTION TO EXTEND SERVICES NOV/1999

***

The Contracting Officer may exercise the option by written notice to the Contractor within 30 DAYS OF EXPIRATION OF THE CONTRACT PERIOD.

(End of clause)

(IF6096)

I-219 52.217-9 OPTION TO EXTEND THE TERM OF THE CONTRACT MAR/2000

(a) The Government may extend the term of this contract by written notice to the Contractor within 1 DAY OF EXPIRATION OF PERIOD OF OF PERFORMANCE provided, that the Government shall give the Contractor a preliminary written notice of its intent to extend at least 30 days before the contract expires. The preliminary notice does not commit the Government to an extension.

(b) If the Government exercises this option, the extended contract shall be considered to include this option clause.

(c) The total duration of this contract, including the exercise of any options under this clause, shall not exceed 126 MONTHS.

(End of Clause)

(IF6066)

I-220 52.222-2 PAYMENT FOR OVERTIME PREMIUMS JUL/1990

(a) The use of overtime is authorized under this contract if the overtime premium cost does not exceed AS DETERMINED ON EACH TASK ORDER or the overtime premium is paid for work--

***

(End of Clause)

(IF6048)

I-221 52.222-49 SERVICE CONTRACT ACT - PLACE OF PERFORMANCE UNKNOWN MAY/1989

a. This contract is subject to the Service Contract Act, and the place of performance was unknown when the solicitation was issued. In addition to places or areas identified in wage determinations, if any, attached to the solicitation, wage determinations have also been requested for the following:

ONE

he Contracting Officer will request wage determinations for additional places or areas of performance if asked to do so in writing by

b. Offerors who intend to perform in a place or area of performance for which a wage determination has not been attached or equested may nevertheless submit bids or proposals. However, a wage determination shall be requested and incorporated in the resultant ontract retroactive to the date of contract award, and there shall be no adjustment in the contract price.

(End of clause)

(F6500)

I-222 52.223-3 HAZARDOUS MATERIAL IDENTIFICATION AND MATERIAL SAFETY DATA JAN/1997

**

b) The offeror must list any hazardous material, as defined in paragraph (a) of this clause, to be delivered under this contract. The azardous material shall be properly identified and include any applicable identification number, such National Stock Number or Special tem Number. This information shall also be included on the Material Safety Data Sheet submitted under this contract.

MATERIAL (If none, insert "None")	IDENTIFICATION NO.
NTRACTOR TO LIST BY EACH TASK ORDER	

*

(End of Clause)

F6150)

I-223 52.223-7 NOTICE OF RADIOACTIVE MATERIALS JAN/1997

(a) The Contractor shall notify the Contracting Officer or designee, in writing, 30 days prior to the delivery of, or prior to mpletion of any servicing required by this contract of, items containing either (1) radioactive material requiring specific licensing der the regulations issued pursuant to the Atomic Energy Act of 1954, as amended, as set forth in Title 10 of the Code of Federal gulations, in effect on the date of this contract, or (2) other radioactive material not requiring specific licensing in which the ecific activity is greater than 0.002 microcuries per gram or the activity per item equals or exceeds 0.01 microcuries***

(End of clause)

F6015)

I-224 52.225-8 DUTY-FREE ENTRY FEB/2000

*

(4) The notation:

UNITED STATES GOVERNMENT, as specified in each individual task order (agency) Duty-free entry to be claimed pursuant to Item e) See Above (from Tariff Schedules), Harmonized Tariff Schedules of the United States. Upon arrival of shipment at port of ry, District Director of Customs, please release shipment under 19 CFR 142 and notify (cognizant contract administration office) for cution of Customs Forms 7501 and 7501-A and any required duty-free certificates.

(End of clause)

6125)

I-225 52.229-8 TAXES - FOREIGN COST-REIMBURSEMENT CONTRACTS MAR/1990

(a) Any tax or duty from which the United States Government is exempt by agreement with the Government of LISTED BY EACH INDIVID TASK ORDER , or from which the Contractor or any subcontractor under this contract is exempt under the laws of LISTED BY EACH INDIVID TASK ORDER , shall not constitute an allowable cost under this contract.

***

(End of clause)

(IF6058)

I-226 52.232-19 AVAILABILITY OF FUNDS FOR THE NEXT FISCAL YEAR APR/1984

Funds are not presently available for performance under this contract beyond FY02. The Government's obligation for performance of thi contract beyond that date is contingent upon the availability of appropriated funds from which payment for contract purposes can be made. No legal liability on the part of the Government for any payment may arise for performance under this contract beyond FY02 , un funds are made available to the Contracting Officer for performance and until the Contractor receives notice of availability, to be confirmed in writing by the Procuring Contracting Officer (PCO).

(End of clause)

(IF6060)

I-227 52.236-1 PERFORMANCE OF WORK BY THE CONTRACTOR APR/1984

I-228 52.243-7 NOTIFICATION OF CHANGES JAN/2001

***

(b) The primary purpose of this clause is to obtain prompt reporting of Government conduct that the Contractor considers to constitut a change to this contract. Except for changes identified as such in writing and signed by the Contracting Officer, the Contractor sha notify the Contracting Officer in writing promptly, within 5 CALENDAR DAYS (to be negotiated) calendar days from the date that the Contractor identifies any Government conduct (including actions, inactions, and written or oral communications) that the Contractor regards as a change to the contract terms and conditions. On the basis of the most accurate information available to the Contractor, the notice shall state--

***

(d) Government response. The Contracting Officer shall promptly, within 14 CALENDAR DAYS (to be negotiated) calendar days after recei of notice, respond to the notice in writing. In responding, the Contracting Officer shall either--

***

(End of clause)

(IF6280)

I-229 52.247-1 COMMERCIAL BILL OF LADING NOTATIONS APR/1984

If the Contracting Officer authorizes supplies to be shipped on a commercial bill of lading and the Contractor will be reimbursed these transportation costs as direct allowable costs, the Contractor shall ensure before shipment is made that the commercial shipping documents are annotated with either of the following notations, as appropriate:

(a) If the Government is shown as the consignor or the consignee, the annotation shall be:

"Transportation is for the LISTED BY EACH INDIVIDUAL TASK ORDER and the actual total transportation charges paid to the carrier(s by the consignor or consignee are assignable to, and shall be reimbursed by, the Government."

(b) If the Government is not shown as the consignor or the consignee, the annotation shall be:

"Transportation is for the LISTED BY EACH INDIVIDUAL TASK ORDER and the actual total transportation charges paid to the carrier(s by the consignor or consignee shall be reimbursed by the Government, pursuant to cost-reimbursement contract No. LISTED BY EACH INDIVIDUAL TASK ORDER . This may be confirmed by contacting LISTED BY EACH INDIVIDUAL TASK ORDER .

(End of clause)

6065)

-230 252.217-7027 DFARS CONTRACT DEFINITIZATION OCT/1998

A FIRM FIXED PRICE AND COST REIMBURSABLE is contemplated. The Contractor agrees to begin promptly negotiating with the Contracting icer the terms of a definitive contract that will include (1) all clauses required by the Federal Acquisition Regulation (FAR) on the e of execution of the undefinitized contract action, (2) all clauses required by law on the date of execution of the definitive tract action, and (3) any other mutually agreeable clauses, terms, and conditions. The Contractor agrees to submit a COST proposal cost or pricing data supporting its proposal.

(b) The schedule for definitizing this contract action FOR AN EVENT EXECUTION/SUPPORT TASK ORDER is as follows:

Target Date for Definitization: NLT 180 DAYS AFTER AWARD OF THE TASK ORDER

Date for Submission of Proposal: NLT 45 DAYS AFTER AWARD OF THE TASK ORDER

Date for Beginning of Negotiations: NLT 90 DAYS AFTER AWARD OF THE TASK ORDER

Dates for submission of make-or-buy and subcontracting plans and cost or pricing data: NLT 30 DAYS AFTER AWARD OF THE TASK ORDER***

(d) The definitive contract resulting from this undefinitized contract action will include a negotiated PRICE in no event to eed The Ceiling Price.

(End of clause)

7702)

-231 252.225-7043 DFARS ANTITERRORISM/FORCE PROTECTION FOR DEFENSE CONTRACTORS OUTSIDE UNITED STATES JUN/1998

(c) Information and guidance pertaining to DoD antiterrorism/force protection can be obtained from CINC/ASCC

(End of clause)

720)

232 52.222-48 EXEMPTION FROM APPLICATION OF SERVICE CONTRACT ACT PROVISIONS FOR CONTRACTS FOR MAINTENANCE, CALIBRATION, AND/OR REPAIR OF CERTAIN INFORMATION TECHNOLOGY, SCIENTIFIC AND MEDICAL AND/OR OFFICE AND BUSINESS EQUIPMENT-CONTRACTOR CERTIFICATION AUG/1996

The following certification shall be checked:

CERTIFICATION

The offeror certifies ( ), does not certify ( ) that--

(1) The items of equipment to be serviced under this contract are commercial items which are used regularly other than Government purposes, and are sold or traided by the contractor in substantial quantities to the ral public in the course of normal business operations;

(End of clause)

BE IDENTIFIED IN EACH TASK ORDER*
060)

I-233 52.223-11 OZONE-DEPLETING SUBSTANCES MAY/2001

***

(b) The Contractor shall label products which contain or are manufactured with ozone-depleting substances in a manner and to th extent required by 42 U.S.C. 7671j(b), (c), and (d) and 40 CFR Part 82, Subpart E, as follows:

WARNING: Contains (or manufactured with, if applicable) ____________*____________, a substance(s) which harm(s) public health and environment by destroying ozone in the upper atmosphere."

*The Contractor shall insert the name of the substance(s).

(End of clause)

(IF7098)

I-234 52.228-9 CARGO INSURANCE MAY/1999

(a) The Contractor, at the Contractor's expense, shall provide and maintain, during the continuance of this contract, cargo insurance of $ TO BE SPECIFIED BY EACH TASK ORDER per vehicle to cover the value of property on each vehicle and of $ TO BE SPECIFIED EACH TASK ORDER to cover the total value of property in the shipment.

(b) All insurance shall be written on companies acceptable to Headquarters, US Army Operations Support Command(PROV), Rock Isla Illinois 61299-6000, and policies shall include such terms and conditions as required by Headquarters, US Army Operations Support Command(PROV), Rock Island, Illinois 61299-6000. The contractor shall provide evidence of acceptable cargo insurance to Headquarters US Army Operations Support Command (PROV) , Rock Island, Illinois 61299-6000 before commencing operations under this contract.

(c) Each cargo insurance policy shall include the following statement:

It is a condition of this policy that the Company shall furnish --

(1) Written notice to Headquarters, US Army Operations Support Command, Rock Island, Illinois 61299-6000, 30 days in advance of the effective date of any reduction in, or cancellation of, this policy; and

(2) Evidence of any renewal policy to the address specified in paragrapph (1) of this statement, not less than 15 days prior to the expiration of any current policy on file with Headquarters, US Army Operations Support Command(PROV) Rock Island, Illinois 612900-6000.

(End of Clause)

(IF7302)

I-235 52.244-2 SUBCONTRACTS (AUG 1998) - ALTERNATE I (AUG1998) AUG/1998

(End of clause)

(IF7006)

I-236 52.244-2 SUBCONTRACTS (COST -REIMBURSEMENT AND LETTER CONTRACTS (AUG 1998) - ALTERNATE 1 (AUG 1998) AUG/1998

***

(End of Clause)

(IF7040)

I-237 52.244-6 SUBCONTRACTS FOR COMMERCIAL ITEMS AND COMMERCIAL COMPONENTS OCT/2001

***

(End of clause)

#7045)

I-238 52.245-2 GOVERNMENT PROPERTY (FIXED-PRICE CONTRACTS) (DEC 1989) - ALTERNATE I (APR 1984) (DEV 99-8) DEC/1989

(g)(6) The contractor shall notify the contracting officer upon loss or destruction of, or damage to, Government property provided der this contract, with the exception of low value property for which loss, damage, or destruction is reported at contract mination, completion, or when needed for the continued contract performance. The contractor shall take all reasonable action to tect the Government property from further damage, separate the damaged and undamaged Government property, put all the affected ernment property in the best possible order, and furnish to the Contracting Officer a statement of--***

(End of clause)

7109)

-239 52.245-5 GOVERNMENT PROPERTY (COST-REIMBURSEMENT, TIME-AND-MATERIAL, OR LABOR-HOUR CONTRACTS)(CLASS DEV 99-00008) JAN/1986

(5) The contractor shall notify the Contracting Officer upon loss or destruction of, or damage to, Government property provided er this contract, with the exception of low value property for which loss, damage, or destruction is reported at contract mination, completion, or when needed for continued contract performance. The contractor shall take all reasonable action to protect Government property from further damage, separate the damaged and undamaged Government property, put all the affected Government perty in the best possible order, and furnish to the Contracting Officer a statement of--***

(End of clause)

7120)

-240 52.252-6 AUTHORIZED DEVIATIONS IN CLAUSES APR/1984

The use in this solicitation or contract of any Federal Acquisition Regulation (48 CFR Chapter 1) clause with an authorized iation is indicated by the addition of ''(DEVIATION)'' after the date of the clause.

(b) The use in this solicitation or contract of any DOD FAR SUPPLEMENT (48 CFR Chapter 2) clause with an authorized deviation is cated by the addition of ''(DEVIATION)'' after the name of the regulation.

(End of clause)

7016)

241 29.303(C) CALIFORNIA SALES AND USE TAX NOTICE (AL 92-1) MAY/1992

(End of clause)

092)

242 252.243-7002 DFARS REQUESTS FOR EQUITABLE ADJUSTMENT MAR/1998

(b) In accordance with 10 U.S.C. 2410(a), any request for equitable adjustment to contract terms that exceeds the simplified isition threshold shall bear, at the time of submission, the following certificate executed by an individual authorized to certify request on behalf of the Contractor:

I certify that the request is made in good faith, and that the supporting data are accurate and complete to the best of my knowledge and belief.

____

(Official's Name)

____

(Title)

***

(End of clause)

(IA7038)

I-243 216.405-2 DFARS AWARD FEE/DISPUTES CLAUSE AUG/1998

The Contractor shall have no right of appeal under the "Disputes" clause (52.233-1) contained in Section I of this contract from decision of the Contracting Officer concerning the amount of the award fee.

(IA7004)

I-244 52.201-4500 OSC AUTHORITY OF GOVERNMENT REPRESENTATIVE FEB/1993

***

(End of clause)

(IS7025)

I-245 52.222-4500 OSC DISMISSALS FEB/1993

***

(End of clause)

(IS7024)

I-246 52.239-4500 OSC REQUIREMENT FOR INFORMATION TECHNOLOGY TO BE YEAR 2000 COMPLIANT OCT/1997

The contractor shall ensure products provided under this contract, to include hardware, software, firmware, middleware, whether alone or combined as a system, are Year 2000 compliant as defined in FAR Part 39.

(End of Clause)

(IS7000)

I-247 52.245-4534 OSC REQUEST FOR USE OF ACCOUNTABLE PROPERTY NOV/1992

***

(End of clause)

(IS7040)

CONTINUATION SHEET	Reference No. of Document Being Continued PIIN/SIIN DAAA09-02-D-0007 MOD/AMD	

me of Offeror or Contractor: BROWN & ROOT SERVICES

TION J - LIST OF ATTACHMENTS

List of Addenda	Title	Date	Number of Pages	Transmitted By
hibit A	GUARANTY AGREEMENT FOR CORPORATE GUARANTOR		002	
achment 001	STATEMENT OF WORK		043	
achment 002	SPECIAL H CLAUSES, INCLUDES AWARD FEE		017	
achment 003	CONTRACT DATE REQUIREMENT LIST -1423		018	

[부록 5-3] 미국 정부-MPRI의 이라크 정규군 훈련 의뢰 계약서

SOLICITATION/CONTRACT/ORDER FOR COMMERCIAL ITEMS
OFFEROR TO COMPLETE BLOCKS 12, 17, 23, 24, AND 30

1. REQUISITION NUMBER
PAGE 1

CONTRACT NO.	3. AWARD/EFFECTIVE DATE	4. ORDER NUMBER	5. SOLICITATION NUMBER	6. SOLICITATION
S-10F-0256M	14-Mar-2003	DASW01-03-F-0510		

FOR SOLICITATION INFORMATION CALL: a. NAME — b. TELEPHONE NUMBER (No Collect Calls) — 8. OFFER DUE DATE/LOCAL

ISSUED BY — CODE W74V8H
DEFENSE CONTRACTING COMMAND-WASHINGTON
5200 ARMY PENTAGON
WASHINGTON DC 20310-5200

TEL:
FAX:

10. THIS ACQUISITION IS
[X] UNRESTRICTED
[ ] SET ASIDE: % FOR
[ ] SMALL BUSINESS
[ ] SMALL DISADV. BUSINESS
[ ] 8(A)
SIC:
SIZE STANDARD:

11. DELIVERY FOR FOB DESTINATION UNLESS BLOCK IS MARKED
[ ] SEE SCHEDULE

12. DISCOUNT TERMS
Net 30 Days.

[ ] 13a. THIS CONTRACT IS A RATED ORDER UNDER DPAS (15 CFR 700)

13b. RATING

14. METHOD OF SOLICITATION
[ ] RFQ [ ] IFB [ ] RFP

DELIVER TO — CODE

SEE SCHEDULE

16. ADMINISTERED BY — CODE

SEE ITEM 9

17a. CONTRACTOR/ OFFEROR — CODE 0C9W7
PRI
2101 E. ABINGDON DRIVE
ALEXANDRIA VA 22314

TEL. — FACILITY CODE 0C9W7

18a. PAYMENT WILL BE MADE BY — CODE HQ0105
DFAS-INDIANAPOLIS DIRECTORATE NETWORK OP
DFAS-INDIANAPOLIS DIR
NETWORK OPS DEPT 3800
8899 E. 56TH STREET
INDIANAPOLIS IN 46249-3800

[ ] 17b. CHECK IF REMITTANCE IS DIFFERENT AND PUT SUCH ADDRESS IN OFFER

18b. SUBMIT INVOICES TO ADDRESS SHOWN IN BLOCK 18a. UNLESS BLOCK BELOW IS CHECKED [ ] SEE ADDENDUM

19. ITEM NO.	20. SCHEDULE OF SUPPLIES/ SERVICES	21. QUANTITY	22. UNIT	23. UNIT PRICE	24. AMOUNT
	SEE SCHEDULE				

25. ACCOUNTING AND APPROPRIATION DATA
See Schedule

26. TOTAL AWARD AMOUNT
$625,468.40

27a. SOLICITATION INCORPORATES BY REFERENCE FAR 52.212-1. 52.212-4. FAR 52.212-3. 52.212-5 ARE ATTACHED. ADDENDA [ ] ARE [ ] ARE NOT ATTACHED

27b. CONTRACT/PURCHASE ORDER INCORPORATES BY REFERENCE FAR 52.212-4. FAR 52.212-5 IS ATTACHED. ADDENDA [ ] ARE [ ] ARE NOT ATTACHED

28. CONTRACTOR IS REQUIRED TO SIGN THIS DOCUMENT AND RETURN 0 COPIES TO ISSUING OFFICE. CONTRACTOR AGREES TO FURNISH AND DELIVER ALL ITEMS SET FORTH OR OTHERWISE IDENTIFIED ABOVE AND ON ANY ADDITIONAL SHEETS SUBJECT TO THE TERMS AND CONDITIONS SPECIFIED HEREIN.

29. AWARD OF CONTRACT: REFERENCE [X] OFFER DATED . YOUR OFFER ON SOLICITATION (BLOCK 5), INCLUDING ANY ADDITIONS OR CHANGES WHICH ARE SET FORTH HEREIN, IS ACCEPTED AS TO ITEMS: SEE SCHEDULE

30a. SIGNATURE OF OFFEROR/CONTRACTOR

31a. UNITED STATES OF AMERICA (SIGNATURE OF CONTRACTING OFFICER) — Kathy J. Dobeck

31c. DATE SIGNED
18-Apr-2003

30b. NAME AND TITLE OF SIGNER (TYPE OR PRINT)

30c. DATE SIGNED

31b. NAME OF CONTRACTING OFFICER (TYPE OR PRINT)
KATHY J. DOBECK / CONTRACTING OFFICER

32a. QUANTITY IN COLUMN 21 HAS BEEN
[ ] RECEIVED [ ] INSPECTED [ ] ACCEPTED, AND CONFORMS TO THE CONTRACT, EXCEPT AS NOTED

33. SHIP NUMBER
PARTIAL | FINAL

34. VOUCHER NUMBER

35. AMOUNT VERIFIED CORRECT FOR

32b. SIGNATURE OF AUTHORIZED GOVT. REPRESENTATIVE

32c. DATE

36. PAYMENT
[ ] COMPLETE [ ] PARTIAL [ ] FINAL

37. CHECK NUMBER

38. S/R ACCOUNT NUMBER

39. S/R VOUCHER NUMBER

40. PAID BY

41a. I CERTIFY THIS ACCOUNT IS CORRECT AND PROPER FOR PAYMENT

41b. SIGNATURE AND TITLE OF CERTIFYING OFFICER

41c. DATE

42a. RECEIVED BY (Print)

42b. RECEIVED AT (Location)

42c. DATE REC'D (YY/MM/DD)

42d. TOTAL CONTAINERS

AUTHORIZED FOR LOCAL REPRODUCTION

STANDARD FORM 1449 (10-95)
Prescribed by GSA
FAR (48 CFR) 53.212

Section SF 1449 - CONTINUATION SHEET

STATEMENT OF WORK

DOD WASHINGTON HEADQUARTERS SERVICES
WASHINGTON, DC

STATEMENT OF WORK
For
Technical Support to the
The Office of Reconstruction and Humanitarian Assistance
Iraqi Army Reconstruction Support Program

1.0 Background: During the middle of February 2003, the Department of Defense organized the Office of Reconstruction and Humanitarian Assistance (ORHA). This inter-Agency Task Force will last approximately 12 months, and will fall under the purview of the Office of the Undersecretary of Defense (Policy). This Task Force will advise and assist the Undersecretary of Defense (Policy) in responding to specific tasks from the Secretary of Defense and the inter-Agency steering group

The Office of Reconstruction and Humanitarian Assistance (ORHA) is directed to begin the operation, the Director, ORHA becomes the Interim Civilian Transitional Administrator (ICTA). The ICTA is organized with three Regional Coordinators (North, Central, and South), who will organize and coordinate the effort in their areas of responsibility. The ICTA also has three functional coordinators, who will coordinate activities for the entire country. The three functional areas are Reconstruction, Humanitarian Assistance, and Civil Administration.

2.0 Requirements: Under the direction of the Director, Operations Support Group (OSG), ORHA, the contractor shall provide dedicated technical expertise, analytical support, systems integration, and program management to assist in the reconstruction of the Iraqi nation's infrastructure through the use of the Iraqi Armed Forces. The contractor shall be part of a comprehensive program for security sector reform that will help protect Iraq's territorial integrity, support the evolution of a new Iraqi government, defend the Iraqi people and advance Iraq's legitimate interests in accordance with accepted norms and international law. The contractor's primary focus shall be the identification of candidate units for reconstruction work, the assessment of those units post-conflict, integration of this planning into the overall reconstruction effort, the evaluation of specific reconstruction projects and unit assignments, movement of units to reconstruction sites, managing of selected unit in the execution of reconstruction support, and the eventual transition of the program to the new Iraqi Interim government. To integrate this effort, the contractor shall provide on-site and other support as directed by the Government Contracting Officer's Representative (COR). In addition, the contractor shall establish lines of communication and database systems that support continuing integration of reconstruction support functions.

The contractor shall provide full-time, on-site, experienced individuals with the appropriate background and analytical skills needed to accomplish the task. The services provided by the Contractor shall be comprised of one or more of the following task areas:

Task 1: Project Management. The contractor shall develop a management structure that will closely manage this effort to ensure efficient and effective accomplishment of all tasks and quality of support. The contractor shall provide a dynamic coordination, management, and integration services, including scheduling meetings, briefings, and effort reviews, as required by the government COR. The contractor hall provide, as appropriate, support to the Director, OSG for the longer-term goals and objectives of the CTA, coordination of effort, issue tracking, and management of the team.

'ask 2: Reconstruction Support

a. **Sub-task 2.1 Planning and Design.** This task requires an initial planning team that shall work with the OSG and the Reconstruction Coordinator to develop the concept of support. The planning team shall be expected to deploy to theater to continue the pre-conflict planning and coordination. The output of this task shall be a planning framework that will address the integration of the Iraqi Armed Forces into the overall reconstruction effort and the determination of possible reconstruction requirements. In addition, the planning shall be integrated with the evolving future force structure of the Iraqi Armed Forces and the disarmament, demobilization, and reintegration effort.

b. **Sub-task 2.2 Assist in reconstruction effort.** The contractor shall establish a team in Iraq in sufficient size to implement the reconstruction support plan. The contractor shall operate under the supervision of the ICTA and in conjunction with the ICTA's Reconstruction Coordinator. The contractor's management team shall collocate with the ICTA OSG staff.

a. **Sub-task 2.3 Administration and Technical Expertise.** The contractor shall provide administrative support and technical expertise, to include preparing briefings, studies, and program reviews, as required by the COR.

.0 Period of Performance and Estimated Level-of-Effort.

a. **Task 1 –Program Management:** The government estimates a two-person level-of-effort, with appropriate administrative support.

b. **Task 2.1, Reconstruction Support - Planning and Design:** The government estimates a ten person level of effort, with appropriate administrative support, for a 60 days effective 13 March 2003, with four one-year options.

c. **Task 2.2, Reconstruction Support – Assist in reconstruction effort:** The government estimates a one year period subject to the provision of funding for this task, with annual extension options for a period of up to five years. The level of effort for this sub-task is dependent upon the final plan, but is assumed to incorporate the task 2.1 team with appropriate additions to be negotiated with the COR.

.0 Guidelines for Personnel Qualifications: Contractor must have experience in international reconstruction and humanitarian assistance efforts, management of large international projects and be experienced in the Military Services and Joint Staff procedures, including US military management processes and staffing requirements. Contractor personnel selected for management and planning must have military experience and possess a SECRET clearance. Additionally, contractor personnel shall not disclose information, recommendations or task results outside of ORHA/ITCA without the prior written approval of the COR.

.0 Facilities and Equipment: The government will furnish office space, to include furnishings, computer hardware/software, class A telephone and long-distance telephone service for official business, facsimile access, copy machine access, computer network file server access, printer

THE POC IS LIAISON BETWEEN THE CONTRACTING OFFICE AND THE CONTRACTOR FOR DELIVERY, SPECIFICATION AND PAYMENT ISSUES.

THE POC DOES NOT HAVE THE AUTHORITY TO CHANGE ANY OF THE TERMS AND CONDITIONS OF THIS ORDER.

*****

FOR CONTRACT QUESTIONS ONLY CONTACT MR. DAVID JOHNSON, CONTRACT SPECIALIST, 703-697-7964.

*****

CONTRACTOR'S REMITTANCE ADDRESS: SAME

*****

ITEM NO	SUPPLIES/SERVICES	QUANTITY	UNIT	UNIT PRICE	AMOUNT
0001	Labor T&M Project Manager IV, Customer Site.	[redacted]	[redacted]	[redacted]	$59,654.56
				TOT ESTIMATED PRICE	$59,654.56
				CEILING PRICE	
	ACRN AA Funded Amount				$59,654.56

FOB: Destination

ITEM NO	SUPPLIES/SERVICES	QUANTITY	UNIT	UNIT PRICE	AMOUNT
0002	Labor T&M Management Consultant III, Customer Site.	[redacted]	[redacted]	[redacted]	$245,866.80
				TOT ESTIMATED PRICE	$245,866.80
				CEILING PRICE	
	ACRN AA Funded Amount				$245,866.80

FOB: Destination

ITEM NO	SUPPLIES/SERVICES	QUANTITY	UNIT	UNIT PRICE	AMOUNT
0003		[redacted]	[redacted]	[redacted]	$142,279.80
	Labor T&M Logistics Consultant II, Customer Site.				
				TOT ESTIMATED PRICE	$142,279.80
				CEILING PRICE	
	ACRN AA Funded Amount				$142,279.80

FOB: Destination

ITEM NO	SUPPLIES/SERVICES	QUANTITY	UNIT	UNIT PRICE	AMOUNT
0004		[redacted]	[redacted]	[redacted]	$13,990.44
	Labor T&M Logistics Consultant II, MPRI Site.				
				TOT ESTIMATED PRICE	$13,990.44
				CEILING PRICE	
	ACRN AA Funded Amount				$13,990.44

FOB: Destination

ITEM NO	SUPPLIES/SERVICES	QUANTITY	UNIT	UNIT PRICE	AMOUNT
0005		[redacted]	[redacted]	[redacted]	$12,974.63
	Labor T&M Business Analyst I, MPRI Site.				
				TOT ESTIMATED PRICE	$12,974.63
				CEILING PRICE	
	ACRN AA Funded Amount				$12,974.63

FOB: Destination

ITEM NO	SUPPLIES/SERVICES	QUANTITY	UNIT	UNIT PRICE	AMOUNT
0006	Labor T&M Program Manager IV, MPRI Site.	[redacted]	[redacted]	[redacted]	$19,376.24

TOT ESTIMATED PRICE $19,376.24

CEILING PRICE

ACRN AA Funded Amount $19,376.24

FOB: Destination

ITEM NO	SUPPLIES/SERVICES	QUANTITY	UNIT	UNIT PRICE	AMOUNT
0007	Material T&M	[redacted]	[redacted]	[redacted]	$131,325.93

TOT ESTIMATED PRICE $131,325.93

CEILING PRICE

ACRN AA Funded Amount $131,325.93

FOB: Destination

H91268-3070-0014

ACCOUNTING AND APPROPRIATION DATA

AA: [redacted]
AMOUNT: $625,468.40

AMENDMENT OF SOLICITATI... /MODIFICATION OF CONTRACT			1. CONTRACT ID CODE Y	PAGE OF PAGES 1 | 4
2. AMENDMENT/MODIFICATION NO. P00001	3. EFFECTIVE DATE 12-May-2003	4. REQUISITION/PURCHASE REQ. NO. H91298-3070-0014-001		5. PROJECT NO.(If applicable)
6. ISSUED BY CODE W74V8H DEFENSE CONTRACTING COMMAND-WASHINGTON 5200 ARMY PENTAGON WASHINGTON DC 20310-5200		7. ADMINISTERED BY (If other than item 6) CODE See Item 6		

8. NAME AND ADDRESS OF CONTRACTOR (No., Street, County, State and Zip Code)		9A. AMENDMENT OF SOLICITATION NO.
MPRI 1201 E. ABINGDON DRIVE ALEXANDRIA VA 22314		9B. DATED (SEE ITEM 11)
	X	10A. MOD. OF CONTRACT/ORDER NO. DASW01-03-F-0510
CODE 0C9W7 FACILITY CODE 0C9W7	X	10B. DATED (SEE ITEM 13) 18-Apr-2003

11. THIS ITEM ONLY APPLIES TO AMENDMENTS OF SOLICITATIONS

☐ The above numbered solicitation is amended as set forth in Item 14. The hour and date specified for receipt of Offer ☐ is extended, ☐ is not extended.

Offer must acknowledge receipt of this amendment prior to the hour and date specified in the solicitation or as amended by one of the following methods: (a) By completing Items 8 and 15, and returning ______ copies of the amendment; (b) By acknowledging receipt of this amendment on each copy of the offer submitted; or (c) By separate letter or telegram which includes a reference to the solicitation and amendment numbers. FAILURE OF YOUR ACKNOWLEDGMENT TO BE RECEIVED AT THE PLACE DESIGNATED FOR THE RECEIPT OF OFFERS PRIOR TO THE HOUR AND DATE SPECIFIED MAY RESULT IN REJECTION OF YOUR OFFER. If by virtue of this amendment you desire to change an offer already submitted, such change may be made by telegram or letter, provided each telegram or letter makes reference to the solicitation and this amendment, and is received prior to the opening hour and date specified.

12. ACCOUNTING AND APPROPRIATION DATA (If required)
See Schedule

13. THIS ITEM APPLIES ONLY TO MODIFICATIONS OF CONTRACTS/ORDERS. IT MODIFIES THE CONTRACT/ORDER NO. AS DESCRIBED IN ITEM 14.

	A. THIS CHANGE ORDER IS ISSUED PURSUANT TO: (Specify authority) THE CHANGES SET FORTH IN ITEM 14 ARE MADE IN THE CONTRACT ORDER NO. IN ITEM 10A.
	B. THE ABOVE NUMBERED CONTRACT/ORDER IS MODIFIED TO REFLECT THE ADMINISTRATIVE CHANGES (such as changes in paying office, appropriation date, etc.) SET FORTH IN ITEM 14, PURSUANT TO THE AUTHORITY OF FAR 43.103(B).
	C. THIS SUPPLEMENTAL AGREEMENT IS ENTERED INTO PURSUANT TO AUTHORITY OF:
X	D. OTHER (Specify type of modification and authority) Mutual Agreement.

E. IMPORTANT: Contractor ☒ is not, ☐ is required to sign this document and return ______ copies to the issuing office.

14. DESCRIPTION OF AMENDMENT/MODIFICATION (Organized by UCF section headings, including solicitation/contract subject matter where feasible.)

1. This Modification hereby extends the period of performance from 12 May 2003 through 15 May 2003 at no additional cost to the Government.
2. This Modification hereby continues this effort from 16 May 2003 through 31 May 2003 at an additional cost of $81,356.33.
3. All other terms and conditions remain unchanged.
4. This Modification was prepared by Mr. David E. Johnson, Contract Specialist.

Except as provided herein, all terms and conditions of the document referenced in Item 9A or 10A, as heretofore changed, remains unchanged and in full force and effect.

15A. NAME AND TITLE OF SIGNER (Type or print)		16A. NAME AND TITLE OF CONTRACTING OFFICER (Type or print) HARRY W. SHATTO / CONTRACTING OFFICER	
15B. CONTRACTOR/OFFEROR (Signature of person authorized to sign)	15C. DATE SIGNED	16B. UNITED STATES OF AMERICA BY [signature] (Signature of Contracting Officer)	16C. DATE SIGNED 23-May-2003

EXCEPTION TO SF 30
APPROVED BY OIRM 11-84

30-105-04

STANDARD FORM 30 (Rev. 10-83)
Prescribed by GSA
FAR (48 CFR) 53.243

SECTION SF 30 BLOCK 14 CONTINUATION PAGE

SUMMARY OF CHANGES

SECTION SF 1449 - CONTINUATION SHEET

SOLICITATION/CONTRACT FORM

The total cost of this contract was increased by $81,364.34 from $625,468.40 to $706,832.74.

The 'mail invoices to the address shown in block' field has changed from See Item 18 to SEE ADDENDUM.

SUPPLIES OR SERVICES AND PRICES

CLIN 0001
The pricing detail quantity has [redacted]
The total cost of this line item has increased by $19,326.86 from $59,654.56 to $78,981.42.

CLIN 0002
The pricing detail quantity has [redacted]
The total cost of this line item has increased by $47,664.00 from $245,866.80 to $293,530.80.

CLIN 0003
The pricing detail quantity has [redacted]
The total cost of this line item has increased by $38,243.20 from $142,279.80 to $180,523.00.

CLIN 0007
The unit price amount has [redacted]
The total cost of this line item has decreased by $23,869.72 from $131,325.93 to $107,456.21.

CLIN 0008 is added as follows:

ITEM NO	SUPPLIES/SERVICES	QUANTITY	UNIT	UNIT PRICE	AMOUNT
0008					

Iraq Army Reconstruction Support Program
T&M
Continuation of Effort from 16 May 2003 through 31 May 2003.
This is a funding CLIN for internal purposes only.
PURCHASE REQUEST NUMBER: H91268-3070-0014-001

TOT ESTIMATED PRICE
CEILING PRICE

Funded Amount $0.00

FOB: Destination

ACCOUNTING AND APPROPRIATION DATA

Summary for the Payment Office

As a result of this modification, the total funded amount for this document was increased by $81,364.34 from $625,468.40 to $706,832.74.

CLIN 0001:

AA: 9730100.2020 6125 2523 S49447 DHAC30244 was increased by $19,326.86 from $59,654.56 to $78,981.42

CLIN 0002:

AB: 9730100.2020 6125 2599 S49447 DHAC30244 was increased by $43,121.14 from $0.00 to $43,121.14
The contract ACRN AB has been added.

AA: 9730100.2020 6125 2523 S49447 DHAC30244 was increased by $4,542.86 from $245,866.80 to $250,409.66

CLIN 0003:

AB: 9730100.2020 6125 2599 S49447 DHAC30244 was increased by $38,243.20 from $0.00 to $38,243.20
The contract ACRN AB has been added.

CLIN 0007:

AA: 9730100.2020 6125 2523 S49447 DHAC30244 was decreased by $23,869.72 from $131,325.93 to $107,456.21

(End of Summary of Changes)

찾아보기

ㄹ

ㅁ

ㅂ

ㅅ

ㅇ

ㅈ